주해가 있는 새 고린도후서 강해

주해가 있는 새 고린도후서 강해

1판 1쇄 인쇄 2018년 11월 15일
1판 1쇄 발행 2018년 11월 20일

지은이 김서택
발행인 한동인
펴낸곳 (주)기독교문사
등 록 제1- c0062호
주 소 서울 종로구 율곡로 19가길 5
출판부 T. 741-5183 F. 744-1634
특판부 T. 744-1633 F. 744-1635
도매부 T. 741-5181, 5 F. 762-2234
직영서점 기독교문사
서울 종로40길 18
T. 2266-2117~9 F. 2266-6397

책값은 뒤표지에 있습니다.
ISBN 978-89-466-2555-6
978-89-466-2134-3(전집)

Web www.kclp.co.kr

기독교문사는 독자와 함께 기독교 출판문화를 이끌어 가겠습니다.
공급처 기독교문사 도매부 T. 741-5181~3 F. 762-2234

주해가 있는 새 고린도후서 강해

김서택

기독교문사

서 문

고린도후서는 모든 목회자가 언젠가는 한번 탐독하고 설교해야 하는 서신서입니다. 목회자와 교인 사이에 생길 수도 있는 오해와 나쁜 소문, 금전적 문제를 깊이 있게 다루고 있기 때문입니다. 요즘 교회에서 담임목사로부터 상처받고 교회를 옮기는 교인도 있지만, 목회자들 가운데서도 목회하면서 마음의 상처를 입어 병에 걸리거나 좋지 않은 일로 교회를 떠나는 경우도 있습니다.

고린도후서는 고린도전서의 후속 서신서이지만, 내용과 체계 면에서는 완전히 다르게 구성되어 있습니다. 즉 고린도전서의 내용이 주제에 따라 체계적으로 기록되어 있다면, 고린도후서는 개인적이고 체험적인 내용이 때로 격정적이고 때로 변론적으로 기록되어 있습니다.

그러면서도 사도 바울은 중간 중간에 매우 중요한 기독교 진리를 보석처럼 박아놓았습니다. 이는 고린도후서가 가진 매력이기도 합니다. 또한 고린도후서에는 다른 어느 곳에서도 볼 수 없는 사도 바울의 고난과 영적 체험, 육체의 가시까지 기록되어 있습니다.

아무쪼록 이 특별하고 귀한 서신서가 목회자들이 목회 도중에 겪게 되는 어려움을 해결하는 데 도움이 되기를 바라는 마음입니다.

저의 부족한 책을 조금도 주저하지 않고 책으로 펴내어 많은 목회자와 성도가 말씀의 교제를 나눌 수 있게 애써주신 한동인 사장님께 특별히 감사드립니다. 또한 제 소중한 말씀의 동역자인 대구동부교회 교인 한 분 한 분께도 감사드립니다.

대구 수성교 옆에서

김서택 목사

C|O|N|T|E|N|T|S

고린도후서

01_위로하시는 하나님

고린도후서 1:1-11

전체적 설명

고린도후서는 사도 바울이 고린도 교회에 보낸 서신서임에 틀림없지만 말투나 내용, 상호간의 감정적 문제에 있어 고린도전서와 완전히 다른 면을 보여준다.

고린도전서는 고린도 교회가 직면한 구체적 문제를 하나씩 설명하거나 답변하는 형식으로 되어 있어서 전체적으로 주제별 특징을 가졌음을 알 수 있다. 서신서의 앞부분에는 십자가의 도를 강조하고, 사랑의 장도 있고(고전 13장), 부활의 장도 있다(고전 15장). 반면에 고린도후서는 고린도전서처럼 주제별로 되어 있지도 않고, 말투가 아주 격정적이고, 어떤 부분에서는 고린도 교인들을 격렬하게 책망하는 내용도 있다(고후 2:3, 4). 본문을 보면 "큰 눌림과 걱정이 있어 많은 눈물로 너희에게 썼노니"라고 말씀한다. 더욱이 12장에서는 셋째 하늘에 올라갔던 신비로운 체험에 대해 말씀하고 있으며, 10장 이후에는 서신의 내용이 너무 과격하고 감정적이라서 사실 별도의 서신서가 붙은 것이 아닌가 하는 주장도 제기되었다. 고린도후서는 사도 바울이 고린도를 떠난 뒤에 일어난 잘못된 일들(특히 고린도전서에서 나타났던 음행, 우상 숭배, 분파 문제, 사도 바울의 사도직에 대한 불신과 악의에 찬 비난)에 대해 자신을 변호하고 고린도 교인들의 신앙을 회복시키기 위해 쓰인 것으로 알려져 있다. 그러나 고린도후서에는 주옥같은 복음의 말씀이 많이 나올 뿐 아니라 다른 곳에서는 찾아볼 수 없는 사도 바울의 개인적 고민과 체험(특히 신비적 체험과 고통의 체험)이 기록되어 있다.

사도 바울은 선교를 위해 고린도를 떠난 뒤 비공식적으로 에베소에서 2차로 방문한 것이 아닌가 생각되며(고후 13:2), 세 번째로 고린도에 방문하기 전 마게도냐에서 이 '눈물의 편지' 를 보낸 것으로 보인다. 그러나 하나님의 은혜로 고린도 교회는 사도 바울의 권면을 받아들여 교회에서 일어난 문제를 잘 수습했고, 사도 바울은 고린도에 머물면서 불후의 작품인 '로마서' 를 저술하여 뵈뵈 집사를 통해 보내게 된다(롬 16:1).

고린도후서 맨 앞부분에 해당되는 1장 1-11절에서 사도 바울은 먼저 '위로하시는 하나님' 에 대해 말하고 있다. 즉 어떤 고난이 닥쳐도 하나님은 능히 그 고난에서 우리를 위로하시며, 오히려 이런 고난을 통해 우리로 하여금 죽은 자를 다시 살리시는 하나님만 의지하게 하신다(9절).

설교 프리노트

1절, "하나님의 뜻으로 말미암아 그리스도 예수의 사도 된 바울"

사도 바울의 직분은 전도자이기도 하고 설교자이기도 했지만, 그는 그리스도 예수의 사도였다. '사도' 는 '보냄을 받은 자' 라는 뜻을 가지고 있는데, 기독교에서는 교회를 세우고 기독교 진리를 확증하는 사명을 가진 자를 말한다. 사도 바울이 고린도후서의 서두에서 자신의 직분을 밝힌 것은 고린도 교회에서 사도 바울의 사도 직분을 불신하는 사람이 있었기 때문이다. 만약 그가 사도의 직분을 맡지 않았다면 고린도 교인들이 자신에 대해 불신하든 말든 내버려둘 수도 있었을 것이다. 그러나 사도 바울은 하나님으로부터 교회의 진리를 확증하는 사명을 맡은 자였기 때문에 자기가 싫다고 해서 고린도 교회의 불신을 방치할 수가 없었다. 그는 고린도 교회의 잘못된 불신을 바로잡고 교회를 진리 위에 세울 임무가 있었기에 이 서신서를 쓰게 되었고 3차 방문을 하게 되는 것이다. 그리스 지도를 보면 북부에는 마게도냐, 중부에 아가야, 중간 잘록한 부분에 고린도가 있고, 남쪽 반도에 스파르타가 있다. 그래서 고린도후서는 '고린도에 있는 교회'와 중부의 아가야 지방에 있는 교회들에게 보낸 것임을 알 수 있다. 사도 바울은 고린도 교인들 가운데 자신에 대해 악의적 비난을 하는 사람이 있었음에도 불구하고 그들을 "하나님의 교회"라고 부르며 "모든 성도"라고 부르고 있다. 이렇듯 교회 문제가 때때로 부정적인 모습으로 나타나고 건전하지 못한 모습을 보인다고 해서 모두 도매금으로 썩었다거나 죽었다는 식으로 비판해서는 안 된다는 것을 알 수 있다.

2절, "하나님 우리 아버지와 주 예수 그리스도로부터 은혜와 평강이 있기를"

아마도 고린도 교회 내에 상당한 갈등이 있었던 것으로 보이는데, 특히 사도 바울과 아주 불편한 관계였던 것으로 보인다. 물론 고린도 교인 자신들은 얼마나 잘 지냈는지 모르지만 그들에게 하나님과 주 예수 그리스도로부터 오는 은혜와 평강이 아닌 세상적 오만과 자랑만 있었던 것 같다. 사도 바울은 고린도 교인들 안에 있는 갈등과 어려움이 이 고린도후서에서 증거 되는 하나님 말씀을 들으면 얼마든지 해결될 수 있으리라고 믿었다. 이것은 사실이다. 교회가 아무리 진통 가운데 있고 갈등 가운데 있을지라도 하나님 말씀이 올바르게 증거 되고 받아들여지면 얼마든지 해결할 수 있다.

3절, "자비의 아버지시요 모든 위로의 하나님이시며"

자비심 많은 아버지가 있다면 자식이 어떤 잘못을 저지르고 어떤 어려움에 빠졌을지라도 자식을 불쌍히 여기며 어려움을 이겨내도록 도와줄 것이다. 마찬가지로 하나님은 우리에게 "자비의 아버지"이시다. 하나님은 우리가 어려움과 갈등에 빠진 것을 못 본 체하시는 분이 아니라 어떤 어려움이든지 우리를 도우며 건져내실 것이다. 그리고 하나님은 "모든 위로의 하나님"이시다. 우리가 어떤 고통과 슬픔 가운데 빠져 있더라도 하나님은 능히 우리로 하여금 그 고통과 슬픔을 이기고 기뻐할 수 있게 하시는 분이다. '위로' 에는 여러 종류가 있다. 그중에서 강도가 가장 약한 수준은 어려움을 당한 사람을 '동정' 하는 것이다. 그다음으로 좀 더 나은 수준은 '공감' 하고 말로 위로해주는 것이다. 강도가 가장 높은 수준은 어려움을 '해결' 해주고 오히려 기뻐하도록 만들어주는 것이다. 하나님은 우리의 어려움을 기쁨으로 바꾸시는 위로자인 것이다.

4절, "우리의 모든 환난 중에서 우리를 위로하사"

하나님은 이 세상의 모든 사람을 위로하시지만 그중에서도 특히 하나님의 백성이나 말씀을 전하는 자를 더 많이 위로하신다. 왜냐하면 사람은 하나님의 백성이나 말씀 전하는 자가 위로 받는 것을 보고 하나님이 자기들도 위로하신다는 것을 믿을 수 있기 때문이다. 사도 바울에게는 하나님의 위로가 많이 필요했다. 그는 복음을 전하면서 너무 많은 고통과 어려움을 당했을 뿐 아니라 고린도 교회로부터 오해 받고 있었으며 정당한 대우를 받지 못하고 있었기 때문이다. 이번에 사도 바울이 하나님으로부터 위로를 받는 방법은 고린도 교인들이 그에 대하여 잘못된 생각을 버림과 동시에 바른 믿음 위에 서는 것이었다. 하나님의 종들에게 가장 좋은 위로는 교인이 바른 믿음 위에 서는 것이고, 아름다운 쪽으로 변화되는 것이다.

5절, "그리스도의 고난이 우리에게 넘친 것같이"

'넘치다' 는 어떤 사람이 가지고 있는 한계를 넘어서는 것을 말한다. 예를 들어 어떤 그릇이 있는데 거기에 물이나 기름을 너무 많이 부으면 넘쳐서 바닥에 쏟아질 것이다. 마찬가지로 사도 바울과 그의 동역자들에게 임한 고난은 그들이 감당할 수 있는 분량을 넘어서는 것들이었다. 누구든지 자기가 감당할 수 없는 고통이나 시련이 닥치면 죽을 것 같고 쓰러질 수밖에 없을 것이다. 그런데 사도 바울과 그의 동역자들에게 고통이나 어려움만 닥친 것이 아니라 '하나님의 위로' 도 넘쳤다. 사람은 자기에게 기쁨이 넘치면 소리를 지르거나 울거나 하면서 감정을 드러낼 것이다. 사도 바울에게는 환난도 넘쳤고 위로도 넘쳤다. 즉 사도 바울에게는 환난과 위로가 극단에서 극단으로 넘쳤다고 볼 수 있다. 이처럼 극과 극을 오가는 환난과 위로는 믿음이 성숙해야 감당할 수가 있다.

6절, **"우리가 환난 당하는 것도 너희가 위로와 구원을 받게"**

고린도 교인들은 사도 바울이 복음을 전하면서 당하는 환난이나 고통을 자기 자신들과 상관없는 일로 생각했을 것이다. 왜냐하면 그들의 생각에 사도 바울은 원래 그런 사람인 것처럼 보였고, 스스로 사서 고생하는 사람이라고 생각되었기 때문이다. 그런데 나중에 알고 보니 사도 바울은 자신들이 당하는 것과 똑같은 고통 가운데서 고린도 교인들에게 복음을 전했고, 사도 바울이 당한 환난으로 말미암아 자신들이 구원받은 것을 깨닫게 되었다. 사도 바울이 이런 환난 가운데서도 복음으로 승리하고 부흥이 일어날 수 있었던 것은 고린도 교인들에게 큰 위로가 되었는데, 자신들이 믿고 있는 복음이 죽은 복음이 아니라 살아있는 능력의 복음이라는 것이 증명되었기 때문이다. 즉 고린도 교인들도 사도 바울처럼 믿음으로 나아가면 하나님의 능력을 받고 승리할 수 있다고 믿게 되었다.

"우리가 받는 것 같은 고난을 너희도 견디게 하느니라"

고린도 교인들 역시 당시에 상당한 어려움을 겪고 있었던 것처럼 보인다. 그것은 경제적 어려움일 수도 있고 정치적 혼란일 수도 있고 믿지 않는 자들의 핍박이나 박해일 수도 있다. 그런데 고린도 교인들은 사도 바울이 견디는 것을 지켜보면서 그들 역시 견디기로 했던 것이다.

7절, **"너희가 고난에 참여하는 자가 된 것같이"**

고린도 교인들도 처음에는 고난당하는 것을 원치 않았고 싫어했지만 어쩔 수 없는 가운데 신앙적 환난을 당하게 된 것으로 보인다. 사도 바울은 고인도 교인들이 고난에 참여했기 때문에 반드시 위로도 함께 올 거라고 확신했다.

8절, **"형제들아 우리가 아시아에서 당한 환난을"**

사도 바울은 고린도에 오기 전 소아시아에서 복음을 전하면서 많은 환난을 당했고, 고린도에서 소아시아로 건너간 뒤에도 복음을 전하면서 많은 환난과 핍박을 당했다. 그가 당한 환난과 핍박에 대한 내용의 일부가 사도행전 13~20장에 기록되어 있다. 그러나 고린도후서(11:23-27)를 보면 그 내용이 전부가 아니라는 사실을 알 수 있다. 사도 바울은 다른 곳에는 기록되지 않은 훨씬 더 많은 환난과 고통을 당했던 것이다.

"힘에 겹도록 심한 고난을 당하여 살 소망까지 끊어지고"

사도 바울은 사람으로는 감당하기 어려운 고난을 당했던 것으로 보인다. 매를 맞기도 했고 바다에 빠지기도 했고 감옥에 갇힌 적도 있었다. 그리고 살 소망이 끊어져 죽겠다고 생각한 적도 여러 차례 있었다.

9절, "우리는 우리 자신이 사형 선고를 받은 줄 알았으니"

사도 바울은 더 이상 살 길이 없어 이번에는 주님이 자신들을 데려가기로 결정하신 줄로 생각했던 것 같다. 그는 이미 사형 선고가 내려진 죄수 같은 처지였던 것이다.

"이는 우리로 자기를 의지하지 말고"

사도 바울은 자기에게 왜 이런 극단적인 위기나 어려움이 오는지 생각해 보았을 때 더 깊은 하나님의 뜻을 깨달을 수가 있었다. 그것은 하나님이 사도 바울로 하여금 조금도 자기 자신을 의지하지 말고 오직 죽은 자까지 살리시는 결정권을 가진 하나님만 의지하도록 하기 위한 것이었다. 사도 바울은 이런 절망적 상황 가운데서 조금도 그 자신을 의지하지 않기를 바라시는 하나님의 뜻을 깨달았던 것이다.

10절, "이같이 큰 사망에서 우리를 건지셨고"

사도 바울은 자신이 겪었던 고난을 "큰 사망"이라고 불렀다. 얼마나 이 사망이 큰지 아무리 많은 사람을 집어 삼키고도 조금도 만족할 줄 모르는 사망이었던 것이다. 그러나 하나님은 우리를 과거에도 건지셨고, 현재도 건지고 계시며, 앞으로도 얼마든지 건지실 것이다. 이를 통해 우리는 현재도 그렇고 앞으로도 그렇고 아무것도 걱정할 필요가 없다는 것을 알 수 있다.

11절, "너희도 우리를 위하여 간구함으로 도우라"

하나님의 백성이 서로 도울 수 있는 길은 다른 사람을 위해 기도로 돕는 것이다. 그러면 하나님의 능력이 더 크게 임하여서 더 많은 사람이 환난을 이기고 하나님께 감사할 수 있기 때문이다.

본문 이해를 위한 질문

1. 사도 바울은 자기 자신이 어떤 위치에 있다고 말했는가?

사도 바울은 자신이 하나님의 뜻으로 사도가 되었고, 고린도 교회와 이방인 교회의 진리를 바로잡아야 하는 사명을 받은 사람이라고 말한다. 그는 자신에게 많은 고통과 상처를 준 고린도 교회를 여전히 하나님의 교회라 부르고 있으며, 하나님과 그리스도의 은혜와 평강으로 능히 치료될 수 있다고 믿었다.

2. 하나님은 어떤 하나님이신가?

사도 바울은 먼저 하나님을 찬송하고 있다. 그에게 정신적 고통이 전혀 없고 모든 일이 잘 되어 찬송하는 것이 아니라 많은 고통 가운데서 하나님이 자비의 하나님이시요 위로의 하나님이신 것을 발견했기 때문이다.

3. 사도 바울은 고린도 교인들과 어떤 공감을 가지고 있는가?

사도 바울은 고난을 넘치게 받았는데, 그런 고난 가운데서 하나님의 위로도 넘치게 받았다. 즉 사도 바울이 고린도 교인들에게 전했고 지금도 전하고 있는 복음은 하나의 사상이나 이론이 아니라 살아계신 하나님의 능력임을 체험했기 때문이다. 당시 고린도 교인들도 신앙 때문에 많은 박해와 어려움을 당했는데, 사도 바울은 하나님의 위로도 넘칠 것이라고 하면서 기도로 서로 돕자고 말한다.

성경 강해

우리나라는 매년 1만 4,000명 정도 되는 사람이 스스로 목숨을 끊습니다. 이 숫자에는 나이 어린 중 · 고등학생부터 시작해 대학생, 주부, 사업가, 교수 등 모든 부류의 사람이 포함되어 있습니다. 이렇게 스스로 목숨을 끊는 사람은 모두 마음의 고통에 대해 누구한테서도 위로를 받지 못했기 때문에 그 어려운 죽음을 선택하는 것입니다. 만약 이들이 누군가로부터 위로를 받았다면 절대로 죽지 않았을 것입니다. 동물은 큰 상처를 입으면 소리를 지르면서 울부짖습니다. 사람이나 짐승은 고통 받을 때 소리를 지르면 고통이 덜해지는 것 같습니다. 그런데 사람은 이런 육체적 고통만이 아니라 정신적 고통도 겪습니다. 사람은 이런 정신적 고통이 너무 심해 견딜 수 없는 지경에 이르면 죽음을 선택합니다.

고린도후서는 하나님의 위로에서 그 이야기가 시작됩니다. 그 이유는 사도 바울 자신이 이 편지를 쓰기 전에 엄청난 고통을 당했기 때문입니다. 그는 그 고통이 얼마나 컸는지 살 소망이 끊어지고 사형 선고를 받은 줄 알았다고 말합니다. 죄수들에게 사형 선고가 내려지면 살고 싶어도 더 이상 살 수가 없습니다. 결국 죽게 될 때를 기다리고 있다가 사형이 집행되는 시간이 되면 끌려 나가 처참하게 죽어야 합니다. 그런데 사도 바울은 이런 고통만 넘쳐났던 것이 아니라 하나님의 위로도 넘쳐났다고 말합니다. 도대체 하나님이 얼마나 사도 바울과 그 일행을 위로하셨기에 고통 받았던 것 이상으로 하나님의 위로가 넘쳤다고 말하는 걸까요?

사도 바울이 고통과 사투를 벌이는 동안 고린도 교인들이나 그 위쪽에 있는 아가야 지방의 교인들도 엄청난 고통을 당하고 있었습니다. 그것이 전쟁이었는지, 기근이었는지, 전염병이 퍼진 것이었는지, 경제적인 어려움이었는지 우리는 고통의 이유를 알 수 없습니다. 사도 바울은 우리가 하나님으로부터 받았던 그 위로를 가지고 고린도 교인들을 위로하고자 한다고 말하고 있습니다.

오늘 우리에게 가장 필요한 것은 '위로' 입니다. 말로만 하는 위로가 아니라 피부에 와닿는 참된 위로가 필요합니다. 얼마 전 어느 청년 부부의 기도 제목을 들어 보니 감당하기 어려운 고통 가운데 있었습니다. 그들은 돈이 없어서 경제적으로 어려운 가운데 자녀를 양육하고 있었으며, 중병으로 부모님이 모두 아프셔서 앞으로 살아갈 일이 막막한 상태였습니다. 그들은 거의 초인적인 힘으로 그 어려운 상황을 버텨내고 있었던 것입니다.

오늘 직장을 구하지 못해 고통 받는 청년들이나 자녀들로 말미암아 고통 받는 부모, 병으로 고통 받는 많은 성도, 다른 사람들로부터 학대와 멸시를 견딜 수밖에 없는 사람 등 고통 가운데 있는 사람 모두 위로가 필요합니다. 우리는 모두 자신의 아픔과 괴로움을 위로할 수 있는 사람을 찾고 있는데, 위로해줄 만한 사람이 우리 눈에 보이지 않습니다. 왜냐하면 '위로' 라고 하는 것은 우리가 고통 받고 있을 때 옆에서 이야기를 들어주고 그 고통을 이해해주고 더 이상 고통 받지 않도록 도와줄 수 있어야 하기 때문입니다. 누군가를 위로해주려면 자신의 시간이나 물질에 손해를 봐 가면서 남의 고통을 나눌 수 있어야 하는데 요즘은 이런 사람이 참으로 드뭅니다. 그러다 보니 고통당하는 사람의 삶은 고통 그 자체가 됩니다.

그러나 사도 바울은 우리 모두에게 위로자가 있다고 말합니다. 그분이 바로 우리가 믿는 하나님입니다. 사도 바울은 하나님이 모든 고통 가운데서 자신을 능히 위로하셨다고 말합니다. 우리는 어떻게 하나님이 고통을 겪고 있는 우리의 위로자가 될 수 있는지 잘 이해되지 않습니다. 하나님은 눈에 보이시지도 않고 우리에게 돈도 주시지도 않고 우리를 고통스럽게 하는 나쁜 사람을 쫓아주시지도 않는데, 어떻게 하나님이 우리의 위로자가 될 수 있을까요? 우리는 하나님이 우리의 위로자가 되는 비결을 배워야 살 소망이 없는 세상을 살아갈 수 있습니다.

1. 그동안 있었던 일

사도 바울은 2차 전도여행에서 아덴 전도에서 큰 성과를 내지 못한 채 고린도로 와서 과연 술 좋아하고 우상 숭배에 빠진 자들이 복음을 들으려고 할 것인지 두려워 많이 떨었다고 했습니다. 그래서 되든지 안 되든지 오직 예수님의 십자가만 전하자고 결심한 뒤 십자가 복음만 전했는데, 복음을 듣고 많은 사람이 예수를 믿고 교회가 세워지게 되었습니다. 그럼에도 고린도 교인들은 워낙 세상에 젖어 지내던 사람이다 보니 예수를 믿고 나서도 우상 숭배를 하는 자가 있었고, 자신이 배운 것을 가지고 다툼과 분열을 일으키는 자도 있었고, 부활을 불신하는 자도 있었습니다. 게다가 고린도 교인들은 방언의 은사를 최고로 생각하는 경향이 있었습니다.

스데바나와 몇몇 사람이 바다 건너 에베소에 있는 사도 바울을 찾아와 교회의 문제를 가지고 고린도 교인들의 신앙 문제에 대해 질의했습니다. 사도 바울은 그 답변으로 고린도전서를 썼습니다. 그런데 고린도 교회에 사도 바울을 싫어하는 목회자들이 생겼습니다. 그들은 바울의 사도권을 부정하는 발언을 많이 해서 교인들과 사도 바울을 이간질했습니다. 사도 바울은 자신이 직접 고린도에 와서 교인들을 만나 모든 문제를 풀려고 했지만 에베소에서 영적 전쟁이 너무 치열했기 때문에 고린도로 올 수가 없었습니다. 그래서 사도 바울은 편지에 디모데를 보내겠다고 하면서 그의 말을 잘 들어주기를 바란다고 썼습니다.

사도 바울은 오순절까지 에베소에 있다가 고린도로 오지 못하고 북쪽에 있는 마게도냐로 가게 됩니다. 그 이유는 고린도 교회와의 관계가 악화되었기 때문입니다. 그러자 이 일을 가지고 사도 바울을 또다시 비난하는 자가 있었습니다. 즉 사도 바울은 말은 번지르르하게 하면서 실제로는 이랬다저랬다 하는 사람이고, 자신들을 만나 변론하기가 무서워 먼 곳으로 도망친 비겁한 사람이라고 소문을 냈던 것입니다. 이런 상황에서 사도 바울은 마게도냐에서 엄청 고민하고 있었는데, 다행히 디도가 와서 고린도 교인들이 사도 바울을 잘 이해하게 되었다는 소식을 전해주었습니다. 그러자 마음에 큰 위로를 받고 고린도후서를 써서 보낸 뒤 자신 역시 고린도로 가서 교인들을 만나고, 여기서 불후의 작품 로마서를 저술합니다.

고린도후서 2장을 보면 사도 바울이 아주 짧지만 '근심 어린 방문' 을 한 것을 알 수 있습니다. 즉 사도 바울은 에베소를 완전히 떠나기 전에 잠시 고린도를 방문했는데, 그때 서로 마음이 상하고 오해도 있는 근심의 방문이었던 것입니다. 그래서 사도 바울은 "내가 다시는 너희에게 근심 중에 나아가지 아니하기로 스스로 결심하였노니" (고후 2:1)라고 말합니다. 아마도 사도 바울이 중간에 짧은 기간 고린도를 방문해서 그들을 많이 책망했던 것 같습니다. 그러나 모든 것을 덮어두기보다 이렇게 드러내놓고 근심하게 하고 책망한 것이 고린도 교인들에게 자기 자신들을 살피는 데 도움이 되었던 것으로 보입니다.

학자들 가운데 고린도후서가 하나의 서신이 아니라 두 개의 서신이 합쳐진 것이라고 주장하는 사람이 많습니다. 즉 고린도후서 1장부터 9장까지가 하나의 서신이고, 10장부터 13장까지는 별개의 서신이라고 보는 것입니다. 이렇게 주장하는 것은 10장부터 13장까지 사도 바울이 자신의 사도권을 변호하면서 격렬하게 자신의 감정을 말하고 있기 때문입니다. 그래서 학자들은 10장부터 13장까지의 내용이 먼저 보낸 눈물의 편지가 아니었을까 주장하는 것입니다. 그러나 문제는 오래된 사본들 가운데 그런 사본이 없다는 것입니다. 우리 생각으로는 편지 내용이 앞부분부터 과격하면 사람들이 아예 편지를 읽지 않을 수도 있기 때문에 사도 바울이 편지의 뒤쪽에 몰아서 자신의 격한 감정을 드러내지 않았을까 추측해 볼 뿐입니다.

고린도후서에는 주옥같은 하나님의 말씀이 많습니다. 즉 하나님의 약속은 그리스도 안에서 얼마든지 '예' 가 된다는 말씀이라든지(1:18), 우리는 '그리스도의 향기' 를 나타내는 사람이라든지(2:15), 이제는 우리가 '수건을 벗은' 모습으로 하나님의 영광을 본다든지(3:18), 우리는 보배를 가득 담은 질그릇이라든지(4:7), 나이 든 사람들이 좋아하는 "그러므로 우리가 낙심하지 아니하노니 우리의 겉사람은 낡아지나 우리의 속사람은 날로 새로워지도다"(4:16)라는 말씀이라든지, 사도 바울이 구체적으로 얼마나 많은 매를 맞고 얼마나 많은 죽음의 위기를 겪었는지 하는 내용이라든지(11:24-27), 급기야 사도 바울이 셋째 하늘에 이끌려 간 체험이라든지(12:1-4), 사도 바울 자신에게 병이 있는데 세 번씩이나 간절히 이 병이 낫기를 기도했지만 주님이 "내 은혜가 네게 족하다"라고 하시면서 그의 병을 고쳐주시지 않은 것(12:7-9) 등 주옥같은 말씀이 있습니다.

사도 바울은 마게도냐에 오기 전 아시아에서 엄청난 고통과 환난을 당했지만 하나님은 그 고통에 흘러넘치는 위로를 주셨다고 말합니다. 그런데 당시 고린도 교인들 역시 무슨 이유인지 모르지만 엄청난 고통을 받고 있었습니다. 사도 바울은 자신이 하나님으로부터 받았던 위로로 너희를 위로하고자 한다고 말합니다. 사도 바울은 고통 받는 고린도 교인들이 이 고린도후서를 읽으면서 자신처럼 하나님의 위로로 말미암아 위로 받기를 바랐던 것입니다.

2. 영적 권세의 중요성

우리는 모두 이 세상에 몸 담고 살아가고 있습니다. 우리의 지위나 권세, 부는 모두 세상의 신분이나 성공으로 말미암아 결정됩니다. 이런 이유로 우리 한 사람 한 사람에게는 이 세상의 지위나 성공이 아주 중요합니다. 그런데 이 세상에 하나님의 나라가 들어왔습니다. 하나님은 예수님을 이 세상에 보내셔서 예수 믿는 사람이 생겨나게 하시고, 교회가 생기게 하시고, 믿음으로 살아가게 하셨습니다.

반면 우리는 이 세상 사람인지, 하나님 나라의 사람인지, 세상과 하나님 나라에 양다리를 걸치고 있는 사람인지 그 정체성이 모호할 때가 많습니다. 즉 이 세상을 사는 동안 주어진 행복이나 삶의 조건은 우리가 가진 세상의 지위나 능력에 따라 결정됩니다. 그러나 우리는 또 다른 믿음의 세계에 속해 있습니다. 우리는 세상의 지위나 성공, 교회 생활이나 믿음 가운데서 어느 것이 우리 행복에 더 중요한지 모를 때가 많습니다. 이런 이유로 사도 바울은 이 고린도후서를 썼습니다. 즉 우리는 이 세상에 살지만 하나님 나라의 백성이고 하나님의 능력으로 살아야 하는 사람인 것입니다.

1절, "하나님의 뜻으로 말미암아 그리스도 예수의 사도 된 바울과 형제 디모데는 고린도에 있는 하나님의 교회와 또 온 아가야에 있는 모든 성도에게"

사도 바울은 먼저 고린도 교회와 그 북쪽 지방인 아가야 지방에 있는 성도들에게 문안 인사를 합니다. 우리는 때때로 하나님의 말씀이면 충분하지 인사가 무슨 필요가 있겠느냐고 생각하기도 합니다. 그러나 사람은 아주 약한 존재이기에 작은 인사에도 엄청나게 기분이 좋아지기도 하고, 어느 때는 말 한 마디에 기분이 크게 상하기도 합니다. 이처럼 우리는 믿음도 중요하지만 별것 아닌 것 같은 인사가 우리의 이미지를 완전히 다르게 바꾸기도 합니다.

예수님은 인사의 중요성에 대해 다음과 같이 말씀합니다.

"또 너희가 너희 형제에게만 문안하면 남보다 더하는 것이 무엇이냐 이방인들도 이같이 아니하느냐"(마 5:47).

예수 믿는 사람은 대개 하나님 앞에서 죄짓지 않고 살려고 하다 보니 다른 사람들과의 관계를 소홀히 하기가 쉽습니다. 다른 사람에게 인사도 잘 안 하고 말도 잘 안 하고 지내는 것입니다. 그러면 다른 사람들은 '저 사람은 나에게 무슨 불만을 가지고 있는 모양이지' 라고 생각하거나 '굉장히 무서운 사람이야' 라는 인상을 주게 됩니다. 하나님의 백성은 고생도 많이 하고 연단을 통과하면서 얼굴이 굳어지기도 하고 말이 없어지기도 하기 때문에 다른 사람들에게 무서운 인상을 줄 수 있습니다. 그런데 하나님의 백성에게 일단 한번 말을 붙여 보면 마음이 따뜻하고 겸손하고 생각이 아주 깊고 웃을 때 매력적인 것을 보게 됩니다. 예수 믿는 사람이 다른 사람의 미움이나 오해를 많이 받는 것은 사교적이지 못해 그런 경우가 많습니다. 따라서 우리 예수 믿는 사람은 의무적으로 다른 사람에게 웃거나 인사를 적극적으로 할 필요가 있습니다.

우리는 하나님과의 관계만 생각하거나 주눅이 들어 사람들과 잘 사귀려고 하지 않습니다. 그러나 하나님이 우리에게 은혜를 주시고 자신감을 주시면 적극적인 마음이 생겨 다른 사람에게 웃기도 하고 인사도 잘하게 되는데, 그 모습이 얼마나 매력적으로 보이는지 모릅니다. 이처럼 하나님의 백성이 다른 사람에게 인사도 잘하고 예의를 갖춰 이야기를 한다면 상대방은 마음을 열게 됩니다.

사도 바울은 자신이 사도가 된 것에 대하여 "하나님의 뜻으로 말미암아 그리스도 예수의 사도 된 바울"이라고 말합니다. 여기서 '하나님의 뜻으로 사도가 되었다' 는 것은 지금 사도 바울이 고린도 교회에 대해 집착하는 것이 개인적인 야망이나 욕심이 아니라는 뜻입니다. 즉 사도 바울도 인간이기에 '하나님의 뜻' 이 아니었다면 "너희가 싫다면 그만두어라. 나도 답답할 것이 아무것도 없다" 라고 하면서 포기했을 수도 있습니다. 그러나 부모와 자식의 관계는 그만두고 싶다고 해서 그만둘 수 없듯 사도와 교회의 관계도 하기 싫다고 해서 그만둘 수가 없습니다. 사도는 주님이 가라고 하면 몇 번이든지 가야 하고 편지를 쓰라고 하면 몇 번이라도 써서 그들에게 하나님의 뜻을 전해야 합니다. 왜냐하면 우리는 이 세상에 있지만 하나님의 백성이기 때문입니다.

우리는 이 세상을 사는 동안 세상의 지위가 중요한지 하나님의 영적인 권세가 중요한지 모를 때가 많습니다. 물론 이 세상의 모든 일은 세상의 힘에 의해 결정됩니다. 세상의 힘에 의해 전쟁을 하기도 하고 큰 공사를 하기도 하고 돈을 벌기도 합니다. 이 세상 사람의 눈으로 보면 영적 권세는 아무것도 아닌 것처럼 보입니다. 그러나 세상도 살리고 자신도 살리는 것이 바로 하나님의 영적 권세입니다.

아브라함 당시 가나안 땅에는 수많은 왕과 장군, 부자가 있었습니다. 그러나 당대 역사의 주인공은 떠돌이 목자였던 아브라함이었습니다. 왜냐하면 그에게는 영적 권세가 있었기 때문입니다. 애굽의 바로는 아브라함의 부인 사라를 첩으로 빼앗아 갔지만 결국 영적 힘에 굴복해 사라를 돌려보냈습니다. 하나님은 가나안 땅에 전쟁이 일어났을 때 아브라함에게 포로로 붙들려 갔던 롯과 소돔 사람들을 다 찾아오게 하셨습니다. 하나님은 아브라함에게 소돔과 고모라의 멸망을 위해 기도하게 하시고, 결국 그 기도 덕분에 롯과 두 딸과 작은 성인 소알이 구원받게 됩니다.

야곱은 형 에서에게 쫓겨 야반도주하는 신세가 됩니다. 그러나 그는 빈들에서 돌을 베고 자다가 하나님을 만나게 됩니다. 야곱은 하란 땅에서 외삼촌 라반의 종이 되어 20년을 보냈는데 하나님은 야곱이 부자가 되게 하셨고, 나중에 도망칠 때 라반의 꿈을 통해 야곱에게 손대지 말라고 경고하셨습니다. 요셉은 형들의 미움을 받아 애굽에 노예로 팔려 가게 되고 나중에는 감옥에 갇힌 죄수가 되었지만 칠년 대흉년에 애굽 사람과 가족과 많은 가나안 족속을 살리는 일을 하게 됩니다. 모세는 애굽의 노예 감독 한 명을 죽이고 도망친 살인자였지만 불타는 떨기나무에서 하나님을 만난 뒤 지팡이 하나 들고 바로를 찾아가서 열 가지 재앙을 퍼붓고 홍해 바다를 갈라 이스라엘 백성을 애굽으로부터 탈출시켰습니다.

이런 것을 보면 세상 권세는 눈에 보이지만 스케일이 아주 작다는 것을 알 수 있습니다. 반면 영적 권세는 눈에 보이지 않지만 스케일이 어마어마하게 큰 것을 알 수 있습니다. 요즘처럼 미래를 알 수 없는 세상에서 필요한 것은 세상의 지위나 권세가 아니라 영적 권세입니다. 목회자와 하나님의 백성은 영적 권세를 가지고 있어야 죄에 빠지지 않고 침체에 빠지지 않고 전쟁을 막을 수 있습니다. 이 세상에서 일어나는 모든 큰 사고와 전쟁, 자살 등은 마귀들이 새카맣게 몰려나와 사람을 죽음으로 몰고 가는 것입니다. 이런 사탄의 세력 앞에서 세상의 지위나 세력은 아무 힘도 없습니다. 이때 사탄을 이길 수 있는 유일한 것은 하나님의 능력입니다. 하나님은 그 능력을 주시기 위해 우리를 그분의 백성이 되게 하셨습니다. 우리는 하나님의 뜻을 붙들어야 이 능력을 받을 수 있습니다. 세상과 하나님 사이에 양다리를 걸치면 이 능력과 권세를 받을 수 없습니다.

사도 바울은 이 모든 어려움을 이길 수 있는 것은 하나님의 은혜라고 말합니다. 하나님의 은혜는 우리에게 거저 주어지는 하나님의 생명의 능력입니다.

우리는 이 세상에서 숨을 쉬지 않거나 물을 마시지 않고는 살 수가 없습니다. 마찬가지로 하나님의 은혜 없이는 한순간도 평안할 수 없고 건강할 수 없고 숨을 쉴 수도 없습니다. 우리에게 하나님의 은혜가 끊어지면 그 즉시 사고가 터지고 우울증이나 불면증, 암 등 사탄의 공격이 시작될 것입니다. 하나님의 말씀이 끊어지면 은혜가 사라지게 됩니다. 하나님의 백성에게 은혜가 끊어지면 세상 사람보다 더 불안해하고 더 강퍅하고 더 사나워질 것입니다. 결국 하나님의 말씀을 받아들이고 그 말씀대로 기도할 때 은혜가 회복됩니다.

3. 환난 중에 위로하시는 하나님

이제 사도 바울은 본격적으로 이야기를 시작합니다. 그는 하나님은 모든 환난 가운데 능히 우리를 위로하시는 하나님이라고 말합니다.

3-4절, "찬송하리로다 그는 우리 주 예수 그리스도의 하나님이시요 자비의 아버지시요 모든 위로의 하나님이시며 우리의 모든 환난 중에서 우리를 위로하사 우리로 하여금 하나님께 받는 위로로써 모든 환난 중에 있는 자들을 능히 위로하게 하시는 이시로다"

'위로'는 '고통'과 관계가 있습니다. 즉 사람은 몸이 다치거나 병들면 고통 받게 되고, 그때 위로 받으면 고통이 줄어들게 됩니다. 그런데 사람에게 육체의 고통보다 더 큰 것이 마음의 고통입니다. 사람이 말로 다른 사람으로부터 공격을 당해 상처를 입거나 육체적으로 매를 맞아서 아프거나 큰 근심과 걱정거리가 있으면 마음이 아플 것입니다. 그러나 이때 누군가가 위로해주면 근심에서 벗어날 수 있지만 아무도 위로해주는 사람이 없으면 계속 고통 가운데 머물게 됩니다. 특히 요즘은 큰 어려움이 닥치면 자포자기하고 자신의 삶을 포기하는 사람이 많습니다. 고통 받는 자를 위로해주려고 하면 일단 그 사람 가까이 있어야 하고, 그의 고통을 이해할 수 있어야 하며, 그의 고통이 없어지도록 옆에서 도움을줄 수 있어야 합니다. 그런데 이 세상에서 자기 혼자만으로도 살아가기 바쁘다 보니 다른 사람의 고통에 관심을 갖는 사람이 별로 없습니다. 사도 바울은 하나님이 자비의 아버지이시고 모든 위로의 하나님이시라고 말합니다. 즉 하나님은 우리가 겪는 고통이 그 어떤 고통이든지 위로해줄 수 있는 능력을 가진 하나님이라는 뜻입니다.

사실 오늘날 사람들이 겪는 고통이 얼마나 다양합니까? 어떤 사람은 부부 문제로, 또 어떤 사람은 돈 때문에, 어떤 사람은 병 때문에, 어떤 사람은 직장 상사 때문에 고통 받고 있습니다. 본문은 하나님이 우리의 이 모든 고통을 위로해주실 수 있는 분이라고 말씀합니다. 하나님은 어떻게 우리를 이런 여러 가지 고통에서 건져내어 주실 수 있을까요?

5절, "그리스도의 고난이 우리에게 넘친 것같이 우리가 받는 위로도 그리스도로 말미암아 넘치는도다"

우리 예수 믿는 사람이 당하는 고통은 모두 그리스도의 고난이라고 말씀합니다. 이것이 우리의 희망입니다. 우리가 당하는 모든 고통은 나 혼자 당하는 고통이 아니라 그리스도 때문에 당하는 고통이고, 그리스도와 함께 당하는 고통입니다. 그런데 이 고통이 때때로 우리가 감당할 수 있는 범위를 넘어설 때가 있습니다. 물이 그릇에서 넘쳐버리면 더 이상 주워 담을 수 없는 것처럼 이런 경우 우리의 힘으로는 수습할 수가 없습니다.

예를 들어 물에 빠졌을 때 물이 우리 배까지 차오르고 목까지 차오르고 나중에 코까지 차오르면 이것은 우리가 감당할 수 있는 수준을 넘어버린 것으로, 우리는 곧 의식을 잃고 죽고 말 것입니다. 사람이 슬픔을 감당할 수 있을 때는 가슴 아파하지만 자신이 감당할 수 있는 범위를 넘어버리면 기절해버리거나 미쳐버릴 것입니다.

사도 바울에게 닥친 고난은 그가 감당할 수 있는 범위를 넘어서는 것이었습니다. 고난의 물결은 그의 코를 넘어버렸습니다. 이제 사도 바울은 숨을 쉴 수 없게 되었고 거의 죽게 지경에 이르렀습니다. 그런데 예수님이 갑자기 그의 손을 잡아 고난의 구덩이에서 번쩍 들어 올리셨습니다. 이는 위로가 감당할 수 있는 수준을 넘어선 것입니다. 하나님이 얼마나 사도 바울에게 많은 기쁨을 주시고 또 주셨던지 그는 이 위로로 숨을 쉴 수 없었던 것입니다. 하나님은 사도 바울에게 좋은 것이라는 것은 다 주셔서 그에게 위로가 차고 넘쳤습니다.

서울에서 개척교회를 할 때 교인들의 다양함 때문에 힘들 때가 종종 있었습니다. 교인과 관련해 힘들 때면 하나님은 꼭 위로를 해주셨습니다. 어느 때는 기업체의 직원 수련회에서 설교를 하게 하셨는데, 그 장소가 설악산에 위치한 호텔이었습니다. 당시 아내와 그곳에 가서 많은 위로를 받았습니다. 또 어느 때는 목회가 너무 힘들어 그만두어야 하는 것 아닌가 생각하고 있을 때 강원도에 있는 대학생들이 춘천의 모 대학에서 수련회를 가졌는데 강사로 가게 되었습니다. 그때 설교를 듣고 난 학생들이 보라색으로 된 큰 꽃

다발을 주고 박수를 쳐주었는데, 얼마나 큰 위로를 받았는지 모릅니다.

대구에 내려와 몸이 많이 아프고 나서 회복이 덜 되었을 때인데, 대구 전체 부활절 연합예배에서 설교를 해달라는 요청을 받았습니다. 당시 대구에 사는 수만 명의 성도가 모였고 설교가 시작되었을 때 대구의 성도들이 큰 교회, 작은 교회 할 것 없이 모두가 하나 되는 것을 제 영의 눈으로 확인할 수 있었습니다. 또한 우리 주님이 위대하게 임재하시는 것을 볼 수 있었습니다. 대구의 성도들이 시민운동장에 교회 팻말을 들고 열을 맞춰 찬송을 부르며 들어오셨는데, 마치 평양 대부흥회 때 있었던 일이 다시 일어나는 것 같았습니다. 그날도 정말 큰 위로를 받았습니다. 이처럼 하나님은 우리에게 넘치는 환난도 주시지만 그 환난 가운데 넘치는 위로도 주십니다.

하나님은 구체적으로 어떻게 우리를 고통 가운데서 위로하실까요? 하나님은 우리가 병에 걸리거나 사람들의 박해나 여러 가지 어려움으로 고통받을 때 하나님의 말씀으로 위로를 하십니다. 고통 가운데 있을 때 설교 말씀을 들으면 하나님은 우리 이야기를 하십니다. 하나님은 우리가 고민하고 있는 바로 그 문제에 대해 말씀하면서 "내가 너의 고통을 알고 있다. 너는 더 이상 혼자가 아니다"라고 위로하시는데, 그 말씀으로 큰 위로를 받게 됩니다. 즉 하나님은 우리 한 사람 한 사람의 사정을 다 알고 계십니다. 하나님의 위로를 받고 나면 이상하게 고통이 가벼워지고 마음에 기쁨이 생깁니다. 하나님은 고통당하는 성도들의 고통을 줄여주시기도 하고, 어느 때는 생각지도 않은 돈이 생기게 하시며, 어느 때는 우리에게 고통 주는 사람을 멀리 보내버리시기도 합니다.

하나님은 수많은 지혜의 말씀으로 우리를 무장시켜 주시고, 고통 받는 성도가 혼자 기도하거나 찬송하고 있을 때 성령이 부어지는 체험을 하게 하십니다. 마치 예수님이 변화산에서 영광스럽게 변화되셨듯 우리 영혼 속에 빛이 가득하게 해주십니다.

사도 바울은 아시아에서 엄청난 환난과 고통을 당했습니다.

"유대인들에게 사십에서 하나 감한 매를 다섯 번 맞았으며 세 번 태장으로 맞고 한 번 돌로 맞고 세 번 파선하고 일 주야를 깊은 바다에서 지냈으며 여러 번 여행하면서 강의 위험과 강도의 위험과 동족의 위험과 이방인의 위험과 시내의 위험과 광야의 위험과 바다의 위험과 거짓 형제 중의 위험을 당하고 또 수고하며 애쓰고 여러 번 자지 못하고 주리며 목마르고 여러 번 굶고 춥고 헐벗었노라"(11:24-27).

이런 상황에서 사도 바울은 어떻게 살아날 수 있었을까요? 사도 바울은 매도 수없이 맞았습니다. "사십에서 하나 감한 매"는 사십 대를 때리면 사람이 죽을까 봐 서른아홉 대를 때리는 매를 말합니다. 사도 바울은 태장도 맞았고 돌도 맞았고 강도도 만났습니다. 그리고 감옥에 들어가 쇠고랑을 차기도 하고 바다에 빠지기도 하고 강에 휩쓸려 가기도 했습니다. 그는 고린도 교회의 문제로 크나큰 고민에 빠지기도 했습니다.

사도 바울은 "나는 날마다 죽노라"(고전 15:31)고 말했습니다. 사람이 어떻게 날마다 죽을 수 있을까요? 이런 불안과 위기 가운데서 어떻게 그의 신경이 견디어낼 수 있었으며, 그 스트레스를 어떻게 감당할 수 있었을까요? 이런 고통을 이겨냈기에 사도 바울은 위대한 인물이 될 수 있었던 것입니다. 고통 가운데 있을 때 하나님은 모든 방법을 써서 사도 바울을 위로하시고 그를 넘어지지 않게 붙잡아주시고 그의 생명을 지켜주셨습니다. 그래서 사도 바울은 매일 죽었지만 매일 다시 살아나는 체험을 했습니다.

사도 바울은 고린도 교인들도 이런 고난을 당하리라는 것을 알고 있었습니다. 물론 그들의 고난은 사도 바울의 고난과 비교할 바가 되지 못했습니다. 그러나 사도 바울이 고난 중에 승리한 이야기는 분명히 고린도 교인들에게도 큰 위로가 되었습니다.

6절, "우리가 환난 당하는 것도 너희가 위로와 구원을 받게 하려는 것이요 우리가 위로를 받는 것도 너희가 위로를 받게 하려는 것이니 이 위로가 너희 속에 역사하여 우리가 받는 것 같은 고난을 너희도 견디게 하느니라"

사도 바울이 받았던 위로가 어떻게 먼 곳에 있는 고린도 교인들에게 위로가 될 수 있었을까요? 바로 이 말씀이 동일하게 역사했기 때문에 가능했던 것입니다. 오늘 이 말씀을 듣는 우리 성도들에게 하나님의 기적이 나타날 것입니다.

고통은 우리를 절망하게 하는 것이 아니라 기대감을 갖게 합니다. 하나님이 더 놀라운 것으로 우리를 위로하시리라 믿기 때문입니다.

사도 바울은 자신의 믿음의 싸움이 얼마나 처절했는지 말하고 있습니다.

8-9절, "형제들아 우리가 아시아에서 당한 환난을 너희가 모르기를 원하지 아니하노니 힘에 겹도록 심한 고난을 당하여 살 소망까지 끊어지고 우리는 우리 자신이 사형 선고를 받은 줄 알았으니 이는 우리로 자기를 의지하지 말고 오직 죽은 자를 다시 살리시는 하나님만 의지하게 하심이라"

사도 바울은 얼마나 위기가 심각하고 병이 심했는지 살 소망이 끊어져버렸다고 말합니다. 즉 그 어려움에서 도저히 살아날 자신이 없었다는 말입니다. 그리고 사도 바울은 자신이 사형 선고를 받은 줄 알았다고 말합니다. 그는 이 세상에서 의지할 수 있는 것이 아무것도 없었습니다. 오직 하나님 외에는 바라볼 곳이 없었습니다. 그런데 이상하게 사도 바울은 살아났고, 다른 많은 사람도 살릴 수 있었습니다.

사도 바울은 앞으로도 하나님이 사망에서 우리를 살리실 거라고 약속하고 있습니다.

10절, "그가 이같이 큰 사망에서 우리를 건지셨고 또 건지실 것이며 이후에도 건지시기를 그에게 바라노라"

사도 바울은 하나님이 앞에서도 큰 사망에서 건지셨고, 또 건지실 것이며, 앞으로도 또 건지실 줄 믿는다고 했습니다. 이것은 우리 모두에게도 반드시 살 길이 있다는 뜻입니다. 우리에게는 저마다 살 길이 있고, 우리 모두는 아름답게 살아갈 수 있습니다. 우리는 이것을 믿음으로써 절대로 낙심하지 말아야 합니다.

대신 우리는 말씀의 종을 위해 기도해야 합니다.

11절, "너희도 우리를 위하여 간구함으로 도우라 이는 우리가 많은 사람의 기도로 얻은 은사로 말미암아 많은 사람이 우리를 위하여 감사하게 하려 함이라"

하나님 말씀과 모든 것은 함께 가게 되어 있습니다. 그래서 하나님 말씀이 없는 축복은 진정한 축복이 아닙니다. 하나님 말씀이 풍성하게 있으면 우리는 하나님의 모든 축복을 받을 수 있습니다. 우리 몸에서 심장이 가장 중요하듯 우리는 말씀의 종을 지켜야 하고 그를 위해 모든 환난을 이길 수 있도록 기도해야 합니다. 그래서 모두가 하나님의 위로를 받고 아름다운 삶을 찾는 성도가 되기를 바랍니다.

성경 토의

1. 오늘 우리가 생각하고 있는 하나님은 너무 멀리 계시고 우리에게 무관심하신 하나님인가, 아니면 자비의 아버지이시며 모든 환난 가운데 위로하시는 하나님인가? 요즘 어떤 위로가 필요하며, 어떤 도움을 받길 바라는가?

2. 사도 바울은 살 소망이 끊어지고 사형 선고를 받은 것처럼 되었다고 말하는데, 사형 선고를 받은 것 같은 질병이나 경제적 어려움에 처한 적이 있는가? 사도 바울은 이런 어려움을 통해 오직 죽은 자를 살리시는 하나님만 의지하게 하신다는 것을 깨달았다고 했는데, 우리는 무엇에 의지하고 있는가?

3. 사도 바울은 여전히 자기에게는 교인들의 기도의 도움이 필요하다고 말하면서 고린도 교인들에게 기도로 도와달라고 부탁하고 있다. 자신을 위해 기도해주는 교인이 있는가? 그리고 지금 어떤 목회자를 위해 기도하고 있는가?

02_아멘의 신앙

고린도후서 1:12-24

전체적 설명

사도 바울은 먼저 고린도 교인들에게 자신이 고린도를 들렀다가 마게도냐로 가고, 또 거기서 고린도에 와서 그들의 도움을 받아 예루살렘으로 가기를 원한다고 했다(16절). 사도 바울은 이 일정을 고린도 교인들에게 알렸고, 자신도 그렇게 하려고 했다. 그러나 그는 고린도 교회의 사정이 썩 좋지 못하다는 소식을 듣고 그렇게 하지 않는 것이 좋겠다고 판단했다. 고린도 교회 내에 아직 해결되지 못한 죄도 있고, 사도 바울에 대한 불신도 남아 있어 이런 상태에서 방문하는 것은 서로에게 큰 상처를 줄 수도 있었기 때문이다. 그래서 사도 바울은 이 두 번째 방문을 비공식적으로 한 것 같다. 즉 그는 교인들을 만나 말씀을 전하거나 장기간 머무르지 않고 비공식으로 방문해 중요한 사람들만 만나 잘못된 일을 처리하라고 지시한 것으로 보인다. 그런데 고린도후서에서 중요한 것은 사도 바울이 이런 사무적인 일만 기록한 것이 아니라 그것을 훨씬 넘어서는 귀한 하나님의 진리를 말하고 있다는 점이다. 사도 바울은 여기서 하나님의 약속은 그리스도 안에서 얼마든지 '예'가 된다고 말한다(19절). 즉 우리가 그리스도 안에 있기만 하다면 하나님은 모든 것을 주시는 분이다.

설교
프리노트

12절, "특별히 너희에 대하여 하나님의 거룩함과 진실함으로 행하되"

사도 바울이 고린도 교회에서 행한 것은 당시 고린도나 아테네에서 다른 선생들이 행하던 것과 많이 달랐다. 당시 고린도나 아테네에서는 철학이나 변증학 등을 가르치는 선생이 많았고, 그들은 대개 사설 학원을 경영하거나 요즘처럼 과외하듯 제자들을 가르쳤다. 그래서 일반 세상 선생은 자신의 영리를 목적으로 제자들에게 지식을 가르쳤고, 그 가르침은 대부분 수단과 방법을 가리지 않고 재판에서 이기거나 정치에서 이기도록 하는 것이었다. 그러다 보니 그들은 대중을 선동하는 연설을 가르쳤고 말을 잘할 수 있는 방법을 가르쳤다. 반면 사도 바울은 사설 학원이 아니라 교회로 그들을 모이게 했고, 그들한테서 전혀 돈을 받지 않았다. 사도 바울은 세상의 웅변술이나 변증술 등을 가르친 것이 아니라 오직 예수 그리스도의 십자가와 복음을 전했다. 그럼에도 고린도 교회에는 세상의 사설 학원보다 더 많은 사람이 몰렸고 부흥이 일어났다. 이것은 당시 사람들에게는 신기한 일이었고, 사도 바울은 이것이야말로 하나님의 은혜이고 영적 능력이라고 말했다. 즉 세상적인 방법을 쓰지 않고 하나님 말씀만 전했음에도 이렇게 사람들이 몰린 것은 하나님의 은혜였다고 말한다. 그리고 이것은 사도 바울의 양심이 증거 하는 것이고 그들의 자랑이라고 말한다. 요즘 교회는 사람을 더 모으기 위해 세상적인 방법이나 지식을 많이 쓰고 있는데, 이는 한번쯤 생각해 봐야 할 문제다.

13절, "오직 너희가 읽고 아는 것 외에 우리가 다른 것을 쓰지 아니하노니"

당시 고린도 교인들에게는 이미 읽을 수 있는 성경이 있었고, 알고 있는 기본적인 진리가 있었다. 그들이 읽었던 성경은 헬라어로 번역된 구약성경 70인경이었을 것으로 생각된다. 그리고 사도 바울이 가르친 주 예수 그리스도의 복음은 어느 정도 체계를 갖추고 있었던 것 같다. 사도 바울은 그 이상의 복음은 쓸 필요가 없다고 말하고 있다. 고린도 교인들이 알고 있던 복음은 그 정도로 완전한 것이었기 때문이다. 그럼에도 고린도 교인들은 자신들의 복음이 부족하다고 생각해 세상 철학을 더 배우고자 했다. 그러나 그리스도의 날에는 지금 고린도 교인들의 모습은 자랑이 되고, 그들도 이 완전한 복음을 전해준 사도 바울을 자랑하게 될 것이다(14절).

15절, "내가 이 확신을 가지고 너희로 두 번 은혜를 얻게 하기 위하여"

사도 바울은 첫 번째로 고린도를 떠난 뒤 고린도를 두 번째로 정식 방문해 말씀을 증거 하려는 계획을 가지고 있었다. 그렇게 할 때 고린도 교회에 틀림없이 부흥이 일어날 것을 확신하고 있었다. 본문에서 '너희로 은혜를 얻게 한다' 는 뜻은 고린도 교인들이 함께 모여 하나님의 말씀을 듣는 것을 말한다. 사도 바울은 그렇게 해서 북부 지방에 있는 마게도냐로 갔다가 거기서 다시 고린도로 와서 고린도 교인들의 헌금을 거두어 어려움 가운데 있는 예루살렘 교인들을 돕기 위해 가기를 원했던 것이다. 그러나 이 일정은 사도 바울이 떠난 뒤 고린도에 온 목회자와 지도자들로 말미암아 변경될 수밖에 없었다. 왜냐하면 그중에 음행을 행한 자가 있었고 우상의 음식을 먹는 자가 있었고 세상 법정에 고소한 자가 있었기 때문이다. 그래서 사도 바울은 두 번째 방문을 공식화하지 않고 에베소에서 잠깐 비공식적으로 방문하여 이런 죄들에 대해 처리하는 것만 이야기하고 다시 에베소로 돌아간 것이다.

17절, "이렇게 계획할 때에 어찌 경솔히 하였으리요"

사도 바울은 처음 자신의 여행 계획을 짤 때 하나님의 뜻을 생각하면서 교회에 가장 유익이 되는 방법으로 신중하게 짰다. 또한 중간에 이것을 변경할 때도 주님의 뜻을 살피고 교회의 유익을 생각해 신중하게 결정했다. 그럼에도 사도 바울은 고린도 교회의 유익을 위해 중간 계획을 바꿔야 할 필요성을 느꼈다. 이 계획의 변경으로 고린도 교인들은 사도 바울에 대하여 상당한 불신감을 갖게 되었는데, 그들의 생각에 사도 바울이 이랬다저랬다 하는 믿을 수 없는 사람처럼 보였기 때문이다. 예를 들어 어느 지역에서 무슨 연합집회 같은 것을 준비하고 있다가 갑자기 강사의 사정으로 집회를 취소해야 한다면 준비하는 사람들은 당황할 수밖에 없다. 이런 일이 일어나고 나면 다시는 그 사람을 불러 연합집회를 하지 않겠다고 생각할 것이다. 그러나 사도 바울은 자신이 이렇게 하는 것은 그냥 대수롭지 않게 '예, 예' 하면서 '아니요, 아니요' 라고 결정한 사항이 아니라고 말한다. 즉 이것은 되는 대로 결정한 것이 아니라는 뜻이다.

18절, "하나님은 미쁘시니라 우리가 너희에게 한 말은 예 하고 아니라 함이 없노라"

여기서 사도 바울은 이 계획 변경을 넘어 하나님의 중요한 원칙을 설교하고 있다. 그것은 우리가 바른 믿음 가운데 준비되어 있을 때 하나님은 언제나 '예' 이신 것이다. 즉 우리가 하나님께 요청하기만 하면 언제든지 '오케이' 라고 하시지 '노' 라고 대답하시는 하나님은 아니라는 것이다. "하나님은 미쁘시니라"는 '하나님은 언제나 신실하셔서 우리가 믿을 만하며 변덕을 부리시는 분이 아니다' 라는 뜻이다.

19절, "우리 곧 나와 실루아노와 디모데로 말미암아"

사도 바울이 고린도에서 복음을 전할 때 누구와 동역했는지 보여준다. 사도 바울은 실루아노, 디모데와 함께 고린도에서 복음을 전했다. 그때 그들이 전한 예수님은 '예' 의 예수님이시지 '아니요' 의 예수님이 아니셨던 것이다. 즉 사도 바울과 고린도 교인들은 고린도에서 주 예수의 이름으로 많은 기도 응답을 받은 체험이 있었던 것이다. 실컷 기도하고 나서 "이대로 안 될 줄 압니다"라고 끝마치는 사람은 없을 것이다. 하나님의 아들 예수 그리스도는 언제나 '예' 이지 '아니요' 가 아니다. 즉 하나님은 예수님이 뭐라고 말씀하시면 모든 것을 들어주시는 아버지인 것이다(19절). 그러므로 우리도 예수님의 말씀 안에서 그분의 이름으로 기도하면 무엇이든지 받을 수 있다.

20절, "그런즉 그로 말미암아 우리가 아멘 하여 하나님께 영광을 돌리게 되느니라"

'아멘' 은 '진실로' 라는 뜻을 가지고 있다. 그래서 기도나 찬송을 한 뒤에 "아멘"이라고 말하는 것은 '이것이 진실로 나의 고백이며 나의 마음입니다' '이대로 될 줄 믿습니다' 라는 뜻이 있다. 우리가 예수의 이름으로 기도할 때 이것은 '진실하기' 때문에 하나님이 반드시 들어주시고, 우리는 하나님께 영광을 돌리게 된다.

21절, "그리스도 안에서 굳건하게 하시고 우리에게 기름을 부으신 이"

'굳건하게 한다'는 것은 나무 뿌리가 땅 속에 깊이 박혀 흔들리거나 뽑히지 않는다는 뜻을 가지고 있다. 신앙이 어릴 때 우리는 하나님께 깊은 신뢰를 두지 못해 어려움이 닥치고 세상 풍조가 밀려올 때마다 종종 흔들리거나 뽑히려고 할 때가 있다. 그러나 하나님은 기도 응답을 통해 우리의 뿌리를 붙잡아주어 굳건하게 하신다. 특히 하나님은 우리 안에 기름을 부어 신앙에 불이 붙게 하신다. 물론 이 '기름'은 성령님을 상징적으로 표현한 것인데, 하나님이 우리에게 응답의 보증으로 주신 것이다. 즉 집을 사거나 팔 때 보증금을 미리 받으면 계약을 함부로 취소할 수 없는 것처럼 하나님이 우리에게 성령을 주셨기 때문에 우리의 모든 기도를 들어주시고 천국의 복을 반드시 주신다.

22절, "그가 또한 우리에게 인치시고 보증으로 우리 마음에 성령을 주셨느니라"

우리 안에 계신 성령의 역사를 말씀하고 있다. 성령이 우리 안에 계신 것은 우리가 하나님의 소유라는 인치심이고, 천국과 그 모든 복을 주신다는 보증이다. 따라서 우리는 하나님으로부터 보증금을 미리 받은 자인 것이다.

23절, "너희를 아끼려 함이라"

사도 바울이 두 번째로 고린도 교회를 공식적으로 방문하지 않았던 것이 고린도 교회의 지도자들과 교인들에게 아주 큰 시험거리가 되었던 것 같다. 고린도 교인들은 사도 바울을 신뢰하지 못하게 되었고, 그의 가르침마저 불신하게 되었다. 그것에 대해 사도 바울은 "내가 내 목숨을 걸고 하나님을 불러 증언하시게 하노니"라고 말했다. 이것은 하나님이 증언하시는데 그것이 사실이 아니라면 자기가 죽겠다는 뜻이다. 사도 바울이 고린도를 공식적으로 방문하지 않았던 것은 고린도 교인들을 사랑해 상처를 주지 않기 위해서라고 말했다. 즉 고린도 교회 안에서 죄가 아직 해결되지 않고 남아 있는 상태에서 사도 바울이 방문하면 그것을 처리하지 않을 수가 없고, 그렇게 되면 고린도 교회가 자체적으로 이런 문제를 해결하지 못하고 사도 바울이 그들을 여전히 지배하고 군림하는 모습이 되기 때문이다. 사도 바울은 고린도 교인들이 이미 믿음 위에 서 있기 때문에 기다리고 있으면 얼마든지 스스로의 힘으로 해결할 수 있으리라고 믿었다(24절).

본문 이해를 위한 질문

1. 사도 바울은 고린도에서 어떤 방식으로 교회를 세웠는가?

사도 바울은 고린도에서 믿지 않는 사람들이 사설 학원을 세우거나 개인 강습으로 돈을 받고 세상 학문을 가르친 것이 아니라 오직 이들을 하나님의 백성으로 생각해 돈을 받지 않고 거룩함과 진실함으로 가르쳤다. 고린도 교인들은 이미 헬라어 구약성경을 읽고 있었으며, 사도 바울로부터 복음을 충분히 들어 알고 있었다. 그러나 그들은 그것으로 부족하다고 여겨 세상 학문을 더 배워야 한다고 생각했다.

2. 사도 바울은 두 번째 방문에 대하여 어떤 생각을 하게 되었는가?

사도 바울은 일차로 서신을 보낸 뒤 고린도 교인들이 자기들 안에 죄지은 사람들을 처리하지 않고 있는 것을 보고 두 번째 방문을 해서는 안 된다고 생각해 일정을 변경했다. 그 이유는 그들을 아끼기 때문이었고, 사도 바울이 고린도 교회를 지배하는 것처럼 되지 않게 하기 위해서였다.

3. 하나님과 그리스도는 어떤 분인가?

하나님은 우리에게 '아니요'의 하나님이 아니라 '예'의 하나님이다. 즉 우리가 예수님의 뜻을 붙잡고 하나님께 간구하면 하나님은 언제든지 들어주시는 분이다. 하나님은 이미 우리에게 성령으로 인도 치시고 보증도 주셨다. 그럼에도 하나님이 때때로 '아니요'라고 거절하시는 것은 우리를 아끼고 더 좋은 길로 인도하시기 위해서다.

성경 강해

기도를 마칠 때 우리는 "아멘"이라고 말합니다. 이 '아멘'은 히브리어로 '옳습니다' '그대로 되기를 원합니다'라는 뜻을 가지고 있습니다. 이것을 영어로 하면 '예스!' 또는 '오케이!'로 표현할 수 있습니다. 예들 들어 큰 회사에서 실무자들이 어떤 대규모 사업을 추진할 때 최고 위치에 있는 경영자의 승낙을 받은 상태에서 그 일을 하는 것과 승낙을 전혀 받지 않은 상태에서 그 일을 하는 데는 엄청난 차이가 있습니다. 일단 최고 책임자가 승인했고 '오케이!'라고 한 일은 윗사람이 그 사업을 허락한 상태이기 때문에 적극적으로 그 일을 추진할 수 있고, 다른 부서의 협조도 받을 수 있습니다. 그리고 그 일이 잘 되어 성공하게 되었을 때 큰 칭찬과 상을 받게 될 것이고, 승진도 할 수 있습니다. 반면 대규모 사업을 추진하면서 최고 책임자의 허락도 받지 않은 상태에서 자기 혼자 생각으로 엄청난 일을 벌였을 때는 문제가 심각해집니다. 만약 그 일이 잘 되어 성공한다고 해도 그 사람은 별로 칭찬을 받지 못할 것입니다. 사람들은 그 직원이 자기 야망이나 영웅심으로 그 사업을 했다고 비난할 것입니다. 또한 그 사업이 실패했을 때 그는 모든 실패의 비난을 혼자 받아야 하고, 모든 책임을 혼자 져야 할 것입니다. 그는 그의 상사나 다른 동료들에게 신뢰를 주지 못한 채 앞으로 무슨 일을 저지를지 모르는 아주 위험한 인물로 낙인이 찍힐 것입니다.

요즘 우리나라 기업들이 중국에서 '사드'로 인해 많은 어려움을 겪고 있습니다. 중국에 진출해 있던 기업들 가운데 모 백화점은 이미 엄청난 피해를 입어 많은 점포를 처분하고 있으며, 유명 자동차 회사도 치명적 타격을 입었다고 합니다. 중국은 경제적으로 우리나라와 거래를 하지만 정치적으로는 어디까지나 공산주의 국가이고 미국과는 적대 관계라고 생각하기 때문에 어떤 이유에서든지 미국의 미사일이 자기 나라 가까이에 오는 것은 허락할 수 없는 것입니다. 이것이 중국이 우리나라 기업에 대하여 '예스'였다가 '노'로 변한 이유입니다. 사드를 배치한 원인은 북한의 도발에 있는데 피해는 남한 기업들이 지고 있는 것입니다. 러시아와 중국은 북한을 돕고 있습니다. 그러나 우리 남한은 일본과 별로 가깝지 않고 미국에 전적으로 의지할 처지도 되지 못합니다. 지금 남한은 '예스!' 라고 할 수 있는 나라가 확실하지 않은 가운데 놓여 있습니다. 이럴 때 우리는 하나님으로부터 확실하게 '예스' 라는 답을 얻어내야 합니다. 그러나 우리나라 교회들의 형편도 백화점처럼 엄청난 전략으로 나아가고 있는 것을 보게 됩니다. 즉 교계 지도자들이나 목회자들이 분명하게 하나님의 허락을 받지 않은 상태에서 교회의 규모만 키우거나 사업만 늘리는 것을 볼 수 있는데, 이것은 나중에 어느 누구로부터도 인정받지 못할 것입니다.

우리는 이와 비슷한 상황을 사도 바울과 고린도 교회의 관계에서 찾아볼 수 있습니다. 본문 말씀을 해석하는 데 있어 중요한 것은 당시 고린도 교회의 모습을 좀 더 잘 이해하는 것입니다. 우리는 고린도 교회라고 할 때 하나의 교회로 생각해서는 안 됩니다. 즉 고린도 교회라고 하면 고린도 시에 있는 많은 교회를 다 포함해 말하는 것입니다.

사도 바울의 원래 계획은 오순절이 될 때까지 에베소에 남아 열심히 복음 사역을 하다가 고린도로 가서 고린도 교회 전체를 만나고 그 후 마게도냐로 가서 말씀 사역을 하고 다시 고린도로 와서 상당한 기간 말씀을 전한 뒤에 유다로 가는 것이었습니다. 그런데 여기서 고린도 교회의 지도자들과 사도 바울 사이에 생각의 차이가 있었습니다. 사도 바울이 원래 고린도를 잠깐 방문하려고 했던 것은 고린도 교인들을 다 모아놓고 말씀 전하는 집회를 하려고 한 것이 아니라 잘못된 지도자를 치리하려고 했던 것입니다. 음행을 저지른 자라든지 거짓된 철학으로 복음을 혼란스럽게 만든 자들을 징계하려고 했습니다. 그러나 고린도 교회의 지도자들은 그런 것 없이 대대적인 모임을 준비하고 있었으며, 많은 교인에게 이미 연락을 해놓았던 것 같습니다. 고린도 교회의 지도자들 가운데 사도 바울의 방문을 하나의 멋진 행사로 만들려고 한 자가 있었던 것입니다. 그래서 사도 바울은 고민에 빠지게 되었습니다. 즉 사도 바울 자신이 고린도에 간다면 잘못을 저지른 사람들의 문제를 처리하지 않을 수 없는데, 그렇게 하면 너무 많은 사람이 그들이 저지른 비행을 알게 되고 결국 고린도 교회의 많은 사람이 상처를 입게 되리라고 생각한 것입니다. 그래서 사도 바울은 일정을 바꿔 고린도로 가지 않고 북쪽에 있는 마게도냐로 바로 갔습니다. 이 사실을 알고 사도 바울이 오면 나름 큰 집회를 열려고 계획했던 고린도 교회의 지도자들은 당황했을 것입니다. 이런 이유로 그들 가운데 사도 바울을 맹렬히 비난하면서 약속을 지키지 않는 사람이고, 이랬다저랬다 하는 사람이라고 비난을 퍼부은 사람이 있었을 것입니다. 그것에 대해 사도 바울은 자기가 아무 생각 없이 그렇게 한 것이 아니라 신중하게 생각해서 내린 결정이며, 사실 고린도 교인들이 상처 입지 않도록 하기 위해 일정을 바꾼 것이라고 설명합니다.

1. 하나님의 일을 하는 방법

예수님은 죽음에서 부활하시고 40일 동안 제자들, 성도들과 함께 계시다가 하늘로 올라가면서 하나님께 "하늘과 땅의 모든 권세를 내게 주셨으니" (마 28:18)라고 말씀하셨습니다. 그리고 제자들과 성도들에게 "가서 모든 민족을 제자로 삼아 아버지와 아들과 성령의 이름으로 세례를 베풀고 내가 너희에게 분부한 모든 것을 가르쳐 지키게 하라" (마 28:19-20)고 명하셨습니다. 예수님은 이 세상에 하나님의 나라를 가지고 오셨는데, 그 하나님 나라의 경영을 우리에게 맡기셨습니다. 그리고 우리가 하나님의 일을 할 수 있는 권한과 능력도 다 맡기셨습니다. 예수님은 제자들에게 "구하라 그리하면 너희에게 주실 것이요 찾으라 그리하면 찾아낼 것이요 문을 두드리라 그리하면 너희에게 열릴 것이니" (마 7:7)라고 말씀하셨습니다. 그래서 우리는 주님이 모든 것을 맡기신 동안 모든 일을 할 수 있고 모든 복을 누릴 수 있습니다. 큰 목회를 할 수도 있고 작은 목회를 할 수도 있으며 공부를 할 수도 있고 장사를 할 수도 있고 정치를 할 수도 있습니다. 그러나 중요한 것은 마지막 때 주인이 와서 우리가 행한 모든 것을 결산하신다는 사실입니다.

예수님은 그것을 달란트 비유로 말씀하셨습니다. 주인의 종 가운데는 다섯 달란트 받은 자도 있었고 두 달란트 받은 자도 있었고 한 달란트 받은 자도 있었는데, 여기서 달란트는 엄청나게 큰돈이었습니다. 그런데 그들이 달란트를 받아 멋대로 장사한 것으로 끝나지 아니하고 주인이 마지막 때에 와서 그들이 장사한 것을 가지고 결산해 착하고 충성된 종에게는 더 큰 상급을 주고 악하고 게으른 종은 어두운 데로 쫓아내어 슬피 이를 갈면서 있게 만든다고 하셨습니다.

예수님은 주님의 종이라고 칭하던 자들이 와서 "주여 우리가 주의 이름으로 선지자 노릇 하며 주의 이름으로 귀신을 쫓아내며 주의 이름으로 많은 권능을 행하지 아니하였나이까"라고 말하자 그들을 모두 쫓아내면서 "내가 너희를 도무지 알지 못하니 불법을 행하는 자들아 내게서 떠나가라"고 말씀하셨습니다(마 7:22-23).

여기서 우리는 두 가지 사실을 알 수 있습니다. 하나는 우리 모두가 하나님으로부터 엄청난 능력을 약속 받았다는 사실입니다. 우리는 구하고 노력하고 문을 두드리느냐 그렇지 아니하느냐에 따라 얼마든지 큰 성공을 거둘 수 있고 큰일도 많이 행할 수 있습니다. 또 한 가지 사실은 큰 능력을 나타내고 큰일을 많이 했다고 해서 모두 하나님의 뜻대로 일한 것은 아니라는 사실입니다. 즉 우리가 주님의 뜻대로 하지 않고 자기 야망과 욕심대로 살아도 얼마든지 하나님의 축복이 나타날 수 있다는 사실입니다. 우리는 이 점을 정말 조심해야 합니다.

사울 왕은 자기 야망과 욕심으로 아말렉 군대와 싸워 큰 승리를 거두었지만 하나님은 그를 버리셨습니다. 그럼에도 그는 왕위에 오랫동안 앉아 있었습니다. 발람은 돈 욕심에 이끌려 모압 왕의 사주를 받고 이스라엘을 저주하러 왔지만 그는 이스라엘 백성을 축복하게 됩니다. 그럼에도 그는 끝내 돈의 유혹을 뿌리치지 못해 모압 여인을 통해 이스라엘 백성들을 음란에 빠지게 하고 우상 숭배에 빠지게 해서 수많은 사람을 염병으로 죽게 만들었으며, 결국 그 자신은 여호수아의 칼날에 죽임을 당했습니다.

가룟 유다도 예수님을 따라다니면서 병자를 고치고 귀신을 쫓아내는 능력을 행했지만 끝까지 주님을 신뢰하지 못하고 배신하여 지옥의 자식이 되었습니다. 오늘 우리가 성공하고 일이 잘 된다고 해서 그것이 전부 하나님의 뜻이고, 하나님의 축복이라고 볼 수 없습니다. 오히려 예수님은 부자와 거지 나사로 비유를 통해 세상에서 너무 많은 것을 가지고 누렸던 부자는 뜨거운 지옥에서 고통을 받아야 한다고 말씀하셨습니다. 우리는 이 세상에 사는 동안 적당하게 가져야지, 지나칠 정도로 많은 것을 가지고 누리면 천국에서 누릴 것이 없습니다.

사도 바울은 이 부분에 대해 아주 예민했습니다.

12절, "우리가 세상에서 특별히 너희에 대하여 하나님의 거룩함과 진실함으로 행하되 육체의 지혜로 하지 아니하고 하나님의 은혜로 행함은 우리 양심이 증언하는 바니 이것이 우리의 자랑이라"

본문을 보면 '하나님의 거룩함과 진실함으로 행하는 것' 과 '육체의 지혜로 행하는 것' 을 비교하고 있습니다. 여기서 '육체의 지혜' 는 인간적인 방법을 말하고 '하나님의 거룩함과 진실함' 은 하나님의 말씀에 입각해 기도하는 가운데 하나님의 뜻을 찾는 것을 말합니다. 우리가 사는 이 세상은 인간이 모여 사는 세상이기에 인간적인 방법이나 지혜를 사용하는 것이 하나님의 방법보다 훨씬 더 효과적일 수 있습니다. 즉 인간적인 방법은 인간을 치켜세워 주고 인간을 기분 좋게 해주어 자신이 원하는 바를 달성하는 것입니다. 즉 사람에게 필요한 것을 주고 사람을 기분 좋게 하는 말을 해주고 동기부여를 해주어 원하는 목적을 달성하는 것입니다. 사실 이 세상에서 성공하는 데는 수만 가지 지혜가 있습니다. 왜냐하면 인간의 욕망이라고 하는 것이 그렇게 복잡하고 다양하기 때문입니다. 그것을 채워줄 때마다 명성을 얻고 부귀와 돈과 권력을 얻을 수 있습니다. 그러나 하나님의 지혜는 우선 한 사람 한 사람이 하나님의 말씀을 들어 그분의 뜻을 깨달아 알게 되고 감동을 받아 행동으로 옮기는 것인데, 이런 일이 언제 일어날지 아무도 모릅니다. 그러나 사도 바울은 "은혜로 행함은 우리 양심이 증언하는 바니 이것이 우리의 자랑이라" 고 했습니다. 은혜로 행한다는 것은 철저하게 하나님이 행하게 하시는 것을 말합니다. 즉 우리는 하나님 뒤에서 따라

가고 하나님이 모든 일을 하게 하시는 것입니다. 이것이 사도 바울이 지금까지 해온 일이고, 자기 양심이 자랑하는 것이라고 했습니다.

지금 사도 바울은 고린도 교회를 공식적으로 방문하는 것이 하나님의 뜻이 아니라고 생각했습니다. 왜냐하면 고린도 교회 안에는 분명히 잘못을 저지른 목회자와 지도자들이 있었고 그들을 처리해야 했지만 고린도 교회의 지도자들은 그 문제를 별로 중요하게 생각하지 않은 채 이번에 사도 바울이 오는 것을 대대적으로 선전해 큰 효과만 보려고 했기 때문입니다. 여기서 사도 바울은 어떤 인간적인 냄새를 맡게 되었습니다. 즉 지금은 고린도의 모든 교인을 불러 모아서 큰 집회를 열 때가 아니라 자숙하고 회개해야 할 때임에도 불구하고 고린도 교회는 인간적으로 이 일을 하려고 했던 것입니다.

13-14절, "오직 너희가 읽고 아는 것 외에 우리가 다른 것을 쓰지 아니하노니 너희가 완전히 알기를 내가 바라는 것은 너희가 우리를 부분적으로 알았으나 우리 주 예수의 날에는 너희가 우리의 자랑이 되고 우리가 너희의 자랑이 되는 그것이라"

사도 바울은 고린도 교인들에게 지금 편지로 쓰는 것 이상은 말할 수 없다고 했습니다. 이것에 대해 모든 사람이 알 필요가 없었기 때문입니다. 요즘 사람들은 '알 권리' 를 너무 중요하게 생각해 모든 것을 알려야 한다고 여기는데, 사도 바울은 그렇지 않다고 말했습니다. "너희가 우리를 부분적으로"밖에 알 수 없다고 했습니다. 개인의 프라이버시가 보호되어야 하기 때문입니다. 그러나 주님 앞에 섰을 때 그들은 서로 자랑하게 될 것이라고 했습니다. 즉 고린도 교인들이 지혜롭고 성경적인 지도자를 가지고 있었다고 자랑하게 될 것이며, 또 사도들은 이렇게 자신들을 믿어주고 따라준 훌륭한 교인들을 둔 것을 자랑하게 되리라고 했습니다. 결국 하나님 앞에서 칭찬이 되고 상급이 되는 일은 무슨 일을 크게 벌이는 것보다 교인들을 하나님의 말씀으로 잘 먹이는 것입니다.

2. '예'와 '아니요'의 신앙

다른 사람으로부터 어떤 부탁을 받으면 우리는 승낙하기도 하고 거절하기도 합니다. 여기서 승낙하는 것이 '예' 이고, 거절하는 것이 '아니요' 입니다.

우리는 다른 사람이 요청하는 것이 자기 능력의 범위를 벗어나거나 자기 생각이나 의지와 다를 때는 거절할 수밖에 없습니다. 그런데 사실 우리는 다른 사람의 요청에 대하여 거절하는 것이 굉장히 어렵습니다. 왜냐하면 다른 사람이 주는 선물이나 요청을 거절한다는 건 그 사람의 인격을 무시하는 것처럼 느껴져 마음이 불편할 때가 많기 때문입니다. 그럼에도 공무원들은 다른 사람들이 청탁하는 것에 대하여 거절해야 공의로울 수 있습니다. 예전에 9급 공무원 여성들이 화제가 된 적이 있는데, 이들은 누가 무슨 청탁을 해도 절대로 받아들이지 않았다고 합니다. 이들이 공무원의 길을 택한 것은 자기 소신에 따라 떳떳하게 살고자 했기 때문으로, 불공정한 청탁을 응할 이유가 없었다는 것입니다.

자녀들이 결혼을 하거나 여행을 하거나 어디에 놀러 가려고 할 때 무엇보다 중요한 일은 부모의 승낙을 받는 것입니다. 우리 성도들도 교회 안에서 어떤 사업을 하려고 할 때 영적 지도자의 승낙을 받는 것이 중요합니다. 그들이 기쁨으로 승낙하고 축복할 때 기도의 후원이 막강한 힘을 발휘하기 때문입니다.

어떤 사람은 이성적으로 이해되기만 하면 별다른 제재를 가하지 않고 승낙합니다. 또 어떤 사람은 상대방과의 신뢰관계를 중요하게 생각하는데, 이들은 일단 신뢰관계가 형성되기 전에는 쉽게 '오케이' 하지 않다가 신뢰가 쌓이면 그 사람에 대해 거의 무한정으로 지원합니다.

우리가 하나님의 승낙을 받았을 때는 그 능력을 도저히 말로 표현할 수 없을 정도입니다. 모세는 하나님의 연단을 통해 하나님의 손에 완전히 붙잡히고 신뢰를 얻었습니다. 그랬더니 모세의 손에서 상상조차 할 수 없는 능력이 나타났습니다. 강물이 피가 되기도 하고 개구리가 올라오고 메뚜기가 올라오고 파리 떼가 올라오고 불덩이가 우박에 섞여 내리는 등 어마어마한 능력이 나타나게 되었습니다. 이것이 바로 '하나님의 오케이' 인 것입니다. 엘리야는 하나님의 승낙을 받았을 때 하늘에서 불이 떨어지고 삼 년 반 동안 비가 오지 않았다가 기도하자 비가 쏟아지기도 했습니다. 엘리사는 하나님의 승낙을 받자 단 하루 만에 굶어죽어 가던 사마리아 사람들의 식량 문제가 해결되었고, 히스기야는 하나님의 승낙을 받자 천사 한 명이 내려와서 앗수르 군대 18만 5,000명을 하룻밤 사이에 다 죽게 했습니다. 이것이 바로 하나님의 승낙에 따른 결과입니다.

사도 바울은 맨 처음 고린도를 들러 몇 가지 일을 해결한 다음 마게도냐로 가서 말씀을 전하고 다시 고린도에 돌아와 본격적으로 모든 교인을 모아놓고 말씀을 전할 생각이었습니다.

15-16절, "내가 이 확신을 가지고 너희로 두 번 은혜를 얻게 하기 위하여 먼저 너희에게 이르렀다가 너희를 지나 마게도냐로 갔다가 다시 마게도냐에서 너희에게 가서 너희의 도움으로 유대로 가기를 계획하였으니"

여기에 '두 번 은혜를 얻는다' 는 것은 두 번 만난다는 뜻으로 이해하면 될 것 같습니다. 처음은 좀 은밀하게 만나서 어려운 문제를 해결하고, 두 번째는 모든 교인을 만나서 하나님의 말씀을 전하고자 했던 것입니다. 그러나 고린도 교회는 이 문제에 있어서도 바울을 앞질러 갔습니다. 고린도 교회의 지도자들은 사도 바울의 앞선 방문을 큰 은혜를 나누는 집회로 계획하고 있었던 것입니다. 사도 바울은 이 문제를 가지고 고민하다가 고린도 방문을 취소하기로 결정했습니다. 이는 사도 바울의 입장에서는 어쩔 수 없이 '거절' 하게 된 것입니다. 이것 때문에 고린도 교회의 지도자들은 사도 바울에 대해 좋지 않게 생각하게 되었고, 결국 그를 불신하는 말을 하게 되었습니다. 그러자 사도 바울은 이 일을 경솔하게 '예' 라고 했다가 '아니요' 라고 한 것이 아니라 신중하게 생각하고 내린 결론이라고 말했습니다. 사실 사도 바울이 마게도냐에 가 있는 동안 고린도 교인들이 자신들의 문제를 잘 처리해 사도 바울은 홀가분한 마음으로 고린도에 와서 말씀을 전할 수 있었습니다.

사도 바울은 하나님이나 우리는 근본적으로 모든 일에 대하여 '예스' 라고 했습니다.

18절, "하나님은 미쁘시니라 우리가 너희에게 한 말은 예 하고 아니라 함이 없노라"

사도 바울의 마음은 고린도 교인들이나 그 누구에 대해서도 '예' 이면 '예' 이지 '아니요' 가 없다고 했습니다. 우리가 거절당하는 것처럼 느껴질 때는 속도가 너무 빠르다거나 신앙적으로 준비가 제대로 안 된 상태에서 앞질러 나갈 때 속도를 조절하기 위해 '아니요' 라고 하는 것이지, 근본적으로 '노' 는 아니라고 했습니다. 그래서 교회에서 부교역자들한테 교인들이 어떤 요청을 해올 때 "안 됩니다" 라는 말을 해서는 안 된다고 합니다. 왜냐하면 절대적으로 안 되는 것은 없기 때문입니다. 단지 우리의 형편이나 본인의 사정으로 방법이나 시기를 조절해야 할 때가 있을 뿐입니다. 호텔도 최고로 좋은 호텔에 가서 손님이 어떤 부탁을 하거나 요청을 하면 "안 됩니다" 라는 말을 절대 하지 않습니다. "잠시 기다려주십시오" 라고 말한 뒤 급한 일을 처리하고 나서 그 손님의 요청을 해결해주는 것입니다. 이것은 우리 안에서도 마찬가지입니다. 누군가가 우리에게 어떤 부탁이나 요구를 하는 것은 반드시 이유가 있으므로 "안 돼" 라고 말하지 말아야 합니다. 다만 한쪽으로 치우쳤거나 너무 급하게 일을 서두를 때 조금 더 여유를 갖고 기도해 보자고 말하는 것이 좋습니다.

예수님과 하나님은 정말 놀라우신 분입니다.

19-20절, "우리 곧 나와 실루아노와 디모데로 말미암아 너희 가운데 전파된 하나님의 아들 예수 그리스도는 예 하고 아니라 함이 되지 아니하셨으니 그에게는 예만 되었느니라 하나님의 약속은 얼마든지 그리스도 안에서 예가 되니 그런즉 그로 말미암아 우리가 아멘 하여 하나님께 영광을 돌리게 되느니라"

사도 바울과 실루아노와 디모데는 고린도에서 예수님을 전파했습니다. 그들이 전했던 예수님은 항상 '예' 이지 '아니요' 가 없으셨습니다. 예수님은 갈릴리에서 말씀을 전하실 때 어떤 병자든 어떤 귀신 들린 자든 고쳐 달라고 하면 고쳐주셨지 "지금은 안 된다" "바빠서 안 되겠다"라고 말씀하신 적이 한 번도 없었습니다. 예수님은 수로보니게 여인이 자기 딸의 귀신 들린 것을 고쳐 달라고 했을 때 개에게 떡을 주지 않는다고 거절하셨습니다. 그러나 예수님은 그런 거절을 통해 그 여인으로 하여금 자신의 처지를 돌아보게 하셨고, 그녀의 믿음을 한층 성숙하게 만드셨습니다. 또한 예수님은 가나 혼인잔치 때 마리아가 포도주가 떨어져 없다고 말하자 "나와 무슨 상관이 있나이까"(요 2:4)라고 하면서 거절하셨지만 곧 물통에 든 물로 포도주를 만들어 '예'가 되게 하셨습니다. 그러므로 우리가 예수 이름으로 기도하기만 하면 복이 터질 것입니다. 물론 당장은 예수님이 들어주지 않으실 수도 있지만 그것은 더 큰 복을 주려고 하시는 것입니다. 예전에 예수께 간절히 기도드렸다가 거절당한 적이 있습니다. 그러나 그것은 더 큰 것을 주시기 위한 거절이었습니다. 물론 하나님은 '예스'로 가기 위해 일시적으로 '노'라고 하실 수 있지만 그 '노'는 '노'가 아니라 '더 큰 예스'인 것입니다. 우리는 어려운 일이 있을 때 무조건 예수 이름으로 기도하고 "아멘" 하면 됩니다. 하나님은 잠시 '노'라고 하셔도 '더 큰 예스'로 우리를 축복하실 것입니다.

3. 성령이 하시는 놀라운 사역

사도 바울은 고린도 교인들이 무엇을 원하는지 뻔히 알면서도 그들이 원하는 대로 하지 않고 정반대로 해서 그들로부터 원망을 샀습니다. 사도 바울이 그렇게 했던 이유는 사람을 기쁘게 하지 않고 주님을 기쁘시게 하기 위해서였습니다. 주님은 부흥이 일어나기 전에 먼저 교회의 지도자나 교인들이 깨끗하기를 원하셨습니다. 즉 우리에게 하나님의 은혜가 부어지기 위해서는 먼저 우리 그릇이 깨끗해야 하기 때문입니다. 그래서 사도 바울은 고린도 교인들의 마음을 기분 좋게 하는 것보다 성령에 민감하려고 노력했습니다.

23-24절, "내가 내 목숨을 걸고 하나님을 불러 증언하시게 하노니 내가 다시 고린도에 가지 아니한 것은 너희를 아끼려 함이라 우리가 너희 믿음을 주관하려는 것이 아니요 오직 너희 기쁨을 돕는 자가 되려 함이니 이는 너희가 믿음에 섰음이라"

사도 바울은 자기가 사도라고 해서 고린도 교인들을 지배하기를 원하지 않았습니다. 교회는 목사든 장로든 어느 누구도 지배할 수 없습니다. 왜냐하면 교회는 사업체도 아니고 자선단체도 아니며 군대 조직이나 학교가 아니기 때문입니다. 모든 교인은 주님이 핏값을 주고 사신 귀한 하나님의 백성이므로 모두 기쁨을 돕는 자가 될 뿐입니다. 즉 교인들이 서로 도와 믿음이 굳게 서서 천국의 기쁨으로 즐거워하는 것이 교회의 목적이지, 그들을 내 사람으로 만들려고 하거나 자신의 목적을 달성하기 위해 교회나 교인들을 이용하려고 하면 저주를 받게 됩니다. 어떤 총회의 지도자들 가운데 자신의 명예를 위해 교인들에게 따로 헌금하도록 해서 자신을 위해 교인의 헌금을 쓴 사람이 있습니다. 그는 저주를 받은 사람입니다. 교회의 돈은 두려운 마음으로 사용하지 않으면 저주를 받게 됩니다. 사도 바울은 고린도 교인들의 심리를 이용해 개인적으로 인기를 끌려고 하지 않았습니다. 그 이유는 바로 그렇게 할 때 성령의 강한 능력이 임하기 때문입니다.

21-22절, "우리를 너희와 함께 그리스도 안에서 굳건하게 하시고 우리에게 기름을 부으신 이는 하나님이시니 그가 또한 우리에게 인치시고 보증으로 우리 마음에 성령을 주셨느니라"

고린도 교인들을 만나기를 간절히 원하고 있었지만 사도 바울이 서두르지 않았던 이유는 하나님의 순서대로 해야 성령이 강하게 역사하신다는 것을 믿었기 때문입니다. 우리가 교회의 일을 할 때 자기 의지나 열심대로 하지 않고 교인을 사랑하고 자기 자신을 낮추는 마음으로 해야 하는 이유는 그렇게 할 때 강한 성령의 역사가 일어나기 때문입니다.

바다에서 서핑을 하는 사람들에게 가장 중요한 것은 파도가 일어나는 것입니다. 바닷가에 가보면 서핑하는 사람이 많은데 그들은 서핑보드에 앉아 있다가 큰 파도가 오면 일어나서 파도타기를 합니다. 마찬가지로 우리가 아무리 열심이 넘치고 아이디어가 뛰어나다고 해도 성령의 파도를 타지 않으면 혼자 낑낑대기만 하고 아무 소용이 없습니다. 성령의 파도가 없으면 아무리 용을 써도 앞으로 나아가지 못합니다. 그런데 성령의 파도가 일어나는 것을 통해 자기 명예나 돈을 챙기는 사람들이 있습니다. 이런 사람들에게는 주님이 나중에 "이 불법을 행하는 자들아, 나를 떠나가라"고 말씀하실 것입니다.

본문은 성령이 우리에게 하시는 일을 보여주는 아주 중요한 말씀입니다. 그 첫째가 기름 부으심입니다. 성령을 기름에 비유하는 것은 구약의 성전 등불에서 나온 것입니다. 등대에 기름이 떨어져 불이 꺼지려고 할 때 기름을 부으면 불이 확 피어오릅니다. 성령은 우리 안에 부흥의 불이 타오르게 하십니다. 성령은 우리 안에 하나님 말씀에 대한 열정이 생기게 하시고, 기도의 열정이 생기게 하시고, 영혼에 대한 열정이 생기게 하시고, 부흥의 불이 일어나게 하십니다. 이 세상에서 우리 인간은 성령 충만한 상태가 최고로 행복한데, 이것은 마치 벤츠 자동차에 기름이 가득 들어 있고 엔진 오일이 꽉 차 있고 기계도 모두 최상의 상태에 있는 것과 같습니다. 그 상태에서 차의 시동을 걸게 되면 자동차는 신나게 달릴 것입니다. 하나님의 백성은 하나님의 말씀을 들으면 기름이 부어져 기름밭으로 변하게 됩니다. 이때 불이 붙으면 사탄은 모두 도망치게 되고 모든 부분에서 하나님의 축복이 부어지게 됩니다. 그리고 성령은 우리 안에 하나님의 인을 치십니다. 여기서 인을 치신다고 하는 것은 하나님의 소유를 표시한다는 뜻입니다. 그래서 어느 누구도 감히 우리 영혼을 건드릴 수 없습니다. 우리가 침체에 빠지거나 병들었을 때 마귀는 자기 소유권을 주장하면서 우리를 어두운 데로 끌고 가려고 합니다. 그러나 하나님의 빛나는 인이 있어서 마귀는 절대 우리를 건드리지 못할 것입니다. 인을 쳤다는 것은 이미 하나님이 '오케이' 사인을 하셨다는 뜻입니다. 우리가 교만하지 않고 죄짓지 않으면 모든 기도가 오케이가 될 것입니다. 그리고 하나님은 우리에게 보증으로 성령을 주셨습니다. 즉 하나님은 구원의 보증금으로 미리 우리에게 성령을 주신 것입니다.

우리가 하나님의 자녀이며, 우리가 천국의 백성인 증거는 어디에 있습니까? 우리는 지식이 많은 것도 아니고 성공한 것도 아닌데 복음이 진짜인 증거가 어디에 있습니까? 성령이 우리에게 임하신 것이 그 증거입니다. 거짓 종교에는 성령이 임하시지 않습니다. 우리에게는 하나님의 큰 약속이 있습니다. 그것은 하나님이 우리에게 이미 그리스도 안에서 '예스' 라고 하신 것입니다.

성경 토의

1. 오늘날 성공적인 교회의 모습을 보면 대기업에서 기업을 경영하거나 대학을 경영하는 것 같을 때가 있다. 교회를 운영하는 것과 기업을 경영하는 것은 어떤 점에서 다른가? 그리고 우리가 보고 있는 목회자의 자아상은 대기업 경영자인가, 대학 교수나 학자인가, 연예인인가, 부동산업자인가, 정치인인가? 과연 이 가운데 어떤 모습에 가깝다고 생각하는가?

2. 사도 바울은 전도여행 일정을 짜다가 기도하고 성령의 인도하심에 따라 일정을 변경했다. 우리가 세우는 계획은 완전한 계획이며 반드시 그대로 되어야 하는가, 아니면 주님이 기뻐하시는 뜻이 아니라고 생각되면 변경하거나 취소해도 되는가? 만약 자신이 세운 계획이 다른 교인들에게 상처를 줄 수도 있다면 어떻게 해야 하는가?

3. 사도 바울은 하나님과 예수 그리스도는 언제나 '예'라고 말씀하신다고 했다. 그런데 우리는 왜 '예'이신 하나님을 만나지 못하고 '아니요'이신 하나님을 만나는가? 그리고 우리는 다른 교인들의 '부족한 생각'에 대해 '아니요'라고 대답하는지, 아니면 계획이 좀 부족한 면이 있어도 '예'라고 긍정해주는지 생각해 보자. 그리고 우리가 어떤 신앙을 가질 때 하나님으로부터 '오케이'라는 응답을 받게 되는가?

03_그리스도의 향기

고린도후서 2:1-17

전체적 설명 사도 바울이 고린도를 떠난 뒤 고린도 교회의 어떤 사람과 고린도 교회에서 일어난 일은 그를 근심에 빠지게 할 만한 것이었다. 즉 교회 안에서 음행을 저지른 사람이 있었고(고전 5:1), 당당하게 우상의 제물을 먹는 사람도 있었으며(고전 8:10), 부활을 부정하는 사람까지 있었다(고전 15:12). 그러나 사도 바울은 이 문제를 가지고 자신을 비롯해 고린도 교회 전체가 근심에 빠지는 것을 원치 않았다. 그는 고린도 교회의 이 문제를 냄새로 설명하고 있다. 즉 사람이나 음식에 썩은 부분이 있으면 악취가 날 수밖에 없다는 것이다. 이스라엘 백성들이 하나님께 제사를 드릴 때 결국 하나님은 그 짐승이 타는 냄새를 맡으신다. 즉 그리스도는 우리의 냄새를 변화시키는 능력을 가지고 계신데, 그리스도인인 우리는 하나님의 향기를 나타내는 자인 것이다.

1절, "내가 다시는 너희에게 근심 중에 나아가지 아니하기로"

설교 프리노트

사도 바울이 고린도를 떠난 뒤에 고린도 교회에 대해 들은 소문은 그를 큰 근심 가운데 있도록 만들었다. 그래서 사도 바울은 고린도 교인들이 이 악한 세상 가운데서 어떻게 믿음으로 살아가야 하는지에 대해 그의 탁월한 서신(고린도전서)을 보냈다. 그러고도 걱정이 되어 자신의 일정을 바꾸어 비공식적으로 고린도를 방문한 것으로 보인다. 이 방문은 사도 바울이 고린도 교회에 은혜로운 말씀을 전하기 위한 것이 아니라 그들의 잘못을 바로잡기 위한 '근심스러운 방문' 이었다. 그러나 사도 바울은 더 이상 이 문제를 가지고 고린도 교인들을 책망하기 위해 고린도를 방문하기를 원치 않았다. 왜냐하면 그는 이 문제를 하나님께 맡기기를 원했고, 고린도 교회가 충분히 바로잡을 수 있으리라고 생각했기 때문이다.

2절, "내가 너희를 근심하게 한다면"

보석을 가공하는 기술자에게는 보석이 아름답게 빛나는 것이 최종 목표다. 물론 보석 기술자가 자기 보석에서 흠을 발견한다면 근심에 휩싸이게 될 것이다. 이때 기술자가 보석을 자꾸 때리는 것은 망치기 위한 게 아니라 그 흠을 없애서 다시 아름답게 만드는 것이 목표다. 마찬가지로 목회자에게는 교인들이 아름답게 변하는 것이 가장 기쁜 일이다. 인간이라면 누구나 처음부터 아름답게 되는 사람은 없을 것이다. 때로는 넘어지기도 하고 탈선하기도 하지만 나중에 하나님 말씀에 붙들려 아름다운 빛을 발하는 보석이 되는 것이다. 그래서 사도 바울은 비록 강한 말씀으로 고린도 교인들을 책망하기는 했지만 그의 궁극적 목표는 고린도 교인들이 아름답게 되는 것이었다. 왜냐하면 고린도 교인들이야말로 사도 바울의 기쁨이 되는 자들이었기 때문이다.

3-4절, "내가 이같이 쓴 것은……"

어떤 사람들은 사도 바울이 쓴 또 다른 서신서가 있으리라고 생각했다. 이 편지는 사도 바울이 "마음에 큰 눌림과 걱정이 있어 많은 눈물로"(4절)

쓴 것이기 때문이다. 그러나 우리는 지금 전해지고 있는 성경 외에 짐작해서 굳이 다른 편지가 있었을 거라고 단정할 필요는 없다. 사도 바울이 고린도전서를 쓸 때 얼마든지 마음속에 '큰 눌림과 걱정'을 가지고 쓸 수도 있었기 때문이다. 우리는 사도 바울이 자신의 근심을 누르고 대단히 객관적이고 방대한 서신(고린도전서)을 쓸 수 있었다는 사실에 그저 놀랄 따름이다. 사도 바울은 이런 편지를 쓰면서도 마음속으로 고린도 교인들이 크게 근심에 빠질까 염려스럽다고 말한다. 목회자들 대부분이 교인들에게 강하게 설교할 때면 마음속으로 혹시 교인들 가운데서 이 말씀에 상처를 입거나 실족하는 사람이 생기지 않을까 걱정하는 것과 같다. 그러나 사도 바울은 고린도 교인들이야말로 사도 바울의 기쁨이요(3절), 그들을 향하여 넘치는 사랑이 있다는 것을 알기를 원했다(4절).

5-7절, "근심하게 한 자가 있었을지라도……"

사도 바울은 고린도 교회에 분명히 회개해야 할 자가 있다고 생각하고 있었다. 그는 자신이 무서운 죄에 빠졌음에도 깨닫지 못할 뿐 아니라 교만한 마음을 가진 자였고(고전 4:18), 나쁜 행실로 온 교회를 썩게 만드는 썩은 누룩 역할을 하는 자였으며(고전5:6), 마땅히 매로 맞아야 할 자였다(고전 4:21). 그럼에도 사도 바울은 자기 문제보다 그가 고린도 교회 전체를 침체에 빠뜨린 것이 더 큰 문제라고 말하고 있다(5절). 즉 회개하지 않은 죄가 있을 때는 교회 안에서 성령의 불이 꺼지게 된다. 사도 바울은 이런 사람은 교회에서 벌을 받아야 마땅하다고 말한다(6절). 그러나 사도 바울은 그가 회개하고 있다면 너무 심하게 책망하지 말고 용서해주기를 바란다고 한다(7절). 그도 소중한 한 영혼이기 때문이다. 사실 죄를 지었다면 많이 근심하고 자기 스스로 근신하는 것이 옳은 행동이다. 그러나 사도 바울은 그가 죄를 깨닫고 난 뒤에 너무 부끄러워 신앙생활을 하지 못하거나 모든 교인과의 교제가 단절된다면 그건 옳지 않은 일이라고 생각한 것이다.

8-10절, "그러므로 너희를 권하노니 사랑을 그들에게 나타내라……"

사도 바울은 죄를 지은 형제가 어느 정도 회개하고 있을 것으로 생각해 고린도 교회에 대하여 원칙적으로 그 형제를 용서하는 마음을 가지고 대할 것을 권면하고 있다. 교회에서 교인을 처벌하는 목적은 벌을 주는 데 있는 것이 아니라 한 영혼을 바로잡는 데 있기 때문이다. 그럼에도 사도 바울이 고린도 교인의 여러 범죄 사실에 대해 편지에 강한 어조로 기록한 것은 고린도 교회가 모든 일에 하나님의 말씀에 순종하는지 여부를 확인하고 싶었기 때문이라고 말한다(9절). 사도 바울은 이런 죄들을 통해 고린도 교회 전체가 회개하고 새로워지는 기회가 되었기를 바랐다. 사도 바울은 자신의 모든 태도를 고린도 교인들의 태도에 맞추겠다고 말한다. 그들이 어떤 형제를 용서하면 사도 바울도 용서하겠다고 했는데, 이는 어떤 사람의 잘못을 용서하는 것이 고린도 교인들에게 유익하다고 생각했기 때문이다.

11절, "이는 우리로 사탄에게 속지 않게 하려 함이라"

우리는 늘 사탄의 존재와 사탄의 계략을 잊어버리고 살 때가 많다. 그러나 이 세상에는 분명히 눈에 보이지 않는 사탄이 있어 교회나 성도, 사도 바울을 넘어뜨리려고 호시탐탐 노리고 있다. 어떤 사람이 "이 세상에서 가장 열심히 자신의 일을 하고 있는 자는 사탄이다"라고 말한 적이 있다. 사탄은 그만큼 집요하고 예상하지 못할 정도로 교활하게 교회와 성도들을 넘어뜨리려고 혼신의 힘을 다하고 있다. 그래서 사탄은 교인들에게 죄를 짓도록 충동질하고 죄를 지은 뒤에는 자존심을 붙들도록 유도해 바른 가르침을 싫어하게 만든다. 교인들 사이를 이간질시키고 서로 불신하게 만들어 어떻게든 한 명이라도 더 멸망하게 하고 지옥으로 잡아끌려고 하는 것이다. 그래서 우리는 사탄에게 속아서는 안 되며, 모든 나쁜 일의 배후에 사탄이 있다는 것을 알고 다른 사람을 미워하거나 대적하지 않도록 해야 한다.

"우리는 그 계책을 알지 못하는 바가 아니로라"

우리는 사탄이 있고 언제 어디서나 의심과 불신과 분쟁을 일으킨다는 것을 알면서도 번번이 속고 당할 때가 많다. 그 이유는 사탄이 눈에 보이지 않는데다가 그만큼 주의를 집중하지 않으면 속을 수밖에 없기 때문이다.

우리는 주의를 집중하고 매사에 조심하지 않으면 사탄의 계책에 언제든 속고 당할 수밖에 없다.

12절, " 내가 그리스도의 복음을 위하여 드로아에 이르매"

사도 바울은 소아시아에서 계속 복음을 전하면서 드로아까지 오게 되었다. 드로아는 사도 바울이 2차 전도여행 때 마게도냐 사람들의 환상을 보고 빌립보로 넘어오게 되었던 곳이다. 드로아에서 사람들은 사도 바울에게 말씀을 전해 달라고 요청했다. 그리하여 그곳에 복음의 문이 열리게 되었다. 사도 바울은 원래 드로아에서 디도를 만나 고린도 교회의 사정 이야기를 들을 계획이었다. 그러나 디도가 드로아에 오지 않았고 사도 바울은 무슨 좋지 않은 일이 있어서 오지 못했다고 생각해 마음이 상당히 불편한 상황이었다. 그래서 "내 심령이 편하지 못하여"(13절)라고 말한다. 사도 바울은 상당 기간 침체 상태에 있었던 것으로 보인다. 그러다 보니 사도 바울은 좋지 않은 생각이 자꾸 떠오르고 걱정만 쌓여 결국 드로아에서 설교하는 것을 포기하고 바다를 건너 그리스의 북부 지역인 마게도냐로 갔다.

14절, "항상 우리를 그리스도 안에서 이기게 하시고"

그리스도인이 영적 싸움에서 승리하는 비결은 언제나 '그리스도 안' 에 있는 것이다. 사탄은 항상 의심의 불화살을 쏘고 근심의 공격을 해서 우리를 침체에 빠뜨리고자 하기 때문이다. 우리가 그리스도 안에 있어야 한다는 말은 자칫 잘못하면 그리스도에게서 벗어나 혼자 헤매고 다니기 쉽다는 뜻이다. 군인이 부대를 이탈해 혼자 돌아다니면 적의 집중 공격을 받게 된다. 그리스도 안에 있고자 한다면 우리는 언제나 그분의 말씀을 붙들고 있어야 하고, 자기 생각을 믿지 말고 자신의 고민을 주께 다 맡겨 드려야 한다. 그러면 우리는 항상 이길 수 있다.

"그리스도를 아는 냄새를 나타내시는"

그 자신은 잘 알지 못하지만 사람에게서는 독특한 냄새가 난다. 또 인종에 따라 다른 냄새가 날 때도 있는데, 땀 냄새가 나기도 하고 독특한 체취가 나기도 한다. 여성에게서는 그 사람이 즐겨 뿌리는 향수에 따라 향긋한 냄새가 나기도 한다. 어떤 사람에게는 향긋한 냄새가 나서 더 좋아하고 끌리게 되는가 하면, 어떤 사람에게는 역하고 썩은 냄새가 나서 저절로 고개를 돌리게 되기도 한다. 예수 믿는 자들이 하나님 말씀을 붙들고 있으면 그의 외모나 형편과 상관없이 향기로운 냄새가 난다. 그것은 웃는 표정일 수도 있고 겸손한 자세일 수도 있고 아름다운 말을 통해 나타날 수도 있다. 세상 사람들은 그리스도인에게서 나는 냄새를 통해 하나님을 느끼게 된다.

15-16절, "구원 받는 자들에게나 망하는 자들에게나……"

그리스도인에게 나는 냄새는 하나님의 냄새다. 그래서 그리스도인이 기도하거나 찬송하거나 말씀을 들을 때 세상 사람과는 다른 냄새를 풍기게 된다. 개중에는 이 냄새를 좋아하는 사람이 있는가 하면 아주 싫어하는 사람도 있다. 즉 하나님을 믿고 좋아하는 사람은 그리스도인이 풍기는 냄새를 맡으면 기분이 그렇게 좋을 수가 없고 새 힘이 생겨난다. 반면 귀신을 따르고 우상을 믿는 사람은 그리스도의 향기를 맡으면 너무 역겹고 속이 뒤틀리고 화가 나서 소리를 지르거나 귀를 틀어막거나 욕하게 된다. 그래서 하나님을 싫어하는 사람은 그리스도인의 냄새가 싫어 하나님으로부터 더 멀어지게 된다. 반면 하나님을 좋아하는 사람은 이 냄새를 맡기 위해 찾아오고 가까이 다가가 생명에 이르게 된다. 이 세상을 사는 동안 다른 것은 다 막을 수 있지만 그리스도인에게서 나는 냄새는 막을 수가 없다.

17절, "하나님의 말씀을 혼잡하게 하지 아니하고"

여기서 '혼잡하게 한다'는 기름이나 향유를 팔면서 순수한 것을 팔지 않고 그 안에 불순한 기름이나 액체를 섞어 파는 것을 말한다. 이런 경우 일단 냄새나 외모는 순수한 것과 비슷하게 보이지만 그 질이 떨어지고 나중에는 결국 악취가 나게 된다. 마찬가지로 하나님 말씀도 세상 사상과 섞이지 않은 순수한 하나님의 말씀을 전해야 향기가 나고 은혜가 임하고 축복이 임한다. 거기에 인간의 생각이나 사상을 섞어버리면 효력이 떨어지게 되는데, 그런 말씀을 전하는 사람은 모두 가짜 장사꾼인 것이다. 가짜 설교자나 가짜 목사라고 해서 완전히 가짜 말씀만 전하는 건 아니다. 하나님 말씀에 자기 생각의 물을 타서 전하는 것이 가짜 설교자이고 가짜 목사다. 우리는 하나님으로부터 받은 그대로 '순전한 말씀'을 하나님 앞에서, 그리스도 앞에서 전해야 한다.

본문 이해를 위한 질문

1. 고린도 교회에 사도 바울을 근심하게 만든 사람이 있었지만, 궁극적으로 사도 바울이 중요하게 생각하는 것은 무엇이었는가?

사도 바울은 고린도 교인들이 하나님 앞에서 기뻐하고 온전하게 되는 것을 자신의 근심이나 기쁨보다 더 중요하게 생각했다. 그래서 그는 큰 눌림과 걱정으로 눈물의 편지를 썼는데, 그의 마음속에는 고린도 교인들을 사랑하는 마음이 가장 중요했다.

2. 사도 바울은 왜 고린도 교인들이 근심하게 만든 자를 용서해주기를 바랐는가?

사도 바울은 고린도 교인들이 한두 가지 부정적인 일에 온통 마음을 빼앗겨 하나님께 나아가는 데 방해가 되지 않기를 바랐다. 우리가 하나님께 지속적으로 나아가는 것이 모든 실수나 잘못을 해결하는 방법이기 때문이다. 그리고 온 교회가 죄에 대한 경각심을 가지고 있다면 사탄은 더 이상 교회를 침체에 빠뜨리지 못할 것이다.

3. 우리가 시험에서 늘 승리하는 비결은 무엇이며, 우리에게는 어떤 냄새가 나는가?

그리스도 안에 있는 것이 우리가 사탄을 이기는 비결이며, 주님과 바른 관계에 있을 때 우리 몸에서 반드시 하나님의 향기가 나게 되어 있다. 사람들은 이 향기를 통해 하나님을 느끼기도 하고 자신들의 모습을 돌아보기도 한다.

성경 강해

냄새는 눈에 보이지 않고 손으로 잡을 수도 없지만 사람을 불쾌하게 하기도 하고 기분 좋게 하기도 합니다. 예를 들어 꽃은 아름다울 뿐 아니라 좋은 냄새를 풍기기 때문에 사람들은 꽃을 좋아합니다. 그 꽃을 꺾어 방 안에 두면 온 방에 향긋한 냄새가 나서 분위기도 한결 좋아집니다. 그러나 상한 음식이라든지 사람의 배설물, 썩은 시체에서는 좋지 않은 냄새가 나서 그런 냄새를 맡으면 기분이 나쁘고 불쾌감에 얼굴을 찡그리고 시선을 피하게 됩니다. 사실 그런 것에는 병균이 들끓고 있어 냄새를 맡지 않고 피해야 병에 걸리지 않을 수 있습니다.

요즘 아파트 엘리베이터를 타면 냄새를 통해 바로 앞에 어떤 사람이 탔는지를 알 수 있습니다. 예를 들어 빈 엘리베이터에 올라탔을 때 그 안에서 짙은 향수 냄새가 나면 30대 젊은 여성이 탔었다는 것을 짐작할 수 있고, 엘리베이터 안에서 술이나 담배에 찌든 냄새가 나면 40대나 50대 남성이 술을 많이 마시고 조금 전 엘리베이터를 탔다는 것을 알 수 있습니다. 그리고 엘리베이터를 탔을 때 통닭 냄새가 진동하면 어느 집에서 아이들이나 엄마가 통닭을 주문했다는 것을 알 수 있습니다.

마찬가지로 사람은 저마다 냄새를 풍깁니다. 그러나 사람의 몸에서 나는 향수 냄새라든지 술 냄새보다 더 중요한 것이 바로 그 사람의 이미지를 통해 풍겨 나오는 특유의 느낌입니다. 어떤 사람은 몸에서도 좋지 않은 냄새가 나지만 이미지에서도 무엇인가 좋지 않은 느낌을 풍기는 경우가 있습니다. 사람들은 이런 사람에게서 공격적인 냄새를 맡게 됩니다. 어떤 사람은 시선이 흔들려 불안정하고 불안해하는 이미지를 줄 때도 있습니다. 또 어떤 사람은 무엇인가 마음속에 기쁨이 있고 확신을 가지고 있는 것 같은 느낌을 주기도 합니다. 이것이 바로 그 사람이 풍기고 있는 이미지이고 냄새인 것입니다.

사도 바울은 우리 그리스도인을 특이한 냄새를 풍기는 사람이라고 말합니다. 그 냄새는 바로 그리스도의 냄새입니다. 그리스도의 냄새라고 하는 것은 아주 특이한 냄새를 말합니다. 보통 그리스도의 냄새라고 하면 로마 군병들한테 채찍으로 죽도록 두들겨 맞아 피 범벅이 되고 십자가 위에 못 박혀 뜨거운 땡볕 아래서 땀 흘리며 고통 받다가 죽으셨던 피 냄새와 땀 냄새와 절망과 죽음의 냄새를 떠올릴 수 있습니다. 물론 예수님께는 그 땀과 피와 절망과 죽음의 냄새가 분명히 있습니다. 그러나 예수님은 또 다른 냄새도 풍기십니다. 바로 사망의 권세를 이기고 천국에 오르신 천국의 냄새가 강하게 납니다. 예수님의 향기는 죽은 영혼을 살리고 죄인을 치료하는 아주 향긋하면서도 생기를 불어넣어 주는 냄새입니다.

1. 사랑하는 사람에 대한 근심의 감정

우리는 특별히 사랑하고 좋아하는 사람을 통해 위로를 받기도 하고 기쁨을 누리기도 하지만 특별히 좋아하는 사람이기 때문에 더 큰 고통을 받고 마음의 깊은 상처를 받을 때도 있습니다.

예를 들어 어떤 남자가 한 여성을 사랑하는데 그 여성이 좋지 않은 남자와 사귀는 것을 알게 되었다거나 너무나 사랑하는 아들이 어떤 범죄 조직에 연루되어 경찰에 체포가 되었다거나 이단에 빠지게 되었다거나 술이나 마약에 중독되었다는 사실을 알게 되면 심리적으로 굉장히 큰 고통을 받게 될 것입니다.

어떤 남자가 자기 애인이 나쁜 사람과 만나는 것을 알게 되었다면 찾아가 싸워서라도 못 만나게 할 것이고, 자기 자식이 죄에 빠졌다는 것을 알게 되었다면 찾아가 두들겨 패서라도 바로잡으려고 할 것입니다. 그러나 사람은 찾아가 말을 한다고 해서 바로 되는 것도 아니고 두들겨 패거나 논쟁을 한다고 해서 정신을 차리는 것도 아닙니다. 사람의 생각이나 습관은 금방 변하는 것이 아니기 때문에 야단을 치거나 때린다고 해서 금방 바뀌지 않습니다. 그래서 진정한 사랑에는 치유의 개념이 들어 있습니다. 사도 바울은 오래 참고 기다려주는 것이 사랑이라고 했는데, 기다리는 사람은 그동안 힘겨운 시간을 보내야 합니다. 사도 바울은 고린도 교회의 어떤 사람이 음행을 저지르고도 회개하지 않고 뻔뻔스럽게 시치미를 떼고 아무 일도 없었다는 듯 평소처럼 행동하는 것을 보고 크게 근심하고 슬퍼했습니다.

사도 바울에게 고린도 교인은 자식과 같은 존재였습니다. 사실 고린도 교인들 모두가 잘못한 것은 아니고 일부 지도자가 잘못을 저지르고도 전혀 회개하지 않고 뻔뻔스럽게 더 큰 소리를 치면서 교회를 잘못된 방향으로 이끌어가려고 했던 것입니다. 사도 바울은 급히 고린도를 비공식적으로 방문해 몇몇 사람에게 그렇게 해서는 안 된다고 지적한 것 같습니다. 그러나 그런 직접적인 충고의 결과는 서로에게 좋지 않은 결과를 가져온 것 같습니다. 왜냐하면 고린도 교인들이나 본인이 그런 책망에 대해 마음의 준비가 되어 있지 않았기 때문입니다.

1-2절, "내가 다시는 너희에게 근심 중에 나아가지 아니하기로 스스로 결심하였노니 내가 너희를 근심하게 한다면 내가 근심하게 한 자밖에 나를 기쁘게 할 자가 누구냐"

사도 바울은 고린도 교회의 어떤 지도자가 음행을 저지르고도 전혀 회개하지 않고 마치 아무 일도 없었던 것처럼 태연하게 교회 생활을 하는 것을 보고 큰 고통을 받았습니다. 그리고 세상의 학문을 받아들여 부활이 없다고 주장하는 사람이 있는가 하면, 남들이 보는 앞에서 버젓이 우상의 제물을 먹는 사람도 있었습니다. 또한 교인들 사이의 문제를 세상 법정에 가지고 나가 재판하는 일까지 있었습니다. 이 모든 일이 사도 바울의 마음을 아프게 했습니다.

사도 바울의 이런 직접적인 충고는 일시적으로 그 자신에게나 고린도 교회의 장로들에게 근심거리가 되었습니다. 즉 이 일은 서로에게 좋지 않은 영향을 끼쳤고 관계마저 불편하게 만들었던 것입니다. 사도 바울은 이 편지를 보내면서 서로가 그 문제로 근심하게 된 것을 인정하고 있습니다. 그리고 이런 근심 가운데 있을 때는 그들에게 가지 않겠다고 했습니다. 그 이유는 사도 바울이 이 문제에 대해 이야기했으므로 그들이 어떤 결정을 내리더라도 하나님의 뜻이라고 인정할 마음의 자세가 되어 있었기 때문입니다. 이렇게 하는 것이 '내려놓는 것' 인데 사실 사람이 무엇인가를 내려놓는다고 하는 것이 얼마나 어려운 일인지 모릅니다. 상대방이 사랑하는 사람일수록 우리는 그 문제를 내려놓는 것이 쉽지 않습니다. 사랑하는 사람의 문제를 내려놓으려고 하면 마치 팔과 다리를 자르는 것 같은 고통을 겪게 됩니다. 그러나 내려놓지 않으면 결국에는 서로에 대한 불신이 깊어지게 되고, 무엇보다 자기 자신이 견딜 수 없게 됩니다. 우리는 어느 정도 의사 표시를 하고 난 뒤에는 기도하는 가운데 그 일을 전적으로 하나님께 맡겨야 합니다.

사도 바울은 "내가 너희를 근심하게 한다면 내가 근심하게 한 자밖에 나를 기쁘게 할 자가 누구냐"라고 말합니다. 이 말씀은 고린도 교인들이 다시 자기를 기쁘게 해줄 거라 믿는다는 뜻입니다. 즉 고린도 교인들과 자신이 지금은 불편하게 되어 있지만 마음속 깊은 곳에는 서로에 대해 깊은 사랑과 신뢰가 있기 때문에 자신이 더 이상 이런 식으로 찾아가지 않아도 될 거라고 믿는다는 뜻입니다.

사실 우리는 자녀나 가장 친한 친구, 교인이 좋지 않은 데 빠진 것을 알게 되었을 때 미칠 정도로 불안하고 걱정스러울 것입니다. 그럼에도 사랑으로 찾아가 권면하고 믿고 기다릴 때 하나님이 해결해주실 때가 많습니다. 우리는 그것을 믿어야 합니다.

3절, "내가 이같이 쓴 것은 내가 갈 때에 마땅히 나를 기쁘게 할 자로부터 도리어 근심을 얻을까 염려함이요 또 너희 모두에 대한 나의 기쁨이 너희 모두의 기쁨인 줄 확신함이로라"

이 문제가 잘 해결되지 않으면 사도 바울은 다음에 고린도를 방문하는 것이 어려울 수도 있었습니다. 그러나 그는 하나님이 이 문제를 해결해주실 거라고 믿었습니다. 사도 바울은 고린도 교인들의 마음속에 성경적인 신앙이 있다는 확신을 가졌기 때문입니다.

사도 바울은 처음 자기가 고린도 교인들에게 이 문제를 가지고 편지를 쓸 때 마음에 너무나 큰 눌림이 있었고 걱정이 있었다고 말합니다.

4절, "내가 마음에 큰 눌림과 걱정이 있어 많은 눈물로 너희에게 썼노니 이는 너희로 근심하게 하려 한 것이 아니요 오직 내가 너희를 향하여 넘치는 사랑이 있음을 너희로 알게 하려 함이라”

사도 바울도 사람이기에 고린도 교회의 소식을 듣고 나서 마음에 큰 눌림이 있었고 많은 걱정으로 눈물을 흘리며 편지를 썼다고 말합니다. 나중에 드로아에서 되어진 일을 보면 사도 바울이 거의 신경쇠약에 걸릴 정도로 큰 정신적 충격과 고통을 받았음을 알 수 있습니다. 여기서 사도 바울이 ‘많은 눈물로 쓴 편지’ 가 어느 편지를 말하는 것인가 하는 데 많은 논란이 있습니다. 어떤 사람들은 고린도전서와 후서 외에 또 다른 편지가 있다고 추측하는가 하면, 어떤 사람은 고린도후서 10장 이후의 편지를 가리키는 거라고 주장합니다. 그러나 개인적으로 고린도전서를 생각해도 괜찮을 것 같습니다. 왜냐하면 이미 고린도전서에서 사도 바울은 음행하고도 회개하지 않고 있는 사람에 대해 편지할 때 아주 격렬하게 말했고, 그때 많은 눈물을 흘리면서 편지를 썼던 것으로 보이기 때문입니다. 사도 바울은 어떻게 하나님의 백성들 가운데서 이런 일이 일어날 수 있는가 하는 생각을 했던 것입니다. 사람은 스스로 높아지면 자신을 대단하다고 여겨 이 정도의 죄는 지어도 된다고 생각할 수도 있는데, 사실 이것이 가장 무서운 생각입니다. 즉 자신은 너무 훌륭하기 때문에 아무나 건드려도 되고 아무도 자기를 무시해도 안 된다고 착각하는데, 이것보다 더 무서운 교만은 없습니다. 이 세상에는 자기 마음 가는 대로 행동하고 함부로 말해도 될 정도로 낮은 사람이 존재하지 않습니다.

고린도 교인들은 그 음행을 저지른 사람이 힘과 실력이 있는 사람이었기 때문에 치리하는 것을 부담스러워하고 두려워했지만 사도 바울은 결코 그런 사람을 어려워할 필요가 없고, 그저 올바른 방법으로 처리하기만 하면 된다고 말합니다.

2. 사탄의 계책에 속아서는 안 된다

사도 바울은 모든 죄 뒤에는 그것을 충동질하는 사탄이 있다는 것을 알았습니다. 그래서 누군가가 잘못된 말을 하고 행동하는 것을 알고도 가만히 있으면 사탄의 일을 방조하는 것이고, 정의감이 지나쳐 끝까지 싸워 이기려고 하면 결국 사탄의 계책에 넘어가는 것이라고 말합니다. 우리는 어디까지나 성경적으로 바른 교훈을 통해 가르치고 기도하면서 하나님이 역사하시도록 해야 사탄의 계략에 넘어가지 않습니다.

5절, "근심하게 한 자가 있었을지라도 나를 근심하게 한 것이 아니요 어느 정도 너희 모두를 근심하게 한 것이니 어느 정도라 함은 내가 너무 지나치게 말하지 아니하려 함이라"

사실 어떤 사람이 음행을 저질렀고 세상적인 방법을 교회 안으로 끌고 들어왔을 때 모든 교인의 마음속에 답답함이 있었습니다. 왜냐하면 하나님의 성령이 그런 짓을 기뻐하시지 않았기 때문입니다. 세상에서 통하는 방법으로 교회를 움직이려고 하는 것은 성령님이 원하시는 방식이 아닙니다. 그래서 모든 교인이 답답해하고 있었지만 말하지 않고 참고 있었습니다. 이 사람 저 사람 떠들어 봐야 교회만 혼란스러워지고, 또 일반 성도는 그렇게 할 수 있는 지식이나 권한이 없었기 때문입니다. 사도 바울은 공개적으로 그 형제를 사탄에게 내어주라고 편지에 썼습니다. 이것은 그를 교회에서 내쫓으라는 뜻이었습니다. 그러나 바울은 지나치지 않게 하려고 했다고 말합니다. 왜냐하면 교회는 어차피 죄인들의 모임이고 완전할 수 없기 때문입니다. 모든 것을 철저히 밝히려고 하는 것은 지혜롭지 못한 방법입니다. 그것은 분노의 마음에서 하는 것이고 복수하려는 마음에서 하는 것으로, 오히려 본인의 마음에 성령의 역사가 떠날 수도 있습니다. 그래서 누군가가 잘못된 행동을 할 때 그것이 옳지 않다고 분명히 이야기하면 되지 끝까지 싸워 이기려고 할 필요가 없습니다. 그렇게 하는 것은 하나님의 방법이 아니기 때문입니다.

6-7절, "이러한 사람은 많은 사람에게서 벌 받는 것이 마땅하도다 그런즉 너희는 차라리 그를 용서하고 위로할 것이니 그가 너무 많은 근심에 잠길까 두려워하노라"

사도 바울은 그 음행을 저지른 형제가 벌 받는 것이 마땅하다고 말합니다. 그러나 그 사람은 이미 회개하고 자신의 잘못을 인정하고 자숙하고 겸비하게 된 것 같습니다. 이런 경우 그 사람을 너무 심하게 대하지 말고 용서하라고 말하는데, 교회의 목적이 사람을 살리는 데 있기 때문입니다.

11절, "이는 우리로 사탄에게 속지 않게 하려 함이라 우리는 그 계책을 알지 못하는 바가 아니로라"

우리는 사탄에게 속지 않으려면 사탄의 계책을 알아야 합니다. 예전 개정역에서는 "우리가 그 궤계를 알지 못하는 바가 아니로라"라고 했습니다. 사탄은 언제나 하나님의 백성이 죄짓고 넘어지게 하려고 계략을 꾸미고 있습니다. 우리는 사탄의 계략을 뻔히 알면서도 속고 넘어질 때가 많습니다. 사탄이 늘 쓰는 계략은 사람을 충동질해서 욕망을 극대화시키는 것입니다. 분노와 성욕, 탐욕을 극대화시켜 죄에 빠지게 합니다. 사람끼리 서로 싸워 미워하게 만들고, 어느 때는 죽이기까지 하고, 전쟁으로 확대시켜 모두 죽게 만들고 멸망시키고자 하는 것이 사탄의 계략입니다. 사탄은 사람을 자극하고 충동질해서 죄짓게 만드는데, 이때 사람 자체는 사탄에게 실컷 이용당하는 하수인밖에 되지 않습니다. 그래서 우리는 사람을 미워하고 적대시하기보다 그 뒤에 있는 사탄을 미워하고 무력화시켜야 합니다. 무엇이든 지나친 것은 좋지 않습니다. 사탄은 우리로 하여금 자기도취에 빠져 자신의 모습을 보지 못하도록 만듭니다. 만약 우리가 자신의 모습을 객관적으로 볼 수만 있다면 사탄에게 쉽게 넘어가지 않을 것입니다. 그래서 우리는 혼자 조용히 있는 시간을 통해 언제나 자기 자신을 객관적인 시선으로 보도록 노력해야 합니다.

3. 그리스도의 향기가 나타남

사도 바울은 하나님이 고린도 교인들의 마음에 감동을 주셔서 스스로 죄를 지은 형제의 문제를 잘 해결할 것이라고 믿었지만 실제로는 마음이 많이 불안했습니다. 바로 이것이 우리 인간의 문제입니다. 만약 우리의 감정이 생각한 대로만 움직여준다면 자살하는 사람도 없고 우울증에 걸리는 사람도 없을 것입니다. 인간의 감정이나 육체가 병들게 되면 우리 몸에 있는 오장육부는 아무리 뇌가 지시하고 설득해 말을 듣게 하려고 해도 말을 듣지 않습니다. 그래서 약이 필요하고 치료가 필요한 것입니다.

사도 바울은 고린도 교인들의 신앙을 믿었고 죄를 지은 형제의 인격도 믿었습니다. 그러나 실제로 그는 심한 영적 침체를 겪고 우울증 증세를 보였습니다. 이런 증상은 드로아에서 가장 심하게 나타났습니다.

12-13절, "내가 그리스도의 복음을 위하여 드로아에 이르매 주 안에서 문이 내게 열렸으되 내가 내 형제 디도를 만나지 못하므로 내 심령이 편하지 못하여 그들을 작별하고 마게도냐로 갔노라"

'드로아' 는 사도 바울이 2차 전도여행 때 처음 빌립보로 넘어갈 때 환상을 보았던 곳입니다. 그는 드로아에서 마게도냐 사람 한 명이 환상 가운데 '이리로 넘어와서 우리를 도와 달라' 는 모습을 보고 아시아를 떠나 유럽으로 넘어가 빌립보에서 전도를 했습니다. 사도 바울이 다시 드로아에 돌아왔을 때 드로아 사람들은 사도 바울을 환영하고 하나님의 말씀을 듣기 위해 설교 요청을 했습니다. 그런데 사도 바울은 큰 걱정에 빠져 우울증 증세까지 나타났던 것입니다. 그는 디도가 와야 하는데 오지 않자 고린도 교회에 대하여 좋지 못한 생각이 꼬리를 물고 일어난 것입니다. 즉 '틀림없이 고린도 교인들이 나에 대하여 크게 반발하고 있나 보다. 이제 그들은 나와의 모든 관계를 끊고 멋대로 믿으려고 하는가 보다' 등등 안 좋은 상상이 일어나면서 드로아에서 설교할 의욕이 생기지 않았습니다. 당시 사도 바울의 마음이 너무나 불안했기 때문입니다. 그래서 그는 드로아에서 복음의 기회가 열렸음에도 불구하고 심리적으로 너무 불안한 상태에 있어 복음을 전하지 못하고 마게도냐로 건너가고 말았습니다. 이처럼 불안해하면서 초조하게 기다리는 동안 고린도 교인들은 용기를 내어 음행을 행한 형제 문제도 잘 처리하고, 사도 바울에 대해 나쁜 소문을 퍼뜨리는 거짓 형제들의 입도 다물게 해서 교회가 은혜 가운데 준비되고 있었습니다. 사도 바울은 마게도냐에서 디도를 만나 이 소식을 듣고 나서야 비로소 안심할 수 있었습니다. 이처럼 사도 바울이라고 해서 늘 용감하고 담대한 것만은 아니었습니다.

그런데 놀랍게도 주님은 사도 바울이 어디를 가든지 그리스도를 아는 냄새를 나타내게 하셨습니다.

14절, "항상 우리를 그리스도 안에서 이기게 하시고 우리로 말미암아 각처에서 그리스도를 아는 냄새를 나타내시는 하나님께 감사하노라"

하나님을 믿는 순간 우리 안에서는 놀라운 일이 일어나게 됩니다. 바로 그동안 찾지 못해 방황하고 불안해하던 자기 자신을 찾게 된 것입니다. 이것이 우리의 영혼 깊은 곳에 기쁨을 주고 자기 자신을 알지 못해 불안 가운데 있던 마음이 안심하는 마음으로 변하면서 차분해지게 됩니다. 이때 우리 안에 있던 공격적이고 지나치게 흥분해 자신을 미치게 만들던 광기가 죽어지게 됩니다. 그러면서 우리 안의 영혼이 아주 고상해지고 무엇인가 말로 표현할 수 없는 기쁨이 우리의 눈빛이나 말을 통해 발산됩니다. 이것이 바로 하나님의 백성만이 가질 수 있는 냄새, 즉 향기인 것입니다.

예수를 믿는 순간 과거의 맹수적인 습성이 없어져 양의 성품을 가지게 되어 우리는 덜 공격적인 모습으로 변합니다. 우리는 이 세상에서 어려움을 당하거나 공격적인 사람을 만나면 무서워하고 불안에 떨게 됩니다. 그런 가운데서도 우리 안에 있는 영혼의 아름다움과 향기는 밖으로 순간순간 나타나는데, 그것이 얼마나 아름다운지 모릅니다.

사람의 말이나 표정, 안정감에서 주는 분위기가 몸에서 나는 냄새보다 더 중요할 수 있습니다. 멋진 외모를 가졌고 사회적으로 높은 신분을 가졌지만 험악한 말을 하거나 행동이 아주 거칠어 가까이 있는 사람을 불편하게 만드는 사람이 있습니다. 이런 사람은 내면이 아주 불안정하고 죄의식에 차 있거나 열등의식을 가지고 있습니다. 이들은 항상 주변 사람들을 불안하게 만들고 불편하게 만들어 자기 자신을 돋보이게 하고 우월감을 느끼려고 합니다.

본문을 보면 사도 바울은 다른 곳에 가서 두들겨 맞기도 하고 고린도 교회 문제로 불안해하기도 했지만 언제나 그리스도를 아는 냄새가 나타났다고 말씀합니다. 이는 사도 바울이 아무리 어려움 가운데 있어도 자신의 감정을 통제하지 못하거나 절망에 빠지거나 자포자기하는 일이 없었다는 뜻입니다. 언제나 마지막 순간에 주님이 힘을 주어 함부로 말하지 않게 하시고 남에게 욕이나 저주를 퍼붓지 않게 하시고 자기 자신을 지킬 수 있는 힘을 주셨기 때문입니다. 그래서 사람들은 사도 바울을 볼 때마다 그의 외모나 처지가 형편없었지만 어떤 자신감과 여유를 느낄 수 있었습니다.

우리는 모두 예수님이 우리 안에 계시므로 그리스도의 냄새가 있습니다. 이것은 어디를 가더라도 우리에게서 나타날 것입니다. 버스를 타거나 비행기를 타거나 어느 곳을 가더라도 그리스도의 냄새가 날 것입니다. 그런데 우리 자신을 주께 많이 굴복시킬수록 더 강한 냄새가 나게 됩니다. 일단 우리에게는 자신의 감정 통제가 아주 중요합니다. 스스로 감정을 통제하지 못한다면 그리스도의 냄새 대신에 인간의 냄새가 날 것입니다. 그리고 말을 많이 하지 않는 것이 중요한데, 사람은 말이 많으면 아무래도 자기 냄새를 풍기게 되어 있습니다. 다른 사람을 아끼고 사랑하는 마음을 가질 때 그리스도의 냄새를 많이 풍기게 됩니다.

그러나 모든 사람이 이 그리스도의 냄새를 좋아하는 것은 아닙니다.

15-16절, "우리는 구원 받는 자들에게나 망하는 자들에게나 하나님 앞에서 그리스도의 향기니 이 사람에게는 사망으로부터 사망에 이르는 냄새요 저 사람에게는 생명으로부터 생명에 이르는 냄새라 누가 이 일을 감당하리요"

그리스도의 냄새는 생명에 이르게 하는 냄새입니다. 예수님의 냄새는 다른 사람에게 자신감을 주고 기분 좋게 하며, 천국 하나님 말씀을 듣고 살도록 만들어줍니다. 반면 세상의 썩은 냄새는 다른 사람을 더 미치게 하고 죄짓게 해서 결국 망하게 만듭니다. 그런데 세상 사람은 그리스도의 냄새를 좋아하지 않습니다. 자기들에게는 맞지 않는 냄새이기 때문입니다. 벌이나 나비는 꽃에서 나는 냄새를 좋아하지만, 파리는 썩은 냄새를 좋아합니다. 모기도 썩은 냄새를 좋아해 땀 냄새가 나는 사람을 찾아다닌다고 합니다.

하나님은 냄새를 아주 좋아하십니다. 이스라엘 백성이 하나님께 제사를 드리면 하나님은 고기를 잡수시는 것도 아니고 피를 마시는 것도 아니고 그 냄새를 맡고 좋아하셨습니다. 예배는 우리의 냄새를 변하게 합니다. 헌금도 우리의 냄새를 변하게 합니다.

17절, "우리는 수많은 사람들처럼 하나님의 말씀을 혼잡하게 하지 아니하고 곧 순전함으로 하나님께 받은 것같이 하나님 앞에서와 그리스도 안에서 말하노라"

여기서 '수많은 사람' 은 당시의 장사꾼을 말합니다. 이들은 모두 행상꾼이었는데 그들은 술이나 꿀, 기름에 물이나 불순물을 섞어 엉터리로 팔고 있었습니다. '혼잡하다' 는 것은 불순물이 많이 들어 있는 것을 말합니다.

오늘날 하나님 말씀을 파는 사람들은 세상적인 사상과 축복 사상과 성공 사상 등 불순물을 섞어 팔면서 엄청난 이익을 올리고 재미를 보고 있습니다. 그런데 사람들은 싸고 불순물이 섞인 것을 더 좋아합니다. 그것으로는 그리스도의 향기를 낼 수 없고 사탄의 세력을 이길 수 없고 기도 응답을 가져올 수 없는데도 말입니다. 우리는 오직 하나님으로부터 받은 그대로 순수한 말씀을 하나님 앞과 그리스도 안에서 증거 해야 합니다. 이 복음은 사람들에게 인기가 없고 무시당할지라도 전 세계 어디를 가도 구할 수 없는 보물입니다. 이 축복의 말씀을 듣고 냄새가 변하고 삶이 변하는 그리스도인이 되기를 바랍니다.

성경 토의

1. 자신에게 있어 가장 큰 기쁨은 무엇인가? 지금 하고 있는 일인가, 경제적인 수입인가, 자녀들이 잘되는 것인가, 교회가 은혜 충만하고 평안한 것인가, 교인들이 더 아름다워지는 것인가? 최근에 근심하고 큰 눌림을 받고 있다면 그 이유가 무엇 때문이라고 생각하는가? 직장일 때문인가, 돈 때문인가, 자식들의 문제 때문인가, 아니면 교회 문제 때문인가?

2. 사탄의 계책에 넘어가지 않으려면 어떻게 해야 하는가? 사탄은 주로 어떤 모습으로 우리에게 나타나며, 어떤 식으로 우리를 넘어지게 하는가? 그리고 우리가 시험에서 늘 승리하는 방법은 무엇인가?

3. 때로는 사람들에게 향수 냄새나 땀 냄새 같은 것이 나는데, 그리스도인에게서는 어떤 냄새가 나야 하는가? 그리고 그 냄새를 어떻게 해야 맡을 수 있는가? 요즘 자신에게서 어떤 냄새가 난다고 생각하는가?

04_얼굴에 쓴 수건

고린도후서 3:1-18

전체적 설명

어떤 회사에 취직을 하거나 다른 회사로 이직하려고 하면 자기 자신이 어떤 사람이라고 하는 자기소개서나 이력서, 자기를 잘 아는 유력한 사람의 추천서를 제출하는 것이 기본으로 되어 있다. 겉모습만 으로는 이 사람이 얼마나 실력 있는지, 어떤 일을 하면서 살아왔는지 도무지 알 수 없기 때문이다. 사도 바울이 고린도에서 부흥을 일으키고 교회를 세우고 고린도를 떠난 뒤 고린도 교회를 맡게 된 지도자들은 사도 바울에 비해 훨씬 더 체계적으로 움직였다. 그들은 사도 바울이 고린도 교회에서 가르친 것은 너무 주먹구구식이고 체계적이지 못하다고 판단했다. 그래서 교회 안의 모든 일에 대해 규약 같은 조문을 만들기 원했고, 심지어는 사도 바울이나 그가 보내는 사람일지라도 앞으로 고린도에 와서 설교하기나 목회하기 위해서는 믿을 만한 자기소개서나 추천서를 먼저 보내어 허락을 받아야 한다고 주장한 것으로 보인다. 그러자 사도 바울은 이 세상에서 가장 강력한 추천서는 말씀을 듣고 변화된 교인들 자신이며, 글로 쓴 규약은 죽은 것에 불과하다고 말했다(6절). 그렇다면 사도 바울은 모든 눈에 보이는 규약이나 규칙을 무시했는가? 결코 그렇지 않았다. 단지 하나님의 일은 인간의 규칙으로 하는 것이 아니라는 점을 말했을뿐이다. 하나님의 일은 하나님의 영과 능력으로 하는 것이다.

1절, "우리가 다시 자천하기를 시작하겠느냐"

설교 프리노트

사도 바울 이후 고린도 교회에 온 목회자들이나 장로들은 모든 것을 체계적으로 해나가기를 원했다. 그래서 교회 안에서도 규약이라든지 규정 같은 것이 있어야 하고, 누구든지 고린도 교회에 와서 설교하거나 목회하려고 하면 자기소개서나 추천서를 보내 교회의 승인을 받아야 한다고 생각했다. 사실 이것은 오늘날 당연하게 생각하는 절차이며, 실제로 이렇게 하고 있다. 예를 들어 어떤 교회에서는 새 담임 목사를 뽑으려고 할 때 당연히 이력서를 받고 다른 사람의 추천서를 받아야 하는 것으로 생각한다. 그러나 사도 바울은 그 자신이나 그의 동역자들이 새삼스럽게 자기소개서를 쓰거나 다른 사람의 추천서를 보낼 필요가 있느냐고 묻는다. 사도 바울이나 그의 동역자들은 그동안 전한 말씀과 그들의 능력과 성실함을 통해 하나님의 종임을 나타냈기 때문이다. 사실 오늘날 한국 교회에도 이와 유사한 문제가 나타나고 있다. 예를 들어 새 담임 목사가 필요할 때 대부분의 교회는 교단 신문에 광고를 내고, 수많은 목회자의 이력서와 추천서를 보고 담임 목사를 뽑는다. 그런데 바로 거기에 함정이 있다. 담임 목사를 뽑는 것은 어떤 직원을 채용하는 것과 달리 그들의 영혼을 책임지고 인도할 영적 지도자를 뽑는 것임에도 이력서나 다른 서류 등 그의 세상적 경력만 보고 뽑을 수밖에 없다. 즉 그 사람이 어떤 사람인지 제대로 볼 수가 없다는 것이다. 그러다 보니 많은 교회가 목회자를 모시는 데 종종 실패하는 것을 본다. 이력서나 추천서를 보고 외모나 설교하는 것을 한두 번 보고 결정했는데, 막상 사람을 겪어 보니 생각이 맞지 않고 기대한 것과 너무 다르기 때문이다. 그래서 교회는 목회자를 결정하기 전 열심히 기도하고, 하나님이 그들에게 맞는 지도자를 보내주시도록 간

구해야 한다. 사람은 외모를 보지만 하나님은 중심을 보시기 때문이다 (삼상 16:7).

2절, "너희는 우리의 편지라"

'편지'는 마음이 담긴 진실한 글을 말한다. 사도 바울은 세상적인 이력서나 추천서 같은 것을 가지고 있지 않았지만 고린도 교인들의 마음 하나하나에 하나님 말씀을 새겼다. 그래서 고린도 교인들의 표정이나 말과 행동은 사도 바울이 가르쳤던 말씀의 열매였던 것이다. 그만큼 고린도 교인들은 사도 바울의 가르침을 받으면서 다른 사람으로 변화되었다. 하나님의 종들이 진실한 하나님의 종인 증거는 바로 교인들의 변화된 삶을 통해 나타난다.

3절, "너희는 우리로 말미암아 나타난 그리스도의 편지니"

사도 바울은 고린도 교인들에게 말씀을 가르친 것에 대해 예수님이 쓰신 편지라고 말하고 있다. 물론 이 편지는 고린도 교인들도 읽을 수 있지만 온 세상이 읽을 수 있는 편지인 것이다. 그 편지는 '먹(잉크)'으로 쓰인 것이 아니라 '살아있는 하나님의 영'으로 쓰인 것이므로 고린도 교인들의 말과 행실을 통해 모든 사람이 읽게 되는 살아있는 편지다. 그 편지의 내용은 하나님이 모든 사람에 대하여 사랑이신 것과 친절하신 것, 모든 사람이 죄를 버리고 깨끗한 삶을 살기를 원하신다는 것이다. 옛날이나 지금이나 영구적으로 남아 있어야 하는 중요한 내용의 글은 돌판에 기록되는데, 하나님은 돌판보다 더 중요한 사람의 마음 판에 편지를 쓰신 것이다. 그래서 우리 마음속에 계속 떠오르는 감동을 통해 하나님이 지금도 우리에게 편지를 쓰고 계신 것을 알 수 있다.

4절, "하나님을 향하여 이 같은 확신이 있으니"

하나님 말씀을 가르치고 배우는 것은 하나님이 우리에게 사랑의 편지를 쓰시는 것이다. 이런 확신이 있기에 우리는 하나님 말씀만 붙드는 것이다. 반대로 세상의 지식이나 세상적인 가르침은 인간의 사상이나 생각을 우리 마음에 집어넣는 것이므로 하나님의 편지도 아니고 하나님의 메시지도 아니다.

5절, "우리의 만족은 오직 하나님으로부터 나느니라"

'만족' 은 온전한 자격의 여부를 말한다. 사람들은 어떤 사람의 이력서나 다른 사람들의 추천, 칭찬을 접하고 만족하지만 하나님은 그 사람의 중심과 하나님 말씀에 대한 정직함을 보고 인정하신다. 그러므로 하나님이 인정하시는 종이야말로 진정한 종인 것이다.

6절, "율법 조문은 죽이는 것이요 영은 살리는 것이니라"

사람들은 율법처럼 무엇인가 문서로 작성되어 명문화한 것만 효력이 있다고 생각하는 경향이 있다. 요즘 우리 사회도 사람이 말로 한 것은 별로 실효성이 없고 문서로 작성하고 도장을 찍어야 법적 효력이 생긴다. 하나님은 이스라엘 백성에게 하나님 말씀을 율법의 조문으로 주셨다. 그 율법은 하나님 말씀을 깨닫고 믿는 자에게는 살리는 말씀이 되지만 믿지 않고 불순종하는 자에게는 죽이는 근거가 된다. 그러나 우리가 믿고 때때로 순종하지 못하더라도 하나님을 우리를 살리신다. 왜냐하면 예수 그리스도의 보혈이 이미 우리를 모든 죄에서 깨끗케 했기 때문이다.

7-11절, "돌에 써서 새긴 죽게 하는 율법 조문의 직분도 영광이 있어……"

여기서 율법의 직분과 복음의 직분에 대한 영광을 비교하고 있다. 이 세상의 모든 높은 직분을 가진 사람은 나름의 영광을 가지고 있다. 그래서 높은 직책을 맡고 있는 장성은 번쩍번쩍 빛나는 계급장과 품위 있는 제복을 입고 있으며, 고위직에 있는 사람들 역시 머리에 관을 쓰거나 행동을 통해 권위를 드러내어 다른 사람들을 쩔쩔매게 만든다. 사실 법원이나 경찰서에서 공무원들이 제복을 입는 것은 죄인들을 억압해 형벌을 주기 위한 것이다. 모세가 시내산에 올라갔다가 하나님으로부터 언약의 말씀, 곧 십계명을 기록한 판을 받아 가지고 내려왔을 때 그 얼굴 피부에서 광채가 나서 감히 사람들이 함부로 가까이 하지 못했다고 한다. 병원에서 의사들이 입는 옷은 사람들을 살리기 위한 옷이지만 사람들은 쉽사리 다가가지 못한다. 반면 복음을 전하는 사역자들의 얼굴에 하나님의 빛이 나는데, 그 빛은 영혼을 살리는 기쁨의 빛이고 성령의 빛인 것이다.

"그 얼굴을 주목하지 못하였거든"

모세가 산에 올라가 증거의 두 판을 받아 가지고 온 뒤로 얼굴 피부에서 광채가 나서 사람들은 감히 그의 얼굴을 볼 수가 없었다. 그것은 하나님이 모세에게 얼굴 권세를 주셨기 때문이다. 그래서 하나님은 이스라엘 백성이 마음대로 모세를 대적하지 못하게 함으로써 하나님의 말씀에 복종하도록 하셨다

9절, "의의 직분은 영광이 더욱 넘치리라"

보통 길에서 제복 입은 교통경찰을 보면 사람들은 그를 두려워하여 법을 지키지만 아기를 안은 엄마에 대해서는 두려움을 갖지 않는다. 아기 엄마에게는 아무런 세상적 권세가 없기 때문이다. 그럼에도 사람들이 아기 엄마를 무시하지 못하는 것은 아기라는 한 생명을 돌보고 있기 때문이다. 복음의 사역자들도 세상적인 영광은 가지고 있지 않지만 그들에게는 모두 하나님의 기쁨이 있고 영혼을 살리는 권세가 있다. 그래서 이스라엘 백성에게 율법을 전했던 모세의 얼굴에 하나님의 영광이 있었다면 생명의 복음을 전하는 사도 바울에게는 더 큰 하나님의 영광이 있는 것이다(10, 11절).

12절, "우리가 이 같은 소망이 있으므로"

세상에서는 복음의 일꾼에 대한 권위와 영광을 알아주지 않기 때문에 아무것도 아닌 것처럼 보이지만 하나님 앞에서는 최고 가치를 가졌음을 인정받을 수 있기에 우리에게는 소망이 있다. 즉 하나님 앞에서는 복음을 가지고 있으며, 이를 가르치는 자들이 최우선적으로 대우를 받게 될 것이다.

13절, "장차 없어질 것의 결국을 주목하지 못하게 하려고"

산에서 내려온 뒤 모세가 얼굴에 빛이 났던 것은 두 가지 목적이 있다. 하나는 모세의 얼굴에서 뿜어져 나오는 빛으로 말미암아 눈이 부셔 그를 상대할 수 없었기 때문에 수건을 덮어써야 했다. 일반인이 잘 알지 못하는 이유가 또 하나 있었는데, 그것은 모세의 얼굴에서 빛나던 그 빛은 영구적인 것이 아니라 점점 희미해졌기 때문이다. 그래서 모세는 그 빛이

희미해지는 것을 보고 사람들이 율법을 무시하거나 업신여기지 못하도록 수건을 썼던 것이다(13절). 예를 들어 젊은 시절 미모로 유명했던 한 영화배우가 자신의 늙은 모습을 팬들에게 보여주지 않기 위해 공식 석상에 나타나지 않으려고 하는 것과 비슷하다고 볼 수 있다.

14절, "그러나 그들의 마음이 완고하여 오늘까지도 구약을 읽을 때에"

이스라엘 백성과 유다 백성은 율법을 들을 때 수건 쓰는 것에 대해 정반대로 생각했다. 즉 그들이 얼굴에 수건을 쓰는 것은 그들의 무지함과 죄악 때문에 하나님의 말씀을 바로 들을 수 없고 해석자와 전달자가 필요하다는 뜻이었다. 그들은 이 수건을 어떤 권위나 자랑의 표시로 생각했던 것으로 보인다. 그래서 하나님의 말씀을 들을 때 그 의미를 깨달아 알려고 하기보다는 수건 쓰는 것에 더 신경을 썼다.

16절, "그러나 언제든지 주께로 돌아가면 그 수건이 벗겨지리라"

예수님은 육신을 입은 상태로 하나님 말씀을 가져와서 육성으로 우리에게 들려주셨다. 우리 인간이 아무리 수건을 뒤집어쓴다고 해도 하나님의 음성은 우리 귀에 들리게 될 것이다. 그래서 예수님이 십자가 위에서 죽으실 때 성전을 가리고 있던 휘장이 위에서 아래로 찢어졌다.

17절, "주는 영이시니 주의 영이 계신 곳에는"

사람이 병에 걸렸거나 죄수로 갇혀 지내는 동안에는 자유가 없다. 수많은 규칙과 법이 죄수나 환자를 속박해 그들이 마음대로 돌아다니거나 말하거나 사람을 만나지 못하도록 할 것이다. 그러나 병이 다 나아서 병원에서 나오거나 죄의 형기를 끝마쳐 감옥에서 나오면 더 이상 규칙이라든지 법이라는 명목을 내세워 속박하는 일이 없을 것이다. 마찬가지로 예수님이 계신 곳에는 모든 속박이 풀어지기 때문에 자유함이 있다. 우리는 그 어떤 미신이나 사람들의 시선에서 벗어나 하나님 앞에서 옳고 영광스러운 것을 할 수 있다.

18절, "우리가 다 수건을 벗은 얼굴로"

어떤 사람이 납치될 때 수건으로 눈을 가리고 있으면 어디로 가는지, 옆에 누가 있는지 알지 못할 것이다. 그러나 나중에 그 수건을 벗게 되면 거기에 있는 모든 사람과 물건을 보고 환희를 지르게 될 것이다. 복음은 하나님의 세계에 가려진 모든 수건이나 천을 벗기는 것이다. 우리는 이 모든 것을 환하게 보고 감상하게 되며 또 그것들을 먹고 누리게 된다.

본문 이해를 위한 질문

1. 목회자들 사이에서나 교인들 사이에서도 자기소개서나 이력서, 추천서 같은 것이 필요한가?

물론 필요하다. 그렇지 않으면 터무니없는 가짜에 속을 수 있기 때문이다. 그러나 이것은 어디까지나 참고사항에 불과할 뿐 가장 중요한 것은 그 사람 속에 있는 변화된 모습이다.

2. 모세의 직분과 사도의 직분은 어떤 차이가 있는가?

모세의 직분은 돌에 하나님의 말씀을 새겨 이스라엘 백성에게 준 것이지만, 복음은 사람들의 마음에 하나님 말씀을 새겨준 것이기 때문에 우리는 모두 살아있는 그리스도의 편지다. 그래서 하나님은 지금도 복음을 통해 우리에게 편지를 쓰고 계시며, 복음의 사역은 모세의 직분보다 더 영광스러운 것이다.

3. 모세의 얼굴에 덮은 수건은 어떤 역할을 했는가?

모세의 수건은 이스라엘 백성이 하나님의 말씀을 감당하지 못할 정도의 죄인임을 보여줌과 동시에 그 영광이 사라지는 것을 보지 못하게 하려는 것이었다. 그러나 그리스도 안에서 모든 수건이 다 벗겨지고 우리는 환한 눈으로 하나님의 모든 영광과 축복을 보게 된다.

성경 강해

인생에서 성공하기 위해선 자기 길을 찾는 것이 아주 중요합니다. 우리 주위에는 개인 사업을 하는 사람이 많은데, 이들은 길이 없는 곳에 길을 내는 일을 합니다. 정말 대단하다고 말하지 않을 수 없습니다. 우리는 인생을 사는 동안 두 개의 길을 찾아야 합니다. 하나는 자신이 이 세상에서 먹고 살 수 있도록 직업의 길을 찾아야 합니다. 물론 이 길을 찾는 것이 쉽지는 않습니다. 사람들은 자기 길을 찾기 위해 오랜 기간 공부를 해야 하고 수많은 시험을 거쳐야 하며 치열한 경쟁에서 살아남아야 합니다. 그러나 우리는 또 다른 길을 찾아야 합니다. 그것은 바로 우리 영혼이 살수 있는 하나님을 만나는 길입니다. 이것은 세상에서 성공하는 길과는 다릅니다. 이것을 혼동함으로써 오늘날 기독교는 무서운 무도덕과 침체를 가져오게 되었습니다. 어떤 사람은 자신이 이 세상에서 성공한 것은 하나님의 복을 받았기 때문이며, 자기 신앙은 하나님으로부터 인정을 받았다고 생각합니다. 그러나 세상에서 성공한 것과 하나님께 나아가는 길은 완전히 다릅니다. 또 어떤 사람은 목회에서 성공한 것이 하나님 앞에서 자신의 신앙이나 열정을 인정받았다고 생각하지만, 그것은 직업적으로 목회에 성공한 것이지 하나님께 나아가는 길은 아닙니다.

우리는 때로 이 세상에서 보기 싫은 것이 있으면 수건이나 신문 종이로 덮어버릴 때가 있습니다. 예를 들어 어느 곳에 살인이 일어나 사람이 죽어 있으면 병원에서는 시신이 보기에 좋지 않다는 이유를 들어 흰 천으로 덮습니다. 그러면 잠시나마 시신이 눈에 띄지 않기 때문에 다른 일을 할 수 있다는 것입니다. 또한 학생들이 하숙이나 자취할 때 자장면 같은 음식을 시켜먹고 치우지 않았는데 누군가가 온다고 하면 음식 찌꺼기가 보기에 좋지 않으므로 신문지나 보자기 같은 것을 덮어 보이지 않게 합니다.

요즘은 선글라스를 낀 여성을 많이 봅니다. 태양이 너무 눈부셔서 눈을 보호하기 위해 선글라스를 끼는 것입니다. 호주에 가면 태양이 너무 강하다 보니 반드시 햇빛을 차단하는 선크림을 바르고 선글라스를 쓰고 외출하라고 말합니다. 햇빛은 우리에게 꼭 필요한 생존 조건 가운데 하나지만 그 빛이 너무 강할 때는 눈이 부시고 피부가 상하게 되어 좀 차단시킬 필요가 있습니다.

과거 이스라엘 백성에게도 이런 일이 일어났습니다. 모세가 하나님 앞에 올라가 그 영광을 보고 돌아온 뒤 얼굴 피부에서 광채가 나자 이스라엘 백성은 그 빛이 너무 눈부셔서 모세의 얼굴을 보고 말할 수가 없었습니다. 그래서 이스라엘 백성은 모세에게 자신들과 말할 때는 수건으로 얼굴을 가려 달라고 부탁했습니다. 당시 모세의 얼굴에서 나던 광채는 그가 하나님의 등을 보고 난 뒤 빛나기 시작했습니다. 사도행전을 보면 사도 바울은 예수 믿기 전에 부활하신 예수님을 보고 바로 눈이 멀었다고 말씀합니다. 이것이 바로 하나님의 영광이었습니다. 요즘 세상에서는 핵 실험을 하면 어마어마한 광선이 나오는데, 그것을 바로 보면 모두 눈이 멀어버리기 때문에 고글을 착용하거나 멀리 떨어진 곳으로 피해야 합니다. 예를 들면 핵폭발이 일어나면 버섯구름이 나타나고 방사능이 나오게 됩니다. 우리 하나님의 영광은 바로 이런 영광이고 에너지였습니다. 그런데 오늘날 우리는 하나님의 영광을 제대로 보지 못하고 인간의 영광에 도취되어 살 때가 많습니다.

사람들은 이 세상에 사는 동안 영광스럽고 명예스러운 일을 많이 합니다. 교수는 명예가 있고 판사와 검사는 영광이 있고 의사는 명예와 권위가 있고 정치인들은 권력을 잡으면 영광이 있습니다. 그러나 이 세상에서 인간이 할 수 있는 일들 가운데서 가장 영광스럽고 권세 있는 일은 사람들 앞에서 하나님의 말씀을 설교하고 가르치는 것입니다. 이것은 천사의 일보다 더 영광스러운 일입니다. 이런 사실을 알지만 사람들 가운데 누가 감히 하나님의 말씀을 전하는 것을 제대로 감당할 수 있을까요? 우리가 아무것도 몰라 부족하지만 하나님의 말씀을 전할 수 있는 것이지 제대로 안다면 너무나 두려워 어느 누구도 제대로 전하지 못할 것입니다. 그러나 하나님의 말씀을 설교하는 일 못지않게 위대한 일이 하나님의 말씀을 듣는 것입니다. 우리가 하나님의 말씀을 들을 때 태양광선보다 수십 배 더 강한 빛이 우리 마음에 비칩니다. 그러나 오늘날 많은 목회자나 교인은 하나님 말씀이 너무 재미없다고 여겨 이것을 희석시켜 전하거나 듣는 것을 좋아합니다. 희미하게 하나님 말씀을 들으면 우리는 마치 밤에 선글라스를 끼고 차를 운전하는 것과 같아서 사물을 제대로 볼 수 없습니다. 그래서 운전하던 차는 얼마 가지 못한 채 여기저기 부딪쳐 사고가 나고 말 것입니다. 이것이 오늘날 우리 목회자나 신자의 모습이 아닐까 생각합니다. 우리는 하나님의 말씀으로 세상을 비춰볼 수 있는 능력이 없기 때문에 죄의 구렁텅이에 빠지고 마귀의 속임수에 걸려 넘어집니다.

1. 사람의 추천서

고린도 교회를 부흥시킨 뒤 사도 바울은 또 다른 지역의 전도를 위해 고린도를 떠나야만 했습니다. 그가 고린도를 떠나자 새로운 목회자와 장로들이 고린도 교회에 오게 되었습니다. 이들은 예루살렘 사도들에게서 배운 사람으로, 대부분 체계적인 것을 좋아했고 모든 것을 합리적으로 추진하는 것을 좋아했습니다. 이들은 고린도에 와서 사도 바울이 예루살렘 사도들의 추천서나 자격증 없이 혼자서 주먹구구식으로 전도해 교회를 세운 사실을 알게 되었습니다. 그래서 고린도 교회의 새로운 지도자들은 사도 바울에게 연락해 앞으로 다시 고린도에 와서 말씀을 전하거나 교회를 지도하려고 하면 그 자신에 대한 상세한 소개서, 특히 예루살렘 열두 제자 가운데 한 사람의 추천서를 보내야 한다고 요구했습니다. 이들은 사도 바울이 지금까지 고린도에서 하나님 말씀을 가지고 부흥을 일으킨 것을 전혀 인정할 수 없을 뿐 아니라 앞으로도 예루살렘 지도자들의 추천 없이는 사도 바울 마음대로 고린도나 다른 곳에 가서 복음 전하는 것을 인정할 수 없다는 뜻을 드러낸 것입니다. 고린도 교회의 새로운 지도자들은 원칙적인 것을 좋아하는 사람들이었고, 모든 교회 일을 체계적으로 하는 것을 좋아하는 사람들이었습니다. 이처럼 고린도 교회의 새로운 지도자들은 복음 자체만이 아니라 교회 자체를 잘 모르는 사람이었던 것입니다.

이들은 주님이 예루살렘 사도 외에 다른 사람을 통해 얼마든지 복음을 전하고 선교할 수 있으실 뿐 아니라 특별히 주님이 사도 바울을 세워 복음과 이방인 전도를 하게 하셨다는 것을 알지 못했습니다. 오히려 예루살렘 사도들은 사도 바울을 처음 만나자마자 이 사실을 알고 그를 인정해주었는데, 이런 사도들의 가르침을 받았다는 자들은 더 완고하게 행동했습니다.

이에 대해 사도 바울은 더 이상의 자기소개서나 다른 사람의 추천서는 필요하지 않다고 했습니다.

1-2절, "우리가 다시 자천하기를 시작하겠느냐 우리가 어찌 어떤 사람처럼 추천서를 너희에게 부치거나 혹은 너희에게 받거나 할 필요가 있느냐 너희는 우리의 편지라 우리 마음에 썼고 뭇 사람이 알고 읽는 바라"

사도 바울도 자기를 대신해 디모데나 디도를 보낼 때는 그들을 위한 추천서를 쓰기도 했습니다. 사람은 겉모습만 봐 가지고는 그 사람이 도대체 어떤 사람인지 알 수 없기 때문입니다. 그래서 사도 바울이 가야 하는데 갈 수가 없는 상황일 때는 디모데나 디도 등 신실한 형제를 보내면서 추천서를 써서 보냈습니다. 초대교회 때 자격도 갖추지 못한 사람들이 전도하러 왔다거나 선교한다고 하면서 오랫동안 머물며 폐를 끼치기도 하고 헌금을 요구하는 일이 종종 있었습니다. 그래서 헬라어로 '교훈(가르침)' 이라는 뜻을 가진 오래된 문서 《디다케》를 보면 교회나 성도, 거짓된 전도자를 구별하는 법을 가르쳐주고 있습니다. 본문에서 사도 바울은 복음이 없는 고린도에 거의 맨손으로 들어가다시피 해서 복음의 결실을 거두었고, 진정한 부흥이 일어나게 했습니다. 그는 이것이 바로 하나님이 쓰신 추천서이고 자기소개서이기 때문에 지금 새삼스럽게 자기소개서나 추천서가 필요하지 않다고 말하고 있습니다. 특히 하나님의 백성에게는 놀라운 특징이 하나 있는데, 그것은 복음의 설교를 들을 때 그것을 알아들을 능력이 있다는 것입니다. 그 이유는 양들은 목자의 음성을 알기 때문입니다. 반면 하나님의 진정한 종이 아닌 사람이 설교할 때는 사람을 웃게도 하는 재미있는 이야기를 전하기도 하는데 나중에는 남는 것이 하나도 없다는 사실을 알게 됩니다.

사도 바울은 고린도 교인들에게 "너희는 바로 우리의 편지라"고 말합니다. 즉 고린도 교회의 교인들이 하나님의 말씀을 듣고 변화된 것이 바로 하나님이 자신을 보내셨다는 추천서이고 편지라고 말한 것입니다.

18세기 영국의 부흥을 주도했던 사람들 가운데 조지 휫필드가 있습니다. 조지 휫필드는 영국 성공회에서 설교할 기회를 주지 않았기 때문에 말씀을 전할 교회가 없었습니다. 조지 휫필드가 처음 목사 안수를 받고 설교하는 날에 열 명 넘는 교인이 그의 설교를 들었는데, 그 설교를 들은 사람들이 큰 은혜를 받아서 남들 보기에 전부 미친 것처럼 보였기 때문입니다. 그래서 교회들이 조지 휫필드에게 설교할 기회를 주지 않자 결국 그는 야외에서 일반인을 대상으로 설교할 수밖에 없었습니다.

휫필드가 처음 찾아간 곳은 킹스우드라는 광산촌이었습니다. 그곳에는 교회도 없고 학교와 병원도 없었는데, 어느 누구도 그들에게 관심을 갖지 않았습니다. 휫필드는 막 탄광에서 나온 검은 얼굴을 한 사람들이 설교를 들으면서 그들의 얼굴에 두 줄이 생기는 것을 보았습니다. 그것은 그들이 흘리는 은혜 받은 감격의 눈물이었습니다. 그들은 하나님이 자신들에게 말씀의 종을 보내주셨다고 말했습니다.

웨일스에서는 야외 설교를 시작한 사람이 있었습니다. 그의 이름은 하웰 해리스로 평신도였는데, 당시 평신도는 설교할 수 없었기 때문에 그는 자신의 설교를 '권면' 이라고 했습니다. 그는 평신도로서 허가도 없이 설교했기 때문에 깡패들로부터 몽둥이로 많이 맞고 짓밟히기도 했습니다. 하웰 해리스는 보통 사람보다 일찍 죽었는데, 너무 많이 맞아서 일찍 죽은 것 같습니다.

하웰 해리스나 조지 휫필드는 교회로부터 설교를 하도록 허락 받지 못했습니다. 해리스는 세 번이나 목사가 되고자 지원했으나 모두 거부당했습니다. 조지 휫필드는 가는 곳마다 교회에서 설교할 수 있도록 부탁했지만, 교회 목회자들은 교인들이 너무 은혜를 받아서 미치지 않을까 두려워 아무도 설교하도록 허락하지 않았습니다. 조지 휫필드가 런던 공원에서 설교할 때 8만 명 정도가 모여 그의 설교를 들었는데, 비가 내려도 가는 사람이 없었고 밤새 비를 맞아 가면서 회개 기도를 했다고 합니다. 교인들 가운데 기도하다가 탈진해 쓰러져 기절하는 사람도 있었는데, 목회자들은 휫필드를 광신자라고 욕했습니다.

예수님이 능력 있는 설교를 하시고 각종 병에 걸려 고통 당하는 자들을 고치시고 안식일에 병자를 고치시자 유대 지도자들은 예수님의 회당 설교를 금지시켰습니다. 결국 예수님은 갈릴리의 호숫가에서 설교할 수밖에 없었습니다.

너무나 감사한 것은 우리나라에서 아직까지 많은 교회의 목회자와 장로, 교인들이 바른 말씀을 듣기 원하고 바른 말씀을 들으면 기뻐 눈물을 흘리기도 하고 기도하려고 한다는 사실입니다. 이것은 우리나라를 지탱하고 있는 엄청난 힘이고 재산입니다. 그러나 갈수록 더 많은 성공의 우상이 교회 안이나 목회자의 마음속에 들어와서 진정한 복음을 죽이고 있습니다. 이것이 바로 우리의 생존을 위험하게 만드는 폭탄입니다. 우리가 하나님만 믿고 성경만 붙들면 북한의 수소폭탄을 무서워할 필요가 없습니다. 그 이유는 하나님의 말씀과 부흥 자체가 어마어마한 폭발력을 가지고 있기 때문입니다.

2. 마음에 새겨진 하나님의 말씀

고린도 교인들은 교회가 부흥되고 커지면서 인간적인 자격과 인간적인 가르침을 중요시하게 되었습니다. 그것은 그들이 점점 세련되고 있다는 증거였습니다. 그러나 교회나 하나님의 백성에게 가장 무서운 적은 바로 이 세련되고자 하는 욕심이고, 사람들에게 인정을 받고 싶어 하는 야망이었습니다.

3절, "너희는 우리로 말미암아 나타난 그리스도의 편지니 이는 먹으로 쓴 것이 아니요 오직 살아 계신 하나님의 영으로 쓴 것이며 또 돌판에 쓴 것이 아니요 오직 육의 마음판에 쓴 것이라"

이제 사도 바울은 본격적으로 유대인이 시내산 광야에서 받았던 율법이 새겨진 돌판과 복음의 능력을 비교하고 있습니다. 이스라엘 백성이 홍해를 기적적으로 건너 시내산까지 왔을 때 하나님은 모세를 통해 그들에게 언약의 말씀을 주겠다고 말씀하셨습니다. 그 언약이란 하나님은 이스라엘 백성의 하나님이 되시고, 이스라엘 백성은 하나님의 백성이 되는 언약을 말하는 것이었습니다. 그때 하나님은 모든 이스라엘 백성에게 옷을 정결하게 하라고 말씀하신 뒤 온 시내산이 불붙는 가운데 모세만 산 정상으로 올라오라고 하셨습니다. 모세는 시내산 정상에서 40일을 먹지도 마시지도 않고 잠도 자지 않은 상태에서 하나님 말씀을 받게 되었습니다. 그때 하나님은 두 개의 돌판에 하나님의 약속의 말씀을 새겨주셨습니다.

오래전 만들어진 영화 〈십계〉를 보면 모세가 산에 올라가서 하나님 말씀을 받는데, 하나님이 불을 갖고 '너는 나 외에 다른 신을 두지 말라'는 계명을 돌판에 새기시는 것을 볼 수 있습니다. 이것은 그 말씀 하나하나가 불 같은 능력이 있음을 보여줍니다. 이스라엘 백성이 우상을 섬기지 않고 하나님만 죽도록 섬기는 이상 이 세상 어느 군대나 어느 왕도 그들을 해칠 수 없게 능력의 불로 지켜주신다는 것입니다. 그러나 복음은 모세나 천사가 준 것이 아니라 하나님의 아들이 직접 이 세상에 사람으로 오셔서 육성으로 전해주신 하나님 말씀입니다. 하나님은 이 말씀을 우리 마음 판에 성령으로 새겨주셨습니다. 그러면 불과 성령은 어떤 차이가 있을까요? 모세가 시내산에서 가지고 내려온 두 개의 돌판은 던지면 깨어지는 그냥 단단한 돌이었습니다. 이 세상에서 가장 위대한 능력은 다름 아닌 돌같이 단단한 마음을 녹여 부드럽게 만들어 하나님 말씀을 믿게 하는 것입니다. 이 세상에서 돌보다 더 단단한 것이 우리 인간의 마음입니다. 우리 인간의 마음은 돌보다 단단하고 철판보다 단단하고 다이아몬드보다 견고합니다. 그래서 우리가 하나님 말씀을 믿는다고 하는 것은 가장 위대한 능력이 우리에게 임했음을 뜻합니다. 하나님은 우리의 마음을 녹인 그 능력으로 못하실 일이 없습니다. 그래서 예수님은 "너희에게 믿음이 겨자씨 한 알 만큼만 있어도 이 산을 명하여 여기서 저기로 옮겨지라 하면 옮겨질 것이요"(마 17:20)라고 하셨습니다. 산이 들려 옮겨지는 것은 큰 지진이 일어난 것을 말합니다. 요즘으로 치면 강도 8 이상의 지진이 일어났다고 보면 됩니다. 2008년 중국 스촨성에서 지진이 일어났을 때 산이 쪼개지면서 굴러 강에 떨어지는 바람에 거대한 호수가 생겼습니다. 이런 것이 바로 산이 옮겨지는 것입니다. 우리가 하나님 말씀을 듣고 은혜를 받아 부흥이 일어나게 될 때 이 세상에 상상할 수 없는 큰 영적 지진이 일어나게 됩니다. 즉 사탄의 나라는 갈라지게 되고 하나님의 위대한 나라가 일어서게 되는 것입니다.

4-5절, "우리가 그리스도로 말미암아 하나님을 향하여 이 같은 확신이 있으니 우리가 무슨 일이든지 우리에게서 난 것같이 스스로 만족할 것이 아니니 우리의 만족은 오직 하나님으로부터 나느니라"

여기서 '우리에게서 났다' 고 하는 것은 인간의 머리로 창작했다는 뜻입니다. 사람은 누군가가 위대한 사상을 말하고 새로운 이론을 말하면 위대하다고 칭찬과 인정을 해줍니다. 그러나 인간의 사상과 이론으로는 영혼을 살릴 수 없고 돌같이 단단한 마음을 녹일 수 없습니다. 인간의 사상이나 이론은 모두 추측이나 가설에 불과하기 때문입니다. 반면 이 세상에서는 이런 것을 알아주고 권위를 인정해줍니다. 복음은 인간의 독창적인 사상이나 이론이 아니라 하나님이 주신 명령이고, 그분이 주신 약속의 말씀입니다. 그런데 사람들은 하나님 말씀이 세상적으로 검증이 안 되었다는 이유로 인정하지 않으려고 합니다. 이것이 바로 하나님의 뜻입니다.

6절, "그가 또한 우리를 새 언약의 일꾼 되기에 만족하게 하셨으니 율법 조문으로 하지 아니하고 오직 영으로 함이니 율법 조문은 죽이는 것이요 영은 살리는 것이니라"

본문에 보면 사도 바울은 율법의 한계에 대해 말하고 있습니다. 율법은 이미 이스라엘 백성이 되었음을 전제로 하고 준 것입니다. 율법은 이 세상의 모든 사람에게 준 것이 아닙니다. 즉 모든 이스라엘 백성은 아브라함의 믿음으로 하나님의 백성이 되었습니다. 그런데 그들이 망하지 않고 살기 위해선 율법의 가이드라인을 따라야 합니다. 예를 들어 율법은 고속도로의 가이드레일과 같습니다. 가이드레일은 일단 고속도로 안에 들어온 차가 안전하게 운전하도록 만들어진 것입니다. 만약 차가 그 가이드레일을 들이받고 넘어가 낭떠러지나 골짜기로 떨어졌다면 사람은 죽게 될 것입니다. 그래서 고속도로의 가이드레일은 생명을 지켜주는 선이자 죽음을 경고하는 선인 것입니다. 이것은 고속도로 밖에 있는 차들을 고속도로 안으로 들어 옮기거나 고속도로 위에 있는 차에 새 엔진을 달아 더 빨리 달리게 하지 못합니다. 그러나 복음은 그렇지 않습니다. 복음은 성령이 하시는 일이므로 율법 밖에 있는 자들도 모두 예수를 믿어 하나님의 백성이 되게 하고, 이미 하나님의 백성이 된 사람은 새 능력을 주셔서 더 잘 달리게 합니다. 그래서 율법이 가이드레일이라면 복음은 새 엔진입니다.

3. 하나님의 말씀의 영광

7-8절, "돌에 써서 새긴 죽게 하는 율법 조문의 직분도 영광이 있어 이스라엘 자손들은 모세의 얼굴의 없어질 영광 때문에도 그 얼굴을 주목하지 못하였거든 하물며 영의 직분은 더욱 영광이 있지 아니하겠느냐"

처음 시내산에서 하나님 말씀을 받을 때 이스라엘 백성은 하나님을 두려워하는 마음을 가졌고 진지했습니다. 그러나 이스라엘 백성은 머지않아 하나님 말씀을 시시하게 생각하게 되었습니다. 하나님 말씀은 신나는 말씀도 아니고 전부 '하지 말라' 는 금지의 말씀으로 되어 있었기 때문입니다. 그래서 이스라엘 백성은 모세가 하나님 말씀을 받으러 시내산 꼭대기에 올라간 뒤 40일이 지나도 내려오지 않자 모세가 죽었다고 하면서 자기들이 바라던 신앙에 따라 금송아지 우상을 만들고 기분이 좋아서 그 앞에서 춤을 추면서 뛰어다녔습니다. 그때 하나님은 모세에게 빨리 산에서 내려가라고 하면서 이스라엘 백성이 하나님을 배반했다고 말씀하셨습니다. 모세가 산 아래쪽으로 내려오니 이스라엘 백성들이 소리를 지르고 좋아하는데, 여호수아는 전쟁이 난 줄 알았습니다. 그러자 모세는 전쟁이 일어난 소리가 아니라 먹고 마시고 취해 떠드는 소리라고 했습니다. 모세가 내려와 보니 이스라엘 백성은 금송아지를 만들어 그 앞에서 절하고 춤추고 난리가 아니었습니다.

그때 모세는 언약을 새긴 두 돌판을 던져 깨뜨려버렸고 하나님은 이스라엘 백성을 멸망시키겠다고 말씀하셨습니다. 이 말씀을 듣고 모세는 하나님께 자기 이름을 생명책에서 지우는 한이 있더라도 이스라엘 백성을 멸망시키지 말아 달라고 했습니다. 그리고 하나님께 율법만으로는 도저히 이스라엘 백성을 가나안 땅까지 데려갈 자신이 없다고 말했습니다. 차가운 돌에 적인 말씀으로 이스라엘 백성을 설득할 자신이 없었던 모세는 하나님의 영광을 보게 해달라고 부탁했습니다. 모세가 하나님의 영광을 보면 과연 무엇이 달라질까요? 모세는 그것에 대해 알지 못했습니다. 당시 모세에게는 무엇보다 하나님의 강한 은혜가 필요했습니다. 이스라엘 백성에게 크게 실망한 그에게는 이 실망감을 이길 수 있는 은혜가 필요했던 것입니다. 그때 하나님은 모세를 시내산 위로 다시 올라오라고 하시면서 그를 반석 틈에 두고 하나님의 등을 보게 하셨습니다. 하나님의 등을 보고 모세에게 얼마나 강한 카리스마가 생기고 영광의 빛이 나타났는지 이스라엘 백성은 감히 그의 얼굴을 쳐다볼 수가 없었습니다. 그러자 두려움 가운데 이스라엘 백성은 자신들과 만날 때는 얼굴에 수건을 써달라고 했습니다. 얼굴 피부의 광채로 말미암아 눈이 부셔 쳐다볼 수 없었기 때문입니다. 모세는 하나님 앞에 나아가서 기도할 때는 그 수건을 벗고 빛나는 얼굴로 하나님께 기도했습니다.

하나님은 모세에게 영광이 지나갈 때 하나님의 등을 보게 하셨습니다. 과연 모세는 하나님의 '등' 을 보았을까요? 모세는 '하나님의 얼굴' 을 본 것이 아니라 '하나님의 등' 을 보았습니다. 하나님의 영광 가운데 가장 밝은 부분이 얼굴입니다. 그렇다면 모세가 본 것은 하나님의 영광에서 가장 밝은 부분이 아니었습니다. 그러면 하나님의 얼굴은 무엇입니까? 그것은 하나님의 영광의 광채요 그 본질이신 그리스도이시요 그분의 복음입니다. 여기서 율법이 하나님의 영광의 등이라면 복음은 하나님의 얼굴이라는 뜻입니다.

우리가 예배를 드리면서 기도할 때 하나님은 능력의 말씀으로 우리를 깨우쳐주시고 우리의 영혼을 치료해주십니다. 예배를 드리면서 하나님 말씀을 듣는 것이 하나님의 영광의 얼굴을 뵙는 것입니다. 예배를 드릴 때 우리는 어떤 사람의 말을 듣기 위해 모인 것이 아닙니다. 우리는 하나님의 은혜로운 얼굴을 뵙기 위해 모인 것입니다. 그래서 복음을 전하고 설교하는 직책을 맡은 사람은 모세보다 강한 능력과 카리스마가 있어야 합니다.

옛날 이스라엘 백성이 모세의 얼굴의 광채를 볼 수 없어 수건을 써달라고 한 것같이 지금도 복음의 광채를 볼 수 없어서 수건을 쓰고 하나님 말씀을 읽거나 듣는 사람이 있다고 말씀하고 있습니다.

14-15절, "그러나 그들의 마음이 완고하여 오늘까지도 구약을 읽을 때에 그 수건이 벗겨지지 아니하고 있으니 그 수건은 그리스도 안에서 없어질 것이라 오늘까지 모세의 글을 읽을 때에 수건이 그 마음을 덮었도다"

사람들이 수건을 덮어씌우는 것은 대개 실체를 보지 못하게 하려는 의도를 갖고 있습니다. 옛날에는 음식을 다 차려놓은 뒤 파리나 먼지가 음식 위에 앉지 못하도록 보를 씌우곤 했습니다. 그러면 사람들이 먼저 와 있어도 어떤 음식이 놓여 있는지 볼 수 없었습니다. 물론 거기에 음식이 있다는 것은 알지만 음식을 먹을 수도 볼 수도 없고, 손님들이 다 올 때까지 기다릴 수밖에 없습니다. 또한 주인이 없을 때는 가구나 소파에 천을 덮어 먼지가 쌓이지 못하게 했습니다. 이때 사람들이 그 집에 들어가더라도 주인의 허락이 있기 전에는 소파에 앉을 수도 없고 가구를 사용할 수도 없는데, 천이 덮여져 있기 때문입니다. 옛날에는 결혼식 때 신부의 얼굴에 면사포를 쓰게 해서 신부의 얼굴을 가렸습니다. 신랑이 가장 먼저 신부의 얼굴을 봐야 한다고 생각했기 때문입니다. 그래서 하객들은 신랑이 면사포를 들기 전에는 신부가 얼마나 예쁜 사람인지 볼 수 없었습니다. 마찬가지로 하나님 말씀이 너무 영광스럽고 아름답고 맛이 있지만 수건을 쓴 사람은 거기에 하나님 말씀이 있다는 것만 알 뿐 그것을 먹을 수 없고 볼 수 없고 쓸 수도 없습니다. 그런데 예수님이 오심으로써 율법의 수건이 벗겨졌습니다. 이제 누구든지 복음의 비밀을 먹을 수 있고 그 축복을 쓸 수 있습니다. 그럼에도 자기 스스로 수건을 쓴 채 보지도 않고 먹지도 않는 사람이 있습니다. 다름 아닌 그들의 교만 때문입니다. 그들은 인간의 사상이나 인정을 좋아해서 인간의 지식이라는 수건을 쓰고 스스로 하나님 말씀을 보지 않고 먹지 않고 쓰지도 않습니다.

17절, "주는 영이시니 주의 영이 계신 곳에는 자유가 있느니라"

하나님은 영이시기에 인간의 제도나 지식의 얽매이시지 않습니다. 그래서 하나님의 영이 계신 곳에는 자유함이 있다고 했습니다. 이 자유함은 방종이 아닙니다. 이 자유는 모든 계급이나 속박, 인간적 차별을 다 벗어버리는 진정한 기쁨의 자유를 말합니다. 즉 진정으로 수건 벗은 자들은 모든 것을 볼 수 있고 먹을 수 있고 쓸 수 있습니다. 이미 주인의 허락이 떨어졌기 때문입니다. 이들은 모든 겉치레를 벗어버리고 진리 안에서 마음껏 수영하면서 진리를 자신의 것으로 만들어 사용할 수 있습니다. 이들은 절대로 인간의 궤변에 속지 않는데, 모두 이차적인 가치밖에 없기 때문입니다. 이것은 얼굴이 아니고 얼굴을 가리는 수건에 불과하기 때문입니다.

18절, "우리가 다 수건을 벗은 얼굴로 거울을 보는 것같이 주의 영광을 보매 그와 같은 형상으로 변화하여 영광에서 영광에 이르니 곧 주의 영으로 말미암음이니라"

예를 들어 어떤 곳에서 무슨 사정이 있어 중요한 사람이 올 때까지 캄캄한 방에서 기다려야 한다고 합시다. 그동안 사람들은 너무 답답할 것입니다. 몇 시나 되었는지, 아침인지 밤인지 낮인지, 옆에 있는 사람이 누구인지 아무것도 볼 수 없기 때문입니다. 그런데 드디어 중요한 사람이 도착해 환하게 불이 켜졌다고 합시다. 그때 사람들의 입에서는 저절로 환호성이 터져 나올 것입니다. 일단 방이 환해져 기분이 좋을 뿐 아니라 자기들이 있는 방이 대단히 화려했던 것입니다. 그 방에는 온갖 화려한 장식과 샹들리에가 있고 산해진미가 차려져 있는데, 더 놀라운 것은 유명한 주인공을 바로 옆에서 볼 수 있기 때문입니다. 본문에 보면 수건을 벗은 얼굴로 거울을 본다고 했습니다. 이 거울은 결코 희미한 거울이 아닙니다. 이 거울은 하나님의 영광을 반사하는 거울입니다. 우리 모두의 얼굴이 하나님의 빛난 영광을 반사하는 거울처럼 되어 환하게 빛나게 됩니다. 그래서 우리 영혼은 빛나게 되고 영광에서 영광으로 주저함 없이 바로 하나님의 보좌를 향해 나아가서 모든 기도를 할 수 있게 됩니다. 이것이 바로 복음의 비밀이고 성령의 능력이며, 우리에게 인간적인 수건이 필요하지 않은 이유입니다.

이 시간 우리 성도들의 얼굴이 빛나기를 바랍니다. 그리고 이제는 더 이상 기다리지 말고 모든 음식을 먹고 그리스도의 얼굴을 보고 모든 것을 다 사용할 수 있기를 바랍니다.

성경 토의

1. 교회를 체계화하기 위해 모든 일에 대해 내규를 만들고 정관을 만들고 복무 규정을 만드는 것이 어떤 유익이 있으며, 어떤 무익이 있는가? 또 담임 목사를 뽑을 때 객관성을 높이기 위해 신문 광고를 내고 이력서를 살펴 뽑는 것에 어떤 문제가 있는가?

2. 우리 가운데 세상에서 가르치는 직분, 즉 대학교수라든지 전문가에 비해 교회 안에서 성경을 가르치는 사람을 낮게 보는 이들이 있다. 과연 교회 안에서 어린이나 청소년에게 성경을 가르치는 일이 부족한 일인지 생각해 보고, 교회 교육의 수준을 올리기 위한 노력이 성경적으로 어떤 의미가 있는지 고찰해 보자.

3. 유대인은 오랫동안 성경을 읽으면서도 수건을 쓰고 읽었다. 그래서 유대인은 성경을 읽고 배우면서도 성경의 실체를 보지 못했다. 지금 우리는 어떤 수건을 쓰고 성경을 읽고 있다고 생각하는가?

05_빛으로의 초대

고린도후서 4:1-6

전체적 설명

빛은 사람의 생명을 살리는 데 아주 중요한 역할을 한다. 예를 들어 칠흑같이 어둔 밤에 배가 침몰해 사람들이 바다에 빠졌다면 헬기나 구명정에서 비춰주는 빛은 물에 빠진 사람들을 살리는 빛이 된다. 사람들은 평소에 이 빛을 별로 좋아하지 않고 어둔 데서 죄 짓는 것을 좋아한다. 또한 마귀는 가능한 한 사람들의 마음을 혼미하게 만들어 이 빛을 보지 못하게 하려고 하지만, 이 복음의 빛은 사람의 죽을 생명을 살리는 역할을 한다.

설교 프리노트

1절, "우리가 이 직분을 받아 긍휼하심을 입은 대로 낙심하지 아니하고"

하나님의 말씀을 전하는 직분을 맡은 목사나 사도는 유감스럽게도 이 세상의 직분을 맡은 것이 아니다. 이 세상에는 의사면 의사, 교수면 교수, 판사면 판사 이렇게 정해진 역할과 신분이 있어 사람들은 그들이 어떤 일을 하는 사람이며 어떤 지위를 가지고 있는지 알고 있다. 그러나 사도나 목사는 이 세상의 직분이 아니어서 사람들이 이들을 볼 때 도대체 무슨 일을 하는 사람인지 확실하게 알 수가 없다. 그래서 '목사'라고 하면 어떤 사람은 늘 교회에만 있는 사람이라 생각하기도 하고, 교회 차를 운전하거나 결혼식 또는 장례식을 주관하는 사람으로 생각하기도 한다. 게다가 세상은 이들을 정해진 직업이 없는 사람으로 분류하기도 한다. 심지어 다른 사람뿐 아니라 목회자 자신도 종종 정체성에 대해 혼동을 겪는 것을 본다. 그 이유는 사도나 목회자의 직분이 이 세상의 직분이 아니기 때문이다. "긍휼하심을 입은 대로"는 오직 하나님이 이 세상 사람을 불쌍히 여기시어 이들을 살리기 위해 전도자들을 보내신 것을 뜻한다. 그래서 이 세상에 복음자들이 있고 그들이 활동하고 있는 이상 하나님의 구원이 계속된다고 보아야 한다. "낙심하지 아니하고"는 우리가 세상의 직분을 갖지 않고 다른 사람들이 인정해주지 않기 때문에 아무것도 갖지 못한 것처럼 보이지만 하나님 말씀만 가지고 전하면 반드시 구원받는 사람이 생기기 때문에 낙심할 필요가 없다는 것이다.

2절, "이에 숨은 부끄러움의 일을 버리고"

이것이 바로 이 세상 사람의 속성이다. 인간은 죄를 짓고 난 뒤에도 입을 다물고 숨기면 모든 허물과 죄를 덮어버릴 수 있다고 생각한다. 이것은 마치 몸 안에 암 세포가 자라거나 큰병이 있는데도 아무 말도 하지 않고 가만있으면 그냥 넘어갈 거라고 생각하는 것과 같다. 하나님의 종이 사람들의 죄를 보았음에도 못 본 체하고 있으면 죄가 없는 것처럼 생각하기 쉽다. 그러므로 하나님의 종은 모든 사람의 양심에 하나님 말씀의 빛을 비추어 그 안에 숨어 있는 부끄러운 죄들을 다 드러내어 하나님 말씀으로 치료 받고 수술 받게 해야 한다.

"하나님의 말씀을 혼잡하게 하지 아니하고"

여기서 '혼잡하게 하다'는 포도주나 기름에 불순물을 섞어 가짜를 만드는 것을 말한다. 포도주나 기름에 불순물을 섞으면 그 가치가 떨어지는 것은 물론이고 모든 기능이 떨어질 것이다. 하물며 사람이 병들었을 때 치료하기 위해 먹는 약에 불순물을 섞는다면 아무리 그 약을 먹어도 병이 낫지 않을 뿐 아니라 점점 악화될 것이다. 마찬가지로 복음에 가짜 지식을 섞으면 사람의 영혼이 살지 못하고 오히려 더 교만해지고 완악해져 나중에 진짜 복음을 들어도 받아들이지 못하고 거부하다가 망하게 될 것이다.

3절, "만일 우리의 복음이 가리었으면"

원래 이 세상 사람은 복음을 듣기만 하면 숨은 죄와 부끄러운 죄를 다 버리고 깨끗한 하나님의 백성이 된다. 그러나 실제로 이 세상에 복음의 빛이 다 비치지 못할 때가 많다. 그 이유는 하늘 위에서 아무리 태양빛을 환하게 비춘다고 해도 구름이 잔뜩 끼어 있으면 세상이 어둡고 침침한 것과 마찬가지다. 유감스럽게도 이렇게 검은 구름이 끼어 있는 사람은 모두 망할 수밖에 없다. 따라서 이들의 마음에 복음의 광채를 비추기 위해선 강한 성령의 바람이 불어야 한다.

4절, "이 세상의 신이 믿지 아니하는 자들의 마음을 혼미하게 하여"

우리는 일상생활에서 사탄, 즉 마귀의 존재를 인식하지 못한다. 그러나 사탄은 믿지 않는 사람들의 마음에 혼동을 주어서 복음의 광채를 비추지 못하게 막고 있다. 즉 이 세상에서는 미신이라든지 세상의 철학, 세상적 성공 등에 사람의 마음이 미혹당해 복음이 시시하게 보이고 아무것도 아닌 것처럼 생각되어 사람들이 복음의 영광을 제대로 보지 못하는 것이다.

"그리스도는 하나님의 형상이니라"

그리스도는 하나님의 완전한 모습이다. 그래서 우리가 그리스도 안에서 보고 느끼는 것은 조금도 부족함 없는 하나님 그 자신이다.

5절, "우리는 우리를 전파하는 것이 아니라"

기독교는 자기 자신의 지식이나 자신의 지혜를 가르치는 종교가 아니다. 기독교는 자기 사상을 가르치거나 전하는 것이 아니기 때문에 사람들의 주목이나 인기를 끌지 못한다. 세상 사람들은 다른 사람이 자기 사상을 전하고 자기 생각을 가르치는 것을 위대하다고 생각하기 때문이다. 반면 기독교는 십자가에 못 박혀 죽으신 예수 그리스도가 우리의 주인이신 것과 우리가 그분의 말씀을 듣는 종인 것을 증거 한다. 우리는 우리 마음대로 할 수 있는 것이 아무것도 없고 모든 것을 주님이 시키시는 대로 복종해야 한다. 우리는 주의 종이 자신의 권위를 주장하지 않기 때문에 목회자를 무시하거나 업신여길 수도 있는데, 이는 주님을 업신여기는 것이 된다.

6절, "어두운 데에 빛이 비치라 말씀하셨던 그 하나님께서"

하나님이 천지를 창조하실 때 아무것도 없는 흑암 가운데서 "빛이 비치라"(또는 "빛이 있으라")고 말씀하셨으며, 그 말씀대로 온 세상에 하나님의 빛이 비치게 되었다. 이제 하나님은 또다시 위대한 일을 하시는데, 바로 사탄의 어두운 무지가 덮고 있는 사람들의 마음속에 예수 그리스도의 복음의 광채를 비추게 하시는 것이다. 그래서 하나님이 "빛이 비치라" 고 말씀하시면 사람들의 마음에 빛이 비치게 된다. 그것은 복음을 전하는 자가 와서 하나님을 전혀 알지 못하는 사람들에게 주 예수에 대한 복음을 전해주는 것이다. 그러면 깊은 어둠을 뚫고 하나님의 영광이 사람들의 마음속에 비치게 되고, 그 속에서 새로운 생명이 생겨나게 된다.

본문 이해를 위한 질문

1. 복음 전하는 사명을 맡은 사람들이 이 세상에서 업신여김을 당하는 이유는 무엇이며, 그럼에도 복음을 전하는 자가 당당해야 하는 이유는 무엇인가?

사도나 목사, 전도자는 이 세상의 직분이 아니고 하늘의 직분이기 때문에 세상 사람들은 이들을 인정하지 않으며, 이들의 진정한 가치도 인정하지 않는다. 그러나 우리가 맡은 이 사명은 하나님이 맡기신 것으로 하나님 말씀을 그대로 전하면 사람들의 영혼이 살아나기 때문에 당당해야 한다.

2. 왜 사람들은 주님의 복음을 믿지 않고 하나님의 존재를 인정하지 않는 것인가?

이것은 태양이 언제나 존재하고 빛이 비치지만 짙은 구름이 끼면 날씨가 우중충한 것처럼 사탄이 사람들의 무지나 습관, 세상 종교와 철학을 가지고 복음의 광채가 비치지 못하도록 막기 때문이다.

3. 우리가 무엇을 전해야 하나님의 광채가 나타나는가?

우리가 알고 있는 지식이나 세상 경험을 전하면 그리스도의 광채가 나타나지 않는다. 우리가 자신의 세상 지식을 전하지 않고 오직 주님의 종으로서 주님이 주신 말씀만 전할 때 "어두운 데에 빛이 비치라"고 말씀하신 하나님이 사람들의 마음속에 그분의 영광을 아는 빛을 비추게 하신다.

성경 강해

남미 칠레에는 아타카마 사막이 있습니다. 이 사막은 전 세계에서 비가 가장 적게 오는 곳으로, 연평균 강우량이 3mm 이내라서 그야말로 풀 한 포기 없는 황량한 곳이었습니다. 그러나 기후온난화로 칠레 부근의 태평양 수온이 올라가면서 이 사막에 7년 만에 큰비가 내렸다고 합니다. 그러고 나서 이 사막은 그 전체가 꽃밭으로 변했습니다. 그동안 흙 속에 묻혀 있던 꽃씨가 모두 피어나 아름다운 광경이 연출된 것입니다. 그래서 아무도 오지 않던 이 사막에 갑자기 연인들이 찾아와 그 넓은 꽃밭에서 행복한 모습을 담은 사진을 찍었습니다. 신문에서 사진 두 장을 보았습니다. 하나는 그야말로 모래와 흙밖에 없는 황량한 풍광의 사진이고, 다른 하나는 천지가 꽃으로 뒤덮여 있고 연인들이 와서 사진을 찍는 너무나 아름다운 모습을 담은 사진이었습니다. 우리 마음에도 이런 변화가 일어날 거라고 믿습니다. 우리가 하나님을 알지 못하고 방황할 때 풀 한 포기 나지 않고 오직 독사와 전갈만 기어 다니고 맹수만 사는 황폐한 마음 밭이었더라도 꽃이 피고 새들이 지저귀는 아름다운 옥토로 변하게 될 것입니다. 풀 한 포기 없는 사막일지라도 비가 내리기만 하면 너무나 아름다운 꽃밭으로 변할 것입니다.

가끔 교인 가운데 자녀나 배우자를 잃고 큰 절망감에 빠져 음식도 제대로 먹지 못하고 빛도 보기 싫어 하루 종일 커튼을 내린 채 방을 어두컴컴하게 해놓고 울기만 하는 사람들이 있습니다. 이들은 사람 만나는 것도 싫어하고 어떤 희망을 가지려고도 하지 않습니다. 그러나 신앙이 좋은 친구가 찾아와 음식을 만들어주고 커튼을 걷어 방에 밝은 빛이 들어오게 하고 그의 이야기를 들어주고 위로하는 말을 하면 낙심한 사람이 새 용기를 얻게 됩니다.

어느 책에서 큰 어려움을 당하고 나서 그때부터 햇빛이 싫어 창문에 커튼을 쳐서 방을 어두컴컴하게 만든 뒤 집 밖으로 나오지 않고 다른 사람도 오지 못하게 하고 집안에 처박혀 혼자 오랫동안 생활한 할머니의 이야기를 읽은 적이 있습니다. 그는 다른 사람과의 관계를 완전히 단절한 채 살고 있었는데, 성격이 아주 괴팍할 뿐 아니라 건강이 나빠져 걷지도 못하고 늘 휠체어에 앉아 생활해야 했습니다. 그는 누군가 찾아와서 말을 걸거나 커튼을 걷어 방에 햇빛이 들어오게 하는 것을 아주 싫어했습니다. 게다가 자기 딸을 밖에 나가지도 못하게 막고 남자를 사귀거나 결혼하는 것도 죽자고 못하게 했습니다. 간혹 말할 때면 남에게 상처 주는 못된 말만 골라서 했습니다. 그러던 어느 날 사랑이 아주 많은 젊은 여선생이 찾아와서 다정하게 말을 걸어주고 커튼을 걷어 거실로 햇빛이 들어오게 하고 휠체어를 밀어 밖으로 데리고 나가 산책도 하면서 친해지게 되었습니다. 그 후로 그는 종종 웃기도 하더니 나중에는 스스로 일어나 걷게 되었습니다. 그의 인생에 가장 놀라운 일이 일어난 것입니다. 그는 누군가의 관심을 통해 자기 자신에게도 가능성이 있다는 사실을 발견하게 되었고, 다른 사람을 신뢰할 수 있게 되었으며, 이 세상을 살아가는 것에 대해서도 희망을 가지게 되었던 것입니다. 바로 이런 일이 빛 되신 예수님을 만나게 되면 우리 인생 가운데서도 일어나게 됩니다.

1. 하나님 말씀이 가지는 능력

사람들은 흔히 교회나 말씀을 전하는 사람은 하나님과 가깝고 하나님을 잘 알기 때문에 도덕적으로 흠이 없고 완전한 사람이어야 한다고 생각하기 쉽습니다. 또한 교회는 완전히 의롭고 자기희생적인 사람만 있어야 하고 하나님 말씀을 전하는 목회자는 절대 화를 내지 않고 어떤 어려움이 닥쳐와도 참아야 하는 성인군자로 생각하기 쉽습니다. 그러나 이 세상에 그런 교회도, 그런 목회자도 없다는 것을 알아야 합니다. 예수님이 우리에게 주신 사명이나 처지는 그런 도덕적인 완전함이나 자기희생과는 거리가 멀다는 것을 알 필요가 있습니다. 왜냐하면 예수님은 죄인에게 죄인을 돕는 복음을 맡기셨기 때문입니다. 세상과 교회가 확연하게 다른 것은 세상은 무엇인가 남들보다 나은 사람이 자기보다 못한 사람을 돕지만 교회나 목회자는 죄인이 자기와 똑같은 죄인을 돕고 살린다는 점입니다. 병원을 예로 들어 설명하면 암에 걸린 의사가 암 환자를 치료하는 것과 같습니다. 사도 바울은 자기 자신을 죄인의 괴수라고 했습니다. 즉 사도 바울은 죄인 가운데서 가장 악질적인 죄인이었고 멸망 받아야 마땅한 죄인이었지만 주님은 말할 수 없는 자비와 긍휼로 또 다른 죄인을 돕고 살리는 사명을 주신 것입니다. 이것은 교회도 마찬가지입니다. 교인 역시 다른 사람과 똑같은 죄인인데 자신과 같은 죄인을 돕고 치료하는 일을 하고 있습니다. 그런데 죄인끼리 머리를 맞대고 있어 봐야 거기서 무슨 뾰족한 수가 나오겠습니까? 바로 이것이 세상 사람들이 이해할 수 없는 점입니다. 죄인끼리 있는데 거기서 무엇이 나오며, 환자끼리 있는데 거기서 무슨 좋은 일이 생겨날 수 있을까요?

예를 들어 아이들이 모여 수학을 공부하는데 그중 선생이 있거나 어려운 문제를 풀고 가르칠 수 있는 누군가가 있어야지 아무것도 모르는 아이들끼리 어려운 문제를 가지고 아무리 씨름해 봐야 나아질 게 있겠느냐는 것입니다. 바로 이것이 복음이 가지고 있는 신비요 비밀입니다.

1절, "그러므로 우리가 이 직분을 받아 긍휼하심을 입은 대로 낙심하지 아니하고”

사도 바울과 교회는 주님으로부터 오직 복음을 설교하라는 사명을 받았습니다. 그러나 우리 인간 가운데 누가 감히 복음의 빛을 감당할 수 있겠습니까! 이스라엘 백성은 주님의 빛이 아니라 모세의 빛을 보고서도 그 빛을 감당하지 못해 얼굴에 수건을 써달라고 부탁했는데, 누가 감히 돌판에 쓴 율법도 아닌 주님의 말씀을 감당할 수 있겠습니까!

우리는 사실 성경에 대해 완전히 까막눈이며 성경을 알아야 할 필요성조차 느끼지 못합니다. 사실 우리는 이 세상에서 절실하게 필요한 것이 너무 많습니다. 예를 들어 어떤 사람은 돈이나 양식이 필요하고, 학생은 대학에 합격하는 것을 원하며, 환자들은 병이 낫기를 원합니다. 기업가들은 자본이 필요하고 일할 사람이 필요하고 거래처가 필요합니다. 우리는 집이 필요하고 돈이 필요하고 건강이 필요하고 직장이 필요하다는 것을 알지만 하나님 말씀이 왜 필요한지 그 이유를 알지 못합니다. 교회나 목회자 역시 교인들의 이런 절실한 문제를 해결해줄 만한 능력이 없습니다. 경제적으로 어려운 사람에게 돈을 줄 수도 없고 사람을 소개해 결혼을 시켜줄 수도 없고 학생들에게 공부를 시켜줄 수도 없으며 교인에게 회사를 차려줄 돈도 없습니다. 그러나 앞서 나가면서 그런 문제를 해결해주는 사람도 있습니다. 우리는 그들이 시대를 앞서 나가는 사람이고 의로운 사람이라는 것을 부인하지 않습니다. 사실 우리 가운데 대부분은 그럴 수 있는 능력이 없습니다. 그래서 1절 후반부를 보면 “긍휼하심을 입은 대로 낙심하지 아니하고”라고 말씀합니다. 여기서 ‘긍휼히 여기신다’는 불쌍히 여기신다는 뜻입니다. 하나님은 우리 교회나 목회자가 능히 하나님 말씀을 감당할 수 없다는 사실을 잘 알고 계십니다. 하나님은 그분의 말씀이 너무 강력해서 언어라고 하는 단단한 캡슐에 넣어주셨습니다. 그래서 이 말씀의 의미와 능력과 깊이를 이해하지 못하는 것입니다. 목회자나 설교자가 하나님 말씀을 제대로 감당하려고 하면 흠이나 허물이 없어야 하는데 현실은 그렇지가 못합니다. 과연 누가 완전하게 의로워서 하나님 말씀을 바로 전할 수 있겠습니까? 그것은 불가능한 일입니다. 1절 말씀을 보면 우리 자신도 낙심하지 않는다고 했습니다. 이것은 두 가지 의미가 있습니다. 하나는 우리는 하나님 말씀을 잘 모르고 그대로 살지 못하면서도 그 말씀을 설교하고 전해야 합니다. 그러나 어느 때는 크게 낙심하곤 합니다. 사실 우리는 교인이나 사람이 필요로 하는 것이 무엇인지 너무나 잘 알고 있습니다. 교인이나 사람에게 필요한 것은 하나님 말씀이 아니라 돈입니다. 또한 그들에게 관심을 가져주는 것이고, 그들의 고통을 덜어주는 것입니다. 우리는 사람이 정작 필요로 하는 것은 도와주지 못하면서 그들이 원하지 않는 하나님 말씀만 전해야 합니다. 이것이 우리를 낙심하게 만들 때가 종종 있습니다. 그러나 크게 낙심할 필요는 없습니다. 왜냐하면 하나님 말씀은 우리의 형편과 상관없이 능력을 나타내기 때문입니다. 우리가 하나님 말씀을 다 알지 못하고 그대로 실천하며 살지 못한다고 해도 하나님 말씀을 그대로 증거 하고 믿으면 능력이 나타납니다.

성경을 바로 해석하는 것이 중요한 이유는 성경이 바로 해석될 때 우라늄이 분해되듯 에너지와 광선이 나오기 때문입니다.

현대의학의 놀라운 발견 가운데 하나는 아마도 X선일 것입니다. X선은 우리 눈에는 보이지 않습니다. 그러나 이 X선은 사람의 피부를 어떤 고통이나 상처 없이 통과해 우리 몸 안에 있는 뼈나 세포에 나쁜 것이 발견되면 찍어냅니다. 만일 X선이 발견되지 않았다면 사람들은 뼈가 부러진 것인지, 종양이 있는지를 알기 위해 그때마다 피부를 찢고 확인해야 할 것입니다. 이 X선의 발견으로 수많은 환자가 굳이 피부를 찢지 않고도 단시간에 사진을 찍어봄으로써 뼈가 부러졌는지, 몸 안에 어떤 이상이 있는지를 정확하게 알 수 있습니다.

마찬가지로 하나님 말씀에서 나오는 광선으로 우리는 사람을 죽이지 않아도 얼마든지 죄를 알 수 있고 치료할 수 있게 되었습니다. 그뿐 아니라 하나님 말씀에서는 치료하는 광선이 나와서 그 말씀을 쪼인 자들 가운데 망하는 사람은 아무도 없습니다.

말라기 선지자는 "내 이름을 경외하는 너희에게는 공의로운 해가 떠올라서 치료하는 광선을 비추리니 너희가 나가서 외양간에서 나온 송아지같이 뛰리라"(말 4:2)고 말했습니다. 하나님 말씀이 바로 해석되고 증거 될 때 의로운 해가 떠오를 거라고 했습니다. 이 의로운 해는 모든 불행과 불의와 비참함을 몰아냅니다. 즉 우리 마음에 하나님의 의로운 태양이 떠오르게 되면 이제 전기가 들어오고 아침이 오고 모든 비참함과 쫓김과 고통이 없어지게 됩니다. 특히 하나님 말씀 속에는 치료하는 광선이 들어 있어서 이 광선을 쪼이면 모든 암이 낫고 모든 염증이 치료되고 모든 통증이 사라질 것입니다.

우리는 다른 많은 것을 하려고 하기보다 하나님 말씀의 능력을 믿고 설교해야 합니다. 사실 교회나 목회자가 어려운 사람들을 몸으로 돕지 않고 설교만 하는 것은 너무 소극적인 행동이고 책임 회피이고 아무것도 하지 않는 것이라고 말하는 사람이 많습니다. 물론 할 수만 있다면 어려움 가운데 있는 사람들 사이에 뛰어 들어가 그들과 함께 고통을 나누고 그들의 눈물을 닦아주는 일을 해야 합니다. 그러나 하나님 말씀은 우리가 생각하는 이상의 능력을 가지고 있습니다. 모든 사람은 하나님의 말씀에 비침을 받아야 온갖 고통에서 해방되고 불행을 치료할 수 있습니다. 우리가 하나님 말씀을 전하는 것은 결코 책임 회피도 아니고 아무것도 하지 않는 무책임한 행동도 아닙니다.

2절, "이에 숨은 부끄러움의 일을 버리고 속임으로 행하지 아니하며 하나님의 말씀을 혼잡하게 하지 아니하고 오직 진리를 나타냄으로 하나님 앞에서 각 사람의 양심에 대하여 스스로 추천하노라"

하나님 말씀을 제대로 전하기 위해서는 우리가 해야 할 최소한의 의무가 있습니다. 첫째는 '부끄러운 일을 버리는 것' 입니다. 이것은 음란이라든지 우상 숭배라든지 술 취하고 방탕한 것이라든지 도박이라든지 성도나 목사로서 해서는 안 되는 것을 버려야 한다는 뜻입니다. 누구든지 술을 자주 마신다거나 불륜에 빠져 있다거나 포르노에 중독되어 있다거나 하면 자기 양심이 병들고 가정이 병들게 됩니다. 그리고 언젠가는 그 버릇이 나오게 되어 망신을 당할 것입니다.

"속임으로 행하지 아니하며"라는 뜻은 교회나 목회자는 하나님 말씀 앞에서 정직해야 한다는 것입니다. 즉 궤변을 가지고 자기주장을 합리화시켜서는 안 됩니다. 자기 야망을 비전이라고 속여서도 안 되고 교회를 이용해 자기 명성을 드러내려고 하면서 하나님의 뜻이라고 속여서도 안 됩니다. 헌금을 하도록 할 때는 헌금이 필요하다고 말해야지, 복을 주신다고 속여서는 안 된다는 뜻입니다. 결국 목회자나 장로, 교인은 정직해야 합니다. 자신이 틀린 것은 틀렸다고 솔직하게 말해야지 궤변을 늘어놓으며 다른 사람들을 속인다면 하나님 앞에 가치 없는 사람이 되고 맙니다. 세상 사람들은 뭐라고 할지 모르겠지만 하나님 앞에서 그런 사람은 아예 언급할 가치조차 없습니다.

교회나 목회자는 "하나님의 말씀을 혼잡하게 하지 아니하고"라고 말씀합니다. 여기서 혼잡하게 한다는 것은 기름 같은 것을 팔 때 돈을 더 벌기 위해 불순물을 섞어 양을 늘려 속여 파는 것을 말합니다. 물론 장사하는 사람은 돈을 벌겠지만 그 기름은 가짜이기 때문에 불도 잘 타지 않고 사람에게 해를 끼칠 것입니다. 그러므로 하나님 말씀에 일체 세상의 사상이나 이론의 물을 타서는 안 됩니다. 물을 타고 불순물을 탔을 때 엄청나게 이익을 보고 인기를 끌 수 있겠지만 그것은 전부 사기입니다. 가짜라고 해서 완전히 틀린 것은 아니지만 이처럼 물에 탄 진리는 가짜 진리입니다.

본문을 보면 "오직 진리를 나타냄으로 하나님 앞에서 각 사람의 양심에 대하여 스스로 추천하노라"고 말씀하는데, 이는 각 사람의 양심이 하나님의 진리에 부딪히는 것입니다. 그러면 핵분열이 일어나면서 광선이 나오고 엄청난 에너지가 나오게 됩니다. 하나님의 백성이 교회로 모이면 그 에너지가 어마어마하게 커지게 되는데, 이것이 성전의 비밀입니다.

2. 사탄의 결사적인 방해

어마어마한 말씀의 능력을 가지고 있으면 당장 온 세상을 천국으로 변화시킬 수 있을 것 같습니다. 다시 말해 핵무기 같은 하나님 말씀을 가지고 있는데 우리에게 겁낼 일이 뭐가 있겠습니까! 사실 예수님의 제자들이 생각한 것이 바로 이것이었습니다. 그들은 예수님의 어마어마한 능력과 말씀을 가지고 제자 훈련을 하면 당장 사탄의 나라가 물러가고 하나님의 나라가 임하게 될 거라고 생각했습니다. 그러나 하나님의 나라는 생각보다 빨리 오지 않았습니다. 오히려 예수님은 말씀을 전하실 때 유대인들로부터 많은 반대를 당하셨고, 십자가에 못 박혀 죽으셔야 했습니다. 예수님이 죽음에서 부활하신 뒤 오순절의 폭발적인 성령의 역사가 있었음에도 사탄의 세력은 망하지 않고 여전히 세계를 지배하고 있었습니다. 그리고 전 세계 대부분의 사람은 여전히 예수님을 모르고 있었으며, 믿어야 할 이유를 깨닫지 못하고 있었습니다. 과연 그 이유가 무엇일까요? 그것은 악한 마귀가 끝까지 사람들의 눈을 멀게 해서 복음의 광채가 비치지 못하게 막고 있기 때문입니다. 마귀는 3단계에 걸쳐 모든 사람이 복음을 듣지 못하도록 철저하게 막아놓았습니다. 원칙적으로 이 세상에서는 어느 누구도 하나님을 믿을 수 없게 되어 있습니다. 심지어 마귀는 하나님의 아들이 이 세상에 왔을 때 자기에게 절하면 세상 영광을 다 주겠다고 회유하기까지 했습니다.

첫 번째로 마귀는 복음을 원천 봉쇄함으로써 아예 복음을 전하지 못하게 했습니다.

3절, "만일 우리의 복음이 가리었으면 망하는 자들에게 가리어진 것이라"

아무리 하늘에서 태양이 빛난다고 해도 새카만 구름이 온 하늘을 뒤덮고 있으면 햇빛이 비칠 수가 없습니다. 마찬가지로 마귀는 이 세상에 어느 누구도 복음을 전하지 못하도록 원천 봉쇄를 해버렸습니다. 그래서 복음 전하는 자를 죽이고 성경 읽는 자를 감옥에 가두고 아무도 예수를 믿지 못하게 만들었습니다. 심지어 가족들 사이에서도 제사를 지내지 않으면 집안에서 쫓아내고, 세상의 왕 앞에 절하거나 숭배하지 않으면 반역자라고 해서 고문하고 죽여 원천적으로 복음 전하는 것을 막았습니다. 그런데 놀라운 사실은 아무리 구름이 햇빛을 가려도 구름 사이로 해가 비치는 것처럼 복음이 구름 사이를 비집고 들어와 예수를 전했던 것입니다. 그러다가 바람이 강하게 불면 구름 자체가 떠밀려가기도 했습니다. 이것이 바로 부흥의 바람입니다.

두 번째로 마귀는 세상 사람들의 눈을 멀게 만들었습니다.

4절, "그중에 이 세상의 신이 믿지 아니하는 자들의 마음을 혼미하게 하여 그리스도의 영광의 복음의 광채가 비치지 못하게 함이니 그리스도는 하나님의 형상이니라"

여기서 '이 세상의 신'은 마귀를 가리킵니다. 마귀를 이렇게 부르는 이유는 마귀가 여전히 이 세상의 모든 지식이나 권력, 관습을 지배하고 있기 때문입니다. 마귀는 이 세상의 모든 좋은 것을 가지고 사람들의 눈을 멀게 만듭니다. 사람들은 이 세상의 출세나 성공, 권력의 영광을 보고 나서 눈이 멀어버렸습니다. 그래서 하나님의 빛이 아무리 강하게 비쳐도 느낄 수 없었고 관심도 가질 수 없었습니다. 사람들의 눈이 세상적 영광으로 모두 멀어버렸기 때문입니다. 사람들은 세상적 영광이나 성공은 실제적이고, 다른 사람들이 알아주며, 대우가 달라지고, 그 자신을 행복하게 해줄 수 있으리라고 믿습니다. 그래서 그들의 눈으로 봤을 때 하나님의 복음이 공허한 이론으로밖에 생각되지 않는 것입니다. 눈 먼 자들에게는 아무리 하나님의 말씀을 이야기해도 귀에 들어가지 않습니다. 본디오 빌라도는 온 우주의 주인이고 참 빛인 예수님을 만났지만 세상적 권력에 눈이 멀어 있었기에 메시야를 볼 수 없었습니다. 대제사장 가야바도 성전의 주인이며 하나님의 아들인 예수님을 만났지만 세상의 돈과 권력에 눈이 멀어 있었기에 예수님을 십자가에 못 박게 했습니다. 그러나 하나님 말씀은 이 눈 먼 자들 한 명 한 명의 눈을 안구이식 수술을 해서 눈을 뜨게 합니다. 사도 바울도 눈이 먼 자였지만 예수님의 말씀을 듣고 새 눈을 가지게 되었습니다. 우리 역시 눈 먼 자였지만 이제 볼 수 있게 되었습니다. 우리는 두 개의 세계를 보고 있습니다. 하나는 이 세상이고, 다른 하나는 권능으로 임하는 하나님의 나라입니다. 우리는 하늘 문을 열 수 있고 하나님 나라의 능력을 가져올 수 있는 자입니다.

세 번째로 마귀는 이 세상 사람들의 마음을 미치게 만들었습니다. 그래서 세상 사람은 본능적으로 하나님을 불신하고 예수님을 싫어하는 것입니다. 이것은 마치 귀신 들린 자가 예수님을 싫어했듯 인간은 광기에 사로잡혀 있었습니다. 우리는 이 세상에 미쳐 있고 친구에 미쳐 있고 음란이나 세상적 재미에 미쳐 있어서 하나님의 간섭을 아주 싫어했습니다. 그러나 어느 날 우리 자신의 미친 모습과 광기를 보게 되었습니다. 어느 날 자기 자신의 비참한 모습을 보고 더 이상 이렇게 살아서는 안 된다는 사실을 깨닫게 되었던 것입니다. 우리는 이제 자신에게 주님이 필요하다는 것을 알게 되었고, 주님이 그것을 위해 십자가에 못 박히신 사실을 알게 되었습니다. 그리고 무조건 십자가 앞에 굴복하게 되었습니다. 예수님을 믿는 것은 그분께 완전히 굴복하고 항복했다는 뜻입니다.

3. 어둔데 빛이 비치어라

이 세상에는 두 가지 종류의 빛이 있습니다. 하나는 물리적인 빛입니다. 이 빛은 우리가 눈으로 볼 수 있는 빛입니다. 반면에 우리 눈으로 볼 수 없는 빛이 있는데, 바로 영적인 빛입니다. 이 영적인 빛은 우리 눈으로 볼 수 없지만 우리 영혼에 비치고 우리 마음에 비치는 빛입니다. 과연 우리에게는 이 물리적인 빛과 영적인 빛 가운데 어느 빛이 강하고 위력이 있을까요? 우리 생각으로는 당연히 이 세상의 빛일 것입니다. 우리는 전깃불이 들어오는 것과 들어오지 않는 것의 차이가 얼마나 큰지 알고 있습니다. 그리고 우리는 핵무기가 있는 나라와 없는 나라의 차이가 얼마나 큰지 알고 있습니다. 사실 이 물리적인 빛은 영적인 빛의 지극히 작은 부분에 불과합니다. 영적인 빛은 물리적인 빛이 생기기 훨씬 이전부터 있었으며, 이 영적인 빛이야말로 온 우주를 지탱하는 힘이고 에너지입니다.

4절에 보면 "그리스도의 영광의 복음의 광채가 비치지 못하게 함이니 그리스도는 하나님의 형상이니라"고 말씀합니다. 그리스도는 하나님의 얼굴의 광채입니다. 하나님은 우주를 만들고 태양을 만든 분으로, 바로 그 창조자의 빛이 그리스도의 광채입니다.

이것을 하나님은 천지 창조를 예로 들어 보여주셨습니다.

6절, "어두운 데에 빛이 비치라 말씀하셨던 그 하나님께서 예수 그리스도의 얼굴에 있는 하나님의 영광을 아는 빛을 우리 마음에 비추셨느니라"

천지가 창조될 때 우주에는 빛이 없었습니다. 사실 우리는 우주가 얼마나 거대하고 광활한지 감히 짐작조차 할 수 없습니다. 그런데 그 넓은 우주가 깊은 어둠 속에 빠져 있었습니다. 그때 하나님은 우주에 빛이 있으라고 말씀하셨습니다. 그때 한 거대한 빛이 생기면서 우주가 그 거대한 정체를 드러내게 되었습니다. 그러나 그 거대한 우주는 아직 손질되지 않은 거대한 덩어리에 불과했습니다.

하나님은 빛만 만들고 우주를 내팽개치신 것이 아니라 우주를 아름답게 꾸미기 시작하셨습니다. 즉 하늘에 수많은 별이 빛나게 하시고 태양과 달을 만드셨습니다. 하나님은 지구를 아름답게 만들기 시작하신 것입니다. 또한 하나님은 물이 한 곳으로 모이라고 명령하셨는데, 이로 말미암아 하늘이 나타나게 하셨고 공기가 생기게 하셨습니다. 하나님의 명령으로 물이 한 곳으로 모이면서 거대한 땅덩어리가 드러나게 되었습니다. 하나님은 육지에 나무와 풀이 나게 하시고 바다에 물고기가 헤엄치게 하시고 하늘에 새들이 날게 하시고 땅에는 짐승들이 뛰어다니게 하시고 하나님의 형상을 닮은 사람이 나타나게 하셨습니다.

그러고 나서 하나님은 또다시 새로운 창조를 하기 시작하셨습니다. 바로 우리의 영혼과 마음속에 새로운 세계를 창조하시기 시작한 것입니다. 하나님은 우리 영혼을 향해 "빛이 비치라"고 말씀하셨습니다. 그때 우리의 영혼 속에 예수 그리스도의 얼굴에 있는 하나님의 영광을 아는 빛이 비치기 시작했습니다. 즉 오랜 시간 깊은 어둠에 빠져 있던 우리의 영혼에 하나님의 빛이 비치기 시작한 것입니다. 하나님은 우리 영혼에 빛만 비추고 끝내시지 않았습니다. 우리의 영혼을 고치기 시작하셔서 모든 우상과 더러운 쓰레기를 치우시고 아름다운 새 세계를 만들기 시작하셨습니다. 이로써 우리는 자신의 가치를 알게 되었고 하나님 말씀의 세계를 알게 되었습니다. 우리는 하나님 나라의 모든 보물을 하나씩 찾아 가지게 되었고, 이 세상의 피조물도 제대로 도울 수 있게 되었습니다. 우리는 돈과 사랑, 학문도 바로 사용할 수 있게 되었고, 한 번 사는 우리의 인생도 아름답게 영위할 수 있게 되었습니다. 그리고 우리의 인생은 영원히 연장되고, 하나님과 함께 새로운 미래를 설계할 수 있게 되었습니다. 이 모든 것이 하나님이 우리에게 주신 말씀 안에 들어 있습니다.

5절, "우리는 우리를 전파하는 것이 아니라 오직 그리스도 예수의 주 되신 것과 또 예수를 위하여 우리가 너희의 종 된 것을 전파함이라"

마귀는 모든 사람을 삼중으로 결박해 복음의 광채가 비치지 못하도록 원천 봉쇄하고 있습니다. 마귀는 하늘에 비치는 태양을 검은 구름이 덮고 있듯이 예수 그리스도의 광채가 비치지 못하도록 세상의 학문과 관습으로 막았고 사람들의 눈을 멀게 했고 정신을 혼란스럽게 만들었습니다. 그 틈을 뚫고 예수 그리스도의 광채가 사람들의 마음에 비치기 위해선 대단한 전략이 필요합니다. 이때 복음 전도자나 교회가 모든 것을 하려고 해서는 안 됩니다. 더 이상 자신에 대하여 전파하려고 해서는 안 됩니다. 교회나 설교자는 자기 사상이나 자신의 신념을 전하려고 해선 안 됩니다. 오직 예수 그리스도가 주인이 되시며 우리가 그분의 종이라는 것만 전해야 합니다. 우리는 세상의 좋은 것을 다 줄 수 없습니다. 오직 복음과 예수가 우리의 주인 되심을 전할 때 하나님의 영광은 불신의 그 두꺼운 구름을 뚫고 사람들의 마음속에 하나님의 빛이 비치게 하실 것입니다. 그리고 하나님은 성령의 바람이 불게 하셔서 사탄의 검은 구름을 밀어내고 위대한 부흥의 시대가 오게 하실 것입니다.

성경 토의

1. 목회자는 이 세상의 수많은 직업 가운데 하나인가, 아니면 이 세상에 없는 하늘의 직분인가? 목회자는 자신의 정체성에 대해 어떻게 생각해야 하며, 우리 그리스도인 한 사람 한 사람은 자신을 어떤 사람으로 생각해야 하는가?

2. 이 세상의 많은 사람이 복음을 하나의 가치관이나 인생관 정도로 생각하고 있으며, 우리가 기독교 신앙에 따라 행동하는 것을 원치 않는다. 이런 가운데 우리는 어떻게 하나님의 살아계심과 기독교 신앙이 참된 종교임을 사람들에게 나타낼 수 있는가?

3. 세상을 보면 짙은 마귀의 구름이 세상을 뒤덮고 있는 것 같고 당장이라도 어두운 환난의 폭풍우가 몰려올 것처럼 불안할 때가 많다. 이때 어떻게 하면 이 어두운 사탄의 먹구름을 물러가게 하고, 그리스도의 찬란한 태양이 비치게 할 수 있는가?

06_보물이 담긴 질그릇

고린도후서 4:7-18

전체적 설명

옛날에 부자들은 집안의 보물을 질그릇 같은 큰 항아리에 집어넣고 헛간에 놓아둔 뒤 자물쇠로 채우거나 마루 밑에 파묻어 보관하곤 했다. 이런 용도로 사용된 질그릇은 그 자체만 보면 아무것도 아닌 것 같고 싸구려처럼 보이지만 그 안에 들어 있는 금이나 은, 보석은 어마어마한 가치를 지닌다. 마찬가지로 교회는 이중성을 가지고 있다. 일단 교회 건물이나 그 안에 있는 사람만 보면 가난하고 보잘것없지만, 그 안에 있는 하나님 말씀과 성령의 역사는 이 세상의 어떤 보물과도 바꿀 수 없는 보물 가운데 보물이다. 그런데 이 하나님의 보물은 그냥 교회 안에 머물러 있는 것이 아니라 고난을 통해 우리 몸 안에 들어와서 우리 자신이 하나님의 보물로 변하게 된다.

설교 프리노트

7절, "우리가 이 보배를 질그릇에 가졌으니"

교회의 이중성을 보여준다. 일단 기독교나 교회를 겉에서 보면 세상적으로 유식하거나 권세를 가졌거나 부요하지 못하고 오히려 가난하거나 무지하거나 보잘것없었으며, 당시 교인들은 대부분 노예거나 가난한 여자였다. 게다가 기독교의 진리는 세상적인 눈으로 봤을 때 유식한 내용을 담고 있지 못했고, 학자들로부터도 인정받지 못했다. 그럼에도 기독교나 교회 안에 들어 있는 진리는 하나님의 진리였고, 그 안에 있는 능력은 성령의 능력이었으며, 그 가치는 이 세상의 어떤 부귀와 영화로도 대신할 수 없는 귀한 것이었다. "이 보배를 질그릇에 가졌으니"라는 말씀 가운데 '질그릇'은 사도 바울 자신을 의미하기도 하고, 교회 자체를 의미하기도 했다. 하나님은 왜 그분의 이 엄청난 보물을 세상의 유식하고 권세 있는 사람이나 대학 같은 기관에 맡기지 않으시고 가난하고 무식한 사람들에게 맡기셨을까? 성경은 이에 대해 "심히 큰 능력은 하나님께 있고 우리에게 있지 아니함을 알게 하려 함이라"고 말씀한다. 여기서 '심히 큰 능력'은 어느 정도로 큰 능력을 말하는 것일까? 그것은 우리가 상상할 수 없는 어마어마한 초자연적 능력을 말한다. 하나님은 그 능력으로 세상을 심판하거나 사람을 멸망시키기보다는 사람들에게 예수님을 믿게 하시며, 하나님의 말씀에 순종하게 하신다.

8-11절, "우리가 사방으로 욱여쌈을 당하여도……"

군인들이 전쟁할 때 가장 두려운 일은 성이나 진이 포위당하는 것이다. 왜냐하면 성이나 진이 포위당하면 더 이상 아군의 지원을 받을 수 없을 뿐 아니라 후퇴하거나 도망칠 수도 없기 때문이다. 욱여쌈을 당하면 그야말로 떼죽음을 면하기 어렵다. 그러나 하나님 말씀을 붙들고 있는 사람들은 아무리 욱여쌈을 당해도 탈출구가 있게 마련이다. 하나님의 군대가 포위를 뚫고 들어오기 때문이다. "답답한 일을 당하여도"는 우리 마음을 무겁게 내리누리는 힘겨운 일을 말한다. 아무리 큰 걱정거리나 힘겨운 일이 내리눌러도 우리가 낙심하지 않는 것은 하나님이 우리 짐을 함께 져주시기 때문이다. 즉 아무리 절망스러운 일을 당해도 우리 앞에 반드시 살 길이 열리게 되어 있다.

"박해를 받아도 버린 바 되지 아니하며"

박해를 받게 되면 사람들은 모든 사람에게 버림당한 것 같고, 도와줄 사람이 아무도 없는 것 같다. 그러나 하나님은 우리를 잊지 아니하시며 반드시 우리의 먹을 것을 공급해주시고 하루하루 살아갈 힘을 공급해주신다.

"거꾸러뜨림을 당하여도"

누군가가 우리를 힘으로 쓰러뜨리거나 다리를 걸어 넘어뜨리면 더 이상 일어날 수 없다. 그럼에도 우리가 완전히 망하지 않는 이유는 하나님이 반드시 살 길을 열어주시기 때문이다.

10-14절, "우리가 항상 예수의 죽음을 몸에 짊어짐은……"

예수의 죽으심은 완전한 자기 권리의 포기였다. 예수님은 본질상 하나님의 본체이지만 동등 됨을 취하지 않으시고 자기를 비움으로써 비참한 죄인의 모습으로 처형되셨다(빌 2:6). 예수의 죽으심은 인간의 눈으로 봤을 때 너무나 바보스러웠고 미련하게 보였지만 예수의 이런 희생과 순종 때문에 하나님은 인간에 대한 진노를 거두시고 우리에게 하나님의 능력을 부어주셨다. 이것은 우리 믿는 자한테도 동일하게 적용된다. 우리 믿는 자나 복음 전하는 자가 자기 권리나 자기 이익을 주장하지 않고 모든 것을 버리고 포기할 때 하나님의 능력이 말씀 듣는 자들에게 임하여 하나님의 생명이 나타나게 된다. 그래서 말씀 전하는 자는 언제나 예수님의 죽으심을 우리의 생필품처럼 짊어지고 다녀야 한다. 만약 우리가 다른 곳으로 이사를 가든지 피난을 가려고 하면 이불 보따리나 먹을 양식을 짊어지고 가야 할 것이다. 마찬가지로 우리는 언제나 예수의 죽으심을 이불 보따리나 양식 보따리처럼 짊어지고 가야 하는데, 그때 예수님의 생명이 우리 몸에 나타난다. 지금 우리는 살아있지만 죽을 자처럼 모든 욕심이나 이기심을 포기할 때 예수님의 생명이 우리 몸에 나타나게 된다(11절). 즉 우리의 안수나 기도를 통하여 죽을 자가 살아나고 병든 자가 치료되는 것이다. 역설적으로 말해 말씀 전하는 자가 늘 죽어야 말씀 듣는 자가 늘 살게 되는 것이다(12절).

13절, "내가 믿었으므로 말하였다 한 것같이"

이는 시편 116편 10절의 인용인데, 시편에서는 "내가 크게 고통을 당하였다고 말할 때에도 나는 믿었도다"라고 말씀한다. 즉 어떤 심한 고통을 당하는 한이 있더라도 우리는 하나님이 함께하심을 믿어야 한다. 하나님에 대하여 담대하게 말할 수 있는 것은 우리가 언제나 하나님의 함께하심을 믿고 있기 때문이다.

14-15절, "주 예수를 다시 살리신 이가……"

만약 어려움 가운데서 우리만의 힘으로 살려고 발버둥을 친다면 자기 혼자 사는 것으로 끝나고 만다. 그러나 우리가 자신의 욕망과 의지를 포기하고 하나님을 의지할 때 하나님의 능력이 나타나면 많은 사람이 하나님의 살아계심을 믿게 된다(15절). 그리고 하나님은 그분을 믿는 자들을 절대로 실망시키지 않으신다. 하나님은 반드시 우리를 예수님처럼 죽을 자리에서 살려 하나님 앞에 서게 하실 것이다.

16절, "그러므로 우리가 낙심하지 아니하노니"

사도 바울이나 하나님의 종도 인간이기에 당장 눈앞에 나타나는 것만 보면 실망할 수 있고 낙심할 수도 있다. 우리가 전능하신 하나님을 믿는다고 해서 세상에서 유명해지는 것도 아니고 높아지는 것도 아니고 부자가 되는 것도 아니기 때문이다. 오히려 우리는 언제나 자기 자신의 생각이나 의지, 욕망을 부인해야 하고 사람들의 비난과 무시를 당해야 하기에 실망하거나 좌절할 수 있다. 그러나 우리에게는 사람들의 눈에 보이지 않는 하나님의 능력이 있다. 이로 말미암아 하나님의 말씀과 성령의 능력이 날마다 우리 속사람을 새롭게 하고 더 성숙하게 만든다. 우리도 인간이기에 외모적으로 하루하루 늙어가고 세상의 형편이 어려워질 수도 있다. 그러나 우리의 속사람은 날로 젊어지고 있으며 더 싱싱해지고 있으며 나날이 새로워지고 있다. 이 세상에서 많은 환난을 당하고 어려움과 고통 가운데 있다고 해도 이것은 아주 짧은 기간에 받는 것이고 가벼운 것으로, 우리가 앞으로 받게 될 엄청난 영광과 축복과는 비교조차 되지 않는다(17절). 그러므로 우리는 눈에 보이는 이 세상 일에 주목하는 것이 아니라 눈에 보이지 않는 믿음의 세계에 주목해야 한다. 여기서 '주목하다'는 보기 위해 모든 주의를 집중시켜 애쓰는 것을 뜻한다. 지금 우리 눈에 보이는 것은 영화로 치면 잠깐 지나가는 예고편 같은 것이고, 눈에 보이지 않는 믿음의 세계야말로 진짜 영화이기 때문이다.

본문 이해를 위한 질문

1. 교회를 생각할 때 초라해 보이고 실망스러울 때가 많은 이유는 무엇인가?

그것은 하나님의 모든 보배로운 능력과 축복이 질그릇 같은 인간 안에 들어 있기 때문이다. 그래서 교회를 인간의 모임으로만 보면 실망스러울 수밖에 없는데, 그 안에는 말로 표현할 수 없는 하나님의 신성과 능력이 있다.

2. 왜 하나님의 종이나 교회는 자기주장이나 자기 이익을 포기하고 늘 죽어야만 하는가?

이것은 예수님이 바보처럼 십자가 위에서 죽으셨지만 하나님의 능력으로 다시 살아나신 것처럼 교회나 믿는 사람도 자기 생각이나 주장을 포기하고 죽을 때 하나님의 능력이 우리를 통해 나타난다.

3. 우리가 자신을 부정하고 희생하고 양보할 때 반드시 하나님의 능력이 나타나는가?

성경에서 "내가 믿었으므로 말하였다"라고 말씀한 것처럼 하나님은 틀림없이 우리를 살게 하시고, 오히려 날마다 새롭게 하심으로써 지금 당장 받는 환난과 비교할 수 없는 축복을 누리게 하신다.

성경 강해

우리 예수 믿는 사람은 대부분 세상의 성공한 사람에 대해 심한 열등감을 느끼곤 합니다. 그 이유는 세상의 성공에 따른 영광이 그만큼 대단하기 때문입니다.

누구든지 다른 사람이 알아주고 박수쳐주고 인정해주는 것보다 더 기분 좋은 일은 없을 것입니다.

대부분의 그리스도인은 평범한 사람입니다. 하나님은 그분의 손에 붙들리게 하기 위해 우리에게 많은 연단을 주어 망하게 하시고 병들게 하시고 길이 없게 하셔서 우리를 아주 볼품없게 하실 때가 종종 있습니다. 이때 우리는 자신의 보잘것없는 모습에 부끄러워하게 되고, 자신이 아무런 가치도 없는 사람이라고 생각하게 됩니다.

사도 바울은 예수 그리스도를 알고 나서 예수를 아는 지식이 얼마나 대단하고 엄청난 것인지 깨닫고 그전에 자신이 자랑하던 학벌과 가문의 자랑, 세상의 성공을 배설물처럼 여겨 버렸습니다. 그런데 사도 바울이 보니 세상 사람이나 믿는 사람이 중요하게 생각하는 것은 자기가 쓰레기통에 버렸던 바로 그 세상의 자랑이었습니다. 심지어 세상 사람들에게 하나님 말씀을 가르치는 종들조차 세상의 자랑을 목에 주렁주렁 달고 있는 것을 대단하다고 생각했습니다. 그러면서 사도 바울이 세상 자랑을 하나도 가지고 있지 않다고 여겨 "너는 아무것도 아니야" "너는 하나님의 종 자격도 없고 사도도 아니야"라고 하면서 그를 무시하고 배척하기까지 했던 것입니다.

우리는 예수를 믿고 나서 그 복음의 광채를 보고 세상의 모든 자랑을 버렸습니다. 그런데 사람들은 여전히 우리가 버렸던 세상의 자랑을 가지고 다른 사람을 판단하고, 그것을 갖지 못한 사람에 대해선 절대 인정해주지 않습니다. 이때 우리는 세상에 적응하기 위해 자신이 쓰레기통에 버렸던 세상의 자랑을 도로 찾아야 하느냐, 아니면 아무것도 없는 이 모습 그대로 만족해야 하느냐 고민하게 됩니다.

여기서 우리는 이 세상의 성공이 주는 영광이 대단하다는 사실을 알게 되고, 세상 모든 사람이 그것을 대단하게 생각한다는 것도 사실입니다. 그러나 이런 인간의 영광과 비교되지 않는 어마어마한 영광이 있습니다. 그것은 바로 온 우주와 세상을 창조하신 하나님의 영광입니다. 하나님이 처음 우주를 만드실 때 그 캄캄한 세계에 빛이 있으라고 명령하셨는데, 그 빛이 얼마나 대단했는지 우주 이쪽 끝에서 저쪽 끝까지 빛이 비쳤습니다. 그 처음 빛은 태양 빛보다 수천 배 수만 배 강했습니다. 거기에 비해 인간의 박수갈채나 부러워하는 눈빛은 얼마나 미미한지 모릅니다. 이것은 태양 앞에 반딧불 정도의 빛밖에 되지 않습니다. 그러나 캄캄한 밤에는 반딧불조차 대단하게 보입니다.

이 우주와 세상에 있는 모든 빛을 합친 것보다 더 강한 빛이 있는데, 그것은 바로 하나님의 얼굴에서 나오는 빛입니다. 하나님은 그 얼굴빛으로 태양을 만드시고 별을 만드시고 모든 빛을 만드셨습니다. 사도 야고보는 하나님을 "빛들의 아버지"(약 1:17)라고 말합니다. 하나님의 빛이 없으면 온 세상의 빛은 존재할 수 없습니다. 그런데 하나님의 얼굴빛과 똑같은 빛을 가진 이가 있는데, 바로 그 아들 예수 그리스도입니다.

만약 우리가 태양을 가죽에 싸서 가지고 온다면 어떤 일이 일어날까요? 아마 태양을 가죽으로 싸기도 전에 가죽이 다 타버릴 것이고 주위에 있는 모든 세상이 타버릴 것입니다. 우리 인간은 적도 가까이만 가도 더워서 견디기 어려울 것입니다. 그런데 하나님은 태양보다 더 강한 빛이신 그 아들을 인간 육체로 이 세상에 보내는 데 성공하셨습니다. 이 세상에 오신 예수 그리스도는 빛 중의 빛이고 우주의 모든 에너지보다 더 강한 에너지였습니다. 그러나 예수님은 평범한 언어로 하나님 말씀을 전하셨으며, 사람들의 질병과 장애를 고치셨습니다. 하나님은 또 위대한 일을 행하셨습니다. 우리 마음에 하나님 말씀이 이해되게 하시고 믿음을 주는 데 성공하셨던 것입니다. 그래서 사도 바울은 데살로니가 교인들에게 이렇게 말했습니다.

"이는 우리 복음이 너희에게 말로만 이른 것이 아니라 또한 능력과 성령과 큰 확신으로 된 것임이라"(살전 1:5상).

우리가 하나님 말씀을 듣고 믿음을 가지는 것은 하나님의 빛이 우리 안에 들어오는 것과 같습니다. 이것이야말로 보물 중의 보물이고 세계 최고의 능력입니다. 그래서 우리 예수 믿는 사람은 자신이 무엇을 가지고 있으며, 자신이 어떤 사람인지 바로 알 필요가 있습니다. 본문에서 사도 바울은 우리가 가지고 있는 세 가지 능력에 대해 말하고 있습니다. 이것을 가지고 있는 한 우리는 절대로 망하지 않습니다.

1. 보물을 담은 항아리

요즘도 남자가 여자에게 청혼할 때는 무릎을 꿇고 다이아몬드 반지를 내밀면서 "나와 결혼해주시겠습니까?" 라고 말합니다. 이때 다이아몬드 반지를 가지고 청혼하는 이유는 다이아몬드가 작지만 가장 아름답고 가치가 있기 때문입니다. 보석이나 보물은 이처럼 가치가 높습니다.

모든 조건이 똑같다면 도자기나 항아리는 겉이 화려하고 아름다운 것이 더 비싸고 좋은 것임에 틀림없습니다. 예를 들어 멋지게 생긴 도자기가 싸구려 질그릇 항아리에 비해 비싼 것은 틀림없는 사실입니다. 그런데 항아리 안에 누군가가 엄청난 보물을 숨겨놓았다면 어떻게 될까요? 이런 경우 이야기가 완전히 달라집니다. 예를 들어 어떤 부자가 항아리 안에 수백 억짜리 다이아몬드를 숨겨놓았다면 그 사실을 아는 사람은 모든 항아리를 깨뜨려서라도 그 다이아몬드를 찾으려고 할 것입니다. 이때는 아무리 천한 질그릇이라고 상관없습니다. 보물이 들어 있는 항아리가 최고의 보물단지가 됩니다.

이 세상에서 보물 중의 보물이 무엇이었을까요? 그것은 바로 예수 그리스도 자신이었습니다. 왜냐하면 예수님은 자기 몸 안에 하나님의 빛을 가지고 오셨기 때문입니다. 그래서 예수님의 말씀은 모든 인생을 고치는 말씀이었고, 예수님의 몸에 닿기만 해도 병이 나았습니다. 심지어 한 여인이 예수님의 옷자락만 만졌는데도 병이 나았습니다. 반면 유대인과 로마 군병들은 하나님의 아들이 어떤 분인지 그 가치를 알아보지 못하고 예수님의 양손과 양발에 못을 박아 죽였습니다. 그때 정상적으로 하면 예수님의 상처에서 핵폭발이 일어날 때 같은 빛이 나와 거기 있던 모든 사람은 죽어야 마땅했습니다. 그러나 하나님은 모든 사람을 죽이는 강한 빛 대신에 모든 사람의 죄를 고치는 평범한 피가 흐르게 하셨습니다.

예수 믿는 사람은 이 엄청난 보배를 우리 몸 안에 가지고 있습니다.

7절, "우리가 이 보배를 질그릇에 가졌으니 이는 심히 큰 능력은 하나님께 있고 우리에게 있지 아니함을 알게 하려 함이라"

여기서 ‘우리’는 세 가지로 생각해 볼 수 있습니다. 첫 번째는 사도 바울 자신을 말합니다. 두 번째는 우리 믿는 사람을 말하고, 세 번째는 교회를 말합니다. 그리고 여기서 보배는 바로 하나님 말씀, 곧 하나님의 능력의 빛입니다.

사도 바울은 원래 학식이 높은 사람이었습니다. 그는 엘리트 가운데 엘리트였고 명문가 출신이었으며 지식이 아주 많은 자였습니다. 그는 예수님을 만나기 전 예루살렘에서 최고 지성인 율법학자가 되기 위해 열심히 공부하고 수련을 쌓는 가운데 있었습니다. 또한 그는 대제사장이나 유대인에게 인정받기 위해 예수 믿는 사람을 핍박하고 잡아 가두었습니다. 그러던 어느 날 예루살렘만으로는 직성이 풀리지 않아서 예수 믿는 사람이 다메섹에 몰려 있다는 소문을 듣고 그들을 잡으러 바삐 가고 있었습니다. 그가 다메섹에 다다랐을 때 갑자기 빛이신 예수님을 보게 되었습니다. 그 빛을 본 순간 그는 땅에 엎드려지고 눈이 멀어버렸습니다. 그때 사도 바울이 물었습니다. “당신은 누구십니까?” 그러자 분명한 목소리로 “나는 네게 핍박하는 예수라”고 대답하셨습니다. 사도 바울은 환상을 본 것이 아니었습니다. 그는 예수님의 얼굴에서 하나님의 그 빛을 보았던 것입니다. 그 후 사도 바울은 이 세상의 모든 자랑을 배설물처럼 여겨 전부 쓰레기통에 버렸습니다. 그는 이 세상에서 예수 그리스도의 믿음과 말씀 외에는 자랑할 것이 아무것도 없는 빈털터리가 되고 말았습니다.

한편 고린도 교회의 목회자와 교인은 그 빛을 알지 못했습니다. 그들은 여전히 세상의 성공을 중요하게 여겼으며 철학이나 가문, 학위를 중요하게 생각했습니다. 이런 이유로 그들은 아무것도 없는 사도 바울을 인정하려고 하지 않았습니다. 그때 사도 바울은 고린도 교인들을 향해 자신을 보잘것없다고 생각하는 것이 맞다고 하면서 스스로를 보잘것없는 싸구려 질그릇에 불과하다고 했습니다. 그러나 사도 바울은 이 싸구려 질그릇 안에 보물이 잔뜩 들어 있다고 했습니다. 그것은 바로 예수 그리스도였고, 하나님 말씀이었습니다. 사도 바울은 보물이 든 항아리였던 것입니다. 이것은 오늘날 모든 그리스도인에게도 해당되는 말씀입니다. 우리 예수 믿는 사람들 가운데는 세상적으로 성공한 사람도 있지만 대부분 평범합니다. 또한 개중에는 고난을 당하면서 세상의 모든 성공 기회나 학벌, 자랑을 잃어버린 사람이 많습니다. 우리는 이런 어려움을 통해 예수를 믿게 되었고, 하나님의 사랑을 알게 되었습니다. 우리 마음에 하나님 말씀이 들어오게 된 것입니다. 그러나 세상 사람의 눈이나 다른 그리스도인의 눈에 우리는 아무것도 아닌 무가치한 사람이 되고 말았습니다. 이로 말미암아 우리는 자신을 부끄럽게 생각하고 무가치하게 생각할 때가 많습니다. 그러나 우리는 보물을 가득 담고 있는 항아리입니다. 우리는 종종 이런 말을 합니다. 우리 안에 아무리 보물이 많다고 한들 세상 사람이 알아주지 않고 우리가 그 보물을 써먹을 수 없는데 무슨 소용이 있느냐는 것입니다. 이것은 용도에 대한 문제가 아니라 가치의 문제입니다. 다시 말해 보물이 가득 든 질그릇을 어디에 쓰느냐 하는 것은 중요한 문제가 아닙니다. 중요한 것은 그 안에 보물이 가득 들어 있다는 것이고, 하나님이 그 사람을 중요하게 생각하신다는 사실입니다.

예를 들어 세상 사람은 양심을 그리 중요하게 생각하지 않기 때문에 예사로 거짓말을 하거나 자기주장을 관철시키기 위해 떼를 쓰고 억지를 부리는 것을 봅니다. 이 세상에서는 이런 것이 인정을 받고 잘 통합니다. 그러나 하나님 앞에서는 전혀 가치가 없고 통하지 않습니다. 하나님은 깨끗한 양심을 중요하게 생각하시기 때문입니다. 그래서 양심을 속인 사람은 아무리 권력을 가졌고 대단한 자리에 있었을지라도 한순간에 망하는 것을 봅니다. 그것은 하나님께서 이미 그 사람을 가치가 없다고 판단하셨기 때문입니다.

세상 사람들은 우리 속에 있는 보물을 알지 못해 사람의 외모나 학벌, 직위 등을 가지고 그 사람의 가치를 판단하는 것이 사실입니다. 그래서 하나님은 때때로 우리에게 옛날 쓰레기통에 버렸던 것을 다시 주워 쓰게 하십니다. 학벌을 쓰기도 하고 사도 바울처럼 로마 시민권을 쓰기도 하는 것입니다. 그러나 이것이 우리의 가치를 보여주는 것은 아닙니다. 이것은 오직 세상 사람들의 눈높이를 맞추기 위해 우리가 이 세상에 있는 것을 재활용하는 것에 불과합니다.

중요한 것은 교회입니다. 교회는 겉으로 보면 보잘것없는 사람이 모여 있고, 생활 수준이나 지식 수준이 높지 않고, 심지어 도덕적으로 부족한 점이 많은 사람이 모여 있습니다. 그래서 지식인들 가운데 기독교는 좋아하지만 교회를 싫어하고 업신여기는 사람이 많습니다. 어떤 지식인은 자기는 예수를 믿지만 교회에는 나가지 않는다고 말합니다. 때로는 교인끼리 싸우기도 하고 말도 안 되는 소리를 하기도 하고 어려움 가운데 처해 있지만 할 수 있는 일이 아무것도 없어 절망할 때도 있습니다. 그러나 교회는 보물을 가득 담은 질그릇입니다. 겉으로 보는 교회는 보잘것없을지 몰라도 그 안에는 하나님의 신성이 있고 하나님의 능력이 있습니다. 우리가 함께 모여 하나님 말씀을 듣고 기도할 때 하나님의 성령이 소리 없이 임하다가 어느 순간에 흘러넘치고 폭발하기 시작합니다. 그때는 상상하지 못했던 하나님의 능력이 나타납니다.

2. 어떤 상황에도 능력이 나타난다

우리가 잘 이해하지 못하는 것들 가운데 하나는 왜 하나님은 이런 보배가 들어 있는 질그릇인 우리에게 세상의 복을 주지 않고 많은 고난을 주실까 하는 것입니다. 사실 우리는 고난의 모든 의미를 알 수 없습니다. 그러나 틀림없는 사실 하나는 고난이 우리를 주님과 하나님께 밀착시킨다는 것입니다. 고난이 왔을 때 우리는 평소 하지 않던 기도를 하게 되고, 평소 들리지 않던 하나님 말씀이 귀에 쏙쏙 들어옵니다. 이것이 바로 하나님이 우리를 그분께 밀착시키시는 것입니다. 우리는 밀착되는 것을 별로 좋아하지 않습니다. 지하철이나 버스에서 사람들로 꽉 차서 서로에게 밀착되는 것보다 더 불쾌한 일은 없습니다. 그때 서 있는 사람은 편안하게 자리에 앉아 책을 보거나 창밖을 보거나 음악을 듣는 사람이 부러울 것입니다. 마찬가지로 우리는 하나님과의 관계에서도 느슨한 것을 좋아합니다. 그래서 이 세상에서 자신이 하고 싶은 것을 다 하고, 누리고 싶은 것을 다 누리면서 머리로 하나님을 믿는 것을 아주 고상하게 생각합니다.

요즘 지식을 갖춘 여성이나 교인의 경우 성경을 가지고 토의하는 것을 좋아합니다. 기도도 아주 세련되게 합니다. 그러나 그들의 삶을 보면 세상 사람이 하는 것을 전부 하면서, 누릴 것을 다 누리면서, 세상적인 것을 하나도 빠짐없이 다 하면서 살아가는 것을 봅니다. 그러다가 자녀나 자기 자신에게 큰병이 생기거나 어려움이 닥치면 굉장히 놀라고 당황합니다. 그리고 하나님을 향해 울부짖고 자기 머리를 쥐어뜯으며 하나님께 살려 달라고 기도합니다. 그때 우리는 자신이 잘난 것은 아무것도 아니며, 하나님이 죽게 하시면 한순간에 죽을 수밖에 없는 흙덩이에 불과하다는 사실을 깨닫게 됩니다. 그런데 놀라운 사실은 우리가 그런 어려움을 통해 예전에 볼 수 없던 하나님의 세계와 하나님의 능력을 보게 된다는 것입니다.

8-9절, "우리가 사방으로 욱여쌈을 당하여도 싸이지 아니하며 답답한 일을 당하여도 낙심하지 아니하며 박해를 받아도 버린 바 되지 아니하며 거꾸러뜨림을 당하여도 망하지 아니하고"

여기서 말하는 하나하나는 전부 사도 바울이 직접 경험한 것입니다. 우선 그는 에베소에서 군중에게 에워싸이게 되었습니다. 군중은 악한 자의 충동질을 받아 이성을 잃고 고함을 치면서 모여들더니 사도 바울을 에워싸기 시작했습니다. 군중은 사도 바울과 그의 일행에게 욕을 했으며 발길질을 하고 그를 찢어 죽이려고 했으며 돌로 때려죽이려고도 했습니다. 이성을 잃은 군중에게는 말이 통하지 않습니다. 그런데 이상하게도 군중은 사도 바울에게 직접 위해를 가하지 못했습니다. 그들이 해치려고 하는 순간 그 지방의 총독이 나타나거나 군인이 오거나 해서 사도 바울을 빼내어 갔던 것입니다. 이것은 눈에 보이지 않는 하나님의 사자가 사도 바울 곁에 서서 군중이 손을 대지 못하게 막았기 때문입니다. 마치 다니엘이 사자 굴에 갇혔을 때 하나님의 천사가 사자들의 입을 막아 다니엘을 물어뜯지 못하게 한 것과 같습니다. 본문은 "답답한 일을 당하여도 낙심하지 아니하며"라고 말씀합니다. 여기서 '답답한 일' 은 도무지 살길이 보이지 않는 것을 말합니다. 먹을 것이 다 떨어지거나 강도에게 인질로 잡혔거나 어디로 가야 할지 모르게 되었는데도 이상하게 낙심이 되지 않는 것입니다. 그 이유는 마음속에 '어찌어찌 되겠지' 라는 믿음이 있기 때문입니다. 사도 바울의 마음이 엄청나게 답답했던 것은 사실입니다. 그러나 하나님은 우리가 감당하지 못하는 시험을 주시지 않고 반드시 피할 길을 주시는 분입니다. 그래서 우리 모두에게는 살길이 있습니다. 세상에서 우리가 망하는 것은 자기 고집을 내세워 죽을 길을 스스로 찾아가 망하는 것입니다. 우리는 항상 하나님을 향하여 마음 문을 열어놓아야 합니다. 그러면 하나님이 까마귀를 통해 먹을 것을 주시기도 하고 세미한 음성으로 살길을 가르쳐주시기도 합니다.

본문을 보면 "박해를 받아도 버린 바 되지 아니하며" 라고 말씀합니다. 사도 바울은 빌립보에 머물 당시 귀신 들려 점치는 여자 아이를 고쳤다는 이유로 붙들려 가서 채찍질을 당하고 쇠사슬에 묶여 깊은 지하 감옥에 갇히게 되었습니다. 빌립보에는 사도 바울을 도와줄 수 있는 사람도 없었고 깊은 감옥에 갇혀 있다는 사실을 아는 사람도 거의 없었습니다. 그러나 그가 하나님을 찬송하고 기도할 때 옥문이 열리고 쇠사슬이 다 풀어졌습니다. 하나님은 그를 버리지 않으셨습니다. 하나님은 그에게 사탄의 세력을 이기게 하시고 당당하게 감옥에서 나오게 하셨습니다.

본문을 보면 "거꾸러뜨림을 당하여도 망하지 아니하고" 라고 말씀합니다. 여기서 '거꾸러뜨림을 당하다' 는 다리를 걸어 넘어지게 하거나 머리를 몽둥이로 때리거나 돌로 치거나 해서 쓰러뜨리는 것입니다. 사도 바울은 루스드라에서 돌에 맞아 쓰러져 죽었습니다. 그러나 형제들이 둘러싼 채 손을 잡고 기도할 때 그의 혼이 돌아와 그는 살아나서 일어섰습니다. 세상은 우리를 쓰러뜨리기 위해 결점을 찾고자 애쓰고 뒤에서 몽둥이로 머리를 내려치고 돌로 때려 넘어지게 해서 다시는 일어서지 못하게 합니다. 지금 우리가 사는 세상은 바로 이런 세상입니다. 사람은 우리의 허물을 캐내어 망하게 하려고 조사하고 공격합니다. 그러나 하나님은 우리를 망하지 않게 하시고 오히려 기도로 더 무장하게 하십니다. 이런 어려움이 없으면 우리는 자신이 성공한 줄 알고 자기 멋대로 살려고 할 것입니다.

성경은 "그러나 이 모든 일에 우리를 사랑하시는 이로 말미암아 우리가 넉넉히 이기느니라"(롬 8:37)고 말씀합니다. 이 구절의 영어 번역에는 '정복자같이 이기게 하신다' 라고 되어 있습니다. 우리가 이 모든 사탄의 계략과 전략을 이기고 어려움을 정복하게 된다는 것입니다. 우리는 세상적 성공을 지고 다니면 망할 수밖에 없으므로 오직 예수 그리스도의 죽으신 것만 짊어지고 가야 합니다.

10-11절, "우리가 항상 예수의 죽음을 몸에 짊어짐은 예수의 생명이 또한 우리 몸에 나타나게 하려 함이라 우리 살아 있는 자가 항상 예수를 위하여 죽음에 넘겨짐은 예수의 생명이 또한 우리 죽을 육체에 나타나게 하려 함이라"

우리가 늘 짊어져야 할 것은 세상의 감투나 자랑이 아닙니다. 세상적 성공으로는 마귀의 불화살을 이길 수가 없습니다. 우리가 짊어져야 할 짐은 예수님의 십자가입니다. 물론 세상적 성공에 기뻐하고 감사할 수 있지만 세상적 성공은 우리를 도취하게 만듭니다. 성공에 취한 것이 술에 취한 것보다 더 무섭습니다. 지금 우리 사회는 전부 술에 취해 있습니다. 모두가 학벌과 돈, 세상적 성공에 취해 비틀거리면서 정신을 차리지 못하고 있습니다. 예수님의 생명은 고난을 통하여 우리가 성숙하고 아름다워지고 오히려 끝까지 살아남아 믿음의 길을 가는 것을 말합니다.

13절, "기록된 바 내가 믿었으므로 말하였다 한 것 같이 우리가 같은 믿음의 마음을 가졌으니 우리도 믿었으므로 또한 말하노라"

이는 시편 116편 10절 말씀을 의역한 것입니다. "내가 크게 고통을 당하였다고 말할 때에도 나는 믿었도다." 이 말씀은 고통 가운데 있는 성도가 한 말입니다. 그는 하나님이 자신과 함께하시며 절대로 자신을 버리지 않으실 것이라고 말하는데, 이것은 믿음으로 말하는 것입니다. 하나님은 결코 그 믿음을 저버리지 않으십니다.

3. 우리의 겉사람은 낡아지나

사람은 아무래도 젊은 것을 좋아합니다. 우선 젊은 사람에게는 앞으로 살아갈 시간이 많이 남아 있어 좋습니다. 젊은 사람에게는 무엇을 하든지 자기가 하고 싶은 것을 할 수 있는 시간이 있어 좋습니다. 그리고 젊은 사람에게는 힘이 있어 좋습니다. 젊었을 때는 하루 종일 운동을 하거나 일을 해도 심하게 피곤하지 않고, 조금 쉬어주면 금방 회복됩니다. 그리고 젊었을 때는 육체도 건강하고 탄력이 있어 아름답습니다. 반면 나이가 들면 앞으로 살아있을 시간이 점점 줄어들게 됩니다. 나이가 들면 무엇인가 하고 싶다는 의욕은 있지만 그것을 할 힘이 없습니다. 나이가 들면 얼굴에 탄력이 없어지고 몸에 생각하지 못했던 병들이 생기고 통증이 생기며 정신적으로도 많이 경직됩니다. 그래서 많은 사람은 자신이 늙어 가는 것을 슬퍼하고 안타까워합니다. 특히 여성의 경우 젊었을 때는 예쁘다는 소리를 많이 들었고 본인이 생각하기에도 예뻤는데 나이가 들자 얼굴에 주름만 늘고 허리도 굵어지면서 아름다워 보이지 않습니다.

그러나 사람이 나이가 들어가는 것은 어린 아이들이 자라는 것만큼이나 자연스러운 일입니다. 특히 사람은 나이가 들면서 예전에 겪어 보지 못한 신체적 변화와 정서적 변화를 겪는데, 이것은 사춘기를 겪는 것과 마찬가지입니다.

과연 사람이 늙어 가는 것이 슬픈 일인가 하는 질문을 해 볼 필요가 있습니다. 사실 나이 들어가는 것은 결코 나쁜 일이 아닙니다. 사람이 나이 들어가는 것은 자기 자신을 찾아가는 과정이며, 순수해지는 과정이고, 진정으로 아름다워지는 과정입니다.

예전에 누군가가 질그릇을 선물로 주었는데 크기가 아주 작은 것이었습니다. 그 질그릇은 모양이 예쁘고 아름다웠는데 향수를 넣는 것이었습니다. 그것은 작은 그릇 안에 향수를 부으면 은은한 향이 퍼지도록 만들어진 것이었습니다.

모든 그리스도인은 이 향수를 담는 항아리와 같습니다. 우리는 예수 그리스도라는 보물을 우리 안에 넣었습니다. 어렸을 때는 미래를 생각하느라고 아무래도 하나님의 진리를 제대로 소화시키지 못합니다. 그리고 젊었을 때는 성공을 생각하고 야망을 성취하려고 몸부림치다 보니 하나님의 진리가 우리 안에 깊이 배어들지 못합니다. 그러다가 나이가 들면서 우리도 인간인지라 몸은 늙어 가고 노화 현상을 겪으며 자신도 모르는 사이에 하나님의 향기가 몸에 배여 우리 몸 밖으로 나오게 됩니다. 우리의 말에 무엇인가 진실함이 묻어나게 되고 겸손한 것이 배게 되고 남을 깊이 동정하는 것이 생기게 됩니다. 이것이 바로 하나님의 향기입니다. 더 놀라운 것은 우리 안에 들어 있는 하나님의 보물들이 시간이 지나면서 우리 몸에 배어들기 시작한다는 사실입니다. 그래서 우리의 영혼과 육체가 하나님의 보물로 변하게 됩니다.

16절, "그러므로 우리가 낙심하지 아니하노니 우리의 겉사람은 낡아지나 우리의 속사람은 날로 새로워지도다"

아마도 고린도 교회에 새로운 젊은 목회자나 신학자가 온 것 같습니다. 그들은 모두 외모도 잘생겼고 세상적 학문에 능숙했을 뿐 아니라 고린도 교회에 새로운 바람을 일으키고 있었습니다. 그런데 그들은 사도 바울이 아주 낡은 진리를 가르쳤다고 여겨 고루하다고 하면서 업신여겼던 것 같습니다. 사도 바울은 젊은 사람이 힘이 있고 좋다는 것을 부인하지 않았습니다. 그런데 어떤 과격한 젊은 사람은 '늙은이는 모두 쓸모없어. 다 죽어야 돼' 라는 말을 하기도 했던 것 같습니다. 우리도 그런 말을 종종 듣습니다. 늙은 사람은 아무 쓸모가 없고 고려장이라도 지내야 한다고 말하는 사람이 있습니다.

사람이 늙어 가는 것은 자연스러운 이치이며 사람은 늙어 가면서 겸손도 배우고 자기 자신이 할 수 없는 일이 많다는 사실도 깨닫게 됩니다. 특히 그리스도인은 늙어 가면서 하나님의 보배가 그의 몸 안에서 녹으면서 온 영혼과 인격과 몸을 보물로 만들기 때문에 굉장히 아름다워집니다. 늙어서 노는 것을 부끄러운 일처럼 말하는 경우가 많습니다. 그러나 사람은 놀면서 자기 자신에 대해 깊이 생각하게 되고 자기 자신을 찾게 됩니다. 어떤 사람은 죽을 때까지 놀지 않았다는 것을 큰 자랑으로 생각하는데, 그 사람은 자기를 생각할 시간을 갖지 못한 채 죽을 것입니다.

예수를 모르는 사람은 늙을수록 자신이 자꾸 소외되고 할 일이 없어진다는 생각에 심술을 부리고 성질이 나빠지는 것을 볼 수 있습니다. 그러면 다른 사람들이 상대해주지 않아서 더 외로워지고 성격이 더 나빠지게 됩니다. 그러다가 결국에는 아무도 상대해주지 않는 가운데 외롭게 죽어가게 됩니다. 반면 그리스도인들은 늙어 가는 것을 자연스러운 일로 받아들여 혈압도 올라가야 하고 신진대사도 느려져야 하고 피부의 탄력도 줄어들어야 하는 것으로 생각합니다. 모든 야망이나 욕심이 소용없는 줄 깨닫게 됩니다. 돈도 액세서리이고 책도 액세서리이고 자동차도 소용없고 하루하루 살아가는 것이 얼마나 대단한 일인지 모릅니다. 이때 우리 주변에 하나님을 알고 함께 예배드릴 수 있는 성도들이 있다는 것이 얼마나 좋은지 모릅니다. 나이 드신 어른은 젊은이의 복을 빌어줄 수 있습니다. 마치 야곱처럼 이스라엘 열두 지파를 축복해줄 수 있습니다. 우리는 언제 죽어도 유감이 없습니다. 하나님이 부르시면 언제든지 갈 준비가 되어 있습니다.

14절, "주 예수를 다시 살리신 이가 예수와 함께 우리도 다시 살리사 너희와 함께 그 앞에 서게 하실 줄을 아노라"

우리는 죽으면 하나님 앞에 서게 되는데, 그때 다시 젊어지게 됩니다. 그러고 나서 영원히 늙지 않을 것입니다. 그때는 아무도 우리를 업신여기지 못할 것입니다.

17-18절, "우리가 잠시 받는 환난의 경한 것이 지극히 크고 영원한 영광의 중한 것을 우리에게 이루게 함이니 우리가 주목하는 것은 보이는 것이 아니요 보이지 않는 것이니 보이는 것은 잠깐이요 보이지 않는 것은 영원함이라"

우리가 이 세상에 사는 것은 운동선수들이 훈련을 하고 경기를 하는 것과 같습니다. 그러나 우리 모두에게는 하나님의 시상식이 기다리고 있습니다. 이것은 우리 눈에 보이지 않습니다. 죽을힘을 다해 경기에 뛰었던 운동선수들이 시상식에서 금메달을 목에 걸 때 그동안의 고생이 기쁨으로 바꿔게 될 것입니다. 이 세상에서 조금만 참으면 우리 모두는 목에 금메달을 걸고 영원히 주와 함께 왕 노릇할 것입니다.

성경 토의

1. 때때로 현실적인 교회의 모습에 실망하고, 그리스도인의 무능함과 현실 생활에서 무기력함에 실망할 때 우리는 무엇을 생각해야 하는가? 교회의 이중성은 무엇인가?

2. 때때로 어려움에 에워싸인 채 빠져나갈 길이 보이지 않고 답답함으로 질식해 죽을 것 같을 때 어떻게 이 어려움을 뚫고 나갈 수 있으며, 하나님은 어떻게 우리를 도우시는가?

3. 자신에게 많이 실망스럽고 나이가 들어 늙어 간다는 생각이 들 때 우리는 어떻게 해야 다시 소망을 가지고 힘을 낼 수 있는가?

07_새로운 피조물

고린도후서 5:1-21

전체적 설명

세상 사람은 이 세상에서 사는 것으로 끝나지만 하나님의 백성은 이 세상의 옷을 벗은 뒤 모두 영원한 새로운 옷을 입고 살게 된다. 그래서 세상 사람은 육신이나 재산을 지키기 위해 필사적으로 몸부림치지만 그리스도인은 이 세상의 헌 옷을 벗고 새 옷 입기를 원한다. 사도 바울은 이 진리를 말하면서 우리에게 중요한 복음을 이야기해주고 있다. 14절에 "그리스도의 사랑이 우리를 강권하시는도다"라고 했으며, 17절에서는 "누구든지 그리스도 안에 있으면 새로운 피조물이라", 20절에서는 "우리가 그리스도를 대신하여 사신이 되어"라고 말한다.

설교 프리노트

1-3절, "만일 땅에 있는 우리의 장막 집이 무너지면……"

'장막'이라고 하면 대부분 우리의 육체나 육체적 생명을 의미한다. 사람은 모두 이 세상에 있는 육체가 생명이 전부이기 때문에 어떻게 해서든지 이것을 지키려고 하며, 이 장막 안에 많은 것을 쌓아두려고 한다. 그러나 그리스도인에게는 이 세상의 육신에서 모든 것이 끝나지 않고 하나님이 지어주시는 새로운 육신이 있다. 이것이 바로 "하나님께서 지으신 집 곧 손으로 지은 것이 아니요 하늘에 있는 영원한 집"이다. 이 세상에 있는 모든 집은 사람의 손으로 지은 것이다. 물론 우리의 생명을 사람이 만든 것은 아니지만 인간이 지은 집처럼 유한한 것은 사실이다. 그러나 하나님이 우리에게 주시는 새로운 생명은 이 세상에 있는 집처럼 낡아지거나 무너지는 집이 아니라 영원히 없어지지 않는 집이다. 이것은 하늘에 있는 태양이나 달이 없어지거나 낡지 않는 것과 같은 이치다. 따라서 우리가 이 세상에 사는 것은 이곳이 좋아서, 이곳에 집착해서 사는 것이 아니다. 오히려 우리는 이 세상의 많은 일에 실망해서 "탄식하며 하늘로부터 오는 새 처소로 덧입기"를 바란다(2절). 여성이 멋진 드레스를 입을 때 자기 몸 위에다 드레스를 덧입는 것처럼 우리도 자신이 지닌 인격과 믿음에 하나님의 새로운 형상을 덧입기를 바란다. 이것을 "사모하노라"고 했다. 즉 우리에게는 이것이 너무나 간절한 소망이다. 왜냐하면 시간이 지나고 나면 이 세상의 형상은 모두 낡아져 사람들은 전부 벌거벗은 모습으로 나타날 것이기 때문이다(3절). 예를 들어 아이들의 몸이 점점 커져 가고 옷이 점점 낡아지는데 새 옷을 입지 않으면 나중에는 다 떨어진 낡은 옷을 겨우 걸치게 될 것이다. 마찬가지로 이 세상에서 아무리 좋은 옷을 입고, 아무리 좋은 집에서 살고, 아무리 훌륭한 직책을 가지고 있다고 해도 죽으면 더 이상 이 세상의 옷을 걸칠 수 없기 때문에 모두 낡고 쭈그러진 흉한 모습으로 나타날 수밖에 없다. 그러나 그리스도인은 모두 새롭고 아름다운 형상을 입기 때문에 젊고 아름답게 될 것이다.

4-5절, "우리가 짐 진 것같이 탄식하는 것은 벗고자 함이 아니요……"

사람은 이 세상에서 고통스러운 처지를 당하면 빨리 이 모든 짐을 벗어버리고 죽기를 바란다. 하나님을 믿지 않는 사람은 죽음으로 모든 것이 끝난다고 여긴다. 그러나 하나님의 백성은 이 세상의 무거운 짐을 벗는 것 외에도 우리에게 멋진 새 옷이 주어진다는 것을 알고 있다. 예를 들어 어떤 사람이 아주 낡고 더러운 옷을 입고 있는데 누군가 자신을 위해 맞추어놓은 멋진 새 옷이 있다는 사실을 안다면 헌 옷을 벗어버리고 새 옷을 입고 싶어 할 것이다. 마찬가지로 우리 믿는 사람에게는 이 세상의 고통스러운 현실에서 벗어나는 것보다 자신을 기다리고 있는 새로운 신분과 새로운 현실을 겉옷처럼 덧입게 된다는 것이 더 중요하다. 하나님은 이런 새로운 현실에 대한 보증으로 '성령'을 주셨다(5절). 여기서 '보증'은 단순한 약속만 의미하는 것이 아니라 약속에 상응하는 가치가 있는 것을 말한다. 따라서 우리는 이 세상에서 천국을 가질 수 있고 새로운 지위를 누릴 수 있다.

6절, "그러므로 우리가 항상 담대하여"

살면서 항상 담대할 수 있는 이유는 이 세상이 우리에게는 군대로 치면 장교가 되기 위한 사관학교 훈련소와 같기 때문이다. 우리는 이 훈련을 다 마치고 나면 모두 멋진 장교복을 입은 군인처럼 의젓한 모습으로 나타날 것이다.

"주와 따로 있는 줄을 아노니"

우리는 언제나 주님과 같이 있지만 적어도 육체적으로는 따로 분리되어 있다. 그래서 우리의 지성과 인격을 사용해 주님을 본받기 위해 더욱 애쓰고 믿음으로 살려고 노력하는 것이다. 우리는 하나님의 로봇이 아니라 독립된 인격체이면서도 주님이 주시는 에너지로 살고 있다.

7절, "보는 것으로 행하지 아니함이로라"

지금 우리 눈으로 보는 세계는 극히 일부분에 불과하다. 우리에게는 엄청난 약속이 있고 어마어마한 축복과 미래가 있다. 우리 눈으로 보는 세계는 하나님의 약속 가운데 아주 적은 일부에 불과하므로 지금 보는 것이 전부라고 생각해선 안 된다. 오히려 우리는 믿음의 눈으로 더 넓은 약속의 세계를 보려고 노력해야 한다.

8-9절, "우리가 담대하여 원하는 바는……"

모든 사람은 죽는 것을 두려워한다. 왜냐하면 죽음 자체가 너무 고통스러울 뿐 아니라 죽고 나면 모든 것을 잃어버리기 때문이다. 그러나 하나님의 백성은 진정으로 "담대하게 죽기를 원한다"라고 말한다. 그 이유는 이 세상에서 아무리 성공해서 잘산다고 하더라도 주님과 함께 있는 상급과는 비교할 수 없기 때문이다. 그래서 우리의 근본적 목적은 영광스럽게 주님과 함께 있는 것이기에 육신을 가지고 있거나 죽더라도 주님을 기쁘시게 하는 자가 되기를 원한다(9절). 왜냐하면 이것이 우리 본연의 모습이기 때문이다.

10절, "이는 우리가 다 반드시 그리스도의 심판대 앞에"

사람이라면 누구나 예수 그리스도의 심판대 앞에 서서 자기가 이 세상에 살면서 한 모든 말과 행동을 아뢰어야 하고, 이것이 전부 자동적으로 나타나게 되어 있다. 그러나 예수의 보혈로 씻음 받은 사람은 모두 죄가 없는 것으로 나타난다. 그 대신 주님의 믿음으로 순종한 행동은 모두 의로운 행동으로 나타나게 될 것이다.

11-12절, "우리는 주의 두려우심을 알므로……"

그리스도인과 하나님의 모든 종은 하나님이 우리의 모든 행동을 보고 계시며 우리의 생각까지 살피고 계신다는 사실을 알고 있다. 그래서 사람은 속일 수 있을지 몰라도 하나님을 속일 수는 없다. 여기서 "사람들을 권면하거니와"는 설교를 포함한 모든 성경적 가르침을 의미한다. 즉 우리가 설교하고 가르치는 모든 것은 일단 하나님 앞에서 하는 것이며, 사람의 양심에 하는 것이다. 그러나 아무리 성령의 감동으로 설교하고 가르친다고 하더라도 설교 안에는 인간의 오류가 섞일 수 있으므로 우리는 두려운 마음으로 설교할 수밖에 없고, 성령님이 그런 오류들을 바로잡아 주셔야 한다. 사도 바울은 굳이 자신을 고린도 교인에게 다시 추천할 필요를 느끼지 못한다고 말한다. 왜냐하면 인간의 말보다 훨씬 더 강력한 하나님 말씀이 고린도 교인에게 증거 되었고, 이제는 고린도 교인이 하나님 말씀을 자랑할 때가 되었기 때문이다(12절). 여기서 "외모로 자랑하는 자들"은 이 세상에서의 교육 경력과 인간적 지식을 가지고 뽐내는 자를 가리킨다.

13절, "우리가 만일 미쳤어도 하나님을 위한 것이요"

고린도 교회의 지도자들 가운데 사도 바울이나 그의 일행이 정상적인 사람이 아니라고 말하는 사람이 있었던 것 같다. 사도 바울은 세상적인 눈으로 보면 자기들이 비정상적으로 보일 수도 있다고 말한다. 그러나 그것은 어디까지나 하나님의 뜻을 나타내기 위한 것이었다고 한다. 즉 고린도인들 가운데 한 사람이라도 바른 믿음을 가지는 것이 하나님의 뜻이었다. 물론 사도 바울은 '정신이 온전한 사람' 이었다. 사도 바울이 모든 면에서 건전한 상식을 따르는 이유도 고린도 교인들 가운데 한 사람이라도 그를 이상하게 생각하지 않고 신뢰하도록 하기 위해서였다.

14-15절, "그리스도의 사랑이 우리를 강권하시는도다……"

사도 바울도 고린도에서 자기가 원해 이 모든 일을 한 것은 아니었다. 그도 할 수 있었으면 평범하고 싶었고 남들처럼 자기 이익을 채우면서 다른 사람들의 시기심이나 비난을 받지 않고 조용히 살고 싶었지만, 그의 마음속에 그리스도의 사랑이 끓어오르는 바람에 도저히 그렇게 살 수가 없었던 것이다. 즉 그리스도의 사랑이 사도 바울을 강권해서 그에게 이 모든 일을 하게 했던 것이다. 사도 바울은 고린도 교인에게 실제적 교훈을 주면서도 할 수만 있다면 수시로 복음을 전하고자했다. 그래서 "그리스도의 사랑이 우리를 강권하시는도다"라고 말한 뒤 바로 복음을 증거했다. 그가 전한 복음은 한 사람이 다른 모든 사람을 대신해 죽었기 때문에 모든 사람이 법적으로 다 죽은 것과 같다는 것이다(14절). 즉 그리스도께서 우리를 대신하여 죽으심으로써 우리는 모두 죽은 자와 같고, 우리의 자아와 자존심은 없는 것이나 마찬가지다. 그러므로 우리는 더 이상 자신의 이익이나 세상적 성공을 위해 살아서는 안 되고, 우리의 모든 삶을 통해 그리스도만 나타내어야 하는 것이다.

16절, "어떤 사람도 육신을 따라 알지 아니하노라"

'어떤 사람도 육신을 따라 안다' 의 뜻은 어떤 사람을 외모로 판단하는 것을 말한다. 사도 바울을 예로 들었을 때 그가 유대인이요 가말리엘 출신이며 바리새인 교육을 받은 자라고 설명하는 것은 그를 육체로 아는 것이다. 그러나 우리는 다른 사람을 나라나 민족, 학벌 등으로 판단해서는 안 된다. "비록 우리가 그리스도도 육신을 따라 알았으나"는 예전에는 예수님을 한 유대인 청년으로 알았고 무식한 갈릴리 출신의 선지자로 생각했다는 뜻이다. 그런데 이제 알고 보니 그는 영광스러운 하나님의 아들이었다.

17절, "그런즉 누구든지 그리스도 안에 있으면 새로운 피조물이라"

아마도 이 말씀보다 더 위대한 말씀은 없을 것이다. 누구든지 예수를 하나님의 아들로 믿으면 완전히 새로운 피조물로 거듭나게 된다. 즉 그 사람이 지은 과거의 모든 허물과 죄가 씻어지고 그 영과 감정, 심지어는 생활까지 완전히 새로운 한 피조물이 만들어진다. 그래서 '이전 것은 완전히 지나간 먼 추억에 불과할 정도'로 더 이상 우리와 상관없고 우리에게 영향을 주지도 못한다.

18-19절, " 그리스도로 말미암아 우리를 자기와 화목하게 하시고……"

하나님이 그리스도를 보내신 것은 그분과 우리 사이의 적대적인 관계와 원수된 것을 소멸하고 화해하시기 위해서다. 하나님은 그분과 화해하는 모든 일을 오직 예수 그리스도에게 위임하셨다. 그래서 하나님은 오직 그리스도 안에서 우리와 화해하시기 때문에 우리는 그리스도 안에서 하나님을 만날 수 있으며, 그리스도 안에 있는 자들이 지은 모든 죄를 그들 자신에게 돌리지 아니하고 하나님이 책임을 지신다(19절). 그런데 우리가 하나님과 화해하는 유일한 방법이 '하나님 말씀'을 통해서다.

20-21절, "우리가 그리스도를 대신하여 사신이 되어……"

주님은 우리를 또다시 이 세상에 하나님을 대표하는 '사신', 즉 '대사'로 보내셨다. 우리가 하나님 말씀을 전하고 사람들이 그 말씀을 믿으면 하나님과 화해할 수 있다. 하나님이 죄를 알지 못하는 그리스도를 우리를 대신하는 죄인으로 삼아 죽게 하신 것은 우리를 하나님 앞에서 의인이 되도록 하기 위해서다(21절).

본문 이해를 위한 질문

1. 우리가 이 세상에서 살다가 죽는 것으로 모든 것이 끝난다면 굳이 예수를 믿을 필요가 있겠는가?

우리가 이 세상에 사는 것은 낡은 장막이 무너진 뒤에 완전한 새로운 장막을 얻는 것과 같다. 따라서 우리가 지금 이 세상에서 보고 있는 것은 전부 낡아 없어지는 옷과 같으며, 완전한 자격과 멋진 제복은 하나님 앞에서 새로 받게 된다.

2. 이 세상에서 사람들로부터 인정받는 것보다 하나님의 진리에 더 충실해야 하는 이유가 무엇인가?

그리스도의 심판대 앞에서 모든 것이 드러나게 되는데, 그때 수치와 영광이 드러나기 때문이다. 그리고 우리가 하나님의 진리에 충성할 수밖에 없는 이유는 그리스도의 사랑이 우리를 강권하시기 때문이고, 주님이 죽으심으로써 우리는 더 이상 내 자신의 야망이나 영광을 위해 살 수 없기 때문이다.

3. 예수 그리스도가 죽으심으로써 우리에게 어떤 일이 일어나게 되었는가?

우리는 모두 예수 그리스도 안에서 새로운 피조물이 되었고, 하나님과 화해하게 되었다. 그리고 예수님은 이 세상에 우리를 다시 하나님과 화해시키는 대사로 오셨다.

성경 강해

어떤 사람이 건물더미가 무너졌을 때 거기에 깔렸다가 기적적으로 구조되었거나 죽을병에 걸렸다가 다른 사람으로부터 간이나 심장을 이식 받아서 살게 되었다면 자신의 인생을 새롭게 시작하는 것 같고 하루하루 새로운 삶을 사는 느낌이 들 것입니다. 어떤 어머니가 자기 아들의 심장을 다른 사람에게 이식시키도록 해서 한 생명을 살렸는데, 그 사람의 가슴에 손을 대어 보니 자기 아들의 심장이 느껴져 굉장히 가슴이 뭉클했다고 말했습니다.

우리 주위에는 이와 같이 죽을 수밖에 없었는데 기적적으로 살게 되어 완전히 새로운 인생을 사는 사람들이 있습니다. 그렇다면 우리는 건물더미에 깔리지도 않았고 간이나 심장을 이식 받지 않아도 될 정도로 건강하고 운이 좋기 때문에 이런 사람들보다 수십 배 더 나은 인생을 살아야 할 것입니다. 그러나 사실 우리는 사고를 당한 사람들이나 중병에서 기적적으로 산 사람들에 비해 그렇게 행복하지 않습니다. 그 이유는 우리가 사는 하루하루가 늘 똑같고 특별한 것이 없기 때문입니다. 그렇다면 우리는 이처럼 큰 사고에서 살아나야 하나님께 감사하고, 죽을병에 걸렸다가 기적적으로 치료되어야 감격할 수 있을까요? 결코 그렇지 않습니다. 예를 들어 작은 방이나 기숙사 방에 하루 종일 처박혀 있다면 병이 나지 않아도 따분하고 지루할 것입니다. 그런데 때마침 아주 친한 친구에게서 전화가 와서 통화를 하거나 오랫동안 기다리고 있던 반가운 연락이 온다면 기분이 그렇게 좋을 수가 없을 것입니다. 마찬가지로 환자가 수술하고 나서 병실에만 갇혀 있으면 하루하루가 지루하지만 친한 친구가 찾아오거나 좋아하는 책을 읽으면 하루가 금방 지나갈 것입니다. 마찬가지로 우리가 살아가는 이 세상은 지루하고 따분하지만 하나님 말씀을 듣고 기도가 응답되고 성도들과 만나면 아주 스릴 넘치는 삶을 살 수 있을 것입니다.

1. 날마다 낡아지는 우리의 인생

성경은 사람의 몸을 집으로 비유할 때가 많습니다. 사람이 어느 곳에 멋진 새 집을 지었고 새 천막을 쳤을 때 처음에는 새 집이어서 멋있고 좋아 보이지만 몇 년이 지나면 색이 바래고 천도 낡아 해질 것입니다. 마찬가지로 우리가 이 세상을 사는 것은 집이나 천막이 낡아지는 것과 같습니다. 시간이 많이 지나서 집이나 천막이 완전히 낡아지면 폭삭 주저앉아 무너지고 맙니다.

1절, "만일 땅에 있는 우리의 장막 집이 무너지면 하나님께서 지으신 집 곧 손으로 지은 것이 아니요 하늘에 있는 영원한 집이 우리에게 있는 줄 아느니라"

어린 아이가 자라서 청소년기와 청년기를 지날 때만 해도 육체가 탄력이 있고 힘이 있고 지치지 않은 열정을 가지고 있어 영원히 죽지 않고 살 수 있을 것 같습니다. 그러나 사람은 나이가 들면서 자신도 모르는 사이에 조금씩 늙어 갑니다. 청년기에 접어들면 키가 더 이상 자라지 않고 장년기에 접어들면 열정이 사그라들더니 어느덧 노년을 맞게 됩니다. 사실 집이라고 하는 것은 집 자체가 얼마나 크고 멋있느냐 하는 것보다 그 집 안에 누가 사느냐 하는 것이 더 중요합니다. 예를 들어 어떤 멋진 천막이 있는데 그 집에 아주 사납고 심술궂은 사람이 살고 있다면 아무도 놀러오지 않을 것이고 종종 고함 소리가 나고 싸우는 소리도 날 것입니다. 반면 어떤 천막은 보잘것없이 작지만 아주 재미있는 사람이 살아서 어린 아이들에게 재미있는 이야기를 들려준다면 많은 아이가 이야기를 듣기 위해 찾아올 것입니다. 어떤 텐트에서 개척 교회를 한다면 어린이나 청소년, 어른 할 것 없이 몰려와서 기도하고 예배드리고 은혜를 받을 것입니다. 예수 믿는 사람은 그 육신 안에 영원한 하나님 말씀이 있어 겉으로는 낡아지지만 실제로는 그 안에 매일 새로운 사람이 찾아와서 언제나 새로운 집이고 나중에 죽으면서 영원한 새 집으로 갈아입게 됩니다.

2절, "참으로 우리가 여기 있어 탄식하며 하늘로부터 오는 우리 처소로 덧입기를 간절히 사모하노라"

이 세상에 살면서 우리의 속사람은 하나님의 은혜로 날로 새로워지지만 우리도 인간이기에 육신의 문제로 힘들 때가 많습니다. 학생은 공부를 해야 하고 청년은 취직해서 결혼도 해야 하고 남자는 군대를 가야 하고 성인은 가정 경제를 위해 돈을 벌어야 합니다. 게다가 우리의 육신은 시도 때도 없이 병들고 다치고 여러 가지 문제로 걱정스러울 때가 많아 탄식하게 됩니다. 본문에 우리는 하늘의 처소로 덧입기를 원한다고 했습니다. 이것은 우리가 없어지는 것이 아니라 지금 이 상태에서 하늘의 몸을 입는 것을 말합니다. 즉 여성이 드레스를 입을 때 속옷을 입은 뒤 그 위에 멋진 드레스를 덧입는 것처럼 우리 속사람은 이 상태에서 바로 영광의 육신을 입게 됩니다. 즉 우리에게는 영원한 패션쇼의 소망이 있습니다. 아마 여성은 마음에 드는 옷을 고른 뒤 이 옷 저 옷 갈아입을 때 기분이 아주 좋을 것입니다. 우리 예수 믿는 사람은 많은 옷을 가지고 있습니다. 이것은 우리 안에 하나님으로부터 온 많은 은혜가 함께 있다는 뜻입니다. 그러다가 천국에서 최고로 멋지고 아름다운 새 옷으로 패션쇼를 하게 될 것입니다.

3절, "이렇게 입음은 우리가 벗은 자들로 발견되지 않으려 함이라"

예수 믿지 않는 사람은 나중에 입을 옷이 없어지게 됩니다. 그래서 그들은 모두 벌거벗은 상태에서 집도 없고 아름다운 육체도 없이 아주 보기 흉한 이 세상에서의 늙고 저주 받은 몸으로 영원한 불구덩이에 들어가게 될 것입니다.

4절, "참으로 이 장막에 있는 우리가 짐 진 것같이 탄식하는 것은 벗고자 함이 아니요 오히려 덧입고자 함이니 죽을 것이 생명에 삼킨 바 되게 하려 함이라"

우리는 이 세상에 살면서 육신의 무거운 짐을 짊어진 채 힘들게 살아가고 있습니다. 예수 믿는 어린 아이들 가운데 가난한 집에서 자라는 어린이도 있을 것입니다. 청소년 때는 외모나 집안의 경제력을 갖고 비교당하는 일도 겪을 것입니다. 청년이 되고 어른이 되면서 세상에서 성공하고 많은 것을 누리는 사람도 있지만, 실패해서 다른 사람들에게 무시를 당하거나 업신여김을 당한 채 사는 사람도 있을 것입니다. 그리고 나이가 들면 온몸이 고통을 받고 힘도 없어지고 살 수 있는 시간이 많지 않다는 걱정에 마음이 답답할 때가 많습니다. 그러나 우리는 이 모든 짐을 벗으려고 애쓸 필요가 없습니다. 하나님의 생명이 이 모든 것을 삼켜버리기 때문입니다. 본문을 보면 "죽을 것이 생명에 삼킨 바 되게 하려 함이라"고 말씀합니다. 이 세상의 모든 고통은 하나님의 생명을 통해 모두 삼켜지게 됩니다.

예를 들어 어미 소나 말이 새끼를 낳으면 새로 태어난 소나 말은 태반에 싸인 채 피가 엉겨 있고 오물로 덮여 있습니다. 그때 어미 소나 어미 말은 새끼의 몸에 있는 태반이나 피, 오물을 핥아서 새끼의 몸을 깨끗하게 해줍니다. 이렇게 어미의 보살핌을 받고 나면 송아지나 망아지는 일어나서 껑

충껑충 뛰면서 돌아다니게 됩니다. 마찬가지로 이 세상에서 우리가 소유하고 있는 세상적인 성공이라든지 돈이라든지, 질병을 포함한 모든 고통은 그것이 좋은 것이든 나쁜 것이든 하나님 앞에서는 모두 태반이나 오물처럼 더럽습니다. 하나님은 우리 몸에 붙어 있는 오물을 생명으로 삼켜버리실 것입니다. 그래서 우리는 완전히 깨끗한 상태에서 오직 하나님의 새 드레스 같은 영원한 육신을 덧입기만 하면 됩니다. 우리에게는 지금 이 생명이 우리를 삼키는 것이 진행되고 있으며, 새 육신을 드레스처럼 입는 것이 예약되어 있습니다. 사람은 이것을 믿지 않고 있다가 더러운 것을 삼켜버리는 깨끗함을 받지 못해 새 육신을 입지 못한 채 벌거벗은 상태에서 도망치듯 지옥으로 달아나게 됩니다.

2. 성령을 보증으로 주심

집을 사고팔 때 돈을 다 받지 않았고 집을 인수하지 않았지만 계약금이 오가면 그 계약은 성립된 것이기 때문에 사람들은 자기가 집을 사거나 팔았다는 사실을 확신하게 됩니다. 그래서 사람은 집을 사거나 팔 때 계약금을 받고 나면 "나, 집 팔았어"라든지 "나, 집 샀어"라고 자신 있게 말합니다. 마찬가지로 우리는 예수를 믿고 있지만 아직 천국의 어마어마한 축복이나 영원히 늙지 않고 죽지 않는 새로운 육신을 받지 못했습니다. 그러나 우리는 이미 하나님과 계약을 맺었고 보증금까지 받았습니다. 예수님의 복음을 듣고 믿는 순간 우리는 하나님과 영생의 계약을 맺은 것이고, 그 보증금으로 성령을 받은 것입니다.

5절, "곧 이것을 우리에게 이루게 하시고 보증으로 성령을 우리에게 주신 이는 하나님이시니라"

하나님은 우리에게 새로운 생명을 주시고 이것에 대하여 품질 보증까지 하셨습니다. 백화점에서 명품 시계를 산다거나 자동차 매장에서 차를 새로 구입할 때 품질보증서를 받듯 하나님은 우리 인생의 품질을 성경으로 보증하셨습니다. 그러므로 우리는 새 드레스를 입듯 영원한 몸을 우리 속옷 위에 덧입기만 하면 됩니다. 하나님은 이에 대한 보증금으로 성령을 우리에게 주셨습니다. 물론 성령은 돈이 아닙니다. 성령은 땅도 아니고 보석도 아닙니다. 그러나 성령은 하나님의 신성이고 하나님의 영이며 하나님의 지혜이고 하나님의 능력이십니다. 하나님은 이 세상의 피조물을 우리에게 보증금으로 주지 않으시고 하나님의 신성으로 우리의 구원과 영생을 보증하셨습니다. 그래서 우리는 하나님의 보증금을 가진 채 살아가고 있습니다. 여기서 드는 의문 하나가 있는데, 이 세상에 사는 동안 하나님의 보증금을 당겨쓸 수 있는지 궁금할 수도 있습니다. 이에 대한 대답은 "얼마든지 있다"입니다. 우리는 성령의 능력으로 얼마든지 하나님의 지혜와 능력과 축복을 이 세상에서 당겨쓸 수 있습니다. 오히려 하나님은 우리가 이 세상에서 가능한 한 성령의 보증금을 많이 당겨쓰기를 원하십니다. 사람은 월급도 당겨쓰고 현금 대신 어음으로 받았을 때도 당겨쓰면서 성령님을 당겨쓸 줄을 모릅니다. 우리의 마음 가운데 하나님 말씀을 가득 담으면 우리의 믿음은 무한정으로 커지게 됩니다. 그리고 넓어진 그 마음만큼 성령님이 충만하게 임하십니다. 충만은 가득 차는 것을 말하는데, 우리가 가진 믿음의 분량만큼 가득 찹니다. 그때 우리의 삶 가운데 하나님의 희한한 능력이 임하기 시작합니다. 우리는 다른 사람들이 생각지 못하는 것을 생각하게 되고, 다른 사람이 듣지 못하는 음성을 듣게 되고, 다른 사람이 보지 못하는 세계를 보게 됩니다. 우리는 다른 사람이 알지 못하는 천국의 기쁨으로 기뻐하게 되고, 다른 사람이 알지 못하는 기도 응답을 받게 됩니다. 우리의 능력은 다른 사람에게도 나타나서 우리의 기도로 병이 낫기도 하고 말씀의 능력이 나타나기도 하고 기적이 일어나거나 부흥이 일어나서 집단적으로 은혜 받는 일이 일어나게 됩니다. 하나님은 가능한 한 우리가 이 세상에서 성령의 보증금을 당겨쓰기를 원하십니다.

6-7절, "그러므로 우리가 항상 담대하여 몸으로 있을 때에는 주와 따로 있는 줄을 아노니 이는 우리가 믿음으로 행하고 보는 것으로 행하지 아니함이로라"

우리가 이 세상에 '몸으로 있을 때 주와 따로 있다'는 말이 무슨 뜻일까요? 주님은 먼저 몸을 가지고 하나님의 보좌 우편에서 우리를 위해 기도하며 우리를 돕고 계십니다. 그래서 우리는 더욱 담대할 수 있습니다. 하나님의 보좌 우편에 자신과 가장 가까운 분이 계신다는 사실을 알기 때문입니다. 우리는 자신이 아주 잘 아는 사람이 경찰서에 있거나 검찰에 있거나 병원에 있으면 어려울 때 도움을 요청할 수 있습니다. 이런 경우 우리에게 무슨 일이 있으면 미리 알아본 뒤 자세히 알려줄 것입니다. 우리는 눈에 보이는 것으로 행하지 않고 믿음으로 행해야 합니다. 즉 우리는 주님이 우리 앞에 계신다는 것을 믿는 믿음으로 살아가야 합니다. 반면 이 세상에서 눈에 보이는 것은 우리의 목표가 아닙니다. 이 세상에서 너무 많은 것을 챙기다 보면 주님을 놓칠 수가 있습니다. 이 세상에서 너무 많은 것을 가진 사람들이 있습니다. 그들을 향해 주님은 "너는 이 세상에서 자기 상을 받았느니라"고 말씀하십니다. 이 세상에서 모든 것을 가진 사람은 예수님을 믿는 사람이 아닙니다. 우리는 이 세상에서 모든 것을 가질 것을 권해도 과감히 뿌리치고 우리 앞에 있는 상을 향하여 나아가는 믿음이 있어야 합니다.

8절, "우리가 담대하여 원하는 바는 차라리 몸을 떠나 주와 함께 있는 그것이라"

사도 바울은 우리가 정말 원하는 것은 죽어서 주님과 함께 있는 것이라고 했습니다. 그렇다면 과연 지금 죽는 것이 더 좋을까요? 우리 가운데 대부분은 지금 죽는 것보다 이 세상에서 사는 것이 더 좋고, 할 일도 더 많은 것 같습니다. 이처럼 대부분의 사람은 아직 죽을 준비가 되어 있지 않다고 보아야 할 것입니다. 그러나 우리가 은혜를 많이 받으면 주님과 함께 어디든지 가려고 할 것입니다.

예를 들어 여자가 진정으로 자기를 사랑하는 남자를 만나면 돈이나 집을 다 내려놓고 사랑하는 남자를 따라 어디든 가려고 할 것이며, 자신이 사랑하는 남자와 함께 있다는 사실에 진정으로 행복해할 것입니다. 이런 경우 다른 사람이나 가족들이 보기에 이 여자가 완전히 미치지 않았나 생각할 수도 있습니다. 이처럼 하나님은 우리를 이 세상에서 꼬여내십니다. 하나님은 이스라엘 백성을 애굽 땅에서 꼬여내셨습니다. 하나님은 이스라엘 백성에게 열 가지 재앙의 능력을 보여주시고, 젖과 꿀이 흐르는 가나안 땅을 주겠다고 하면서 그들을 광야로 꼬여내셨습니다. 그러나 이스라엘 백성은 광야 가운데서 모세를 따라 애굽 땅을 탈출한 것을 후회하며 하나님을 원망했습니다. 광야에는 이스라엘 백성이 기대했던 물질적 보상이 없었기 때문입니다. 진정으로 하나님의 마음에 드는 사람이 되려고 한다면 우리는 하나님과 그 아들에 미쳐야 합니다.

9절, "그런즉 우리는 몸으로 있든지 떠나든지 주를 기쁘시게 하는 자가 되기를 힘쓰노라"

참된 성도는 예수님이 우리의 모든 행복을 책임지시므로 살든지 죽든지 예수님만 기뻐하고, 예수님을 기쁘게 하는 것이 목적이 되어야 합니다. 그리고 가족이나 나머지 문제는 모두 이차적인 것밖에 되지 않습니다. 어떻게 하면 눈에 보이지도 않는 하나님과 그 아들을 미친 듯이 좋아할 수 있을까요? 그것은 사람의 힘으로 되지 않습니다. 하나님이 먼저 우리를 미치게 하셔야 미칠 수 있습니다.

13-14절 상, "우리가 만일 미쳤어도 하나님을 위한 것이요 정신이 온전하여도 너희를 위한 것이니 그리스도의 사랑이 우리를 강권하시는도다"

사도 바울의 인생은 미친 인생이었습니다. 그러나 그는 돈에 미치거나 성공에 미친 것이 아니라 하나님의 사랑에 미쳤고, 예수님의 사랑에 미쳤습니다. 유대인은 사도 바울이 성공의 길을 달려가다가 한순간 변화되어 예수를 전하고 다닐 때 그가 미쳤다고 생각했습니다. 사실 그는 하나님과 예수님 때문에 정상적으로 살 수가 없었습니다. 그러나 누구든지 사도 바울을 만나 이야기해 보면 멀쩡한 사람이었습니다. 그는 사람들에게 하나님 말씀을 전하기 위해 멀쩡한 척한 것이었습니다. 사도 바울의 마음속에는 그리스도의 사랑 때문에 가만히 있을 수 없는 끓어오르는 열정이 있었습니다. 그는 "그리스도의 사랑이 우리를 강권하시는도다"라고 했습니다. 사도 바울은 예수님의 사랑 때문에 입을 다물 수 없었고, 예수님의 사랑 때문에 복음을 듣지 못한 이방인을 찾아갈 수밖에 없었다고 말하고 있습니다. 우리 안에도 예수님의 사랑이 우리를 강권하시기 때문에 교회에 올 수 밖에 없고, 주일학교에서 봉사하거나 성가대에서 찬양할 수밖에 없고, 선교하러 나갈 수밖에 없습니다. 예수님이 '너는 가야 한다. 너는 가야 한다. 너는 해야 한다' 라고 계속 말씀하시기 때문에 우리는 가만히 있을 수가 없는 것입니다.

3. 예수 안의 새 피조물

예전에 보지 못했던 새로운 생물이 나타나면 온 세상이 놀라 난리가 날 것입니다. 지금껏 보지 못한 새로운 식물이라든지 새로운 동물이라든지 새로운 곤충만 나타나도 학계에서는 난리가 납니다. 그런데 예수님은 이 세상에 오셔서 완전히 신품종인 새로운 인간을 만드셨습니다. 그 새로운 인간은 내면 깊숙이 자리하고 있던 죄의 뿌리가 예수님의 보혈로 뽑히고 하나님을 믿는 믿음으로 나타난 것입니다. 이것은 엄청나게 놀라운 일이 아닐 수 없었습니다.

사람들은 이 새로운 인간의 출현에 충격을 받았습니다. 이는 바로 예루살렘에 성령이 오신 뒤에 예수님의 제자들을 통해 나타났습니다. 예수님의 제자들은 성령을 받고 자신들의 입을 통해 끊임없이 하나님 말씀을 전했습니다. 그들은 방언으로 말하기 시작했는데, 그 방언은 동시통역이 되는 것이었습니다. 또한 그들은 기쁨으로 충만해 있었습니다. 그들 모두는 큰 경기에서 자기편이 이긴 것처럼 너무나 기뻐하는 모습이었습니다. 그래서 예루살렘 지도자들이 새 술에 취했다고 욕하자 베드로는 자신들이 새 술에 취한 것이 아니라 요엘 선지자에게 하나님이 말씀하셨던 성령이 자신들에게 임한 것이라고 했습니다. 그리고 베드로와 요한은 성전 문 앞에서 구걸하던 장애인을 나사렛 예수 이름으로 일으켜 세웠습니다. 마귀나 세상 권력자들은 제자들의 입을 다물도록 하기 위해 정신없이 바빴습니다. 예루살렘의 종교지도자들은 예수님의 제자들을 붙잡아 산헤드린 공회에서 예수의 이름으로 복음을 전하지 못하게 하고, 그들을 채찍질하기까지 했습니다. 또한 예수 믿는 사람들을 잡아 가두기 시작했습니다. 헤롯 아그립바는 사도 야고보를 잡아 죽였습니다. 네로는 로마의 예수 믿는 사람들을 잡아들여 원형 경기장에서 사자에게 물려 죽게 하고 불에 태워 죽였습니다. 이것이 새로운 인간에 대한 세상의 반응이었습니다.

17절, "그런즉 누구든지 그리스도 안에 있으면 새로운 피조물이라 이전 것은 지나갔으니 보라 새 것이 되었도다"

누구든지 예수 그리스도 안에 있는 자는 새로운 피조물이라고 했습니다. 예수 믿는 우리는 모두 새로운 피조물이 되었습니다. 사실 우리는 이 세상에 태어날 때부터 결함을 가지고 태어났습니다. 우리에게는 도덕적인 결함도 있고 성격적인 결함도 있습니다. 어떤 사람은 계급이나 출생의 결함도 있습니다. 우리에게는 저마다 부끄러운 자신의 모습이 있으며, 숨기고 싶은 과거가 있습니다. 그러나 예수님은 우리의 모든 결함을 깨끗이 고쳐주셔서 완전히 새로운 사람이 되게 하셨습니다. 완전히 새로운 피조물로 만들어지게 된 것입니다. 우리는 새 것이 되었습니다. 본문은 "이전 것은 지나갔으니 보라 새 것이 되었도다"라고 말씀합니다. 그런데 우리가 새 피조물의 위력을 느끼지 못하는 이유가 무엇일까요? 그것은 아직 이 새 피조물에 익숙하지 않기 때문입니다. 즉 우리는 아직 새 피조물의 기능과 성능과 능력에 대해 모르는 것이 너무 많습니다. 그러나 우리의 과거는 다 없어졌습니다. 우리는 더 이상 부끄러워할 과거가 없고, 더 이상 숨겨야 할 것도 없습니다. 우리는 완전히 새 사람이 되었습니다.

예수를 믿고 나서도 변화된 모습이 전혀 없는 것 같은데 어떻게 새로운 피조물이라고 말할 수 있을까요? 가장 중요한 것은 우리가 예수님을 믿게 되면서 사랑을 알게 되었다는 점입니다. 즉 우리는 아무에게도 제대로 사랑받지 못한 사람이었는데, 하나님이 우리를 진정으로 사랑하신다는 사실을 알게 되었습니다. 하나님은 우리 인생을 아무런 조건 없이 있는 그대로 받아주시고 사랑해주셨습니다. 사람들의 사랑에는 모두 조건이 있습니다. 우리가 그 사람을 사랑하기 때문에 사랑한다거나 예쁘기 때문에 사랑한다거나 자기 마음에 들기 때문에 사랑한다는 식입니다. 그러나 하나님은 우리의 모든 것을 사랑하십니다. 하나님은 우리가 가진 단점, 우리의 방황, 우리의 좋지 못한 성격까지 다 사랑하십니다. 또한 하나님은 우리의 가치를 깨닫게 해주셨습니다. 우리는 자기 자신을 찾지 못해 오랜 기간 방황했는데, 하나님은 우리가 누구인지 알게 하십니다. 하나님은 방황하고 병들고 미친 우리 자신을 발견하게 하신 것이 아니라 하나님 앞에서 아름다운 우리 자신을 찾게 해주셨습니다. 또한 우리가 이 세상을 새롭게 발견하도록 해주셨습니다. 예수를 믿기 전에 이 세상은 미친 세상이고 죄악이 가득 찬 세상이며 우리를 잡아먹으려고 하는 세상이었는데, 예수님을 믿고 나서 보니 이 세상은 하나님이 창조하신 세상이고 우리가 우리 삶을 연기해야 할 세상임을 깨닫게 된 것입니다. 이 세상은 우리의 연극 무대입니다.

그러나 조심해야 할 것이 있습니다. 그것은 더 이상 우리 자신을 위해 살아서는 안 된다는 것입니다.

15절, "그가 모든 사람을 대신하여 죽으심은 살아 있는 자들로 하여금 다시는 그들 자신을 위하여 살지 않고 오직 그들을 대신하여 죽었다가 다시 살아나신 이를 위하여 살게 하려 함이라"

과연 우리는 완전하게 자기 자신을 위해 살지 않을 수 있을까요? 죽은 자 가운데서 다시 살아나신 주님은 우리가 이 세상의 먹고 사는 것을 위해서도 살게 하십니다. 그러나 이것이 우리의 인생 목적은 아닙니다. 우리는 훨씬 더 높은 가치를 위해 살아야 합니다. 이것은 우리가 하려고 해서 되는 것이 아니라 주님의 말씀을 들으면 자연스레 그처럼 살게 됩니다. 우리가 이 세상에서 먹고 살기 위해 하는 것은 모두 수단에 불과합니다. 우리가 이 세상을 사는 목적은 하나님께 예배드리고 영혼을 건지고 하나님 말씀대로 사는 것입니다.

그리고 우리는 사람을 외모로 판단해서는 안 됩니다.

16절, "그러므로 우리가 이제부터는 어떤 사람도 육신을 따라 알지 아니하노라 비록 우리가 그리스도도 육신을 따라 알았으나 이제부터는 그같이 알지 아니하노라"

우리는 다른 사람을 볼 때 세상의 직책이나 외모로 판단하지 않을 것입니다. 다른 사람을 볼 때는 성도로 볼 뿐 사장이나 부자, 교수 등 직책으로 보면 안 됩니다. 옛날에 고린도 교인들은 예수님도 유대인으로 보았지만, 이제는 하나님의 아들로 본다고 했습니다.

그리고 우리가 이 세상에서 해야 할 일은 그리스도의 사신이 되어 다른 사람들을 하나님과 화해하게 하는 것입니다.

18절, "모든 것이 하나님께로서 났으며 그가 그리스도로 말미암아 우리를 자기와 화목하게 하시고 또 우리에게 화목하게 하는 직분을 주셨으니"

이 세상은 하나님과 원수가 되어 계속해서 하나님께 대적하는 일을 하고 있습니다. 북한 정권도 자꾸 미국에 대적하는 일을 하고 있습니다. 그냥 평화롭게 살면 되는데 자꾸 불안하다 보니 미국을 자극해 무엇인가 자신을 과시하려고 합니다. 마찬가지로 이 세상 사람은 하나님이 주신 복에 감사하면서 잘 사용하면 되는데 자꾸 불안하다 보니 일부러 하나님께 대적하는 일을 하고 있습니다. 그러나 하나님은 우리를 그리스도의 대사로 보내어 세상 사람에게 하나님과 화해하라고 말씀하십니다.

20절, "그러므로 우리가 그리스도를 대신하여 사신이 되어 하나님이 우리를 통하여 너희를 권면하시는 것같이 그리스도를 대신하여 간청하노니 너희는 하나님과 화목하라"

여기서 '사신'은 요즘 말로 표현하면 대사(ambassador)입니다. 사람은 흔히 외교에 대해 총과 대포를 사용하지 않는 전쟁이라고 말합니다. 외교관은 다른 나라에서 자기 나라의 대통령이나 정부를 대변합니다. 그는 거기서 자기 나라 사람들을 보호하고 자기 나라의 입장이 무엇인지 밝힙니다. 그런데 중요한 것은 대사가 거기서 자기 나라의 입장을 밝히는 동안 전쟁은 일어나지 않는다는 것입니다. 만약 대사가 그 나라에서 철수하게 되면 전쟁이 일어날 수 있습니다. 마찬가지로 우리가 이 세상에서 하나님의 입장을 전하고 있는 동안에는 전쟁이 일어나지 않습니다. 그러나 우리가 세상의 뇌물을 먹고 입을 다물어버리거나 철수해버리면 전쟁이 일어납니다. 물론 우리에게는 총과 대포, 폭격기가 없지만 우리 뒤에는 어마어마한 하나님의 천군 천사들이 대기하고 있습니다. 세상 사람은 하나님의 심판을 심히 두려워해야 합니다. 그러나 우리가 하나님의 입장을 전하고 있는 동안에는 아무것도 두려워할 필요가 없습니다.

10절, "이는 우리가 다 반드시 그리스도의 심판대 앞에 나타나게 되어 각각 선악 간에 그 몸으로 행한 것을 따라 받으려 함이라"

온 세상 사람은 언젠가는 무서운 하나님의 심판대 앞에 서서 심판을 받아야 합니다. 그러나 우리는 이미 영원한 생명을 얻었습니다. 예수님의 사랑이 우리를 어떻게 변화시켰는지 말해줌으로써 마지막 한 명이라도 하나님과 화해할 수 있다면 그것은 대성공입니다. 왜냐하면 한 영혼이 온 천하보다 더 귀하기 때문입니다. 이 세상에 살면서 귀한 사명을 잘 감당하는 성도가 되기를 바랍니다.

성경 토의

1. 이 세상을 살아가면서 누리는 모든 것이 헌 옷처럼 낡아지고 떨어진 것이라면 우리는 어떻게 미래에 대한 희망을 가질 수 있으며, 우리가 앞으로 입게 될 새 옷이나 새로운 모습을 어떻게 상상해 볼 수 있는가?

2. 우리를 그리스도 안에서 새 피조물이라고 했다. 그렇다면 과연 어떤 것이 새롭게 변화되었으며 과거에 좋지 못한 기억이나 관계, 기질 가운데서 아직도 우리에게 나쁜 영향을 미치고 있는 것이 있다면 어떻게 해야 하는가?

3. 하나님은 세상과 화해하는 직분으로 예수님을 이 세상에 보내셨다고 했는데, 우리는 이 세상과 하나님을 어떻게 화해시킬 수 있을까? 그리고 우리가 그리스도의 대사로서 어떻게 사명을 감당해야 한다고 생각하는가?

08_구원의 날

고린도후서 6:1-18

전체적 설명

고린도 교인들 가운데 사도 바울이나 그리스도인이 전하는 복음을 하나의 철학으로 생각하는 사람이 있었다. 그러나 사도 바울은 복음이란 어떤 사상이나 철학을 전하는 것이 아니라 하나님의 구원을 전하는 것이라고 했다. 예를 들어 어떤 사람이 구덩이에 빠져 죽어가고 있을 때 그 사람에게 어떤 철학을 논하고 어떤 사상을 이야기하는 것은 아무런 도움이 되지 않을 것이다. 그 사람에게 중요한 것은 구조하는 사람이 몸에 상처를 입어 가면서, 때로는 욕을 먹어 가면서라도 자신을 살리는 것이다. 마찬가지로 복음이 증거 되고 있다는 것은 하나님이 사람을 살리고 건지시는 것이기 때문에 남들이 뭐라고 하든지 사람을 살리는 것이 중요하다. 이 놀라운 구원의 날에 고린도 교인에게 하나의 올무가 있었는데, 그것은 바로 그들이 우상에 자기 자신을 잡아매고 있는 것이었다. 예를 들어 구덩이에 빠진 사람들에게 구조대가 와서 밧줄을 던졌을 때 엉뚱한 밧줄을 잡으면 구조할 수 없듯이 고린도 교인은 하나님과 우상을 함께 믿고 있었던 것이다. 우리나라의 많은 선교사가 선교지에 가서 복음을 전하고 있는데, 선교지 사람들 가운데 예수님을 믿는다고 하면서 오래전부터 믿어 오던 우상과 기독교를 같이 믿는 사람이 있다. 이런 경우 우상을 끊어내야 하지만 그들에게는 쉽지 않은 일이다. 그러나 그리스도와 벨리알이 함께 있을 수가 없듯 하나님과 우상은 함께 있을 수 없다.

설교 프리노트

1절, "우리가 하나님과 함께 일하는 자로서"

복음을 전하는 사람은 단독으로 자신이 가고 싶은 곳에 가서 학원을 차려 학생을 가르치듯이 진리를 가르치는 것이 아니다. 우리는 하나님과 함께 일하는 사람이고, 하나님이 보내셨기 때문에 세상에 나가 복음을 전해야 하는 사람이다. 그래서 우리가 전하는 복음은 하나님이 전하는 것이며, 하나님이 책임을 지신다.

"하나님의 은혜를 헛되이 받지 말라"

'하나님의 은혜를 헛되이 받는다' 는 것은 하나님을 믿고 하나님의 일을 열심히 한다고 했지만 결국 엉터리로 판정이 나서 구원을 받지 못하고 멸망하는 것을 말한다. 과연 이런 일이 가능할까? 이런 일이 가능하다는 것이 복음의 가장 심각하면서도 어려운 문제다. 즉 복음은 아무런 대가 없이 하나님이 거저 주시는 선물이지만 우리의 믿음이 그 복음에서 벗어나게 되면 엉터리가 되고 무효가 되어버린다. 그래서 복음을 전하는 사람이나 믿는 사람은 우리의 신앙이 하나님 말씀에서 벗어나지 않도록 온 마음을 다해야 한다.

2절, "내가 은혜 베풀 때에 너에게 듣고"

하나님의 은혜는 우리 같은 죄인에게 하나님이 아무런 대가 없이 주시는 구원과 축복을 말한다. 그러나 하나님은 이 은혜를 가치 있게 하기 위해 특별한 때를 정하셨다. 그때가 바로 은혜의 때이고, 구원의 날인 것이다. 하나님은 이 은혜를 베푸실 때 우리의 부르짖는 기도를 들으시고 그 요구에 응하여 도움의 손길을 베풀어주신다. 그렇게 하지 않으면 우리 인간은 너무나 무지하고 어리석어 하나님의 은혜와 구원의 가치를 깨닫지 못하기 때문이다. 사도 바울은 다음의 성경 말씀을 인용해 설명하고 있다. "여호와께서 이같이 이르시되 은혜의 때에 내가 네게 응답하였고 구원의 날에 내가 너를 도왔도다"(사 49:8상). 그래서 우리는 하나님의 은혜를 이 세상의 다른 어떤 성공보다 소중히 생각하고, 하나님의 구원을 간절하게 붙들고 놓지 말아야 한다. 사도 바울은 복음을 듣고 있는 고린도 교인에게 이 축복을 바로 적용시키고 있다.

"보라 지금은 은혜 받을 만한 때요 보라 지금은 구원의 날이로다"

우리가 하나님 말씀을 듣고 있을 때는 하나님이 우리의 기도를 들으시는 때이고, 우리를 어려움에서 구원하시는 때이기 때문에 다른 생각을 하지 말고 오직 하나님의 은혜를 받고 구원해 달라고 구하기만 하면 된다.

3절, "우리가 이 직분이 비방을 받지 않게 하려고"

죄인들을 불러 하나님의 의인이 되게 하고 자녀가 되게 하는 것은 너무나 중요하고 영광스러운 직분이기에 사탄은 이를 훼방 놓으려고 한다. 그런데 이 직분을 잘 감당하지 못하는 사람이 종종 있다. 과연 어떤 죄인이 다른 죄인을 향하여 담대하게 하나님 말씀을 전할 수 있으며, 죄를 회개하라고 소리칠 수 있겠는가? 만약 사탄이 복음 전하는 자를 향해 "과연 너는 죄가 없느냐?"라고 묻는다면 담대하게 죄가 없다고 말할 수 있는 사람은 없을 것이다. 복음은 죄인이 죄인을 향해 회개하라고 전하는 것이며, 멸망할 수밖에 없었던 죄의 종이 구원함을 받아 하나님께로 돌아오라고 권하는 것이다. 따라서 복음을 전하는 사람은 자신이 과거에 지은 죄나 현재의 도덕성, 사탄의 방해로 이 복음이 훼방 받지 않도록 대단히 조심해야 한다.

"무엇에든지 아무에게도 거리끼지 않게 하고"

복음을 전하는 사람은 다른 사람이 복음을 받아들이는 데 있어 훼방이 될 만한 행동을 해서는 안 된다. 왜냐하면 복음 자체의 신뢰성에 영향을 주기 때문이다. 돈에 대해 부정적이라거나 이성 사이의 잘못된 관계, 습관적인 농담이나 거짓말은 복음에 치명적인 영향을 미칠 수 있다.

4-5절, "오직 모든 일에 하나님의 일꾼으로"

사도 바울과 그 일행은 복음을 위하여 모든 일에 조심했다. 그러다 보니 모든 일을 억지로 하지 않고 자청해서 했는데(4절), 그리스도의 사랑이 그렇게 하도록 강권하셨기 때문이다. 그들은 오래 참아야 했는데(4절), 사람들이 복음을 듣고 받아들이는 데 많은 시간이 걸리기 때문이다. 그들은 많은 고통을 참아야만 했는데, 누구든지 처음부터 복음의 가치를 아는 사람이 없었기 때문이다. 그래서 그들은 '환난' 을 당해야만 했는데, 이것은 반대를 당하고 쫓겨다니거나 고통 받는 것을 말한다. 그들은 '궁핍' 을 당해야 했는데, 이것은 돈을 주는 사람이 없으므로 굶거나 필요한 물건을 구하지 못하는 것을 말한다(4절). 또한 '고난' 을 받아야만 했는데(4절), 이것은 사람들로부터 욕설이나 구박을 당하고 어려운 환경에서 견디는 것을 말한다. 매도 맞아야만 했는데(5절), 이것은 나쁜 풍습을 전하는 사람이나 도둑, 사기꾼으로 몰려 매를 맞거나 관청에서 채찍질을 당하는 것을 말한다. 그들은 '갇히기도' 했는데(5절), 감옥에 갇히거나 헛간 또는 지하에 갇히기도 했던 것이다. '난동' 을 당하기도 했는데, 사람들이 몰려와서 그들을 해치려고 항의하기도 하고 소리를 지르기도 했던 것이다. '수고로움' 을 당했는데(5절), 그들은 다른 사람의 대접을 받기보다 오히려 종처럼 시키는 일을 해야 했다. '자지 못함' 을 당했는데(5절), 그들은 열악한 환경에서 제대로 잠을 자지 못했던 것이다. 그리고 옆에서 다른 사람이 떠들거나 심문을 당하거나 도망을 쳐서 제대로 잠을 자지 못했던 것이다. '먹지 못함' 도 당했는데(5절), 그들은 제대로 음식을 먹을 수가 없었다. 도망 다니거나 갇혀 있거나 숨어 지내야 했기 때문이다.

6-7절, "깨끗함과 지식과……"

지금까지 사도 바울과 그 일행이 당하고 참아냈던 것은 부정적인 것이었다. 그럼에도 사도 바울은 비참해하거나 인간적인 잔꾀를 부리지 않고 당당했다. 그들은 "깨끗" 했다(6절). 이것은 박해하는 사람을 욕하거나 비굴하게 행동하지 않았다는 뜻이다. 그들은 "지식" (6절)을 가지고 당당하게 상대와 마주했다. 사도 바울은 상대가 비열하게 억지를 부리고 떼를 쓴다고 해서 같이 악을 쓰고 욕한 것이 아니라 침착하게 논리로 상대했다. "오래 참음"(6절)을 통해 금방 좋은 결과가 나타나지 않을지라도 그들은 믿음을 가지고 오랜 시간 기다렸다. 사도 바울은 "자비함"(6절)으로 믿지 않는 자들의 무지함을 불쌍히 여겼다. 그러자 미운 마음이 생기지 않았다. 또한 "성령의 감화"(6절)로 그들을 감동시켰고 "거짓이 없는 사랑"(6절)으로 믿지 않는 자들이 이방인이고 이교도이며 무지막지하게 행동해도 사랑을 가지고 대했다. 사도 바울은 믿지 않는 자들에게 "진리의 말씀"(7절), 즉 하나님 말씀을 전했으며 그 말씀이 가진 능력을 믿었다. "하나님의 능력으로"(7절) 사도 바울과 그 일행은 하나님 말씀과 믿음으로 나아가면 하나님의 능력이 역사하신다는 것을 믿고 끝까지 기다렸다. 옛날 검투사들 가운데 노련한 자들이 양손에 칼을 가지고 자유자재로 휘두르면서 상대방을 공격하듯 사도 바울과 그 일행은 "의의 무기를 좌우에 가지고"(7절), 즉 한 손에는 하나님 말씀을 들고 다른 한 손에는 사랑과 정직의 칼을 들어 자유자재로 공격하는 자들을 상대했던 것이다.

8-10절, "영광과 욕됨으로 그러했으며……"

진정한 복음을 전하는 사람은 언제나 상반된 대우를 받게 된다. 그들은 하나님 앞에서는 영광스럽지만 세상에서는 무식하고 어리석은 자로 굴욕을 당하게 된다. 또한 복음을 믿고 받아들인 사람들에게는 감사와 칭찬을 받지만 복음의 가치를 인정하지 않는 사람들에게는 모욕과 수치를 당하게 된다. 그래서 사도 바울은 사람들에게 "영광과 욕됨"을 함께 받았다. 그리고 "악한 이름과 아름다운 이름"을 함께 받았다. 즉 어떤 사람은 사도 바울에 대해 하나님의 사자라고 말하기도 하고 천사 같은 사람이라고 말하기도 했지만, 어떤 사람은 나쁜 사람이고 속이는 사람이라고 말하기도 했다. 본문은 "우리는 속이는 자 같으나 참되고"(8절)라고 말씀한다. 어떤 유대인은 바울을 향해 유대교를 변질시켜 사람들을 속이는 자라고 비난했다. 그러나 사도 바울의 복음은 참된 복음이었다. 본문은 "무명한 자 같으나 유명한 자요"(9절)라고 말씀하는데, 사람들은 사도 바울의 능력을 잘 알아주지도 않았다. 그러나 그를 통해 예수 믿고 구원 받은 사람은 엄청나게 많았다. 본문은 "죽은 자 같으나 보라 우리가 살아 있고"(9절)라고 말씀하는데, 사도 바울은 늘 감옥에 갇히고 매 맞고 굶었기 때문에 곧 죽을 것 같았지만 살아있었다. 본문은 "징계를 받는 자 같으나 죽임을 당하지 아니하고"(9절)라고 말씀하는데, 사도 바울은 죄인으로 늘 감옥에 갇혀 지내고 처벌을 받아 곧 죽을 것 같았지만 기적의 능력으로 풀려났다. 본문은 "근심하는 자 같으나 항상 기뻐하고"(10절)라고 말씀하는데, 사도 바울은 늘 먹을 것이나 풀려날 것을 걱정하는 자 같았지만 사람들이 말씀을 듣고 은혜 받는 것을 보게 되면 언제나 기뻐했다. 본문은 "가난한 자 같으나 많은 사람을 부요하게 하고"(10절)라고 말씀하는데, 사도 바울은 가진 돈은 없었지만 그가 전하는 말씀을 듣고 은혜 받은 자들은 모두 하나님 앞에서 가치 있는 보석 같은 존재가 되었다. 본문은 "아무것도 없는 자 같으나 모든 것을 가진 자로다"(10절)라고 말씀하는데, 사도 바울은 땅도 집도 직책도 없었지만 사람들로부터 신뢰와 사랑을 받았으며 하나님의 응답을 가졌기 때문에 모든 것을 가진 사람이었다.

11-13절, "고린도인들이여 너희를 향하여 우리의 입이 열리고……"

고린도 교인은 사도 바울이 자신들에 대해 옹졸한 마음을 가져 말도 하지 않고 마음도 열지 않는다고 생각했다. 그러나 사도 바울은 결코 고린도 교인에 대하여 마음이 닫힌 것이 아니라 마음이 활짝 열려 있어 무슨 말이든지 받아들일 용의가 있으며, 이제는 할 말을 할 준비가 되어 있다고 말했다. 고린도 교인이 사도 바울에 대해 오해하고 있다고도 말했다(12절). 그러면서 그들이 사도 바울이 오래 참고 기다린 것에 대해 보답하는 마음에서라도 마음의 지경을 넓혀주기를 바란다고 했다(13절). 이것을 보면 고린도 교인들과 사도 바울 사이에 얼마나 깊은 오해가 쌓였는지 알 수 있다. 그러나 사도 바울은 고린도 교인을 자식과 같은 마음으로 대하고 있기 때문에 어떤 오해나 욕도 감수할 마음의 준비가 되어 있다고 했다(13절).

14-16절, "너희는 믿지 않는 자와 멍에를 함께 메지 말라……"

유다 사회는 농사를 지을 때 두 마리의 짐승을 하나의 멍에에 함께 매어 쟁기를 끌게 했다. 그런데 멍에를 매게 할 때는 같은 종류의 짐승을 매어야 한다. 예를 들어 소나 나귀를 같이 멍에에 매면 성격이 다르고 덩치도 달라서 같은 속도로 나아갈 수가 없다. 마찬가지로 하나님의 백성과 세상 사람은 가치관이 달라서 도저히 함께할 수 없는 일이 있다. 그중 믿는 자와 믿지 않는 자는 결혼생활을 유지하기가 어려울 수밖에 없다. 그러나 현실적인 이유로 믿지 않는 사람과 결혼해서 사는 경우도 많다. 또한 하나님의 백성이 음란한 창기와 함께하는 것은 불가능한 일이다(고전 6:16). 그러나 믿는 자와 믿지 않는 자가 절대로 같이할 수 없는 것은 함께 예배를 드리는 것이다. 왜냐하면 섬기는 신이 서로 다르기 때문이다. 고린도 교인들 가운데는 예수를 믿으면서 지금까지 자신들이 믿어 왔던 신에다 하나님이나 예수님을 하나 더 믿는 것으로 생각하는 사람이 있었던 것 같다. 그래서 의와 불법이 함께 있을 수 없으며, 빛과 어둠이 함께 존재할 수 없다는 것을 예로 들어 말하고 있다. 어둔 곳에 빛이 비치면 어둠이 물러가야 하고 경찰이 오면 도둑이나 깡패가 도망쳐야 하는 것과 같은 이치인 것이다. 하나님 말씀이 없고 그리스도의 영이 없는 곳에 미신이나 우상 숭배가 존재하는 것이지 복음이 있는 곳에는 절대 우상 숭배가 존재할 수 없다. 여기서 '벨리알'은 '가치가 없는 것' 또는 '헛된 것'이라는 뜻을 가지고 있다. 즉 그것은 귀신을 의미하며 우상 숭배하는 것을 뜻한다. 그럼에도 인간은 오랜 습관에 젖어 있어서 예수를 믿으면서도 옛날의 종교적 관습을 버리지 못하고 함께 믿으려고 할 때가 많다. 그러나 그리스도의 영이 강하기에 얼마든지 귀신의 영을 물리칠 수 있고, 사탄의 세력을 처부술 수 있기에 두려워할 필요가 없다. 우리가 하나님을 믿는 것은 단순히 한 종교를 믿는 것이 아니라 천지를 지으신 하나님이 우리 아버지가 되시는 것이며, 우리는 그분의 백성이 되는 것이다(16절). 그래서 그리스도인은 모두 우상 숭배하는 곳에서 벗어나야 하고 부정한 것을 만져서는 안 된다(17절). 이것은 전능하신 하나님 말씀이기 때문에 반드시 지켜야 할 뿐 아니라 우리는 우상의 세력을 두려워할 필요가 없다(18절).

본문 이해를 위한 질문

1. 하나님 말씀을 듣는 시기가 특별한 이유는 무엇이며, 이때 우리는 어떤 결단을 내려야 하는가?

하나님 말씀을 들을 때는 은혜 받을 때요 구원의 날이기 때문에 우리는 무조건 하나님의 은혜를 받아야 하고, 하나님의 구원을 요청해야 한다.

2. 하나님 말씀을 전하는 자는 왜 세상의 모든 것을 누리지 못하고 고난을 받아야 하며, 이를 참아야 하는가?

하나님 말씀을 전하는 직분이 너무나 고귀해서 우리가 과거에 지은 죄나 욕심 때문에 이 직분이 훼방 받기 쉽다. 그러므로 복음이 온전히 사람을 살리도록 하기 위해서 말씀 전하는 자는 오래 참아야 하고, 많은 고난을 견뎌내어야 하는 것이다.

3. 사람들은 오랫동안 다른 종교나 미신을 믿어 왔는데, 복음을 듣고 나서 옛 습관을 버리지 못하면 어떻게 되는가?

빛과 어둠이 함께 있을 수 없고 의와 악이 함께 공존할 수 없듯이 하나님과 귀신의 영은 우리 안에 함께 있을 수 없다. 하나님은 악한 영보다 강하시기에 믿는 자들은 두려워하지 말고 옛 습관과 미신과 종교를 과감히 버려야 한다.

성경 강해

어느 곳에서 배가 침몰하거나 건물이 무너졌을 때 사고를 당한 사람들을 구조할 수 있는 골든타임이 있습니다. 사고당한 사람을 구할 수 있는 시간을 대개 사고가 일어난 지 48~72시간 이내로 보고 있는데, 그 시간을 넘기면 사고당한 사람이 살아있을 확률이 급격하게 떨어집니다. 그래서 골든타임을 허투루 흘려보내선 안 됩니다. 사고당한 사람들이 다 죽은 뒤에 구조대를 보낸다면 시신 수습밖에 하지 못하고 한 사람도 살려내지 못할 것입니다. 사람들이 큰 사고를 당했는데 마침 가까운 곳에 구조 헬기라든지 구조대, 병원 시설이 준비되어 있으면 사고당한 사람들을 모두 구조해 목숨을 살릴 수 있습니다. 또 어느 나라에 내전이 일어나서 수많은 피난민이 항구와 비행장으로 몰려들었는데 그들을 수송할 배와 비행기가 충분히 있고 양식과 의약품이 구비되어 있어 모든 사람을 피신시키고 먹을 것과 입을 것을 무료로 공급할 수 있다면 난리를 당한 사람들에게는 그나마 다행일 것입니다. 그때가 바로 구원의 날이고 은혜의 날이라고 말할 수 있습니다. 그러나 내란이 터지고 전쟁이 일어났는데도 그들을 구출할 배와 비행기도 없고, 양식과 물이 부족하거나 없다면 사람들이 도와 달라고 아우성치는 것을 뻔히 보면서도 버려둘 수밖에 없습니다.

우리나라는 그야말로 하나님의 나라에 있어 구원의 날이었습니다. 복음이 전파되면서 우리나라에서는 수많은 사람이 교회로 몰려와서 예수를 믿고 하나님을 알게 되었고 교회를 개척하기만 하면 성공했습니다. 그래서 우리나라에는 교인 수가 1만 명이 넘는 교회가 많았습니다. 이것은 마치 바다에서 어부가 그물을 던지기만 하면 그물이 찢어질 정도로 많은 물고기가 잡히는 것과 같았습니다. 그러나 이제는 사람이 더 이상 교회로 몰려오지 않고 있으며, 하나님의 축복도 없어지고 있습니다. 그동안 도대체 무슨 일이 있었기에 갑자기 이런 변화가 일어난 것일까요? 이런 일은 우리에게만 일어나는 것이 아니라 사도 바울이 전도하고 개척했던 고린도 교회에서도 일어났습니다. 우리는 교회가 계속 부흥되고 하나님의 구원이 계속 되게 할 수 없는 것일까요? 그것에 대하여 사도 바울은 얼마든지 가능하다고 말합니다. 그러나 복음의 역사와 교회 부흥이 계속 되려면 먼저 믿는 우리가 희생해야 합니다. 우리가 희생하지 않겠다고 하면 구원의 길이 갑자기 막히고 맙니다.

1. 보라, 지금은 구원의 날이로다

언젠가 텔레비전을 통해 원양 어선이 태평양까지 나가 참치 잡는 장면을 본 적이 있습니다. 그 배는 어마어마한 물고기 떼를 만나게 되었는데 얼마나 많은 참치가 그물에 걸렸는지 사람 손으로는 그물을 끌어올릴 수가 없어 크레인으로 끌어올렸습니다. 그날은 물고기들에게 죽음의 날이었을 테지만 어부의 입장에서는 횡재한 날이었을 것입니다. 마찬가지로 어떤 장소에서 많은 사람이 구조되기를 기다리고 있을 때 정부에서 그들을 구조할 모든 준비가 갖춰져 있고, 그들이 필요로 하는 물자가 준비되어 있다면 그 날은 구원의 날이고 도움의 날이 될 것입니다. 정부는 어려움을 당한 사람들을 모두 구출할 수 있는 배나 헬기, 수송기를 준비시켜 오는 대로 사람을 태워 피난시킬 수 있습니다. 또한 위기에 처한 사람들에게 필요한 물이나 담요, 먹을거리, 쉴 수 있는 곳까지 전부 준비시켜 놓았기 때문에 구조된 사람들은 목숨을 구한 것뿐 아니라 큰 불편함 없이 안전한 곳으로 가서 먹고 마시고 쉴 수 있습니다. 그러나 정부나 구호단체에서 전혀 도울 준비가 되어 있지 않다면 사람들이 아무리 도와 달라고 소리쳐도 도와줄 수가 없고, 대부분의 사람이 버림을 당해 죽게 될 것입니다.

하나님은 우리를 구원하시는 데 있어서도 구원의 날이 있다고 말씀하셨습니다. 이 구원의 날에는 하나님 편에서 모든 것이 준비되어 있기 때문에 많은 사람이 몰려와도 그들을 다 구출하실 수 있고, 그들이 필요로 하는 것을 다 도와주실 수 있습니다. 그러나 하나님이 우리 인간을 구원할 준비가 되어 있지 않다면 사람들이 아무리 구원해 달라고 해도 구원해주실 수 없으며, 도와 달라고 아무리 소리쳐도 도와주실 수가 없을 것입니다.

사도 바울이나 고린도 교인은 지금까지 하나님의 구원의 날을 경험했습니다. 당시는 하나님이 유대인이나 이방인에게 무한정으로 구원을 베푸시는 때였던 것입니다.

2절, "이르시되 내가 은혜 베풀 때에 너에게 듣고 구원의 날에 너를 도왔다 하셨으니 보라 지금은 은혜 받을 만한 때요 보라 지금은 구원의 날이로다"

하나님이 우리 죄인을 구원하실 때도 정해놓은 구원의 날이 있다고 말씀합니다. 이 날은 바로 하나님의 아들이 이 세상에 오셔서 우리 인간의 죄를 대속하시고 성령을 주시고 하늘 문을 열어놓으신 뒤입니다. 우선 하나님의 아들이 이 세상에 오신 자체로 구원은 거의 반쯤 이루어진 상태였습니다. 더욱이 하나님의 아들이 우리 죄를 대신해 죽으시고 죽음에서 부활하시고 하늘에 오르신 이후 하늘의 구원의 문은 활짝 열렸습니다. 그래서 누구든지 믿지 않는 사람들을 찾아가 주 예수의 복음을 전하기만 하면 믿는 사람이 우후죽순처럼 늘어났고 성령이 임하셔서 기도하는 모든 것이 응답되는 놀라운 일이 나타나게 된 것입니다. 그 대표적인 예가 바로 가장 세속적인 도시였던 에베소와 고린도에 일어났던 부흥입니다. 처음 사도 바울이 에베소에 찾아갔을 때 예수를 믿는다고 하면서도 영적으로 뜨겁지 않고 죽어가는 사람들을 만나게 되었습니다. 그래서 사도 바울이 "너희가 믿을 때에 성령을 받았느냐"라고 물어 보니 그들은 "성령이 계심도 듣지 못하였노라"고 대답했습니다(행 19:2). 그들은 겨우 죄를 고백하는 세례 요한의 세례를 받은 수준이었던 것입니다. 사도 바울이 그들에게 주 예수의 복음을 전하고 세례를 받도록 하고 안수하고 기도했을 때 성령이 임하게 되었습니다. 그리고 에베소에서 대부흥이 일어났습니다. 사도 바울은 에베소에서 엄청난 환난과 핍박을 당하기도 했지만 구원의 문이 활짝 열려 그가 복음을 전할 때마다 믿는 사람이 계속해서 나타나고 기도가 응답되는 일을 지켜볼 수 있었습니다. 그 후 사도 바울은 바다 건너편에 있는 고린도로 갔는데, 그들이 술을 너무 좋아하고 우상과 음란에 빠져 있어서 복음을 전해도 도무지 예수를 믿을 것 같지 않았습니다. 그러나 그가 주 예수의 십자가 복음을 전했을 때 많은 사람이 예수를 믿고 성령을 받고 기도 응답이 일어나게 되었습니다.

사도 바울이 처음으로 전도여행을 떠났을 때 대부흥이 일어난 곳은 갈라디아 지역이었습니다. 그는 비시디아 안디옥에서 대부흥이 일어나는 것을 보았고, 루스드라에서는 돌에 맞아 죽었을 때 하나님의 능력으로 다시 살아나는 체험을 하기도 했습니다.

우리나라는 그동안 사도 바울이 복음을 전했던 에베소나 갈라디아 지방처럼 전도의 열매가 나타났습니다. 어느 곳에 가서 교회를 개척하고 설교하기만 하면 교인이 몰려들었고 교회가 없는 곳이 없을 정도였습니다. 목회자들 가운데 목회를 잘하고 설교를 잘하는 사람은 교회 규모를 늘리고 또 늘려서 수만 명이 모이는 교회가 생기게 되었고, 세상적으로도 기독교 교회는 무시할 수 없는 힘을 가진 존재가 되었습니다. 그리고 세상적으로도 성공해 지식인이나 기업인, 정치인 가운데 예수를 믿는 사람이 많아졌습니다. 이렇게 크게 부흥할 수 있었던 것은 하나님이 은혜를 베푸시는 때였고, 하나님의 구원의 날이었기 때문입니다. 그러나 이제는 신학교를 졸업한 많은 목회자가 임지를 구하는 것이 어려워졌고, 개척교회는 거의 부흥하지 못하거나 교회가 문을 닫는 지경에 이르렀습니다. 특히 교회에 어린 아이의 수가 많이 줄어들었다고 합니다. 이것은 하나님의 은혜의 때가 끝나고 있으며, 구원의 문이 닫히고 있다는 징조입니다. 도대체 그동안 우리 안에 무슨 일이 있었기에 하나님이 그토록 믿는 사람의 수를 더하게 하시고 기도를 들어주시고 축복해주시다가 이제 그 구원의 문이 닫히게 되었을까요? 그것은 우리 복음 안에 무서운 함정이 있기 때문입니다. 교회나 목회자들이 이 함정에 빠지게 되면 구원의 문이 닫히게 되고, 구원의 날이 끝나게 됩니다.

2. 하나님의 복음의 함정

하나님이 우리에게 주시는 구원은 무보수이며, 전적으로 하나님의 은혜로 주시는 것입니다. 그래서 하나님은 아무리 많은 사람이 예수를 믿으려고 해도 얼마든지 건져주실 수 있으며, 그들을 도우실 수가 있습니다. 그러나 하나님의 구원에는 무서운 함정이 있습니다. 이 함정을 조심하지 않으면 구원받은 것 같은데 실제로는 구원받지 못하고 실패하는 일이 일어나게 됩니다.

1절, "우리가 하나님과 함께 일하는 자로서 너희를 권하노니 하나님의 은혜를 헛되이 받지 말라"

'우리가 하나님과 함께 일한다'는 것은 하나님이 사람을 통하여 일하신다는 뜻입니다. 하나님은 사도 바울이나 디모데, 디도 등 복음 전도자들과 함께 일하셨습니다. 그래서 복음 전하는 자들이 어디를 가서 복음을 전하든지 간에 주 예수의 복음을 전하기만 하면 사람들의 마음을 열어 복음을 받아들이게 하시고 하나님의 나라가 임하게 하셨습니다. 즉 하나님 말씀을 받아들이는 자에게 성령이 임하게 하시고, 기도가 응답되게 하셨습니다. 그러나 복음 증거에는 무서운 함정이 있습니다. 그것은 "하나님의 은혜를 헛되이 받지 말라"는 것입니다. 여기서 '하나님의 은혜를 헛되이 받는다'는 것은 틀림없이 복음을 듣고 구원받은 것 같은데, 실제로는 구원받은 것이 아니라 엉뚱한 데로 가는 배를 탄다는 뜻입니다.

예를 들어 피난민들이 어느 부두로 몰려들어 그곳에 정박해 있던 배를 탔다고 합시다. 그런데 그 배를 모는 사람들이 모두 강도이고 사기꾼이었습니다. 그 배는 많은 사람을 태울 수 있는 배가 아니었음에도 그 배의 선장은 터무니없는 돈을 요구하면서 정원을 훨씬 초과해 사람을 태웠습니다. 그러다 보니 사람을 태우고 가다가 배가 뒤집어지는 바람에 배에 탄 사람 모두가 몰살당하고 말았습니다. 우리는 이런 사례를 시리아 난민들한테서 볼 수 있습니다. 나쁜 사기꾼들이 난민들을 배에 태워 그리스나 터키로 데려다주겠다고 한 뒤 너무 많은 사람을 태우는 바람에 사람들이 물도 제대로 마시지 못하고 결국에는 배가 뒤집혀 약한 여성이나 어린 아이들이 다 죽고 마는 것입니다. 이것이 바로 은혜를 받기는 받았는데 헛되이 받은 것입니다. 즉 사람들은 복음을 듣고 예수를 믿었습니다. 믿는 사람들에게 성령도 임하고 교회 부흥도 일어났습니다. 그러고 나서 사람들은 자신들이 믿은 믿음을 사기당하고 마는 것입니다. 예수를 믿고 나서 너무 방심한 나머지 자만심에 빠져 자신이 탄 배가 어디로 가는지 생각조차 하지 않았던 것입니다. 사람들은 그저 자기들이 가지고 온 돈을 자랑하고 패물을 자랑하느라고 배가 다른 방향으로 가는 것을 주의 깊게 살피지 않았던 것입니다.

우리는 이 세상을 사는 동안 항상 자신의 신앙을 점검해야 하고 목회자들의 가르침에 유의해야 합니다. 즉 우리의 복음이 되려고 하면 하나님이 우리에게 은혜를 베풀고 축복하실 때 그 복을 다 써버려서는 안 됩니다. 즉 하나님이 아무리 축복하시고 우리를 높이셔도 여전히 하나님 앞에서 가난하고 부족한 죄인으로 서지 않으면 우리의 복음은 헛된 복음이 되고 맙니다. 그래서 사도 바울은 복음을 전하는 전도자의 사명이 헛되지 않도록 세심하게 주의를 기울였다고 말합니다.

3절, "우리가 이 직분이 비방을 받지 않게 하려고 무엇에든지 아무에게도 거리끼지 않게 하고"

사도 바울의 복음 전하는 "이 직분이 비방을 받지 않게 하려고"라는 말의 뜻은 무엇일까요? 예수님을 믿지 않는 동네에 복음 전도자가 찾아와서 복음을 전할 때 그들은 배척당하고 조롱과 욕설을 들어 가면서 가장 겸손한 자세로 복음을 전할 것입니다. 그들은 잠도 헛간 같은 험한 데서 자고, 형편없는 음식을 먹고, 복음을 전하다가 얻어맞기도 하고, 나중에 예배당이 세워진다고 해도 빈 창고나 헛간 같은 데서 모일 것입니다. 그때 사람들은 교회나 목회자를 대단하다고 생각하지 않을 것입니다. 그러나 부흥이 일어나 교회가 엄청 커지고 많은 사람이 예수를 믿게 된다면 교회는 대단한 장소가 되고 목회자는 유명 정치인이나 연예인, 교수, 기업인과 어울리게 되고 교인들 가운데 성공하고 돈 많은 사람이 늘어날 것입니다. 이때 목회자나 교인은 자기들도 모르는 사이에 마음이 높아지게 됩니다. 그러면 목회자는 대기업 경영자나 명망 높은 교수, 지식인 행세를 하고 교인들 스스로도 지도자나 높은 사람 행세를 할 것입니다. 또한 사람들은 복음이나 기독교에 대해 불편함을 느낄 것입니다. 왜냐하면 예수님이 가르치신 것과 너무나 다른 행동을 하고 있기 때문입니다.

구원의 날이 닫히지 않고 은혜가 헛되지 않게 하려면 교회나 목회자가 아주 조심해야 합니다. 이는 아무리 하나님이 기독교를 흥하게 하시고 부홍되게 하셔도 믿는 자들의 마음은 가난해지고 낮아져야 한다는 것입니다. 그래서 복음이 복음 되게 하려면 하나님이 우리에게 주신 축복을 다 누리려고 하거나 사용하려고 해서는 안 됩니다. 이 말은 가진 재산을 남들에게 다 나누어주고 거지같이 살아야 한다거나 늘 가난하게 살면서 빌어먹어야 한다는 뜻이 아닙니다. 우리는 자신이 가지고 있는 돈이나 권력, 지식을 사용하지 않도록 노력해야 하고, 절대로 잘난 체하지 않도록 각오해야 합니다.

4-5절, "오직 모든 일에 하나님의 일꾼으로 자천하여 많이 견디는 것과 환난과 궁핍과 고난과 매 맞음과 갇힘과 난동과 수고로움과 자지 못함과 먹지 못함 가운데서도"

사도 바울과 복음의 동역자들은 모두 복음 전도에 자진해 나선 자들이었습니다. 그들은 얼마든지 자신이 처한 형편이나 처지에서 고생하지 않고 편하게 지낼 수 있었습니다. 사도 바울은 예루살렘의 랍비로 성공가도를 달리던 사람이었습니다. 형제 누가는 의사로서 인정받는 사람이었습니다. 디모데와 디도도 고향에 있었다면 편하게 살 수 있었을 것입니다. 그러나 그들은 모두 하나님의 일꾼으로 자원했고, 하나님의 일을 하면서 온갖 고생을 했습니다. 그들은 복음을 전혀 모르는 사람들에게 찾아가 복음을 전해야 하다 보니 많이 견디어야 했고, 갖은 고생을 해야 했습니다. 일단 다른 사람들에게 복음을 전할 때 언어와 풍습이 달라 말도 잘 통하지 않았고 선교비를 풍족하게 받지 못해 여러모로 고생을 해야 했습니다. 사람들은 전도자들을 이상한 풍습이나 종교를 전하는 자로 생각해서 동물원의 원숭이 구경하듯 했고 욕을 하기도 했습니다. 그리고 낯선 곳에 가서 생활해야 하다 보니 먹는 것이나 자는 것 등 생활 면에서 모든 것이 불편했습니다. 요즘 유명한 설교자들은 준비된 집회에 초청 받아 설교하러 가면 일류 호텔에서 잠을 자고 음식도 최고급 뷔페에서 먹습니다. 그러나 예수를 믿지 않거나 가난한 사람들을 찾아가 평신도로서 복음을 전하려고 하면 후한 대접도 받지 못하고 다른 사람들과 한 방에서 자야 하고 씻는 것이나 먹는 것에 있어 불편함을 감수해야 합니다. 그런데 복음이 복음 되려고 하면 자신의 요구라든지 특권을 사용하지 않고 섬기는 자세로 임해야 복음이 부패하지 않고 헛된 것이 되지 않습니다. 사람들은 자기에게 좋은 기회가 왔을 때 그것을 충분히 활용해 엄청나게 큰 사업을 벌이고 행사를 열어야 성공한다고 생각하는데, 그렇게 하면 사람들은 복음을 비난하고 욕할 것입니다. 사람들은 이들이 너무 잘난 체하고 너무 똑똑한 체하고 지식인과 돈 있는 사람만 상대한다고 비난할 것입니다. 사실 이런 비난은 아주 중요한 것으로, 교회와 기독교가 주의를 기울여야 하는 것입니다. 우리가 주님이 하셨던 그대로 가난하고 비참하게 복음을 전할 때 환난과 궁핍을 당하고 고난을 받게 됩니다. 즉 사람들에게 업신여김을 당하고 궁핍한 생활을 하고 공격을 당할 것입니다. 개인적으로 개척교회를 할 때 힘이 없다 보니 공격하는 사람이 많았습니다. 그래서 굉장히 힘들었습니다. 사도 바울은 매를 맞기도 했고 옥에 갇히기도 했고 난동 가운데 휩쓸리기도 했습니다. 그는 먼 곳으로 이동할 때 갖은 고생을 하면서 먹지 못했고 잠도 자지 못했고 제대로 입거나 씻지도 못했습니다. 그런데 이때 복음이 되었던 것입니다. 오늘날에는 목회자나 교인들이 사도 바울처럼 할 수가 없습니다. 그러나 중요한 것은 자신이 가지고 있는 모든 힘이나 지식, 권한을 쓰지 않고 가난하고 겸손한 마음으로 견뎌야 구원의 날이 계속된다는 것입니다. 성공했다고 해서 무한정으로 자신의 일을 확장한다면 사람들을 잘못된 길로 데려가고 있는 것입니다.

6-7절, "깨끗함과 지식과 오래 참음과 자비함과 성령의 감화와 거짓이 없는 사랑과 진리의 말씀과 하나님의 능력으로 의의 무기를 좌우에 가지고"

본문에서 '깨끗함'은 성적으로 깨끗한 것을 말합니다. 세상 사람은 좀 친해지면 자기끼리 시시덕거리는데, 특히 여성과 남성이 음탕하게 말을 주고받거나 행동하는 경우가 많습니다. 그러나 하나님의 백성은 이런 점에서 깨끗해야 합니다. 특히 남녀관계가 깨끗해야 사람들은 복음을 신뢰하게 됩니다. 여기서 '지식'은 지성을 말합니다. 지성은 억지를 부리거나 떼를 쓰거나 텃새를 부리는 것과 반대입니다. 끝까지 절제된 언어로 다른 사람을 흥분시키지 않고 좋은 말로 대하는 것입니다. 그렇게 하기 어렵다면 입을 다물어야 합니다. 여기서 '오래 참음' 은 다른 사람들에게도 진리를 이해하거나 실천하는 데 시간이 필요하다는 사실을 인정하고 기다리는 것입니다. 또한 '자비함' 은 다른 사람의 부족한 부분을 불쌍히 여기고 이해하려고 하는 것입니다. 즉 다른 사람이 틀렸다고 해서 무작정 미워하고 비난하는 것이 아니라 그럴 만한 사정이 있을 거라고 생각해 이해하려고 하는 것입니다. 사실 우리가 이해할 수 없다고 한 사람에게 그럴 만한 사정이 있는 경우가 많습니다. 예를 들어 특정 음식에 대해 알레르기를 가진 사람이 있는데, 우리는 그가 그 음식이나 과일을 먹지 못하는 것을 이해하도록 노력해야 합니다. 어떤 사람이 당뇨가 심해 일체 과일이나 탄수화물을 먹지 못했습니다. 빵이나 떡도 먹지 못하고 어떤 과일도 먹지 못했습니다. 오직 야채만 먹고 육류만 먹었습니다. 우리는 이런 것도 이해해주어야 합니다.

교인의 경우 가난한 자와 부자는 생각하는 것이 다릅니다. 그래서 목회자는 가난한 성도에게 비전이니 부흥이니 해서 헌금을 강요하거나 교회를 무한정으로 키우려고 해서는 안 됩니다. 그리고 좀 강퍅하고 무례한 사람이 있어도 성령이 감화해주실 것을 믿고 그냥 두어야 합니다. 본문에서 '거짓이 없는 사랑' 은 아첨하는 말이나 거짓 축복을 약속해서는 안 된다는 뜻입니다. '진리의 말씀' 으로, 오직 설교로 사람들이 은혜 받게 하고 하나님의 능력을 믿어야 합니다. 교인 수나 교인의 지위를 이용하려고 해서도 안 됩니다. 본문에서는 "의의 무기를 좌우에 가지고" 라고 말씀합니다. 이는 양손에 하나님의 의의 무기를 가져야 한다는 것입니다. 그래서 위로할 때는 위로하고 책망할 때는 책망해야 하는데, 사실 이것은 참 어려운 일입니다. 사람은 위로의 말은 잘 받아들이지만 책망의 말에는 상처를 입고 받아들이려고 하지 않기 때문입니다.

그러나 복음 전하는 자가 이런 자세를 지속적으로 유지할 때 놀라운 일이 나타나게 됩니다.

8절, "영광과 욕됨으로 그러했으며 악한 이름과 아름다운 이름으로 그러했느니라"

복음 전도자가 낮은 자세로 임했을 때 욕을 먹기도 했지만 영광도 있었습니다. 결국 복음의 능력이 나타났던 것입니다. 그리고 악한 이름을 듣기도 했지만 실제로 많은 사람이 구원받고 그를 존경하고 신뢰했습니다. 복음 전도자에게 중요한 것이 돈이고 감투인지, 신뢰이고 존경인지를 잘 분별해야 합니다. 대부분의 사람은 눈앞의 이익을 생각하고 명예를 생각하기 때문에 진짜 중요한 것을 놓칠 수 있습니다. 그러면 구원의 날이 끝나고 맙니다.

다음에는 놀라운 이야기가 나옵니다.

8 하~10절, "우리는 속이는 자 같으나 참되고 무명한 자 같으나 유명한 자요 죽은 자 같으나 보라 우리가 살아 있고 징계를 받는 자 같으나 죽임을 당하지 아니하고 근심하는 자 같으나 항상 기뻐하고 가난한 자 같으나 많은 사람을 부요하게 하고 아무것도 없는 자 같으나 모든 것을 가진 자로다"

본문에서 "속이는 자 같으나"의 뜻은 우리가 하나님 말씀을 믿으면 능력이 임하고 기도 응답이 오고 축복이 온다고 가르쳤는데, 당장 오지 않고 오히려 고난이나 환난이 오면 속이는 사람처럼 된다는 것입니다. 그러나 이것은 참입니다. 하나님의 때가 되면 반드시 응답이 옵니다. 또한 본문에서 "무명한 자 같으나 유명한 자"라고 말씀합니다. 처음에 작은 교회에서 목회할 때는 사람들이 무시하고 알아주지 않아서 이름 없는 사람인 줄 알았는데 나중에 알고 보니 엄청 유명한 사람인 것입니다. 본문에서 "죽은 자 같으나"라고 말씀합니다. 남들이 때리고 욕하고 못살게 굴어도 반항하지 않고 가만있으니 죽은 것 같았는데 그들은 살아 있습니다. 심지어 사람들에게 끌려가 채찍질을 당하고 매질을 당하는 것을 보면 뭔가 큰 잘못을 한 사람처럼 보였습니다. 그러나 그들은 다시 풀려나 복음을 전했습니다. 그들은 권력이 없기 때문에 어려운 일을 당하거나 교인들에게 환난이 닥치면 근심 가운데 있는 것처럼 보였습니다. 그러나 하나님이 도와주셔서 그들은 다시 기뻐할 수 있었습니다. 또한 그들은 가난했지만 다른 사람들을 부요하게 했습니다. 이는 그들이 다른 사람들을 위해 기도해서 모두 부자가 되게 했다는 뜻이 아닙니다. 사도들이 다른 사람에게 하나님 말씀을 전하고 그들이 은혜를 받아서 모두 자신들의 가치를 찾게 되었다는 것입니다. 사람들이 자신들의 가치를 찾는다면 하나님은 그들에게 무한정 복을 내려 주십니다. 그래서 모든 성도가 복을 받게 됩니다. 사도 바울이나 복음을 전하는 사람은 가진 것이 없는 것처럼 보였지만 모든 것을 가지고 있었습니다. 왜냐하면 하나님이 그들의 편에 계셨기 때문입니다. 그들이 기도하면 모든 일이 해결되었습니다.

3. 종교다원화를 멀리하라

고린도 교회가 부흥되면서 좋지 않은 일 두 가지가 일어났습니다. 하나는 그들이 가난하게 되려고 하지 않았다는 것입니다. 그리고 자꾸 지적인 사람이 되려고 했다는 것입니다. 하나님의 축복을 받을 때 그 축복을 하나님보다 더 사랑하면 그것이 바로 우상 숭배입니다. 우리는 축복의 열매보다 하나님을 더 사랑해야 합니다. 그러나 그렇게 하기가 너무 어렵습니다. 또 다른 하나는 고린도 교인이 복음에 대해서는 문을 닫으면서 다른 종교에 대해서는 문을 열었다는 것입니다. 그들은 다른 종교나 가르침에 대해 관용적인 태도를 취하며 결코 편협하지 않다는 이미지를 심어주려고 했습니다.

그러자 사도 바울은 어떻게 빛과 어둠이 함께하며, 그리스도와 벨리알이 조화될 수 있느냐고 책망했습니다.

11-12절, "고린도인들이여 너희를 향하여 우리의 입이 열리고 우리의 마음이 넓어졌으니 너희가 우리 안에서 좁아진 것이 아니라 오직 너희 심정에서 좁아진 것이니라"

사도 바울은 고린도 교인에 대하여 마음이 활짝 열려 있다고 했습니다. 이것은 그들이 무슨 말을 하든지 다 받아들일 준비가 되어 있다는 뜻입니다. 그런데 고린도 교인은 사도 바울이나 복음에 대하여 마음이 닫혀 있었습니다. 사도 바울이나 복음을 전하는 사람들이 지적이지도 않고 그들의 마음을 편협하게 만든다고 생각했기 때문입니다. 그 대신 고린도 교회의 목회자나 교인은 다른 종교, 특히 이방 종교에 대해 문을 활짝 열고 대화도 나누고 교류도 했던 것을 알 수 있습니다. 심지어 고린도 교회의 지도자들 가운데 이방 신전에 가서 음식을 같이 먹을 정도로 친밀하게 교류한 사람도 있었습니다.

그래서 사도 바울은 어떻게 그럴 수 있느냐고 책망하고 있습니다.

14절, "너희는 믿지 않는 자와 멍에를 함께 메지 말라 의와 불법이 어찌 함께하며 빛과 어둠이 어찌 사귀며"

'믿지 않는 자와 멍에를 같이 메다' 는 농사를 짓는 것과 관련이 있습니다. 소와 나귀는 농사를 지을 때 같은 멍에를 메게 하지 않았습니다. 왜냐하면 소와 나귀는 성격이 서로 달라서 나란히 갈 수가 없기 때문입니다. 믿지 않는 자와 멍에를 메지 말라고 할 때는 결혼을 염두에 두고 말할 때가 많습니다. 즉 믿지 않는 사람과는 가치관이 다르기 때문에 결혼생활을 할 때 서로 이해되지 않는 부분이 많을 수밖에 없습니다. 그러나 사도 바울은 그런 부분에 있어 전도가 될지 모르니 굳이 헤어지지 말라고 권면했습니다. 어느 때는 이 멍에가 동업의 문제일 때도 있습니다. 사실 우리는 믿지 않는 사람이 대표인 회사에 얼마든지 다닐 수 있고 믿지 않는 상사나 교수 밑에서 일하거나 공부할 수도 있습니다. 본문에서 사도 바울이 특별히 말하고자 한 것은 종교다원화입니다. 물론 종교끼리 서로 적대적이거나 싸울 필요는 없습니다. 특히 자신이 믿는 종교가 옳다고 해서 다른 종교의 불상을 훼손하거나 다른 종교에 대해 공격할 필요는 없습니다. 우리는 묵묵히 자신의 위치를 지켜야 합니다. 그러나 자신이 편협하지 않고 다른 종교에 대해 마음이 열려 있다는 것을 보여주기 위해 다른 종교를 가진 사람을 불러 강의를 하도록 한다거나 자기 자신이 가서 강의하거나 설교한다거나 하는 것은 옳지 않습니다. 왜냐하면 이것은 올바른 종의 자세가 아니기 때문입니다. 주인은 합칠 생각이 없는데 종들이 먼저 교류하면서 주인에게 하나가 되라고 말하는 것인데, 이는 종으로서 할 행동이 아닙니다.

15-16절 상, "그리스도와 벨리알이 어찌 조화되며 믿는 자와 믿지 않는

자가 어찌 상관하며 하나님의 성전과 우상이 어찌 일치가 되리요 우리는 살아 계신 하나님의 성전이라"

세상 사람들은 할 수 있으면 세계의 모든 종교가 한 자리에 모여 함께 예배드리고 친교의 악수를 나누기를 바랍니다. 그러다 보니 여러 종교를 인정하고 서로 교류하는 것을 열린 자세를 가진 사람이라고 생각합니다. 대부분의 사람은 그렇게 하기를 바라고 좋아합니다. 그러나 하나님은 그것을 기뻐하시지 않습니다. 왜냐하면 하나님은 우상이나 귀신과 같은 수준일 수가 없기 때문입니다. 사람들이 우리를 비타협적이고 편협하다고 생각해도 어쩔 수가 없습니다. 왜냐하면 오직 하나님만이 유일한 하나님이시고 우리는 그분의 자녀이기 때문입니다.

18절, "너희에게 아버지가 되고 너희는 내게 자녀가 되리라 전능하신 주의 말씀이니라 하셨느니라"

복음이 복음 되기 위해서는 우리의 부나 성공, 권력을 사용해서는 안 됩니다. 우리는 세상 사람들에게 인정받기 위해 일부러 세상의 기준에 맞출 필요가 없습니다. 처음 복음 전하던 자세로 끝까지 나아가면 구원의 날이 계속되고 하나님의 은혜가 계속될 줄로 믿습니다.

성경 토의

1. 우리가 하나님 말씀을 듣는다는 것은 지금이 어떤 시기인지 보여주며, 우리는 지금이 구원의 날이라는 것을 어떻게 알 수 있는가?

2. 왜 복음을 전하는 사람이 믿지 않는 자들로부터 비난을 받으며, 세상 사람들로부터 조롱을 당하고 불신을 당하는가? 그것을 극복하기 위해 말씀을 전하는 사람은 어떤 생각을 해야 하는가?

3. 믿지 않는 사람들과 멍에를 함께 메지 말라고 했는데 우리는 완전히 믿지 않는 세계와 격리된 채 살 수 없다. 우리는 공부도 해야 하고 직장생활도 해야 하고 병원에도 가야 한다. 그럼에도 우리가 불신 세력이나 다른 종교와 함께할 수 없는 영역에 어떤 것이 있으며, 교회가 다른 종교를 인정하려고 하는 것에 대해 어떻게 생각하는가?

09_후회 없는 근심

고린도후서 7:1-16

전체적 설명

사도 바울은 고린도 교회가 안고 있는 문제를 지적함으로써 그들을 근심하게 만든 데 대해 걱정했다. 사실 고린도 교인과 사도 바울 사이를 이간질하는 사람이 있어 오해가 생기기도 했는데, 이런 상황에서 그들의 잘못까지 지적한다면 서로의 관계가 더 악화되지 않을지 걱정스러웠던 것이다. 그러나 우리 믿는 사람들이 주 안에서 담대한 믿음으로 나아갈 수 있는 것은 우리가 서로에 대해 정직할 때 일시적으로 서로가 불편할 수 있을지 몰라도 결국 모든 것이 아름답게 회복된다는 사실을 알기 때문이다. 처음에 사도 바울도 고린도 교인이 자신의 의도에 대해 오해하지 않을까 걱정했지만 디도가 와서 잘 설명해주어 안심하게 되었다(6절). 특히 사도 바울이 고린도 교회에 대해 먼저 보낸 편지가 좋은 소식을 담고 있는 것이 아니어서 일시적으로는 근심했을지 몰라도 결국 고린도 교인이 하나님의 진리 위에 든든히 서는 데 도움이 될 것으로 확신했다.

1절, "그런즉 사랑하는 자들아 이 약속을 가진 우리는"

설교 프리노트

사도 바울은 자기 자신과 고린도 교인 사이에 불신과 이간질이 있음에도 "사랑하는 자들아"라고 부르고 있다. 그 이유는 겉으로 보기에 여러 가지 차이와 갈등이 있는 것처럼 보이지만 마음속에는 하나님의 사랑과 예수 그리스도의 십자가 은혜를 믿는 같은 믿음이 있기 때문이다. 그래서 '이 약속'은 하나님이 그분의 백성으로서 자격이 없는 우리를 하나님의 백성이라 부르시고, 하나님의 사랑을 받을 만한 자격이 없는 우리를 사랑하셔서 자녀 되게 하신 것을 말한다(6:18). 같은 형제 사이에는 때때로 의견이 상충될 때도 있고 이로 말미암아 다툴 때도 있지만 결국 형제관계는 떼려야 뗄 수 없는 관계인 것이다.

"하나님을 두려워하는 가운데서 거룩함을 온전히 이루어"

그리스도인의 공통된 특징은 모두 하나님의 존재를 믿는다는 것이다. 우리가 어디서 무엇을 하든지 간에 하나님은 우리를 지켜보고 계시며, 우리가 어떤 일을 하는지 알고 계신다. 그런데 하나님 보시기에 우리가 거룩함을 완전히 이루는 것이 가능할까? 그것은 불가능한 일이다. 왜냐하면 우리는 이미 마음속에서부터 죄짓는 것을 좋아하기 때문이다. 그래서 아무리 하나님을 믿는다고 말하지만 보는 사람이 없으면 죄를 짓게 되고 때때로 위선적인 행동을 취하기도 한다. 그렇다면 과연 어떻게 해야 "육과 영의 온갖 더러운 것에서 자신을 깨끗하게" 할 수 있겠는가? 물론 우리는 인간이고 우리 안에는 죄성이 있어서 끊임없이 죄지을 생각을 하고 죄를 짓는다. 그러나 우리가 하나님 앞에서 정직하고 그때그때 죄를 회개하기만 한다면 하나님은 우리를 모든 죄에서 깨끗하게 하실 것이다.

2-3절, "마음으로 우리를 영접하라……"

이미 고린도 교인과 사도 바울의 일행 사이에는 무엇인가 눈에 보이지 않는 벽이 있고 불신이 있었다. 물론 이것이 개인적 감정의 문제라면 그냥 두어도 되겠지만 이것이 진리의 잘못된 문제라면 시간이 흐를수록 고린도 교회의 문제는 곪게 된다. 그래서 사도 바울은 고린도 교인에게 자기들이 이 문제를 치료하고 수술할 수 있도록 문을 열어 달라고 부탁하고 있다. 즉 "영접하라"는 우리가 하는 말을 듣고 그 문제에 관여할 수 있게 해달라고 부탁하는 것이다. 왜냐하면 사도 바울과 그의 일행은 이전에도 어느 누구에게든지 불의를 행한 적이 없고, 고린도 교인이나 다른 교인을 해롭게 한 적도 없고, 누군가를 속여 물건이나 돈을 빼앗은 적도 없기 때문이다. 즉 사도 바울은 정말 순수한 동기로 고린도 교회의 죄를 돕고자 하는 것이니 자기 자신이나 그가 보내는 사람을 영접해 달라고 말한다. 사도 바울이 이런 말을 하는 이유는 고린도 교회를 정죄해 다 틀렸다고 돌아서는 것이 아니라 우리 모두가 그리스도 안에서 한 몸이고 한 지체이기 때문이다. 즉 고린도 교인이 아프면 자기도 아프고, 고린도 교회가 죽으면 자기도 죽는다는 것이다.

4절, "나는 너희를 향하여 담대한 것도 많고"

사도 바울은 고린도 교회에 대하여 좋은 추억이 참 많다고 말한다. 사도 바울과 고린도 교인이 진정한 부흥의 역사를 함께 경험했기 때문이다. 교회 안에서 부흥이 일어날 때는 너무나 아름답고 좋은 일이 많이 생기므로 그런 시절을 생각하면 기억도 담대하게 되고 불신의 벽도 허물어지게 된다. 사도 바울은 고린도 교회에 대해 "자랑하는 것도 많으니"라고 말한다. 이것은 부흥이 일어나면서 좋은 일이 너무 많았다는 뜻이다. 그리고 환난 가운데도 위로가 가득했고 기쁨이 넘쳤다고 말한다. 우리가 한평생에 걸쳐 후회 없이 아름답게 사는 비결은 교회 안에 항상 부흥이 일어나게 하는 것이다.

5절, "우리가 마게도냐에 이르렀을 때에도"

마게도냐는 그리스 위쪽에 있는 지역을 말하는데, 고린도와 아테네 등을 포함한 그리스와 인종적으로나 문화적으로 많이 달랐다. 당시 알렉산더 대왕이 등장해 그리스와 이집트, 심지어 소아시아 지방까지 정복해 헬레니즘이라고 하는 거대한 문화권을 만들어냈다. 사도 바울은 고린도 교회에 깊은 상처를 주지 않기 위해 공식적으로 고린도를 방문하지 않고 소아시아 쪽인 드로아에서 바로 마게도냐로 건너갔다. 그러나 마게도냐에서 사도 바울은 정신적으로나 육체적으로 최악의 상태에 빠지게 되었다. 사도 바울은 "우리 육체가 편하지 못하였고"라고 했는데, 그의 일행이 처한 주거 환경이 좋지 못했을 뿐 아니라 사도 바울의 건강 상태도 상당히 좋지 않았던 것으로 보인다. 게다가 본문을 보면 "사방으로는 환난을 당하여"라고 말씀한다. 아마도 마게도냐에서 복음에 우호적이지 않았던 사람들이 여러 방면에서 사도 바울을 공격하고 또 몰려와서 소동을 부리곤 했던 것으로 짐작된다. 그래서 사도 바울은 자신이 마게도냐에 있는 동안 "밖으로는 다툼이요 안으로는 두려움이었노라" 고 말한다. 사도 바울이 기거하고 있는 집 밖에서는 거의 매일 복음에 반대하는 사람들이 몰려와서 소리를 지르고 나가라고 항의하기도 했던 것 같다. 그런 와중에 심각했던 것은 사도 바울의 마음속에 '두려움' 이 커졌다는 사실이다. 원래 예정대로 하면 마게도냐에 오기 전 바다 건너편 드로아에서 디도가 와서 고린도의 소식을 전해주기로 되어 있었는데, 디도로부터 아무런 소식이 없었기 때문이다. 그래서 사도 바울은 마게도냐에 있으면서 심한 우울증 증세까지 겪었던 것으로 짐작된다.

6-7절, "그러나 낙심한 자들을 위로하시는 하나님이……"

사도 바울이 경험했던 하나님은 그 자신이나 다른 믿음의 형제들이 낙심한 가운데 있을 때 절대로 그냥 두시지 않았다. 하나님은 '낙심한 자를 반드시 위로하시는 하나님' 이셨던 것이다. 다시 말해 하나님은 우리가 어려운 일을 당해 고통 가운데 있을 때 그 이상으로 좋은 일을 주어 위로받게 하시는 분이다. 사도 바울은 마게도냐에 와서 육체적으로 굉장히 힘들고 정신적으로도 큰 두려움 가운데 있었는데, 하나님은 그 모든 것을 단번에 해결해주셨다. 드디어 디도가 마게도냐에 와서 고린도 교회와 관련한 기쁜 소식을 전했던 것이다. 사도 바울도 인간이었기에 고린도 교인이 자신의 말이나 편지로 말미암아 분노하고 반발하고 실망할 것을 지레 짐작하고 걱정했던 것 같다. 그러나 하나님은 신실하신 분이기에 절대로 그런 일이 일어나지 않게 하셨다. 사도 바울은 우선 디도가 상처나 어려움 없이 무사히 마게도냐에 온 것을 기뻐했다. 또한 고린도 교인이 사도 바울의 마음속 고통이나 디도의 수고를 알고 위로한 이야기를 전해 들었다. 그뿐 아니라 고린도 교인이 자신들이 너무 늦게 하나님의 뜻을 깨달았고 더디게 반응한 것에 대하여 애통해했고, 사도 바울을 만나보기 원한다는 보고를 듣고 기뻐했다.

8-9절, "그러므로 내가 편지로 너희를 근심하게 한 것을 후회하였으나……"

여기서 사도 바울이 말한 고린도 교인을 근심하게 했던 편지가 어떤 편지인지에 대해선 여러 가지 의견과 주장이 있다. 어떤 학자는 고린도전서를 말한다고 하고, 어떤 학자는 분실된 어떤 서신이 있었을 것이라고 추측하기도 한다. 또 어떤 학자는 사도 바울 자신의 격정적인 감정을 토로하고 있는 고린도후서 12장 이하의 말씀일 거라고 주장하기도 한다. 즉 고린도후서 12장 이후는 별도의 서신이었는데, 편집하는 과정에서 고린도후서 뒤에 붙게 되었다고 주장하는 것이다. 모두가 일리 있는 주장이지만 다른 특별한 증거가 나오지 않는 이상 이 편지가 고린도전서라고 보아도 무방하리라고 생각한다. 왜냐하면 고린도전서에 고린도 교인을 충분히 근심하게 할 만한 책망의 내용이 기록되어 있기 때문이다. 그러나 사도 바울은 이 편지가 고린도 교인을 잠깐 근심하게 했을 것이라고 믿었다. 이 편지가 개인적인 책망의 편지가 아니고 하나님의 진리에 입각한 편지였기 때문이다. 물론 고린도 교인도 사람의 감정을 가지고 있어서 '잘했다' 는 칭찬의 말을 들어야 기분이 좋지 '잘못하고 있다' 는 책망의 말을 들으면 기분 좋을 리가 없다. 그러나 하나님의 책망하시는 말씀을 잘 받아들이면 그 안에 우리를 위로하고 치료하시는 말씀이 있음을 알게 된다. 고린도 교인은 오히려 이 편지를 통해 하나님 앞에서 '회개하는 자리'로 나아가게 되었다. 우리가 하나님 말씀으로 책망 받고 고민하는 것이야말로 하나님의 뜻대로 하는 근심이며, 이것은 아무런 해도 없고 오히려 우리 신앙을 하나님 앞에서 아름답고 성숙하게 만들어준다(9절). 그러나 하나님 말씀이 없는 상태에서 분노나 미워하는 감정으로 비난하거나 책망한 것은 마음에 깊은 상처를 남기게 되고 나중에 병으로까지 이어지게 된다.

10-12절, "하나님의 뜻대로 하는 근심은……"

하나님은 때때로 우리에게 모든 답을 주거나 모든 어려움을 해결해주시지 않고 근심하게 하고 답답하게 하실 때가 있다. 이것은 우리 스스로 하나님의 뜻을 깊이 생각하게 하고, 스스로 결단하도록 만들어준다. 우리가 스스로 고민하고 답답해하는 가운데 하나님의 뜻을 찾아 결단을 내릴 때 이보다 더 아름답고 좋은 일은 없다. '세상 근심' 은 하나님 말씀에 대한 믿음 없이 모든 가능성을 걱정하고, 모든 사람의 생각에 대해 대비하려고 하는 것이기에 결국 그 무거운 짐을 견디지 못해 우울증에 걸리거나 신경쇠약이나 영적 절망에 빠지게 된다. 그러나 고린도 교인은 하나님 말씀을 가지고 걱정했기 때문에 하나님에 대하여 더 간절해지게 되었고(11절), 복음에 대해 더 분명하게 변증할 수 있게 되었고(11절), 자신들의 미지근한 신앙에 대해 더 분노하게 되었고(11절), 하나님의 은혜를 더 사모하게 되었으며(11절), 교회의 문제에 대해 더 열심을 내게 되었고 스스로 더 철저하게 반성하게 되었고(11절), 자기 자신들이 세상의 우상이나 음행에 대하여 깨끗해지려고 노력하게 되었다(11절). 사도 바울이 그 편지를 썼던 것은 불의를 행한 사람들을 비난하려고 한 것도 아니었고, 불의를 당한 사람을 단순히 두둔하거나 위로하려는 것도 아니었으며, 우리 모두 하나님 앞에서 바로 믿자는 생각이었다고 말씀한다(12절).

13-16절, "이로 말미암아 우리가 위로를 받았고……"

사도 바울은 우선 고린도 교인이 바울의 편지를 좋은 마음으로 받아들였다는 소식에 위로를 받았다. 이것은 고린도 교인의 신앙이 살아있다는 사실을 보여주었기 때문이다. 더욱이 디도가 기쁨으로 그 사실을 전해주어 더 많이 안심되었다고 말한다(13절). 즉 사도 바울은 자신이 그렇게 고생해서 씨를 뿌렸던 고린도 교회가 결국 사탄의 계략에 무너지지 않을까 걱정했는데, 역시 고린도 교인의 신앙은 살아있었습니다. 사도 바울은 여러 지역을 돌아다니면서 전도하고 설교할 때 고린도 교인의 신앙에 대해 자랑한 적이 있는데, 이제는 그것이 부끄럽지 않게 되었다고 말한다(14절). 그러나 사실 우리가 다른 교회에 대해 자랑하는 것은 좋은 점도 있지만 조심해야 할 부분도 있다. 어떤 교회에 대해 실컷 자랑했는데 얼마 가지 않아서 좋지 않은 일이 터지면 부끄러워질 수밖에 없다. 사도 바울이 디도 앞에서 고린도 교회에 대하여 자랑했던 것은 모두 진실로 증명되었다(14절). 고린도 교인은 디도를 두려움과 떨림으로 영접하여 말씀을 들었고 그의 가르침에 순종했다(15절). 사도 바울은 무엇보다 고린도 교인을 신뢰하지 못해 많이 걱정하고 염려했다가 다시 그들을 신뢰할 수 있게 된 것이 너무 기뻤다(16절).

본문 이해를 위한 질문

1. 사도 바울은 전 목회자로서 고린도 교인과의 사이에 상당한 불신과 생각의 차이가 드러났을 때 어떤 생각을 했는가?

사도 바울은 자신이 고린도 교인과 한 몸이고 한 지체이며 그들과의 사이에 많은 부흥의 체험을 가지고 있었다는 점을 이유로 들어 그들을 믿었다.

2. 사도 바울이 고린도 교인에게 먼저 편지를 보내 근심하게 만든 것은 어떤 결과를 가져왔는가?

이 편지는 여러 가지 주장이 있지만 고린도전서일 거라고 생각한다. 이 편지가 고린도 교인을 잠시 근심하게 했지만 그들에게 하나님의 뜻을 더 깊이 깨닫고 복음을 변증하는 데 더 열심을 내게 했다.

3. 사도 바울은 고린도 교인에 대해 어떤 마음을 가지게 되었는가?

사도 바울은 고린도 교회에 대해 자랑했던 말이 거짓말이 아니었다는 사실에 기뻐했고, 무엇보다 디도를 하나님의 종으로 인정해 그의 말을 두려운 마음으로 순종한 데 대해 감사했다. 또한 자신이 고린도 교인을 다시 신뢰할 수 있게 되어 기뻐했다.

성경 강해

우리는 때때로 집이나 직장, 교회에서 어떤 문제를 제기했다가 고민하고 고통 받을 때가 있습니다. 그러나 우리에게 이런 고민이나 고통이 반드시 나쁜 것만은 아닙니다. 왜냐하면 이렇게 미리 당겨 근심하는 것을 통해 앞으로 일어날 더 큰 고통을 예방할 수 있기 때문입니다. 예를 들어 아이를 키우다 보면 어린 나이인데도 아이가 자꾸 한숨을 쉴 때가 있습니다. 어린 아이는 아직 한숨을 쉴 나이가 아닙니다. 그때 엄마는 조그만 아이가 한숨을 쉰다고 야단을 칠 것이 아니라 무슨 일이 있느냐고 물어야 합니다. 엄마에게는 말해도 된다고 설득하면 아이가 부모 몰래 물건을 샀다거나 어떤 잘못을 저지른 것을 솔직하게 털어놓을 수 있습니다. 이것은 근심을 당겨 함으로써 아이가 더 잘못된 길로 나아가는 것을 예방할 수 있는 근심입니다. 또한 중 · 고등학교에 다니는 자녀가 학교를 가지 않으려고 할 때는 억지로 가게 할 것이 아니라 무슨 말을 해도 절대 야단치지 않겠다고 약속한 뒤 무슨 일이 있는지 말하라고 하면 학교에서 괴롭힘을 당하고 있다거나 학교에 갈 수 없는 이유를 이야기할 것입니다. 그러나 이런 과정이 귀찮다고 무시해버리면 아이는 스트레스를 견디지 못해 자살하거나 자퇴할 수도 있습니다. 어른들의 경우에도 뇌졸중이나 심장마비가 일어나기 전에 반드시 좋지 않은 증세가 나타납니다. 이때 귀찮아도 전문의와 상담하고 검사를 받으면 큰병을 예방할 수 있지만 괜찮을 거라고 무시한 채 넘어가면 큰 사고를 당할 수도 있습니다. 사실 이런 근심은 모두 유익한 것입니다. 그러나 부모가 자식에 대해 큰 욕심을 가져 무조건 일등을 해야 한다고 강요하거나 좋은 대학에 들어가야 한다고 스트레스를 주는 경우 잘못하면 자녀가 죽는, 사망에 이르는 근심이 될 수도 있습니다. 외국의 어떤 기업은 수익을 올리기 위해 종업원들에게 스트레스를 주는 방법으로 최고 수익을 올렸지만 그 후에 자살하는 직원이 있어 기업 이미지가 나빠진 경우도 있습니다. 요즘 우리나라에서는 실적을 올리기 위해 임원이나 직원들에게 큰 스트레스를 주는 경우가 많은데, 이것은 사망에 이르게 하는 나쁜 근심입니다.

오늘 우리는 사회가 너무 불안하고 믿을 수 없다 보니 앞으로의 일을 먼저 근심하는 경우가 많습니다. 부모들 가운데 아이가 아직 어린데도 걱정하는 마음이 커서 공부를 위해 이사하기도 하고, 자신의 안정적인 노후를 위해 투자해놓기도 합니다. 심지어 어떤 사람들은 핵전쟁에 대비해 넓은 지하실이 있는 집을 사기도 하고 비상용으로 랜턴이나 식수, 방독면 등이 들어 있는 가방을 마련해놓기도 합니다. 사실 사람들이 이런 근심을 하는 이유는 앞으로 자신에게 무슨 일이 일어날지 예측할 수 없기 때문입니다. 그러나 이런 근심은 어떤 어려움도 해결하지 못하는 아무런 유익이 없는 근심입니다.

성경은 우리가 하는 근심 가운데서 꼭 해야 하는 근심이 있는가 하면 전혀 할 필요가 없는 쓸모없는 근심이 있다고 말씀합니다. 사실 우리가 근심하고 있는 것들 가운데 근심해도 소용없는 것과 꼭 근심해야 하는 것을 구별할 수만 있어도 대단한 일입니다. 10절을 보면 "하나님의 뜻대로 하는 근심은 후회할 것이 없는 구원에 이르게 하는 회개를 이루는 것이요 세상 근심은 사망을 이루는 것이니라"고 말씀합니다. 이것을 보면 아무리 예수 믿는 사람이라고 해도 근심하지 않을 수 없다는 것을 알 수 있습니다. 즉 우리는 미래 일을 완전히 알지 못하기에 인생의 고비마다 답을 찾지 못할까 봐 걱정하고 근심할 수밖에 없습니다. 그러나 우리가 알아야 할 것은 하나님의 뜻대로 근심하면 후회하지 않는다는 것입니다. 즉 하나님의 뜻대로 근심하면 바른 길로 나아가 결국 회개를 이루어 행복하게 살지만 세상 사람이 근심하는 방법으로 근심하면 결국 사망에 이르게 된다고 말씀합니다.

1. 사람이 근심하는 이유

이 세상에 살면서 전혀 걱정하지 않고 근심하지 않는다는 것은 불가능한 일입니다. 왜냐하면 사람들은 자신이 모든 것을 주도하지 않는 이상 다른 사람의 일로 자신의 인생이 영향을 받기 때문에 걱정하며 살 수밖에 없습니다. 예를 들어 독불장군 같은 사람이 있다고 합시다. 아마도 그 사람은 근심하지 않을 것입니다. 모든 것을 자기 고집과 주장대로 밀어붙이면 되기 때문입니다. 아프리카 정글에 가 보니 사람이 가까이 가도 사자가 겁을 먹거나 도망치지 않는다고 합니다. 사자는 자신이 힘이 세고 강하다는 것을 알고 있어 겁낼 필요가 없기 때문입니다.

그러나 이런 독불장군 외의 사람들은 그 한 사람으로 말미암아 많은 스트레스를 받고 많은 근심을 하게 될 것입니다. 왜냐하면 이런 독불장군은 어디로 튈지 모르기 때문입니다. 동물 세계를 예로 든다면 사자는 스트레스를 받지 않겠지만 다른 짐승들은 사자 때문에 근심하면서 항상 경계하며 살아가야 합니다.

이 세상 사람이 하는 근심에는 여러 가지 종류가 있습니다. 사람들이 주로 하는 근심 가운데 하나는 지금 눈앞에 닥친 것으로 말미암아 근심하는 것입니다. 예를 들어 당장 등록금을 내야 하는데 돈이 없다거나, 집 주인이 집세를 올려 달라고 하는데 그만한 돈이 없다거나, 당장 생활비가 없어 거리에 나앉게 되었다면 사람은 누구나 근심하지 않을 수 없습니다. 이런 생존과 관계되는 문제는 누구든지 근심해야 하는 것이고, 근심하지 않으면 굶어죽거나 거리로 쫓겨나는 수밖에 없습니다. 그뿐 아니라 현대인은 처한 상황이 너무 불안하다 보니 모든 일에 근심하지 않을 수가 없습니다. 그래서 아내들은 아이들이 밖에 나갔다가 돌아올 때까지 근심하지 않을 수 없고, 자신이나 배우자의 건강 때문에 근심하지 않을 수 없고, 자녀들이 결혼했거나 하지 않았거나 그들의 미래를 생각하면 근심하지 않을 수가 없습니다. 사실 우리는 모두 연약한 자이기에 이 세상에 살면서 언제나 근심하고 불안해할 수밖에 없습니다. 우리 앞에 무슨 일이 닥칠지 알 수 없는데다가 우리 눈앞에서 벌어지는 일 모두가 걱정스럽기 때문입니다.

하나님의 백성이라면 모든 사람이 하는 근심보다 좀 더 수준이 높은 근심을 해야 합니다. 사실 우리 예수 믿는 사람은 세상 사람과 비교했을 때 힘이 없고 마음마저 여려서 더 근심하지 않을 수가 없습니다. 그러나 하나님을 믿는 사람이라면 꼭 근심해야 할 것만 근심하고 나머지 문제는 하나님께 맡길 수 있어야 합니다. 예수님은 이렇게 말씀하셨습니다.

"그러므로 그들을 본받지 말라 구하기 전에 너희에게 있어야 할 것을 하나님 너희 아버지께서 아시느니라"(마 6:8).

"그러므로 염려하여 이르기를 무엇을 먹을까 무엇을 마실까 무엇을 입을까 하지 말라 이는 다 이방인들이 구하는 것이라 너희 하늘 아버지께서 이 모든 것이 너희에게 있어야 할 줄을 아시느니라"(마 6:31, 32).

우리도 인간이기에 눈앞에 닥친 어려운 일과 미래 일을 두고 염려하고 근심하지 않을 수 없습니다. 여기서 놀라운 사실은 비록 현실은 다른 사람과 똑같이 어렵고 힘들지만 우리에게는 전능하신 하나님 아버지가 계신다는 것입니다. 그러므로 우리는 눈앞에 닥친 어려움과 미래에 닥칠 어려움을 하나님께 맡기고 우리가 근심해야 할 것보다 본질적인 것을 더 고민해야 합니다.

1절, "그런즉 사랑하는 자들아 이 약속을 가진 우리는 하나님을 두려워하는 가운데서 거룩함을 온전히 이루어 육과 영의 온갖 더러운 것에서 자신을 깨끗하게 하자"

오늘 우리에게는 당장 먹고 사는 문제나 안정된 직장을 구하는 것보다 더 중요한 문제가 있습니다. 바로 내가 누구이며 무엇을 향해 나아가고 있느냐 하는 것입니다. 사실 요즘 같은 현실에서는 이런 것을 고민하면 현실에 적응할 수가 없습니다. 대부분의 사람은 이런 사고를 하는 것은 철학자의 영역이라고 여기며, 하루라도 빨리 이 세상에서 안정된 직장을 얻고 가정을 이루고 사는 것이 더 긴급하고 절실한 문제라고 생각합니다. 오늘날처럼 빠르게 변하는 세상에서 이런 본질적 문제를 가지고 씨름한다면 결국 현실에 적응하지 못할 것입니다. 그러나 우리는 이런 본질적인 문제에 대해 고민해야 결국 하나님 말씀의 가치를 알게 됩니다. 하나님의 백성은 좀 어수룩한 데가 있어야 하고 순진한 부분이 있어야 진짜 하나님 말씀의 맛을 알 수 있습니다. 만약 하나님의 백성이 너무 약삭빠르다면 진정으로 하나님 말씀의 맛을 볼 수 없습니다. 하나님은 그런 사람을 고난의 불구덩이에 집어넣은 뒤 어수룩한 자로 만들어 하나님 말씀의 맛을 알게 하실 것입니다. 그러나 우리가 자신의 영혼을 찾고 하나님 말씀의 맛을 알았다고 해서 바로 하나님의 능력이 나타나는 건 아닙니다. 이것이 바로 하나님의 백성이 구해야 할 것입니다.

본문을 보면 "이 약속을 가진 우리"라고 말씀합니다. 여기서 '이 약속'은 우리가 하나님의 성전이 되는 약속을 말합니다. 하나님의 성전이 도대체 무엇입니까? 거기는 하나님이 임하시는 곳으로, 기도 응답이 있고 병이 치료되며 미래가 열리는 곳입니다. 그러나 교회를 하나님의 성전이라고 부르짖는다고 해서 늘 능력이 나타나는 건 아닙니다. 사도 바울은 "지금은 은혜 받을 만한 때요 보라 지금은 구원의 날이로다"(고후 6:2)라고 말합니다. 그런데 우리가 보기에 하나님의 은혜가 나타나지 않고 기적이 일어나지 않을 때가 많습니다. 그것은 왜 그럴까요? 그것이 바로 우리가 고민해야 할 내용입니다. 왜 교회는 하나님의 성전인데 능력도 나타나지 않고 기적도 일어나지 않고 부흥도 일어나지 않을까요? 이것은 교회가 요즘으로 치면 원전과 같은데 원전 가동이 중단되었기 때문입니다. 사도 바울은 이것이야말로 하나님의 백성에게 가장 중요한 것이며, 우리가 고민해야 할 것이라고 말합니다. 다른 것은 믿음을 가지고 하나님께 맡겨야 할 일인 것입니다. 교회가 성전의 기능을 나타내도록 하는 것은 아주 어려운 기술에 속합니다. 그러나 고린도 교회는 세상의 유행을 받아들이느라 정신이 없어 이 중요한 기술을 놓쳐버렸습니다. 교회가 기적을 일으키는 공동체가 되려면 성도들이 말씀으로 끈끈하게 연결되어 있어야 합니다. 지금과 같은 극장식 구조로는 헌금을 많이 거두고 세상에서 성공할 수 있을지 몰라도 절대 기도 응답이나 기적은 일어나지 않습니다. 교회 중심에는 오직 하나님 말씀만 있어야 하고, 이 말씀이 콸콸 쏟아지면서 목사와 교인들이 하나님의 말씀에 미치다시피 하고 기도에 미치다시피 해야 성전이 되고 은혜의 때가 이루어집니다.

그러나 고린도 교회는 규모가 어느 정도 커지고 세상적으로 인정을 받자 하나님 말씀을 교회에서 몰아내는 일을 했습니다. 세상에서 인정받기 위해선 너무 독선적이어서는 안 된다고 생각했기 때문입니다.

2절, "마음으로 우리를 영접하라 우리는 아무에게도 불의를 행하지 않고 아무에게도 해롭게 하지 않고 아무에게서도 속여 빼앗은 일이 없노라"

"마음으로 우리를 영접하라"는 고린도 교인들이 마음으로부터 사도 바울과 복음을 밀어낸 것을 의미합니다. 그들은 사도 바울의 복음이 시시하고 케케묵어 더 이상 도움이 되지 않는다고 생각해 마음에서 밀어내려고 했습니다. 이것은 교회에서 원전 핵 연료봉을 제거한 것으로, 이렇게 한 이유는 시대에 맞춰 나가기 위해서였습니다. 게다가 사도 바울을 비판하고 비난하는 사람들이 교회에 들어와서 그를 불신하게 만들었습니다. 그러나 사도 바울은 고린도 교인에게 한 번 더 생각해 보라고 말했습니다. 사도 바울과 그의 일행이 고린도 교인에게 나쁘게 한 것이 무엇이냐고 물었습니다. 그러면서 불의를 행한 것도 아니고 다른 사람을 해롭게 한 것도 아니고 남을 속여 돈을 빼앗은 것도 아니지 않느냐고 했습니다. 단지 새로 들어온 사람들이 교인들로 하여금 사도의 복음을 불신하도록 비난하고 욕한 것밖에 더 있느냐고 했습니다. 사실 이런 일은 이스라엘 역사나 교회사에 늘 있었습니다. 즉 하나님의 백성이 하나님 말씀에 죽자 살자 매달리면 사탄은 이를 시기합니다. 이런 하나님의 백성에게는 어떤 방법도 먹혀들지 않기 때문입니다. 그래서 엉뚱한 사람들을 통해 세상의 바람을 불어넣기 시작하고, 교인들은 그것이 사람을 친밀하게 하고 개인에게 관심을 가져준다고 생각해 아주 좋게 여깁니다. 사실 복음은 사탄의 방법처럼 개인에게 그렇게 잘해주는 것도 아니고 그렇게 인간적이지도 않습니다. 압살롬이 다윗에게 반역을 일으키기 전에는 대단히 인간적이었습니다. 사람들을 보면 먼저 다가가서 인사하고, 다른 사람들이 엎드려 절하려고 하면 일으켜 세우며 그러지 말라고 사양하고, 재판할 때는 일일이 찾아가 그들의 문제에 관심을 가져주었습니다. 그러자 사람들은 압살롬에게 푹 빠져 다윗을 몰아내게 되었던 것입니다. 이것을 '사람의 마음을 빼앗다'라고 말합니다. 사실 교회나 다윗이 압살롬처럼 사람들을 사랑하고 항상 겸손하고 한 사람 한 사람의 문제에 관심을 가져준다면 그보다 더 좋을 수 없는데, 사실은 하나님 말씀을 핑계 대면서 그렇게 하지 못하는 데서 불신이 생겨납니다. 이런 식으로 인간의 맛을 본 교회가 과연 옛날 진정한 복음의 시대로 돌아갈 수 있을까요? 이것은 아주 어려운 일로 이미 어른이 된 사람을 과거 어린 시절로 돌아가라고 하는 것과 같으며, 한번 도시 맛을 본 자녀들에게 시골에 와서 농사를 지으라고 하는 것과 같습니다. 이런 경우 과연 자녀들이 부모의 말을 듣겠습니까?

사실 자녀들은 부모가 늙지도 않고 시골집에서 항상 자기를 기다릴 거라고 생각합니다. 그러다가 부모가 돌아가시고 나면 울고불고 하다가 자신이 늙고 나면 그때서야 비로소 자기가 부모에게 몹쓸 짓을 했다는 사실을 깨닫습니다.

3절, "내가 이 말을 하는 것은 너희를 정죄하려고 하는 것이 아니라 내가 이전에 말하였거니와 너희가 우리 마음에 있어 함께 죽고 함께 살게 하고자 함이라"

그런데 사도 바울은 고린도 교회를 포기할 수가 없었습니다. 사도 바울에게 그들은 영적 자녀였고 사도 바울이 마음으로 낳고 마음에 품어 죽어도 같이 죽고 살아도 같이 살 대상이었기 때문입니다. 이 세상에서 끊으려고 해도 끊을 수 없는 것이 부모와 자식의 관계입니다. 마찬가지로 지금 다니는 교회의 목회자는 잊을 수 있어도 자신에게 처음 믿음을 갖게 해준 목사는 잊을 수 없고 그 인연을 끊을 수도 없습니다. 목회자가 진정으로 보람을 느끼고자 한다면 이미 믿는 사람을 데리고 목회해서는 안 되고 개척교회나 청소년 또는 청년 목회를 해야 영원히 마음속에 남게 됩니다. 이것이 진정한 영적 부모와 자식의 관계인 것입니다.

2. 고린도 교회에 일어난 부흥

사실 인본주의 맛을 한번 보고 세상의 맛을 본 교회나 교인이 옛날로 돌아가는 것은 거의 불가능합니다. 그런데 놀라운 사실은 고린도 교인은 옛날로 돌아갔습니다. 이것이 기적이라면 기적이었습니다.

4절, “나는 너희를 향하여 담대한 것도 많고 너희를 위하여 자랑하는 것도 많으니 내가 우리의 모든 환난 가운데서도 위로가 가득하고 기쁨이 넘치는도다”

사도 바울에게 다행스러운 것은 고린도 교인과 그 사이에 끊을래야 끊을 수 없는 은혜로운 체험이 많았다는 사실입니다. 즉 사도 바울은 고린도 교인과 함께 하나님 말씀을 듣고 기뻐했으며, 울면서 기도하는 가운데 응답되고 기적이 일어났습니다. 그래서 사도 바울은 고린도 교인에 대하여 담대하게 말할 것이 많았습니다. 그들의 순수하고 뜨거운 신앙에 대하여 자랑할 것도 많았습니다. 이것은 교회의 아주 중요한 재산입니다. 교회 안에서 목회자가 교인들이 처음 예수 믿을 때부터 신앙이 자라 성장하는 것을 전부 지켜보았다면 얼마나 자랑할 것도 많고 간증할 것도 많은지 모릅니다. 그리고 그 하나하나가 쌓여 아름다운 성전이 만들어집니다. 그런 체험이 있을 때 어떤 환난 가운데서도 위로 받을 수 있고 기뻐할 수 있습니다. 이 세상 어디엔가 자신이 믿을 수 있고 사랑하는 사람이 존재하기 때문입니다. 우리가 어떤 도시를 사랑하는 것은 자신이 좋아하는 사람이 그 도시에 살고 있어서입니다. 만약 자신이 좋아하는 사람이 없다면 그 도시에 갈 이유가 없을 것입니다.

그 후 사도 바울은 고린도 교회가 변질되었다는 소식을 듣고 한동안 침체와 우울증에 빠져 지냈습니다. 이런 상황은 마게도냐에 갔을 때 거의 최악의 상태까지 갔습니다.

5절, “우리가 마게도냐에 이르렀을 때에도 우리 육체가 편하지 못하였고 사방으로 환난을 당하여 밖으로는 다툼이요 안으로는 두려움이었노라”

사도 바울은 원래 고린도로 가려고 하다가 가지 않고 마게도냐로 갔을 때 심각한 우울증을 겪고 있었습니다. 육체적으로 병이 다시 도져 몸까지 편하지 못했습니다. 그리고 사방으로부터 환난이 닥쳤는데 “밖으로는 다툼이요 안으로는 두려움이었노라” 고 말했습니다. 즉 사사건건 다툼이었고 모든 일이 어렵고 힘들었는데 마음까지 불안했던 것입니다. 그리스도인이 병들거나 침체되었을 때는 그 마음에 원인이 있습니다. 사도 바울에게는 그 원인이 바로 고린도 교회의 문제였습니다. 우리가 보통 안팎으로 환난과 두려움이라고 말할 때는 어려움의 끝을 말하는 것이고, 극도의 우울증에 빠졌다는 것을 알 수 있습니다.

그런데 사도 바울이 고린도 교회에 책망하는 편지를 보낸 뒤 놀라운 일이 일어났습니다. 고린도 교인이 자신들의 잘못된 행동을 깨닫게 된 것이었습니다. 고린도 교인은 사도 바울이 보낸 편지를 본 뒤 회개하고 하나님 말씀에 대한 열정을 되찾고 부흥을 사모하게 되었습니다. 디도를 통해 이 소식을 들은 사도 바울 역시 우울증이 나았습니다.

6-7절, "그러나 낙심한 자들을 위로하시는 하나님이 디도가 옴으로 우리를 위로하셨으니 그가 온 것뿐 아니요 오직 그가 너희에게서 받은 그 위로로 위로하고 너희의 사모함과 애통함과 나를 위하여 열심 있는 것을 우리에게 보고함으로 나를 더욱 기쁘게 하였느니라"

사도 바울은 디도마저 자기처럼 침체되어 돌아오지 못하는 줄로 알았습니다. 이것을 보면 사도 바울의 불안이 얼마나 컸는지 알 수 있습니다. 그도 다른 사람처럼 아직 일어나지 않은 일을 혼자 추측하고 걱정하고 있었던 것입니다. 그런데 디도가 무사히 돌아왔을 뿐 아니라 고린도 교인이 사도 바울이 보낸 편지, 즉 고린도전서를 보고 자신들의 잘못을 깨달은 뒤 다시 하나님 말씀을 사모하고 애통해하며 그들의 마음이 얼마나 뜨거워졌는지 보고한 것입니다. 이로 말미암아 사도 바울의 모든 우울증과 육체적 질병, 걱정과 두려움이 모두 사라지게 되었습니다. 이것이 바로 하나님 말씀이 가진 능력입니다. 그리스도인은 하나님 말씀을 들음으로써 순수해지고 간절해지고 뜨거워집니다.

3. 후회 없는 근심

우리는 인간이기에 이 세상을 사는 동안 겪게 되는 어려움이나 미래에 일어날지도 모르는 좋지 않을 일을 두고 근심합니다. 그리고 어느 때는 믿는다고 교회에 열심을 내고 하나님 말씀에 은혜를 받고 뜨겁게 기도한 것을 후회하기도 합니다. 사실 자신이 뜨겁게 기도한 대로 안 될 때도 있고 말씀에 은혜를 받았지만 결과가 생각보다 나쁠 수도 있습니다. 그러나 우리가 하나님 말씀으로 은혜 받고 기도한 것은 절대 후회할 필요가 없습니다. 하나님이 더 나은 응답을 주실 것이기 때문입니다.

8절, "그러므로 내가 편지로 너희를 근심하게 한 것을 후회하였으나 지금은 후회하지 아니함은 그 편지가 너희로 잠시만 근심하게 한 줄을 앎이라"

사도 바울은 고린도 교회에 편지를 보내고 나서 후회했다고 말합니다. 교인들이 그 편지를 받고 일시적으로 기분이 좋지 않았고 사도 바울에 대해서도 나쁘게 생각했기 때문입니다. 그래서 그들이 이렇게 하든 저렇게 하든 내버려두었어야 하는데 괜히 편지를 보내 서로 기분만 나쁘고 관계만 틀어지게 된 것이 아닐까 후회했습니다. 그러나 나중에는 오히려 잘했다는 생각이 들었습니다. 그 편지가 하나님 말씀으로 쓴 것이었고, 교인들을 사랑하는 마음으로 쓴 것이었기에 그들의 마음에 조금씩 변화가 일어났기 때문입니다. 아마도 고린도 교인들 가운데 처음에는 과격한 사람 한두 명이 "바울이 뭔데 우리에게 이래라저래라 하는 거야?" 라고 하면서 기분 나쁜 말을 했을 테지만 그들의 마음속에 '우리가 교만했어! 맞아. 사도 바울은 우리에게 욕먹을 일을 한 적이 없어. 우리는 그가 전해준 복음을 다시 붙들어야 해' 라는 마음이 생겨났던 것입니다.

본문을 보면 "내가 지금 기뻐함은 너희로 근심하게 한 까닭이 아니요 도리어 너희가 근심함으로 회개함에 이른 까닭이라" (9절)고 말씀합니다. 그리고 사도 바울의 그 유명한 말이 나옵니다.

10절, "하나님의 뜻대로 하는 근심은 후회할 것이 없는 구원에 이르게 하는 회개를 이루는 것이요 세상 근심은 사망을 이루는 것이니라"

세상 사람처럼 무엇을 먹을까, 무엇을 입을까, 어떻게 하면 다른 사람을 이기고 주도권을 잡을까 생각만 한다면 우리는 사망에 이를 것입니다. 결국 부흥도 죽고 하나님의 은혜도 막히고 구원도 막혀 모두 망하게 될 것입니다. 그러나 하나님 말씀을 듣고 교회가 다시 말씀 중심이 되기 위한 근심은 후회할 필요가 없습니다. 그것은 하나님의 뜻대로 하는 근심이고 가장 중요한 일이기 때문입니다.

사도 바울이 고린도 교인들에게 하나님 말씀으로 권면하자 엄청난 일이 벌어졌습니다.

11절, "보라 하나님의 뜻대로 하게 된 이 근심이 너희로 얼마나 간절하게 하며 얼마나 변증하게 하며 얼마나 분하게 하며 얼마나 두렵게 하며 얼마나 사모하게 하며 얼마나 열심 있게 하며 얼마나 벌하게 하였는가 너희가 그 일에 대하여 일체 너희 자신의 깨끗함을 나타내었느니라"

고린도 교인은 하나님 말씀을 듣고 원래의 간절한 신앙을 되찾았습니다. 그리고 얼마나 간절하게 하나님의 은혜를 사모하게 되었는지 모릅니다. 얼마나 복음을 변증하게 되었는지 모릅니다. 그전에는 누군가가 복음이 아닌 소리를 해도 귀찮아서 그냥 입을 다물고 있었지만 이제는 복음이 아닌 것은 아니라고 적극적으로 변증하게 되었습니다. 그리고 그동안 속았던 사실에 대해 분노했습니다. 고린도 교인들은 사람의 말을 겁내지 않고 하나님을 두려워하게 되었습니다. 사도 바울과 순수한 복음을 뜨겁게 사모하게 되었습니다. 그리고 음란죄를 저지른 지도자를 즉각 벌했습니다. 그들은 그런 사람을 용납하는 것이 사랑이 아니라는 사실을 알게 되었고, 그로 말미암아 자신의 깨끗함을 나타내었습니다. 이로써 아름다운 결과가 나타나게 되었습니다. 열정도 없고 누가 뭐라고 하면 그저 따라가고 편하게 믿는 것은 바른 믿음이 아닙니다. 이런 믿음을 가진다면 나중에 도살당할 것입니다. 아닌 것은 아니라고 할 수 있어야 하고 지킬 것은 목숨을 걸고 지킬 때 하나님의 구원이 나타납니다. 우리 모두 하나님의 뜻대로 하는 근심을 해서 영적 부흥이 일어나고 그 영혼이 구원받고 하나님의 은혜를 회복하는 일을 하기 위해 노력함으로써 항상 하나님의 역사가 나타나는 성도가 되기를 바랍니다.

성경 토의

1. 우리는 성도나 부부, 자녀 사이에 여러 가지 생각의 차이나 오해를 해결하고 기쁨으로 하나 되려고 하면 함께 부흥을 체험하는 것이 좋다. 교인이나 가족이 함께 기도하고 찬양하면서 눈물 흘리며 기뻐했던 기억은 모든 오해나 이간질을 물리칠 수 있는데, 이런 좋은 경험을 갖고 있는가?

2. '하나님의 뜻대로 하는 근심은 후회하지 않는다' 라고 했는데 요즘 우리가 걱정하고 근심하는 것은 인간적인 염려인가, 하나님의 뜻대로 하는 염려인가? 주님은 모든 염려를 주께 맡기라고 말씀하시는데, 사실 주께 모든 염려를 맡긴다는 건 쉬운 일이 아니다. 우리는 이 문제를 어떻게 해결할 수 있는가?

3. 사도 바울은 마게도냐에서 육체적으로나 정신적으로 심한 고통과 절망 가운데 있었다. 우리 역시 이런 상태에 빠져 있지 않은가? 이런 상태에서는 어떻게 우리를 위로하시는 하나님을 체험할 수 있는가?

10_영적 평균

고린도후서 8:1-24

전체적 설명

아무리 교회이고 하나님의 백성이라고 해도 역시 돈이라고 하는 것은 예민한 문제이고, 돈을 잘못 사용하면 목회자나 담당하는 사람이 불신을 당하기 쉽고 교회 전체가 시험에 빠지는 경우도 종종 볼 수 있다. 우리가 아무리 하나님을 믿고 하나님이 공급하시는 힘을 믿는다고 해도 인간인 이상 음식을 먹어야 하고 몸을 누일 집이 필요하고 어려운 사람을 도우려면 돈이 필요한 것이 사실이다. 특히 헌금은 자원하는 마음으로 해야 하는데, 모든 인간에게는 인색한 마음이 있어 생각만큼 자원해서 헌금하는 것이 쉽지 않다. 사도 바울이 소아시아와 그리스 일대에서 전도할 때 예루살렘에 큰 흉년이 들어 많은 그리스도인이 큰 고통을 당하고 있었다. 그때 사도 바울은 이방 교인들이 헌금을 모아 예루살렘 교인들을 도와야 교회가 하나 될 수 있다고 판단했다. 사도 바울의 이런 판단은 옳은 것이었다. 그러나 교인들이 자기 문제도 어려운데 남의 문제에 적극적으로 나서는 것은 쉬운 일이 아니었다. 당시 사도 바울이 기거하고 있던 마게도냐 지방의 교회는 힘이 넘치도록 헌금을 했지만 고린도 교회는 말로는 한다고 하면서 별다른 진척이 없었다. 이때 사도 바울은 고린도 교인들도 마게도냐 교인

못지않게 넘치도록 헌금해주기를 바란다고 편지에 쓰고 있다. 그러면서 그는 언제나 성경적 원리를 제시함으로써 교인들이 이런 일에 기쁜 마음으로 동참하도록 했다.

설교 프리노트

1-2절, "형제들아 하나님께서 마게도냐 교회들에게 주신 은혜를"

사도 바울은 처음 마게도냐에서 복음을 반대하는 사람이 많아서 큰 어려움을 당했다(7:5). 그러나 하나님은 마게도냐 교인들에게 은혜를 주셨고, 그들은 자기들이 하기 힘든 정도의 많은 헌금을 내놓아서 예루살렘 교인들을 돕고자 했다. 이것은 사실 놀라운 일이 아닐 수 없다. 사람은 누구든지 자기가 쓰고 남아야 남을 돕고자 하는 마음이 생긴다. 자신의 형편이 쪼들리는데 자기 힘에 넘칠 정도로 헌금한다는 것은 하나님이 그들에게 특별한 마음을 주셨기 때문에 가능한 일이었다. 마게도냐 교인들은 하나님께 "환난의 많은 시련 가운데서 그들의 넘치는 기쁨과 극심한 가난이 그들의 풍성한 연보"(2절)를 바쳤다. 이것은 그들에게 주님을 위해서라면 무엇이든 아까워하지 않는 기쁨이 있었기 때문이다. 사람의 마음에 기쁨이 있으면 자기가 아무리 먹을 것이 없고 입을 것이 없어도 사랑하는 사람에게 모든 것을 내어주고 기뻐할 수 있다. 즉 마게도냐 사람에게는 주님에 대한 첫 사랑이 있었던 것이다.

3-5절, "내가 증언하노니 그들이 힘대로 할 뿐 아니라……"

사도 바울이 마게도냐 교인들에 대해 확실히 증거 할 수 있는 것은 그들이 할 수 있는 최선을 다해 헌금했다는 사실이다(3절). 그리고 그들은 자기들이 먼저 이 헌금하는 일('은혜' 라고 표현함)과 성도들을 섬기는 일에 참여하기를 간절히 구했다고 한다(4절). 그뿐 아니라 그들은 먼저 자신을 주께 드리고 하나님의 뜻에 따라 헌금했다고 말한다(5절). 즉 마게도냐 교인들은 하나님 말씀에 은혜를 받고 나서 몸 드리는 일을 했다. 마게도냐 교인들이 가장 먼저 한 일은 바로 자신들의 생활을 변화시키는 것이었다. 그들은 열심히 말씀을 듣고 기도하고 술이나 좋지 못한 습관을 버리고 예배드리고 나서 집 청소를 한다거나 물을 길어 오고 물질까지 힘을 다해 드렸다. 이런 일은 바로 부흥이 있을 때 일어난다.

6-8절, "그러므로 우리가 디도를 권하여……"

사도 바울은 먼저 디도를 보내어 고린도 교회에서도 예루살렘 교인을 돕기 위한 헌금을 하기 원한다는 사실을 전했다. 그래서 고린도 교회에서도 헌금 거두는 일을 시작했지만 이 일은 큰 진척을 보지 못하고 흐지부지된 상태였다(6절). 사도 바울은 고린도 교회가 말이나 지식 등 모든 방면에 열심을 보이며 간절함을 가졌다는 것을 아주 좋게 생각했다. 이런 경우 고린도 교인은 헌금하는 일에도 적극적이어야 하는데 사실은 그렇지 못했다(7절). 교인들의 지적 수준이 높다고 해서 헌금을 적극적으로 하는 것은 아니다. 오히려 주님에 대한 첫사랑이 살아있을 때 더 뜨거운 헌금을 하게 된다. 사도 바울이 고린도 교인에게 마게도냐 교인에 대해 이야기한 것은 비교하기 위해서도 아니고 강압적으로 헌금하게 하려는 것도 아니고 단지 그들의 사랑이 진실하다는 사실이 증명되기를 바라는 마음이라고 했다.

9절, "우리 주 예수 그리스도의 은혜를 너희가 알거니와"

사도 바울은 고린도 교인에게 예루살렘 교인을 위한 헌금에 대해 이야기하면서 복음적인 진리도 함께 이야기하고 있다. 이것이 바로 고린도후서의 엄청난 가치이자 매력이다. 우리 예수님은 하나님의 아들로서 말할 수 없는 부요와 존귀를 가진 분으로 일부러 가난하게 되어 이 세상에 오셨다. 이는 그분의 낮아지심과 가난하게 되심을 통해 우리에게 하나님의 부요하심을 얻도록 하기 위해서였다. 예수님은 이 세상에서 머리를 둘 곳도 없으셨고, 제자들은 길을 가다가 밀 이삭을 잘라 먹어야 할 정도로 경제적 어려움에 처한 때도 많았다. 그러나 예수님은 가난함 가운데 하나님 말씀을 붙드심으로써 하늘의 능력을 이 땅에 임하게 하는 비결을 보여주셨다. 예수를 믿는다고 하면서 이 세상에 많은 재물을 쌓고 이 세상에 있는 것만 누리려고 한다면 우리도 하늘의 능력을 가져오지 못할 것이다. 그러나 예수님을 본받아서 스스로 이 세상에서 가난하게 되고 굶주리게 될 때 우리는 하나님 말씀의 능력이 살아있음을 발견하게 될 것이다. 그리스도인은 가난할 수 있으면 가난한 것이 좋고 남을 도울 마음이 생기는 대로 돕는 것이 좋다.

10절, "이 일은 너희에게 유익함이라"

금전적 측면에서 생각해 본다면 고린도 교인과 예루살렘 교인은 인종도 다르고 나라도 다르다. 오히려 경쟁적 관계를 이루고 있기 때문에 도와야 할 이유가 없는 것 같지만 그들을 돕는 것이 고린도 교인에게 유익이라고 말한다. 그것은 고린도 교인이 예루살렘 교인을 도움으로써 그들과 영적으로 교제를 나누게 되어 같은 그리스도인임을 나타낼 뿐 아니라 돕는 것을 통해 그 자신들이 영적으로 중요한 사람임을 느낄 수 있기 때문이다. 만약 고린도 교인이 예루살렘 교인들을 돕는 데 인색했다면 고린도 교회는 시시한 교회로 전락하고 말았을 것이다.

11-12절, "이제는 하던 일을 성취할지니……"

사도 바울은 고린도 교인들에게 앞서 시작했던 예루살렘 교회를 돕는 일을 끝마치기를 바란다고 말한다. 즉 지금까지 예루살렘 교인들을 돕기 위한 헌금을 마치지 못하고 길게 끌고 있었는데 이제는 끝내기를 바란다는 뜻이다. 왜냐하면 하나님은 도울 마음을 가진 사람의 헌금을 받으시지 마음에 없으면서 말만 하는 사람의 헌금은 받지 않으시기 때문이다.

13-14절, "곤고하게 하려는 것이 아니요 균등하게 하려 함이니……"

사도 바울이 고린도 교인에게 헌금을 하라고 한 것은 예루살렘 교인은 편안하게 살고 고린도 교인은 어렵게 살라는 게 아니라고 말한다(13절). 그는 오직 하나님의 백성을 서로 공평하고 균등하게 하려는 것이라고 말한다. 예를 들어 어느 집에서 물건이 남아돌아서 그것을 꼭 필요한 사람에게 나누어준다면 그 물건의 가치는 높아질 것이다. 물론 이 세상에서 돈이 필요 없는 사람은 없겠지만 더 필요한 사람에게 그것을 나누어주었을 때 그냥 자신이 지니고 있는 것에 비해 그 돈의 가치는 엄청나게 높아질 뿐 아니라 하나님 앞에서 큰 기쁨이 되고 영광이 된다. 그리고 도움받은 사람이 우리에게 가장 필요한 것을 도와줄 수도 있는데, 바로 도와준 사람에게 감사하고 그 사람을 위해 기도하는 것이다. 이 세상에서 순전히 자기 자신의 힘만으로 모든 시험과 어려움을 이겨낼 수 있는 사람은 없다. 모르는 누군가가 그를 위해 기도해주고 도와주기 때문에 위기와 어려움에서 벗어날 수 있는 것이다. 부자는 가난한 자들이 기도해주어야 하고, 높은 자리에 있는 사람은 낮은 자리에 있는 사람들이 기도해주어야 위기를 극복할 수 있다.

15절, "기록된 것같이 많이 거둔 자도 남지 아니하였고"

출애굽기에 나오는 말씀이다. 즉 이스라엘 백성들이 광야에서 먹을 양식이 없을 때 하나님이 하늘에서 만나를 내려주셨는데, 이스라엘 백성들 가운데 탐욕스럽게 많이 거둔 자도 나중에 보니 한 오멜씩 거두었고 힘이 없어 적게 거둔 자도 나중에 보니 한 오멜씩 거두었다(출 16:16-18). 이것은 우리 인간의 욕심에 한계가 있음을 보여준다. 우리가 아무리 많은 음식을 차려놓았어도 위는 하나밖에 없고, 아무리 많은 옷을 가졌어도 몸은 하나밖에 없다. 그리고 아무리 집이 많다고 해도 잠을 자는 곳 역시 하나일 수밖에 없다. 우리 인간은 언젠가 다 죽게 되어 있다. 이런 사실을 알고 하나님의 백성과 미리 나누어 가진다면 수십 배 풍성한 삶을 함께 누릴 수 있을 것이다.

16-24절, "너희를 위하여 같은 간절함을……"

교회에서 헌금을 다룰 때는 투명하면서도 공평하게 이루어져야 의심이나 오해의 소지가 생기지 않는다. 그래서 사도 바울은 이 일에 디도가 가장 적임자라고 생각한 것 같다. 하나님은 디도의 마음에도 이 일을 꼭 해야 하겠다는 간절한 마음을 심어주셨다(16절). 사도 바울은 헌금 문제를 위해 디도를 보내며 그를 추천하고 있다(17절). 또한 이름을 밝히지 않은 다른 형제도 추천하고 있다. 그의 이름을 밝히지 않은 것은 그것이 더 유익하기 때문에 그렇게 한 것으로 보인다. 그러나 그는 복음으로 모든 교회로부터 칭찬을 받는 자였고(18절), 주님의 영광과 교회의 뜻을 이해하여 여러 교회의 택함을 받은 자였다(19절). 이와 관련해 디모데가 아닐까 예상하는 사람이 있다. 만약 디모데였다면 그 이름을 밝혔을 것 같은데, 여기서는 이름을 밝히지 않고 있다. 당시 고린도 교회에서 걷은 헌금의 액수가 상당히 컸던 것으로 보이는데, 사도 바울은 "이 거액의 연보에 대하여"라고 말하고 있다. 사도 바울이 이 헌금에 대해 자신이 직접 관여하지 않고 신실한 두 사람을 보내는 것은 오해의 소지가 생기지 않도록 하기 위해서라고 말한다(20절). 그리고 그들과 함께 또 한 명의 형제를 보낸다고 말한다(22절). 그 역시 누구인지 알 수 없지만 이 일에 간절함을 가진 사람임을 여러 번 확인했다고 말한다(22절). 특히 이 세 번째 사람은 고린도 교인에 대한 큰 믿음과 확신을 가지고 있어 더욱 간절하게 이 일을 하고자 했다고 한다(22절). 사도 바울은 디도에 대해 다시 추천하는 말을 하고 있다. 그는 사도 바울의 동료이자 고린도 교회의 동역자이고, 함께 가는 또 다른 형제들은 여러 교회의 사자이며 목회를 한 목회자였고 그리스도의 영광이라고 말한다(23절). 사도 바울은 고린도 교인을 향해서도 여러 교회 앞에서 자신이 고린도 교회의 사랑을 이야기하고 자랑했으므로 그 증거를 보여주면 좋겠다고 말한다(24절).

본문 이해를 위한 질문

1. 마게도냐 교회는 어려운 상황 가운데서 어떻게 헌금을 준비했는가?

마게도냐 교회들은 먼저 하나님의 은혜를 받고 자신들의 몸을 드리면서 자신들이 과분할 정도의 넘치는 사랑을 받았음에 기쁜 마음으로 헌금을 바쳤다.

2. 교인들이 다른 사람들을 위해 헌금하는 것은 무슨 의미를 갖는가?

이것은 자신에게 남는 것을 자신보다 더 필요한 사람에게 주는 것이므로 평균의 원리를 따른 것이고, 이렇게 할 때 모든 사람의 기쁨이 극대화된다.

3. 사도 바울은 헌금 문제의 투명성을 위해 어떤 사람을 추천했는가?

사도 바울은 그 자신이 고린도 교인의 헌금 문제에 관여하지 않고 다른 사람을 추천했는데, 일단 고린도 교회의 헌금 문제에 간절한 마음을 지녔고 주님의 복음 증거로 말미암아 여러 교회에서 칭찬을 받고 있으며 여러 교회로부터 확인 받은 자를 추천했다.

성경 강해

자녀를 여러 명 둔 가정에서 자녀들이 다 출가하고 나자 어머니는 이 집 저 집을 다니면서 보따리장수처럼 물건을 머리에 이고 나르기 시작합니다. 좀 여유가 있는 아들과 딸의 집에 가면 못사는 아들과 딸이 생각나서 남은 음식과 물건을 보따리에 싸서 그 무거운 짐을 머리에 이고 새벽같이 집을 나서 못사는 아들과 딸의 집을 찾아가 그 보따리를 풉니다. 그러나 잘사는 집의 며느리와 딸은 어머니가 보따리를 챙겨 가지고 형편이 어려운 언니나 동생 집에 갖다 주는 것이 못마땅합니다. 그들이 어렵게 사는 것은 순전히 그들의 책임이라고 생각하기 때문입니다. 게다가 어머니가 쌀이나 반찬, 양념 등 무거운 짐을 머리에 이고 왔다 갔다 하다가 다칠 수도 있고, 일부러 사서 고생하는 것이 보기 싫어 그렇게 하지 말라고 말려도 어머니는 자녀들의 말을 듣지 않습니다. 어머니는 어느 곳에 있든지 자식들 생각만 하기 때문입니다.

대부분의 그리스도인은 과거에 가난하게 살다가 예수를 믿고 잘살게 된 사람이 많습니다. 그래서 그리스도인은 사치를 한다거나 낭비하는 것을 좋아하지 않습니다. 어떻게 해서든지 모든 것을 절약해 살고 가능하면 미래에 대비해 저축하려고 합니다. 그러나 지나치게 절약하다 보면 다른 사람에게 인색하게 굴 때도 있고 자기밖에 모르는 이기적인 삶을 살 때도 있습니다. 게다가 그리스도인이 지성을 갖게 되면서 입으로만 믿고 실제로 그 자신은 헌금도 하지 않고 몸으로 헌신하지 않는 경우도 종종 봅니다. 고린도 교회가 바로 그런 교회였습니다. 고린도 교회는 지성적인 것을 좋아하고 토론하는 것을 좋아했지만, 헌금을 한다거나 몸으로 봉사하는 데 아주 인색했습니다. 사도 바울이 보기에 마게도냐의 여러 교회와 고린도 교회는 여러모로 비교가 되었습니다. 데살로니가 교회라든지 베뢰아 교회, 빌립보 교회 등 마게도냐 교회들은 어려운 가운데서도 열심히 교회를 섬기고 봉사하고 헌금했습니다. 반면 고린도 교회는 말이나 지식, 믿음은 엄청난 것 같지만 헌금에 있어서는 지지부진했습니다. 이 사실을 알게 된 사도 바울은 고린도 교인에게 "너희의 사랑과 너희에 대한 우리 자랑의 증거"를 보이라고 하면서 이미 시작한 헌금을 끝마치기를 권면합니다.

1. 가난 가운데 넘치는 사랑

하나님은 신이시기에 돈이나 물질이 필요하지 않습니다. 그리고 하나님은 인간을 구원하시는 데 우리의 도움이 전혀 필요하지 않기 때문에 헌금하라고 강요하실 필요가 없습니다. 한편 사람은 희한한 특성을 가지고 있습니다. 자신이 시간이나 돈을 투자한 대상에 대해서는 무한정의 애착을 갖지만 아무리 소중한 것일지라도 거저 주어지면 처음에는 고마워하지만 시간이 흐르면서 무관심해지고 당연하게 여기는 경향이 있습니다. 그래서 예수님은 "네 보물 있는 그곳에는 네 마음도 있느니라"(마 6:21)고 말씀하셨습니다. 이것을 다르게 표현하면 '네 재물이 있는 곳에 네 마음도 있다'라고 말할 수 있습니다. 사람은 자신이 어려운 가운데 돈을 주고 산 물건이나 집에 대해서는 무한한 애정과 애착을 가집니다. 자신이 기꺼이 대가를 지불하고 어렵게 구한 물건에 대해선 애착을 가지고 잘 버리지도 않습니다. 반면 아무리 좋은 것일지라도 남이 거저 주거나 너무 쉽게 얻게 된 것은 무가치하게 생각하는 경향이 있습니다.

하나님이 예배당을 지어주시고 헌금도 하지 말라고 하시면 처음에는 너무 감사하고 좋아하겠지만 시간이 흐르면 마음속에서부터 교회와 멀어지고 집을 사거나 자녀 공부하는 데 돈을 다 쓰고 나중에는 신앙까지 버리는 것을 보게 됩니다. 목회자나 열심히 봉사하는 사람들의 경우도 마찬가지입니다. 사례 없이 무보수로 일하는 경우 처음에는 구원받은 감격으로 말미암아 순수한 마음과 열정으로 봉사하지만 시간이 오래 지나거나 더 급한 다른 일이 생기면 슬슬 빠지게 됩니다. 그리고 얼마 지나지 않아서 이런 사람들은 현실적인 이유를 들어 돈이 되는 일을 좇아갑니다. 그러다 보니 보수나 사례를 주는 것이 지속적으로 하나님의 일을 하도록 만들어주는 끈이 되고 있습니다. 하나님은 이스라엘 백성에게 절기마다 예물을 가지고 하나님을 찾게 하셨고, 십일조를 바치게 하셨습니다. 그렇게 하지 않으면 결국 그 돈을 가지고 이방신을 찾아가기 때문이었습니다.

마게도냐로 갔을 때 사도 바울은 거기서 심한 우울증 증세로 고통 받기도 하고 육체적 질병으로 어려움을 겪었지만 놀라운 체험을 하게 되었습니다. 바로 마게도냐 교인들이 환난과 궁핍함 가운데서도 크게 기뻐하고 봉사하면서 예루살렘 교인들을 위해 헌금까지 하는 모습을 본 것입니다.

1-2절, "형제들아 하나님께서 마게도냐 교회들에게 주신 은혜를 우리가 너희에게 알리노니 환난의 많은 시련 가운데서 그들의 넘치는 기쁨과 극심한 가난이 그들의 풍성한 연보를 넘치도록 하게 하였느니라"

사실 교회마다 사정과 형편이 다르므로 어떤 교회에서 행한 좋은 일을 듣고 자기 교회에 와서 "우리 교회는 왜 이렇게 하지 못하는 거냐"라고 하면서 비교해서는 안 됩니다. 사도 바울은 마게도냐 교회들에서 아주 좋은 것을 보았습니다. 그것은 가난하고 어려운 가운데서 사도 바울의 복음을 듣고 교회에서 일어난 부흥의 바람이었습니다. 이 세상 어느 곳이든지 부흥이 일어난다는 것은 기쁘고 기분 좋은 소식입니다. 어느 나라 어느 곳에서도 신랑 신부가 결혼하는 것은 아름답습니다. 특히 신부가 단장한 모습은 참으로 아름답습니다. 예를 들어 몽골에서 신랑 신부가 결혼하는 모습도, 인도나 아프리카에서 신랑 신부가 결혼하는 모습도 아름답습니다. 특히 신부가 예쁘게 단장하고 신랑을 만나는 것은 최고로 아름다운 순간일 것입니다. 마찬가지로 어느 나라, 어느 민족이든지 교회에서 부흥이 일어날 때 모습은 마치 신랑을 맞이하는 신부의 모습처럼 아름다운데, 부흥이 일어난 교회는 신랑 신부의 결혼식처럼 아름답습니다.

복음이 없거나 복음이 침체되었을 때 사람들은 대단히 신경질적이고 술을 많이 마시고 폭력적이고 음란합니다. 특히 경제적으로 가난하고 먹을 곳이 부족한 지역에 복음이 없으면 남자들이 집에 있지 않고 하루 종일 밖에 나가 술을 퍼마시고 노름을 합니다. 그리고 며칠에 한 번씩 집에 돌아와서는 아내를 두들겨 패고 아이들을 야단치고 때립니다. 가장이 돈을 벌지 않고 술이나 마시고 노름이나 하면 아이들은 거리를 돌아다니며 고철 등을 줍고 배고픔에 쓰레기통을 뒤집니다. 그러면 아내들은 경제적 어려움과 폭력적인 남편 때문에 화가 나 소리를 지르거나 자포자기한 채 살아갑니다. 그러던 어느 날 동네 교회에 지성을 갖춘 점잖은 목사가 부임합니다. 목사는 설교만 잘하는 것이 아니라 가난한 가정을 심방해 부인들에게 교회에 나와 하나님을 만나길 권면하고, 아이들에게도 교회에 나오라고 열심히 전도합니다. 그리하여 어느 부인이 교회에 나와 설교를 듣고 은혜를 받습니다. 교회에서 열심히 기도하고 나서는 남편에게 잔소리도 하지 않고 생글생글 웃는데 정말 멋지고 매력적인 부인으로 변화됩니다. 하나님을 알기 전 부인은 남편만 바라보며 살다가 크게 실망했지만 주님을 바라보고 하나님을 바라보자 기쁨이 생기고 소망이 생긴 것입니다. 부인은 아이들도 깨끗이 씻겨 교회에 보냅니다. 아이들도 교회에 나오면서 변화된 모습을 보입니다. 지금 그 가정에서 변하지 않은 사람은 술 마시는 남편이 유일합니다. 처음에 그 남자는 부인이 교회에 가서 바람이 났는지 의심합니다. 그리고 목사가 얼마나 잘생긴 사람인지 확인하기 위해 몰래 따라갑니다.

예전에 늘 자살을 생각하고 술을 자주 마시는 부인이 있었는데, 교회에 나오면서 은혜를 받았습니다. 그러자 남편이 아내를 따라 교회에 나왔습니다. 예수님을 믿기 위해 교회에 나온 것이 아니라 아내를 감시하러 나온 것이었습니다. 그런 남편에게 설거지를 시키자 그는 불평하지 않고 기꺼이 했습니다. 그러다가 어느 날부터인가 남편이 교회를 나오지 않는 것이었습니다. 무슨 일이 있는지 찾아가서 교회에 잘 나오다가 무슨 이유로 안 나오는지 물었습니다. 그랬더니 그는 자기 부인이 갑자기 변해 의심스러운 생각이 들어 감시하기 위해 교회에 나갔는데 계속 다니다 보니 안심되어 이제는 교회에 따라가지 않아도 될 거라는 확신이 들었다는 것입니다.

그러나 이런 남편은 특별한 경우이고, 대부분은 남편들이 더 열심히 교회에 나옵니다. 아빠가 교회에 나오자 아이들이 좋아합니다. 아빠가 술을 마시지 않고 밖으로 나가 무슨 일이든지 하자 아이는 돌아다니며 쓰레기통을 뒤지지 않아도 된 것입니다. 그 남편은 교회에 수리할 것이 있으면 가서 수리하고 안내할 일이 있으면 안내도 하며 봉사를 합니다. 술 마시던 돈이나 노름하던 돈을 가지고 헌금을 하는데 목사님이 그것으로 먹고 살라고 해도 막무가내로 자기는 나가서 또 벌면 되니 헌금을 하겠다고 합니다. 이것이 교회 시대에 가장 아름다운 때이고, 그 성도의 생애에 있어서도 가장 행복한 때입니다.

마게도냐 교인들은 예수를 믿으면서 극심한 가난과 어려움을 겪었습니다. 유대인의 박해에 따른 경제적 어려움도 있었고 흉년의 어려움도 있었습니다. 그러나 마게도냐 교인에게는 다시 주님을 만난 기쁨이 있었습니다. 본문은 "환난의 많은 시련 가운데서 그들의 넘치는 기쁨"(2절)이라고 말씀합니다. 그들은 어떤 어려운 환난이 닥쳐도 하나님 말씀을 들을 수 있다는 사실에 기뻤습니다. 그리스도의 신부로 아름답게 변하고 있었기 때문입니다. 그리고 그들은 예배와 봉사에 아주 적극적이었습니다.

본문을 보면 "우리가 바라던 것뿐 아니라 그들이 먼저 자신을 주께 드리고"(5절)라고 말씀합니다. 은혜 받았다고 해서 처음부터 헌금을 적극적으로 하기는 어렵습니다. 대개 은혜를 받으면 몸으로 섬기는 일을 먼저 하게 됩니다. 마게도냐 교인들 역시 자신을 먼저 하나님께 드렸다고 말하고 있습니다. 은혜 받은 교인들은 먼저 예배나 모임에 아주 적극적이 됩니다. 예전에는 교회에 다니는 사람이 다 미쳤다고 생각했는데 은혜를 받고 난 후에는 모임이라는 모임은 다 참석합니다. 그리고 봉사를 하기 시작합니다. 그러다가 마지막에는 헌금도 드리게 됩니다. 왜냐하면 마음에 기쁨이 넘쳐 자신의 것을 내주어도 아깝다는 생각이 들지 않기 때문입니다. 2절 하반절을 보면 "극심한 가난이 그들의 풍성한 연보를 넘치도록 하게"라고 말씀합니다. 그들은 가난한 형편에도 적극적으로 헌금을 했습니다. 이제는 하나님의 일이 가장 기쁜 일이 되었고, 가장 중요한 일이 되었기 때문입니다.

3절, "내가 증언하노니 그들이 힘대로 할 뿐 아니라 힘에 지나도록 자원하여"

사도 바울이 보기에 마게도냐 교인들은 자신들이 드릴 수 있는 것보다 더 많은 것을 하나님께 바쳤습니다. 그 이유는 그들이 그리스도의 신부였기 때문입니다. 신부는 모든 것을 신랑에게 주고 싶어 하는데, 신랑의 것은 결국 신부의 것이 됩니다.

2. 예수 그리스도의 가난

사실 마게도냐 교인과 고린도 교인이 예루살렘 교인을 돕는 것은 쉬운 일이 아니었습니다. 헬라인이었던 이들은 항상 유대인과 경제적으로 라이벌 관계에 있었고 원수처럼 지냈기 때문입니다. 그럼에도 사도 바울은 고린도 교인과 마게도냐 교인에게 예루살렘 교인을 위하여 헌금해야 한다고 주장했습니다. 헌금이 멀리 떨어져 있는 교인들의 마음을 하나로 묶는 역할을 할 수 있다고 생각했기 때문입니다. 당시 사도 바울 자신도 예루살렘 출신의 목회자들로부터 많은 차별과 무시를 당했습니다. 사도 바울 같은 이방인 사도와 예루살렘 출신의 목회자들 사이에는 눈에 보이지 않는 틈이 있었던 것입니다. 그는 그 갈라진 틈을 메울 수 있는 것이 사랑이라고 생각했으며, 무시당하던 이방인이 정성껏 보낸 헌금으로 그 사랑을 대신할 수 있으리라고 여겼던 것입니다. 그뿐 아니라 먼저 사랑을 베푸는 사람이 결국 주인공이 되리라고 생각했습니다.

만약 고린도 교인이 입으로만 잘 믿고 예루살렘 교회를 위한 헌금에 인색했다면 고린도 교회와 마게도냐 교회는 그렇고 그런 시시한 교회가 되었고, 그들에게 보낸 편지도 남아 있지 않았을 것입니다. 그러나 그들이 희생하고 헌금을 보냄으로써 복음의 주도권은 이방인에게 넘어갔습니다.

7절, "오직 너희는 믿음과 말과 지식과 모든 간절함과 우리를 사랑하는 이 모든 일에 풍성한 것같이 이 은혜에도 풍성하게 할지니라"

고린도 교인에게는 믿음도 있었고 말도 있었고 지식과 은사도 풍성했습니다. 그들은 사랑도 많았다고 했는데, 사도 바울은 그 사랑의 진실함을 증명해 보이라고 했습니다.

오늘날 우리가 하나님의 많은 복을 누리고 행복하게 살 수 있는 것은 예수님이 하늘의 모든 부요하심을 버리고 가난하게 이 세상에 오셨기 때문입니다.

9절, "우리 주 예수 그리스도의 은혜를 너희가 알거니와 부요하신 이로서 너희를 위하여 가난하게 되심은 그의 가난함으로 말미암아 너희를 부요하게 하려 하심이라"

예수님은 하늘 위에서 부족한 것이 하나도 없는 하나님의 아들이셨습니다. 그분에게는 영광과 지식, 부요함이 무궁무진했습니다. 이런 예수님이 이 세상에 오신 것은 마치 왕이 감옥에 일부러 들어온 것과 같고, 거지 소굴에 자진해 들어온 것과 같았습니다. 예수님은 이 세상에 오실 때 영광의 옷을 걸치지 아니하셨고, 부귀와 권세를 가지고 오지도 않으셨습니다. 그분은 비천한 자로 오셨으며, 가난하셨고, 업신여김을 당하셨습니다. 예수님은 여우나 새보다 못하다고 하셨는데, 여우에게 굴이 있고 새에게 둥지가 있지만 예수님은 머리 둘 곳도 없다고 말씀하셨습니다. 돌아가실 때 예수님은 자신이 입은 옷밖에 없으셨습니다. 그런데 그 옷마저 로마 군병들이 벗겨 갔습니다. 예수님은 가난하게 되셨을 뿐 아니라 극한의 고통과 온갖 수치를 당하셨습니다. 예수님이 이렇게 하신 이유는 우리가 죄 용서를 받고 하나님의 모든 축복을 받도록 하기 위해서였습니다. 그래서 지금 하나님의 것은 다 우리의 것이 되었습니다. 우리는 이 세상에서 많이 가져도 좋지만 아무것도 갖지 않아도 부족한 것이 없습니다. 하나님 아버지의 것이 모두 우리의 것이기 때문입니다. 우리는 이 세상에 사는 동안 돈이나 명예, 지식, 권력을 갖게 되면 좋아합니다. 아무것도 없는 것보다 돈이나 이런 것들이 있으면 다른 사람을 사랑하기가 쉽기 때문입니다. 남자가 좋아하는 이성과 사귈 때 돈이 없으면 그저 걷기만 해야 합니다. 여자는 높은 구두 때문에 걷는 것이 힘든데도 남자는 죽어라 걷기만 합니다. 돈이 있으면 따듯한 카페에서 커피를 마실 수 있고 좋은 선물을 사줄 수도 있어 좋습니다. 이 세상에서 선물을 싫어하는 사람은 아무도 없습니다. 선물을 받은 사람은 선물을 받아 마음이 부요해지고 선물을 준 사람은 마음이 뿌듯해집니다. 그러나 이 세상에서 너무 많은 것을 챙기려고 하면 위험에 빠지게 됩니다. 주님이 "너는 이 세상에서 자기 상을 다 받았느니라" 고 하실 가능성이 있기 때문입니다. 명예도 가지고 돈도 가지고 지위도 가진다면 이 세상의 모든 것을 가진 것이 됩니다. 그러면 이 세상에서 자기 상을 모두 가졌기 때문에 천국에 갈 생각을 하지 말아야 합니다. 천국을 사모하는 사람은 가난해야 하고, 이 세상의 모든 것을 갖는 데 열심을 내지 말아야 합니다. 이 세상에서 지위가 너무 높아지고 돈을 너무 많이 가지고 너무 유명하게 된다면 그것은 자기 상을 다 받은 것입니다.

3. 평균의 원리

이 세상을 보면 돈을 가진 사람이 돈을 더 쉽게 버는 것을 봅니다. 또한 학벌이 높은 사람은 그렇지 않은 사람보다 성공할 기회가 훨씬 많습니다. 그러다 보니 세상 사람들은 지위나 학벌, 기회가 있으면 어떻게 해서든지 그것을 놓치지 않고 성공하는 데 사용하려고 합니다. 처음에는 모든 것이 인간의 노력이나 생각대로 되는 것 같은데 시간이 지나고 보면 빨리 성공한 사람들 가운데 실패한 사람이 많습니다. 그 이유는 장기적으로는 모든 것이 믿음대로 되기 때문입니다. 결국 하나님이 한때 복을 주셨지만 계속적으로 복을 주지 않으시면 그동안 잘살았던 것이 소용없게 되고 맙니다. 그렇다면 믿음대로 된다는 것이 무슨 뜻일까요? 이것은 결국 하나님의 말씀에 부요한 자가 복을 받는 것입니다. 예수님은 그 나라와 그 의를 구하라고 하셨는데, 그 나라와 그 의를 구하는 자가 나중에 존귀하게 되고 유명하게 되고 물질적으로도 복을 받게 됩니다. 그래서 우리는 세상에서 부요하려고 하기 전에 하나님 나라의 복을 먼저 받아야 합니다. 그렇게 하려면 부흥이 일어나야 하고 말씀에 부요해야 합니다. 하나님의 백성은 자신들의 복이 다른 곳으로 흘러가는 것을 굉장히 기뻐합니다. 하나님의 백성은 돈을 함부로 낭비하거나 허비하지 않습니다. 그러나 돈을 꼭 써야 할 곳에 쓰면 기분이 그렇게 좋을 수가 없습니다. 마음속에 있는 성령님이 기뻐하시기 때문입니다. 하나님의 백성은 물이 높은 곳에서 낮은 곳으로 흘러가듯 하나님의 축복이 자기로부터 가난하고 어려운 사람들에게 흘러가는 것을 굉장히 기뻐합니다.

13-14절, "이는 다른 사람들은 평안하게 하고 너희는 곤고하게 하려는 것이 아니요 균등하게 하려 함이니 이제 너희의 넉넉한 것으로 그들의 부족한 것을 보충함은 후에 그들의 넉넉한 것으로 너희의 부족한 것을 보충하여 균등하게 하려 함이라"

사실 자신이 가진 것을 남에게 주고 스스로 가난하게 된다는 것은 결코 쉬운 일이 아닙니다. 사도 바울도 고린도 교인에게 이런 것을 요구한 게 아니라고 말했습니다. 사실 다른 사람에게 자신이 아끼는 모든 것을 준다는 것은 어려운 일입니다. 그러나 자기에게 더 이상 필요 없는 것은 얼마든지 다른 사람에게 줄 수 있고, 자기에게 없어도 되는 것은 얼마든지 남에게 나눠줄 수 있습니다. 이 정도의 사랑일지라도 어려운 사람에게는 큰 도움이 될 수 있습니다.

15절, "기록된 것같이 많이 거둔 자도 남지 아니하였고 적게 거둔 자도 모자라지 아니하였느니라"

옛날 이스라엘 백성이 광야에서 만나를 거둘 때 있었던 일입니다. 그때 욕심을 부려 만나를 많이 거두었던 사람도 장막에 가서 보면 꼭 먹을 만큼만 있었고 힘이 들어 조금 거두었던 사람도 부족한 것이 없었습니다. 이 세상을 살다 보면 기본적으로 먹어야 하는 것은 비슷합니다. 그 외에 집이나 차, 공부하는 데 돈이 들고 옷이나 액세서리 등 사치하는 데 돈이 들고 미래 생활에 대비해 저축하는 데 돈이 듭니다. 앞서 말했듯이 먹는 것에는 큰 차이가 없습니다. 하나님의 백성도 좋은 집에서 살고 싶을 것이고, 좋은 차가 필요할 때도 있습니다. 그러나 살아가는 데 있어 우리는 똑같은 하나님의 은혜로 살아갑니다.

성도님들 가운데 선교사를 위해 돈을 보내는 사람이 있습니다. 선교사가 선교지에서 생활비를 충당한다는 것은 거의 불가능한 일이기 때문입니다. 어떤 사람은 산지족을 위해 예배당을 짓는 데 돈을 보내고 송아지 살 돈을 보내고 우물을 팔 돈을 보내고 대학을 짓는 데 돈을 보내기도 합니다. 교회 선교비와 상관없이 아무도 모르게 그런 일을 하는데, 너무나 귀하고 아름다운 일이 아닐 수 없습니다.

사도 바울은 마게도냐 교회와 고린도 교회에서 모은 많은 헌금을 가지고 예루살렘으로 가게 되었습니다.

20절, "이것을 조심함은 우리가 맡은 이 거액의 연보에 대하여 아무도 우리를 비방하지 못하게 하려 함이니"

여기서 우리는 이번에 사도 바울이 거둔 헌금이 거액이었다는 사실을 알 수 있습니다. 사도 바울이 예루살렘에서 체포되었을 때 총독은 그가 돈을 많이 가지고 있다는 소문을 듣고 돈을 뜯어내려고 했습니다. 그러나 사도 바울은 자신의 석방을 위해서는 한 푼도 쓰지 못하게 했습니다. 그는 아무리 믿는 사람이라고 할지라도 의심의 눈으로 보고 부정적으로 험담하는 사람이 있기 때문에 이 헌금이 투명하게 사용되도록 디도와 함께 신뢰할 수 있고 복음의 영광이고 교회의 사자인 형제를 보낸다고 했습니다. 그러면서 사도 바울은 또다시 고린도 교회를 향해 "우리 자랑의 증거를 그들에게 보이라"고 말합니다.

24절, "그러므로 너희는 여러 교회 앞에서 너희의 사랑과 너희에 대한 우리 자랑의 증거를 그들에게 보이라"

고린도 교회는 스스로 사랑이 많은 교회임을 자랑했습니다. 그러나 그들은 실제적인 헌금에 있어서는 별로 사랑의 증거를 보여주지 않았습니다. 입으로만 잘 믿는 것은 아무 소용이 없습니다. 사랑의 증거가 있어야 합니다. 우리 모두 그리스도의 첫사랑으로 부흥의 열매가 풍성한 성도가 되기를 바랍니다.

성경 토의

1. 최근 한국 교회는 목회자가 설교 시간이나 광고 시간에 교회 건축이나 선교사 지원을 위한 헌금을 강조하는 일이 많은데, 이런 일로 교인들에게 기쁨을 주거나 힘에 넘치도록 참여하게 하는 것이 아니라 오히려 교회에 대해 부정적 영향을 주는 이유는 무엇이라고 생각하는가?

2. 자신에게 꼭 필요하지 않는 옷, 책 등 물건이나 돈을 다른 교인이나 다른 사람에게 나누어줄 때 어떤 유익이 생기며, 이것이 하나님 앞에서 어떤 축복이 되는가? 그리고 이런 일을 실제로 실천해 보는 것은 어떤가?

3. 교회에서 헌금을 맡아 관리하고 지출하는 사람은 신실한 자여야 할 뿐 아니라 복음 증거에 열정을 가진 자여야 한다. 왜냐하면 교회의 재정과 지출은 언제나 복음 증거를 위한 것이 전제가 되어야지 자기들끼리 먹고 마시고 즐기는 것이 목적이 되어선 안 되기 때문이다. 이런 점에서 현 교회가 투명하고 객관성을 가졌다고 생각하는가?

11_천국의 농사짓기

고린도후서 9:1-15

전체적 설명

농사짓는 사람은 땅만 있으면 씨를 뿌리고 싶을 것이다. 땅만 있으면 씨를 뿌리는 대로 열매를 거둘 수 있기 때문이다. 사람이 이 세상에서 농사짓는 것 가운데서 최고의 농사는 하늘에 농사짓는 것이다. 농부가 땅에 씨를 뿌리면 여름이나 가을에 많은 열매를 수확할 수 있다. 최근에는 바다에도 씨를 뿌려 많은 열매를 거둔다. 바로 치어라고 해서 아주 작은 물고기 새끼들을 인공으로 부화시켜 어느 정도 자라면 바다에 풀어놓는데, 나중에 이 물고기들이 큰 물고기가 되어 돌아온다. 그래서 큰 물고기를 많이 잡을 수 있다. 만약 우리가 하늘에 농사를 지을 수만 있다면 예수님이 말씀하신 대로 삼십 배, 육십 배, 백배의 수확을 너끈히 거둘 수 있을 것이다(마 13:23). 그렇다면 어떻게 해야 하늘에 농사지을 수 있는가? 구약의 이스라엘 백성과 신약의 그리스도인이 가진 비결이 있다. 이 비결은 우선 하나님 말씀을 많이 듣고 기도해 부흥을 일으키는 것이고, 그 말씀에 순종해 많은 사람을 돕는 것이다. 그렇게 할 때 하늘 문이 열리면서 하나님의 복이 부어지게 된다.

1-5절, "성도를 섬기는 일에 대하여는……"

설교 프리노트 고린도 교인은 성도를 섬기는 일에 열성적이었다고 정평이 나 있었던 것 같다. 당시 떠돌아다니면서 복음을 전하는 사람도 많았던 것 같고 가난하고 병든 사람이 교회에 찾아와 도움을 구하는 일도 많았던 것 같다. 이런 일에 고린도 교인이 적극적으로 움직였기 때문에 더 이상 편지로 가르칠 필요가 없었다. 단지 사도 바울은 북쪽 지방인 마게도냐 교회들에게 고린도를 중심으로 한 아가야 지방의 교회들이 예루살렘 교회를 돕기 위해 일 년 전부터 헌금 모으는 일을 준비했다고 자랑한 것으로 보이며, 이 말이 고린도 교인에게 큰 자극이 되어 헌금 모으는 일에 분발했던 것으로 보인다(2절). 그러나 실제적으로는 고린도 교회에 사도 바울에 대한 신뢰가 식고 하나님의 진리에 대한 의심이 생겨나면서 헌금 모으는 일에 적극적이지 않았던 것이다. 사도 바울이 디도와 다른 두 형제를 미리 고린도에 보낸 것은 고린도 교인의 사랑과 열심에 대하여 자랑했던 것이 헛된 자랑이 되지 않고 실제로 그들이 헌금을 준비해놓기는 바라는 마음이 있었기 때문이다(3절). 나중에 사도 바울이 마게도냐 교인과 함께 고린도를 방문하게 되었을 때 실제로 고린도 교인이 전혀 헌금을 준비해놓지 않았다면 고린도 교인도 부끄럽고 많은 교회가 고린도 교회에 대하여 가지고 있던 신뢰도 부끄러워질 수 있었다(4절). 그래서 사도 바울은 그가 고린도에 갔을 때 고린도 교인이 허겁지겁 헌금한다고 부산을 떠는 것이 보기에도 아름답지 않을 뿐 아니라 억지로 헌금하는 것 같은 모양새가 되어 하나님 앞에서도 영광이 되지 않는다고 생각했다. 헌금은 즉흥적으로 하기보다 기도하면서 어느 만큼 해야 자기 마음에도 기쁘고 하나님께도 영광이 될 것인지 생각해 보고 나서 하는 것이 좋다.

6절, "이것이 곧 적게 심는 자는 적게 거두고"

이것은 농사짓는 사람들이 갖고 있는 기본적인 생각이다. 농사짓는 사람은 넓은 땅에 가능한 한 많은 씨를 뿌리고 많은 식물을 심어야 여름이나 가을에 풍성한 열매를 거둘 수 있다. 넓은 땅을 가졌음에도 씨를 적게 뿌리는 자는 게으른 것이고, 그는 열매나 곡식을 풍성하게 거두지 못할 것이다. 결국 농사는 땅만 있다면 많이 심을수록 그 열매를 풍성하게 거둘 수 있다. 그런데 이것은 우리 믿음에 있어서도 마찬가지다. 우리는 하나님의 백성이 가진 믿음도 모두 똑같을 것이라고 생각한다. 그러나 우리 믿음은 하늘과 땅만큼의 차이가 있다. 즉 하나님에 대해 많은 것을 심는 사람은 엘리야와 모세처럼 여러 가지 능력과 축복을 거두는 반면, 광야에서 하나님에 대해 많은 원망과 불평을 늘어놓았던 이스라엘 백성과 가나안 땅에서 하나님의 축복을 받으면서도 우상 숭배에 빠지고 세상을 따라갔던 이스라엘 백성은 하나님으로부터 많은 것을 거두지 못했다. 하나님으로부터 많은 축복을 거두려면 우리는 가장 먼저 말씀의 농사를 지어야 한다. 즉 헌금의 농사부터 지어서는 안 된다. 하나님의 말씀인 성경을 가지고 씨름하면서 그 말씀을 많이 듣고 은혜를 받게 되면 자동적으로 우리 몸은 하나님을 위해 봉사하게 되고, 나중에는 돈까지 하나님을 위해 사용하고자 하는데 이로 말미암아 하늘에 많은 것을 심게 된다. 이런 사람들은 또 하나님으로부터 많은 것을 축복의 열매로 거둘 수 있다. 그런데 이 말씀 농사의 결과는 헌금을 바치는 것까지 가야 한다. 하나님의 말씀을 좋아한다고 하면서도 하나님께 재물을 드릴 때 억지로 하거나 다른 사람에게 돈에 대해 인색하게 군다면 그 신앙은 아직 어린 아이의 신앙밖에 되지 못하는 것이다.

7절, "인색함으로나 억지로 하지 말지니"

하나님은 우리가 하나님께 헌금하는 데 아주 중요한 원칙을 가르쳐주셨다. 그것은 일차로 마음에 정한 대로 하라는 것이다. 우리가 헌금할 때 마음에 내키는 대로 할 것이 아니라 기도하는 중에 어느 만큼 헌금하는 것이 자기 믿음의 분량에 맞는지, 하나님이 기뻐하시는지, 무리가 되지 않는지 미리 생각하고 나서 헌금하는 것이 좋다. 그리고 우리는 인색한 마음으로 헌금해서는 안 된다. 물론 우리는 자기 돈이나 물건에 대하여 아까워하는 마음이 있기 때문에 어느 정도 자기 자신을 설득할 필요는 있다. 그러나 마음속으로 내내 아까워하면서 헌금하는 것은 옳지 않다.

왜냐하면 하나님은 즐거운 마음으로 바치는 자들을 사랑하시기 때문이다. 우리는 하나님께 무엇인가 바치는 것을 즐거워해야 한다. 왜냐하면 하나님을 사랑하기 때문이다. 하나님은 우리 생명을 살려주셨고 하나님이 우리에게 좋은 가족을 주시고 좋은 교회를 주시고 모든 옷과 집과 성도까지 주셨다. 이처럼 우리가 가진 모든 것은 하나님의 것이므로 아무리 하나님이나 다른 사람에게 헌신해도 적은 것밖에 되지 않는다. 그리고 하나님께 감사할 수 있다는 것은 우리 안에 있는 자아상이 당당하게 치료되었음을 뜻한다.

8-11절, "하나님이 능히 모든 은혜를 너희에게 넘치게 하시나니……"

이것이 바로 하늘에 농사지은 결과다. 즉 우리에게 영적 부흥이 뜨겁게 일어나고 다른 성도들을 사랑해 물질까지 아끼지 않을 때 하나님은 우리에게 하늘의 복을 열어주어 더욱 풍성하게 하신다. 하나님은 병이나 사고를 막아주어 쓸데없는 데 돈이 지출되지 않도록 하시고, 하는 일마다 잘 되게 하시고, 생각하지도 못한 많은 복을 내려주어 모든 일에 부요하게 하신다. 그래서 9절의 말씀처럼(시 112:9 인용) 자기 돈이나 양식을 흩어 가난한 자들에게 준다면 하나님 앞에서 그 사람의 의가 영원히 살아 있게 되는 것이다. 하나님은 이처럼 하늘에 씨를 뿌리고 심는 자들에게 두 배로 씨를 주시는데, 먹을 것과 심을 것을 주신다는 뜻이다. 이는 안식년에 적용되는 중요한 진리다. 이스라엘 백성이 안식년에 농사를 짓지 않으면 그다음 해에 먹을 것과 씨를 뿌릴 것이 없게 되므로 하나님은 미리 두 배를 주시는 것이다(10절). 그 해에 뿌릴 씨도 주시고 추수할 때까지 먹을 것도 주신다. 여기서 가장 중요한 것은 돈 있는 사람은 없는 사람에게 물질을 주지만, 돈 없는 사람은 돈 있는 사람을 위해 하나님께 기도를 해준다(11절). 다른 사람의 기도 도움을 받는 것보다 더 중요한 것은 없다. 사람들은 누구나 자기를 위해 희생하고 도움을 주는 자를 위해 더 열심히 기도한다.

12-15절, "이 봉사의 직무가……"

고린도 교인들은 헌금을 '봉사의 직무' 라고 말한다. 사실 먹을 것이 없어 배고픈 교인을 돕는 것은 아주 소중한 봉사다. 이는 다른 교인의 부족한 부분을 보충해주는 것으로 끝나지 않고 다른 사람의 마음에 큰 감동을 주어 넘치게 한다(12절). 또한 이런 섬김을 통해 고린도 교인들은 그리스도의 복음을 진실하게 믿고, 넘치는 헌금을 통해 하나님께 영광이 되도록 하는 것이다(13절). 이로 말미암아 예루살렘 교인들은 이방인인 고린도 교인을 위해 기도하게 되고, 그들을 만나고 싶은 사모의 대상으로 삼게 된다. 그래서 사도 바울은 헌금이라는 방법을 통해 교인들을 하나 되게 하고 서로 존귀하게 하는 이 말할 수 없는 은혜에 대해 하나님께 감사하고 있다.

본문 이해를 위한 질문

1. 고린도 교인이 예루살렘 교회를 위해 미리 헌금을 준비하는 일이 왜 필요한가?

사도 바울은 여러 곳에서 고린도 교인들의 사랑에 대해 자랑했는데, 그것이 헛된 말이 되지 않고 억지로 헌금하는 것 같은 느낌이 들지 않도록 하기 위해서였다.

2. 헌금에는 어떤 성경적 원리가 있는가?

우리는 하늘에 농사짓는 사람으로, 하늘에 씨를 많이 뿌릴수록 더 풍성한 열매를 거둘 수 있다.

3. 고린도 교인의 헌금은 어떤 결과를 가져오는가?

이 헌금은 예루살렘의 가난한 교인에게 도움이 될 뿐 아니라 예루살렘 교인이 고린도 교인을 위해 기도하게 만들고, 그들을 사모하게 만든다.

성경 강해

우리나라 사람은 억척스러운 데가 있어 손바닥만 한 땅만 있으면 상추와 고추를 심고 산비탈에도 호박이나 들깨, 완두콩 등을 심는 것을 볼 수 있습니다. 어떤 의미에서 우리는 이 세상에서 농사를 짓는 사람이라고 할 수 있습니다. 이 세상에서 가장 틀림없는 농사 가운데 하나가 공부하는 일일 것입니다. 그래서 학생들은 죽기 살기로 공부해 좋은 대학에 들어가려고 하며, 대학을 졸업하면 외국으로 유학 가서 공부를 하기도 합니다. 반면 어리석은 사람은 도박에 돈과 시간을 투자합니다. 도박장에서 돈을 많이 딴 경험이 있는 사람은 미련을 버리지 못하고 계속하다가 결국 모든 재산을 잃고 폐인이 되어서도 그곳을 떠나지 못한다고 합니다.

세상 사람들은 많은 청년이 하나님께 자신들의 젊음과 시간을 투자하는 것이 이해되지 않을 것입니다. 어떤 청년은 황금 같은 시간을 주일학교나 성가대, 수련회에서 봉사하는 데 사용합니다. 그러나 이것이 바로 우리 자신을 하나님 나라에 투자하는 것입니다. 우리는 이 세상에서 하나님 나라에 투자를 할 수 있을까요? 이 세상에서 하나님 나라의 농사를 지을 수 있을까요? 만약 우리가 하나님 나라에 농사를 지을 수 있다면 너무나 좋을 것입니다. 그래서 예수님은 제자들에게 "썩을 양식을 위하여 일하지 말고 영생하도록 있는 양식을 위하여 하라"(요 6:27)고 말씀하셨습니다. 이것은 우리가 이 세상에서 성공하는 것보다 하나님 나라에 투자하는 것이 더 중요하다는 말씀입니다.

1. 가장 확실한 투자

투자했을 때 확실하게 100배나 60배, 30배 거둘 수 있는 투자처가 있다면 이 세상 사람들은 모두 거기에 투자하려고 할 것입니다. 사람들은 누구나 든든한 밑천을 가지고 있습니다. 그중 청년에게 가장 큰 밑천은 젊음과 열정, 시간입니다. 사람들은 누구나 자신의 젊음과 열정을 가장 확실하고 가치 있는 일에 투자하기를 원합니다.

옛날에 가장 확실한 투자는 농사짓는 것이었습니다. 넓은 땅을 가지고 있으면 그 땅에다 농사짓는 것보다 더 확실한 투자는 없었습니다. 우리 속담에 "콩 심은데 콩 나고 팥 심은데 팥 난다"는 말대로 농사는 심은 대로 거둘 수 있습니다. 그런데 농사를 지으려면 우선 땅이 필요합니다. 자기 땅이 없어 남의 땅을 빌려 농사짓는 사람은 소작료를 많이 내야 해서 큰 이익을 남길 수 없습니다. 또한 농사를 지으려고 하면 많은 고생을 해야 합니다. 농부는 거의 쉴 틈이 없는데 아침 일찍 논이나 밭에 나가면 저녁 늦게까지 부지런히 일해야 합니다. 그리고 열심히 농사를 짓는다고 해서 돈이 금방 생기는 것이 아니라 가을에 추수해야 돈이 수중에 들어옵니다. 만약 배추 값이 폭락하거나 쌀값이 떨어지면 농부들은 "일 년 헛농사를 지었다"라고 말합니다. 그러다 보니 요즘 확실한 투자는 공장을 하는 것입니다. 기계를 돌려 물건을 만들면 만드는 만큼 돈을 벌 수 있고 가을 추수 때까지 기다리지 않아도 바로 돈을 받을 수 있어 시골에서 농사짓는 사람이 급격히 줄어들었던 것입니다. 그러나 공장도 경기 침체라는 것이 있고 수출 길이 막히거나 노사분쟁이 일어나면 어려움에 처하게 됩니다. 어떤 사람은 멀리 내다보고 산에 투자해 엄청난 성공을 거두었습니다. 산에 나무를 심었는데 수십 년 지나 울창한 숲이 된 것입니다. 어떤 사람은 장사에 자신의 인생을 투자해 큰돈을 버는 데 성공했습니다. 한편 젊은 사람들은 공부에 투자하는 것을 좋아합니다. 젊은 시절에 죽자고 공부해 유학을 가거나 박사학위를 받아 죽을 때까지 공부만 하는 것입니다. 사람들은 사는 동안 자신의 젊음과 열정, 시간을 가장 가치 있고 확실한 일에 투자하기를 원합니다. 그러지 않고 순간적인 기분에 휩쓸려 일확천금을 노리는 사람은 결국 실패해 비참한 노년을 보내게 됩니다. 그렇다면 이 세상에서 가장 가치 있고 확실한 투자는 무엇일까요? 사도 바울은 이것이 하나님에 대한 투자라고 말합니다.

6절, "이것이 곧 적게 심는 자는 적게 거두고 많이 심는 자는 많이 거둔다 하는 말이로다"

농사짓는 사람이 넓은 밭이나 논이 있다면 가능한 한 씨를 많이 뿌리려고 할 것입니다. 당장은 고생스러울지 몰라도 추수 때 많은 열매를 거둘 수 있기 때문입니다. 우리나라에서 농사짓는 사람들 가운데 논이나 밭이 있는데 힘들다고 그 땅을 놀리는 사람은 없을 것입니다. 거기에 씨를 뿌리기만 하면 풍성한 열매를 거둘 수 있기 때문입니다. 마찬가지로 사도 바울은 하나님의 나라에도 많이 심으면 많은 것을 거두게 될 거라고 말합니다.

사도 바울은 고린도 교인이 성도를 섬기는 데 있어 그 열정이 얼마나 대단한지 칭찬하고 있습니다.

1-2절, "성도를 섬기는 일에 대하여는 내가 너희에게 쓸 필요가 없나니 이는 내가 너희의 원함을 앎이라 내가 너희를 위하여 마게도냐인들에게 아가야에서는 일 년 전부터 준비하였다는 것을 자랑하였는데 과연 너희의 열심이 퍽 많은 사람들을 분발하게 하였느니라"

사람들은 세상일에 열심을 내는 것에 대해서는 충분히 이해합니다. 왜냐하면 밭에서 열심히 일하고 학교에서 열심히 공부하고 직장에서 열심히 일하면 그만큼 인정을 받을 수 있으며 좋은 결과가 나오기 때문입니다. 그러나 사람들은 교회에서 하나님의 일에 열심을 내면 잘 이해하지 못합니다. 오히려 불필요한 일에 시간을 낭비한다고 생각할 때가 많습니다. 성경에 보면 예수님과 사도 바울은 이 세상에서 하나님의 농사를 지을 수 있다고 말씀합니다. 만약 우리가 하늘에 농사를 지을 수 있다면 무슨 일이 일어날까요? 하늘에 농사를 지을 수 있다면 비가 와야 할 때 기도하면 비가 내리고 햇빛이 필요할 때 기도하면 햇빛이 비칠 것입니다. 그리고 폭설이나 폭우, 가뭄 등 자연재해를 막을 수 있을지도 모릅니다. 사실 우리가 하늘을 조종하는 것은 불가능해 보이는데, 이것이 가능하다면 얼마든지 해볼 만한 일이라고 생각합니다.

예수님이 오심으로써 우리가 하늘에 투자하고 하늘에 농사짓는 일이 가능해졌습니다. 만약 이것이 확실한 일이고 가능하기만 하다면 엄청난 일이 아닐 수 없습니다. 우선 본문에서는 고린도 교인에게 헌금하는 문제에 대해 하늘에 심는 것이라고 말씀합니다. 물론 우리가 교회에 헌금하고 열심히 봉사하는 것은 하늘에 심는 것이 됩니다. 그러나 성경에 보면 이것을 억지로 해서는 안 된다고 말씀합니다.

5절, "그러므로 내가 이 형제들로 먼저 너희에게 가서 너희가 전에 약속한 연보를 미리 준비하게 하도록 권면하는 것이 필요한 줄 생각하였노니 이렇게 준비하여야 참 연보답고 억지가 아니니라"

7절, "각각 그 마음에 정한 대로 할 것이요 인색함으로나 억지로 하지 말지니 하나님은 즐겨 내는 자를 사랑하시느니라"

본문을 보면 하나님은 억지로 마지못해 헌금하고 봉사하고 열심 내는 것을 좋아하시지 않습니다. 여기서 억지로 하는 것은 무엇이고, 즐겨 내는 것은 무엇인지 알 필요가 있습니다. 예를 들어 어떤 목사님이 교인들에게 무조건 교회에 헌금을 많이 하고 봉사를 많이 하면 물질의 복을 받고 자녀들도 잘 된다고 해서 헌금과 봉사를 많이 하는 것은 억지로 하는 것일까요, 즐겨 내는 것일까요? 겉으로 보기에는 즐겨 내는 것처럼 보이지만 실제로는 중요한 것이 무엇인지 모르면서 열심을 내는 것입니다.

사람들이 교회에 와서 기뻐하고 좋아하고 아름답게 변하는 이유가 무엇일까요? 그것은 하나님의 말씀을 듣고 소중한 자기 자신을 찾았기 때문입니다. 우리는 오랫동안 자기를 잃어버린 영적 자아상실증에 빠져 있었는데, 하나님 말씀을 듣고 그분의 사랑을 깨닫는 순간 자기 자신을 찾게 됩니다. 즉 내가 누구이며, 얼마나 소중한 사람이고, 얼마나 사랑받는 사람인지 깨닫게 됩니다. 이때 우리 안에 숨어 있던 하나님에 대한 사랑과 열정이 불붙게 되는데, 이것이 바로 하나님에 대한 첫사랑입니다. 이로 말미암아 교인들이 교회에서 마음이 뜨거워지고 기쁨이 샘솟고 부흥이 일어나는 것이 바로 주님과의 결혼식입니다. 이 세상일 가운데 결혼식이 기쁘지 않는 사람이 없고 신부 가운데 아름답지 않은 신부가 없습니다. 요즘은 웨딩드레스가 얼마나 아름다운지 신부는 결혼식장에 온 어떤 사람보다 눈부셔서 주목을 끌게 됩니다. 그리고 결혼식에는 부모와 친구, 친척 등 어느 누구도 인색한 사람이 없습니다. 평생 딱 한 번 있는 너무나 기쁜 일이기 때문입니다. 마찬가지로 우리가 교회에서 열심을 내고 봉사하고 다른 사람을 위해 헌신하는 것은 복을 받고 싶다는 욕심 때문이 아니라 자기 자신을 찾았고, 하나님의 사랑이 우리를 기쁘게 하기 때문입니다. 그래서 교회에서 봉사하거나 헌금하는 것은 모두 이 부흥과 성령의 역사가 이루어진 다음에 해야 합니다. 그러지 않고 사람의 열심을 이용해 헌금하도록 하거나 제자 훈련을 시키거나 봉사하게 하는 것은 타락한 유대 성전이 되게 할 수 있습니다. 그래서 예수님은 유대 성전을 향해 "내 집은 만민이 기도하는 집이라" 고 하면서 "너희는 강도의 소굴로 만들었도다" 라고도 하셨습니다(막 11:17).

교인들이 열심을 내고 기뻐하는 것은 자기 자신을 발견했고 하늘의 밭을 찾았기 때문입니다. 그러면 우리는 그때부터 하늘에 농사를 지을 수 있습니다.

2. 하늘 농사의 어려운 점

우리가 하나님의 첫사랑을 찾고 신앙의 뜨거움과 열정을 찾는 것은 밭에 감춘 보물을 찾는 것과 같고, 온 천하보다 귀한 자기 생명을 찾는 것과 같습니다. 그러나 계속 하나님 나라를 바라보면서 산다는 것은 너무나 어려운 일입니다. 얼마 가지 않아서 우리의 열정이 식기 때문입니다. 그리고 얼마 가지 않아서 마지못해 또는 억지로 봉사하거나 헌금하거나 신앙생활을 하게 될 수도 있습니다. 사실 우리는 하나님의 은혜만 가지고 살 수가 없습니다. 우리는 인간이기에 음식을 먹어야 하고 세상 공부도 해야 하고 돈도 벌어야 삶을 이어갈 수 있습니다. 우리는 하나님의 은혜 받은 것만 가지고는 이 세상에서 아무것도 할 수 없습니다. 세상은 실력 있는 사람과 똑똑한 사람, 학벌 있는 사람을 인정해주기 때문입니다. 신앙의 열정만으로 이 세상의 일에 덤벼든다면 세상에서 우리는 번번이 실패할 수밖에 없고 세상은 우리를 광신자로밖에 생각하지 않을 것입니다. 그래서 우리는 은혜 받은 것은 아무것도 아니고 세상을 따라가기 위해 더 세상적인 사람이 되려고 합니다. 이것은 우리가 하나님의 농사에 대해 너무 쉽게 생각하기 때문입니다. 우리는 하나님의 사랑을 발견하기만 하면 저절로 모든 복이 굴러 떨어질 것으로 생각하지만 하나님의 농사는 세상 농사보다 훨씬 더 어렵습니다. 그리고 우리는 하나님의 일과 세상일을 같이해야 하는 부담이 있습니다.

우리는 일단 이 세상에서 농사짓는 방법을 알아야 합니다. 장사를 하려고 하면 장사하는 법을 배워야 하고 공장을 하려고 하면 그에 대한 지식이나 전문기술이 있어야 합니다. 마찬가지로 하나님의 첫사랑을 깨달은 후에는 하늘나라에 대해 농사짓는 법을 배워야 합니다. 바로 성경을 통해 하나님 말씀을 깊이 있게 배워 나가야 한다는 말입니다. 이것은 바로 천국의 밭을 가는 것과 같습니다. 농사를 지으려고 하면 땅부터 갈아야 하는데 땅을 갈지 않으면 씨를 뿌릴 수 없습니다. 그리고 씨를 뿌렸다고 해도 길가나 돌밭에 뿌린다면 제대로 된 결실을 맺을 수 없습니다. 하나님 말씀을 깊이 있게 배워 나갈 때 우리 마음 밭이 갈아엎어져 부드러운 밭이 되고 거기에 하나님 말씀이 싹을 틔우게 됩니다. 그리고 기도해야 합니다. 기도하지 않으면 비가 오지 않는 땅과 같아서 식물이 잘 자라지 않습니다. 우리 마음 밭에 성령이 오시면 식물이 우후죽순처럼 자랄 것입니다. 그럼에도 우리 인간은 이기적이어서 하나님을 위한 봉사에 열심을 내지 않고 헌금하는 데도 인색합니다. 그때는 사도 바울이 고린도 교회에 한 것처럼 봉사하고 헌금하고 선교하도록 권할 필요가 있습니다. 왜냐하면 아무리 많이 배워도 행동으로 옮기지 않으면 머리만 큰 가분수 성도가 될 수밖에 없습니다. 하나님에 대한 첫사랑과 말씀을 가지고 일하면 세상일에도 길이 열리게 됩니다. 그래서 세상적으로도 풍성한 열매를 거두게 됩니다.

8절, "하나님이 능히 모든 은혜를 너희에게 넘치게 하시나니 이는 너희로 모든 일에 항상 모든 것이 넉넉하여 모든 착한 일을 넘치게 하게 하려 하심이라"

하나님의 첫사랑과 말씀은 불씨와 같습니다. 그리고 성령은 기름입니다. 우리가 하나님의 첫사랑과 말씀과 기도로 나아가면 하나님 나라의 복이 부어지게 됩니다. 여기에 시간을 내어 봉사하고 헌금까지 한다면 가장 확실한 농사가 됩니다. 이 세상의 복도 부어지게 됩니다. 세상에 전쟁이 없고 모든 사람이 경제적으로 잘살게 되면 우리 성도도 잘살게 됩니다. 하나님이 능히 모든 은혜를 넉넉하게 주신다고 하는 것은 우리 성도의 삶에 풍성한 물질과 세상의 복을 주신다는 뜻입니다. 그러면 우리는 돈이나 직장이 없을 때보다 더 풍성하게 선한 일을 할 수 있습니다. 너무 편하게 믿으려고 하거나 세상 복을 하나님의 은혜보다 더 중요하게 생각하면 부흥이 없어지고 첫사랑의 불이 차츰 약해지다가 나중에는 세상의 복도 잃어버리고 영적인 복도 잃어버려 비참한 상황에 처하게 됩니다.

3. 하나님을 신뢰해야 한다

일단 농사를 지으려고 하면 자신이 뿌린 씨가 반드시 열매 맺는다는 것을 믿어야 합니다. 그런데 사람들은 너무 궁핍해지면 뿌려야 할 씨까지 먹어버립니다. 그 씨를 먹어버리면 다음에 농사를 지을 수 없는데도 말입니다. 농사를 짓겠다고 마음 먹었다면 한 해 먹을 양식과 밭이나 논에 뿌릴 씨를 갖고 있어야 합니다.

10절, "심는 자에게 씨와 먹을 양식을 주시는 이가 너희 심을 것을 주사 풍성하게 하시고 너희 의의 열매를 더하게 하시리니"

일단 하나님의 첫사랑을 찾았다면 우리는 이 두 가지를 믿어야 합니다. 하나는 하나님이 우리에게 뿌릴 씨와 먹을 양식을 주셨다는 것입니다. 하나님은 우리가 이 세상에서 굶어죽지 않도록 계획을 마련해 놓으셨고, 우리에게 하나님 말씀을 듣고 교회에 봉사하고 다른 성도들을 도울 수 있는 힘과 능력을 주셨다는 것을 믿어야 합니다. 만약 이것을 믿지 못한다면 "사람이 떡으로만 살 것이 아니요 하나님의 입으로부터 나오는 모든 말씀으로 살 것이라"(마 4:4)는 진리를 우리 것으로 만들 수 없습니다. 즉 우리는 아무것도 먹을 것이 없는 가운데 하나님 말씀으로 살아남아야 하늘 문을 열 수 있고 부흥을 일으킬 수 있습니다. 이런 신앙으로 훈련되면 우리는 절대 돈에 구속당하지 않고 하나님과 세상의 우선순위 문제로 시험에 들지 않을 것입니다. 우리가 가진 것은 모두 하나님의 것이고, 우리가 살아있는 것 자체가 하나님의 능력이므로 우리 것과 하나님 것에 대한 구별이 없기 때문입니다.

11-12절, "너희가 모든 일에 넉넉하여 너그럽게 연보를 함은 그들이 우리로 말미암아 하나님께 감사하게 하는 것이라 이 봉사의 직무가 성도들의 부족한 것을 보충할 뿐 아니라 사람들이 하나님께 드리는 많은 감사로 말미암아 넘쳤느니라"

이 말씀은 우리에게 중요한 비밀 한 가지를 가르쳐줍니다. 그것은 우리가 정말 복 받는 비결이 무엇인가 하는 것입니다. 우리는 자신이나 자녀들을 위해 많은 기도를 합니다. 물론 하나님은 우리가 자신을 위하여 기도하는 것도 잘 들어주시지만 다른 사람이 우리를 위해 기도하는 것은 더 잘 들어주십니다.

어떤 사람은 다른 사람이 자기를 위해 기도하도록 하는 데 탁월한 능력을 지녔음을 봅니다. 즉 그가 다른 사람을 위해 열심히 섬기고 헌신하면 다른 사람이 저절로 그를 위하여 기도할 것입니다. 부자가 되는 비결은 가난한 자들이 그를 위하여 기도하도록 하기 때문입니다. 간혹 기도할 마음이 싹 사라지게 하는 데 뛰어난 능력을 가진 사람도 있습니다. 사람이 아무리 유능하고 똑똑하다고 해도 다른 사람이 전부 미워하고 욕하는 데 잘 될 수가 없습니다. 부자가 가난한 자를 위해 정성을 다해 도움을 주면 가난한 자들이 그를 위해 기도하는데, 하나님은 이 가난한 자들의 기도를 들으시고 부자를 지켜주십니다. 이 세상에 혼자 똑똑하고 혼자 잘살 수 있는 사람은 아무도 없습니다. 우리 모두는 다른 사람의 기도가 필요합니다.

14절, "또 그들이 너희를 위하여 간구하며 하나님이 너희에게 주신 지극한 은혜로 말미암아 너희를 사모하느니라"

고린도 교인이 다른 교인을 위해 헌신할 때 그들이 고린도 교인을 위해 기도하므로 복을 받을 수밖에 없습니다. 자기 편한 것만 생각한다면 절대 복을 받을 수 없습니다. 열심히 다른 사람들을 섬겨 그들이 우리를 위해 기도하게 하고 사모하게 하면 대성공인 것입니다. 우리에게 아직 시간이 있고 힘이 있을 때 교회를, 어린이들을 열심히 섬겨 하나님의 칭찬을 받는 성도가 되기를 바랍니다.

성경 토의

1. 우리는 할 수 있으면 이 세상에서 많은 돈을 벌어 성공하기를 바란다. 우리 영혼이 고갈되어 가고 세상이 혼탁하고 악해진 이유는 어떤 농사에 실패했기 때문이라고 생각하는가?

2. 교회에서 헌금을 많이 강조하고 교인들이 열심히 헌금하는데도 불구하고 하나님에 대한 영광이 나타나지 않고, 오히려 세상으로부터 교회가 비판 받고 욕 먹는 이유가 뭐라고 생각하는가?

3. 헌금하는 데 있어 인색하지 않고 억지로 하지 않고 마음에 정한 대로 하라고 했는데, 억지로라도 많은 헌금을 하게 하는 것이 더 좋은 일이 아닐까?

12_견고한 진을 무너뜨리는 능력

고린도후서 10:1-18

전체적 설명

고린도후서의 어조와 분위기는 고린도후서 10장부터 완전히 달라진다. 사도 바울은 고린도 교회에 대해 애정에 넘치고 자상하던 입장에서 완전히 돌변하여 본격적으로 자신의 사도권에 대해 변호하며 그의 복음을 공격하고 부정하던 사람들에게 강한 공격을 퍼붓고 있다. 이것은 군대가 대규모 전쟁을 벌이면서 상대방의 진을 무너뜨리기 위해 불덩어리를 퍼붓는 것 같은 인상을 준다. 사도 바울 자신도 "우리의 싸우는 무기는 육신에 속한 것이 아니요 오직 어떤 견고한 진도 무너뜨리는 하나님의 능력"(10:4)이라고 말했다. 그래서 어떤 학자들은 고린도후서 10장부터는 앞부분과 다른 서신이 붙어 있다고 주장하기도 한다. 고린도후서 10장부터 12장까지는 고린도전서 다음으로 보낸 '많은 눈물로 쓴 편지'인데(고후 2:4), 편집 과정에서 고린도후서 뒤쪽으로 붙었다고 주장하는 것이다. 물론 고린도 교인 전부는 아니지만 상당한 수의 지도자가 예루살렘 사도들이 진짜 사도라고 하면서 사도 바울의 사상에 대해 엉터리라고 주장한 것으로 보인다. 특히 그들은 사도 바울의 겸손한 모습과 그리스 사람들이 쓰는 변론술이나 수사학적 연설을 하지 않는 것이 무식하기 때문이라고 판단했다. 그러면서 그들은 사도 바울은 영적 체험이 없는 사람이라고 악선전을 했던 것으로 보인다. 이에 대해 사도 바울은 "그런 사람들은 거짓 사도요 속이는 일꾼이니 …… 자기들을 광명의 천사로 가장하나니"(11:13, 14)라며 폭로하고 있다.

설교 프리노트

1-2절, "너희를 대면하면 유순하고 떠나 있으면 너희에 대하여 담대한……"

이는 사도 바울 자신의 말이 아니고 사도 바울을 비난한 자들이 한 말을 그대로 인용한 듯 보인다. 즉 사도 바울을 비판한 사람들은 그가 비겁한 자라고 하면서 고린도 교인들과 마주할 때는 부드럽고 아무 소리도 하지 못하다가 멀리 떠나 있으면 온갖 소리로 강하게 책망하고 욕한다는 식으로 악선전을 했던 것이다. 그러나 사도 바울이 고린도 교인들에게 온유했던 이유는 복음의 주인공이신 예수님 자신이 겸손하고 온유한 분이기 때문이다(1절). 이 세상에서는 공부를 하면 할수록 오만해지고 단단해지지만 예수님은 우리 인간이 모두 죄인이고 병원으로 치면 환자와 같아서 늘 온유하고 겸손하셨던 것이다. 그래서 누구든지 예수님으로부터 배운 자라고 하면 일단 온유해야 하고 다른 사람의 부족한 점에 대해서는 관용을 베풀어야 한다. 왜냐하면 모든 인간은 허물투성이며 죄인이기 때문이다. 그러나 이런 사실을 인정하지 않고 온유한 것을 실력이 없다거나 자신감이 없는 것으로 생각하는 자들은 "육신을 따라 행하는 자"로 이런 사람들에게까지 온유하고 겸손할 필요는 없다(2절). 그래서 사도 바울은 자신이 다시 고린도에 방문하게 되었을 때 이런 교만한 자들을 대하듯 고린도 교인들을 담대하게 대하지 않기를 원한다고 말한다(2절). 사실 자신감이 있으면서도 겸손한 것과 자신감이 부족해 비겁한 것을 구별하기 어려울 때가 많다. 또한 우리가 자신감에 차서 담대할 때와 세상에서 성공해 교만한 마음을 가지게 되었을 때 역시 구별이 안 될 때가 많다. 그러므로 우리는 끊임없이 하나님의 말씀 앞에서 자신의 바른 모습을 보기 위해 노력해야 한다.

3절, "우리가 육신으로 행하나"

아무리 예수 믿는 사람이라고 하더라도 인간이기에 우리는 말을 수단으로 사용해 복음을 증거 하든지 변증할 수밖에 없다. 다른 사람들 역시 사도나 그리스도의 종들을 볼 때 그들의 신분이나 세상적 학벌이나 말 잘하는 능력을 가지고 판단할 수밖에 없다. 그러나 우리 그리스도인이나 하나님의 종은 반드시 육신적으로 다른 사람을 이겨야 이긴 것이 아니다. 우리에게는 눈에 보이지 않는 영적 전쟁이 따로 있기 때문이다. 그래서 그리스도의 종들이 대적하는 자들과 싸울 때는 폭력이라든지 폭언을 사용하는 것이 아니라 하나님의 진리 자체의 힘으로 온유한 자세를 끝까지 유지해야 한다.

4-5절, "우리의 싸우는 무기는 육신에 속한 것이 아니요……"

이 세상 사람은 혈기라든지 군사력, 아니면 날카로운 무기로 상대방을 찌르거나 굴복시키려고 한다. 이처럼 세상 사람이 싸우는 무기는 육신이다. 그러나 하나님의 종에게 이런 육신적 싸움은 어떤 일의 결과로 일어나는 것이지 근본적 원인은 아니라고 생각한다. 즉 우리 인간의 눈에 보이지 않는 영역에서 악한 사탄의 세력과 하나님의 천사나 성령 사이에 치열한 전쟁이 먼저 일어나는 것이다. 이때 하나님의 천사나 성령의 힘이 이기면 사탄의 세력은 달아나게 되고, 무력 충돌이라든지 전쟁 등이 일어나지 않을 수 있다. 그러나 반대로 악한 사탄의 세력이 천사들을 이기고 성령의 역사를 이기면 폭력이나 전쟁, 핍박이 일어난다. 이때 우리에게 가장 중요한 무기는 다름 아닌 기도다. 우리의 두 손이 올라가면서 강력하게 기도할 때 사탄은 힘을 잃고 물러날 것이다. 특히 이때 하나님의 강한 부흥의 역사가 일어나면서 그동안 모든 악한 일을 도모하는 데 본부로 사용되던 '악한 마귀의 견고한 진' 이 파괴된다. 악한 자들 안에서 내부 반란이 일어나거나 자기들 사이에서 암투가 벌어지면서 견고한 진이 무너지는 것이다. 특히 하나님의 강력한 말씀 앞에서 모든 악한 사람의 입이 다물어지고 '모든 거짓 이론' 역시 그 위선과 어긋남이

드러나게 된다(4절). 결국 인간과 사탄이 그렇게 하고자 하는 것은 "하나님 아는 것을 대적하여" 스스로를 높이고 자기 생각을 제멋대로 주장하는 것으로, 이런 모든 생각을 사로잡아 그리스도 앞에 복종시켜야 한다(5절). 이것이 바로 영적 부흥이 일어날 때 나타나는 놀라운 일이다.

6절, "너희의 복종이 온전하게 될 때에"

하나님을 믿는다고 하면서도 사실 우리는 하나님의 말씀에 온전히 복종하는 것이 잘 되지 않는다. 왜냐하면 우리 안에 뿌리 깊은 악한 습관이 있고 음란한 마음이 있기 때문이다. 그러나 우리 안에 뜨거운 부흥이 일어날 때 완전히는 아니더라도 하나님의 뜻에 자기 자신을 복종시킬 수 있다. 이때 하나님은 악한 자들이 복종하지 않는 것에 대해 벌을 주신다. 즉 그들의 교만과 위선이 완전히 폭로됨으로써 수치를 당하고 세력을 잃어버리게 되는 것이다.

7-11절, "너희는 외모만 보는도다……"

고린도 교인들도 별 수 없이 사도 바울이나 말씀 전하는 자들을 볼 때 세상적인 학벌이라든지 유식한 것을 가지고 판단하려고 했다. 그러면서도 자기 자신들은 훌륭한 그리스도인이라고 생각했다(7절). 그 이유는 이후에 있는 말씀에서 드러난다. 즉 그들은 사도 바울이 보낸 편지가 별로 철학적이지도 않고 논리적이지도 않은 것을 보고 수준이 한참 떨어진다고 생각했던 것이다. 그러나 사도 바울은 주님이 교회의 모든 가르침을 판단하고 교회를 바로잡을 수 있는 권세를 받은 자였다(8절). 사도 바울이 주님이 주신 권위를 가지고 고린도 교인을 억압하려고 하지 않았던 것은 그리스도의 권위의 목적이 사람을 복종시키는 데 있는 것이 아니라 바른 성도로 세우는 데 있었기 때문이다(8절). 그래서 사도 바울은 어느 곳에서든지 사람들을 세우려고 했을 뿐 자기 권위에 복종시키려고 하지 않았다는 점에서 아무리 자랑해도 부끄럽지 않다고 말했다(8절). 사람들 가운데 사도 바울의 편지는 문체에 무게도 있고 힘도 있지만 사람을 직접 만나면 말을 잘하지 못하고 힘도 없다는 식으로 비난하는 자도 있었다(10절). 이에 대해 사도 바울은 자신이 떠나 있지만 편지로 말하는 것과 함께 있을 때 똑같은 사람인 것을 알게 되리라고 주장했다(11절). 그러나 편지는 일단 글을 통해 한번 생각하는 시간을 가질 수 있어 사람들에게 스스로 생각하는 시간을 갖게 한다는 장점이 있다. 기독교에서 최고로 좋은 것은 자기 스스로 하나님의 뜻을 생각해 잘못을 바로잡는 것이다.

12절, "자기를 칭찬하는 어떤 자"

인간은 외모만 봐서는 그 속을 도저히 알 수 없기 때문에 지위나 지식을 가지고 그 사람의 속에 있는 것을 판단하는 수밖에 없다. 그래서 사람들은 이 세상에서 지식을 쌓고 지위를 높여 스스로 인정받을 수 있도록 노력한다. 반면 이 세상에서 유일하게 자기 자신을 높일 필요가 없는 사람이 있는데, 바로 그리스도인이고 그리스도의 종이다. 왜냐하면 하나님이 직접 이들의 속사람을 만들어주시기 때문이다. 그러나 아무리 예수를 믿는 자라 하더라도 인간인 이상 외모를 가지고 자기 자신이나 다른 사람들을 판단할 수밖에 없다. 그중 고린도 교회에는 유난히 세상적 지식이나 지위를 가지고 자기 자신을 높이는 자가 많이 있었다. 그러나 이들은 결국 다 그렇고 그런 세상 지식을 가지고 자기 자신을 비교하고 높이다 보니 지혜가 없었다. 사실은 그리스도인의 속사람과 비교가 되지 않는 천한 사람인 것이다(12절).

13-14절, "그러나 우리는 분수 이상의 자랑을 하지 않고……"

그리스도인에게 가장 중요한 '분수'가 있다. 그것은 그들이 자기 인생의 주인이 아니라 종이라는 사실이다. 우리는 어떤 사람이 세상을 살아갈 때 주인으로 살아가는지, 종으로 살아가는지 금방 분별할 수 있다. 즉 이 세상을 자기 인생의 주인이 되어 살아가는 사람은 모든 것을 스스로 결정하고 자기가 영광을 받으며 자기가 모든 것의 주인이 되는 삶을 산다. 세상 사람은 이런 사람이 '화끈'하고 과감한 인생을 살기 때문에 존경하고 인정해준다. 거기에 비해 그리스도인은 어디까지나 그리스도의 종이라는 신분을 가졌기에 스스로 아무것도 결정하지 못하고 언제나 주님의 뜻을 물어보아야 한다. 그들은 아무것도 자기 뜻대로 할 수 없다는 한계가 있다(13절). 사도 바울과 그 일행이 고린도에 가서 복음을 전했던 것도 스스로 결정해서 영역을 넓힌 것이 아니라 주님의 뜻에 따라 거기까지 가게 된 것이다(13절). 사실 사도 바울 자신도 인간적인 능력으로 생각해 보면 감히 고린도까지 가서 복음을 전한다는 것은 상상할 수 없는 일이었지만 자신의 힘으로 간 것이 아니라 그리스도의 복음이 그들을 거기까지 가게 했던 것이다(14절).

15-16절, "우리는 남의 수고를 가지고……"

사도 바울은 이미 다른 사람들이 와서 복음을 전하고 교회를 세운 곳에 와서 이래라저래라 하는 것이 아니라고 말한다. 사도 바울은 분명한 선교 원칙을 가지고 있었는데, 그것은 다른 사람이 와서 이미 복음을 전한 곳에는 들어가지 않는다는 것이었다. 이것이 사도 바울의 분수였고 '규범' 이었던 것이다(15절). 여기서 '규범' 은 사도 바울의 선교 원칙이라고 볼 수도 있고, 예배드리는 모범이나 그리스도인의 삶의 윤리라고 생각할 수도 있다. 사도 바울은 고린도 교인도 믿음이 자라면 남의 영역에 뛰어들어가 자기 생각을 가지고 제멋대로 휘저을 것이 아니라 사도 바울이 가르쳐준 믿음의 원리나 원칙을 그대로 지키기를 바랐던 것이다. 그래서 사도 바울은 남의 규범을 침범하지 않으면서 고린도를 넘어 복음이 전해지지 않는 곳에 복음을 들고 가기를 바란다고 했다(16절).

17-18절, "자랑하는 자는 주 안에서 자랑할지니라……"

우리는 이 세상에서 자신의 업적이나 성공을 자랑하고 싶어 하고 다른 사람들에게 칭찬받고 싶어 하지만 우리는 그리스도의 종이기에 우리 마음대로 그런 칭찬을 받을 수가 없다. 오히려 종들이 주인의 뜻에 벗어나 자기 멋대로 많은 일을 해서 칭찬 받고 영광 받는 것은 주인을 무시하는 행위이고, 오히려 주인으로부터 매를 맞을 짓인 것이다. 우리는 오로지 주님의 뜻이 정확하게 이루어진 데 대해 기뻐하고 자랑할 수 있을 뿐이다. 왜냐하면 우리가 한 것이 옳다고 인정할 이는 우리 자신이나 세상 사람이 아니라 오직 주님이기 때문이다(18절).

본문 이해를 위한 질문

1. 사도 바울은 편지에다 자신에 대해서는 잘 쓰는지 모르겠지만 직접 만나면 말을 세련되게 하지 못하고 지식도 시원찮다고 비난한 사람들에 대해 무엇이라고 답변하고 있는가?

사도 바울은 우리가 그리스도로부터 가장 먼저 배워야 할 것은 온유와 관용의 자세이며, 우리는 육체적으로 강하게 싸우려고 할 필요가 없다고 답변했다.

2. 그리스도인이 육신으로 싸워서는 안 되는 이유가 무엇이며, 적의 견고한 진을 무너뜨리는 능력은 어디서부터 오는가?

사람들의 눈에는 보이지 않지만 육체적 싸움 이전에 반드시 사탄과 천사 또는 성령의 능력 사이에 치열한 영적 싸움이 있다. 우리는 이 싸움에서 이겨야만 사탄을 물리칠 수 있으므로 굳이 육체적 싸움에서 이겨야 할 이유가 없는 것이다.

3. 세상 사람은 자신의 지식이나 지위를 자랑하고 스스로 치켜세우지만 그리스도의 종은 그렇게 하지 않는 이유가 무엇인가?

우리는 이 세상에서 우리 삶의 주인이 아니라 종으로 살아가야 하기 때문에 스스로 많은 일을 해서 사람들로부터 칭찬을 받으려고 해서는 안 된다. 우리는 오히려 주님의 뜻이 정확하게 이루어지는 것을 기뻐하고 자랑해야 한다.

성경 강해

전쟁터에서 군인들이 공격할 때 적들이 양옆으로 견고한 진을 만들어놓고 기관총으로 쏘면 많은 군인이 죽어 전진할 수가 없습니다. 그러나 용감한 군인이 일어서서 수류탄을 던지거나 탱크에서 포를 쏘아 견고한 진을 무너뜨리면 그때부터는 얼마든지 앞으로 진격해 공격할 수 있습니다. 만약 우리나라에 핵무기가 여러 개 있다거나 이스라엘처럼 완벽한 미사일 방어 체계가 되어 있어 적의 공격을 공중에서 무력화시킬 수 있다면 크게 걱정하지 않을 것입니다. 그러나 우리나라는 핵무기도 없고 핵 공격이나 미사일 공격을 막아낼 수 있는 방어 체계가 없기 때문에 온 국민이 핵 전쟁이 일어나지 않을까 두려워합니다.

미국이 아주 강력한 폭탄을 개발했는데, 그 폭탄을 '폭탄의 어머니' 라고 명명했답니다. 즉 이것은 폭탄 가운데 최고 폭탄이라는 뜻입니다. 미군은 이 폭탄을 시리아와 아프가니스탄에서 터뜨렸는데, 땅 속에 있는 콘크리트 벽을 부수고 100미터 이상 떨어져 있는 사람이나 무기까지 다 부수었다고 합니다. 만약 어느 나라 군대든지 이런 강력한 폭탄을 가지고 있다면 땅 속에 숨어 있는 군대나 무기까지 다 부술 수 있을 것입니다.

사도 바울이 고린도에서 복음을 전해 대부흥이 일어난 뒤 그에 대항하는 강한 적수들이 나타났습니다. 바로 그리스 철학과 논리학으로 무장된 변사들이었습니다. 소크라테스의 글을 읽어 보면 이 변사들이 얼마나 논리가 뛰어났는지 자신들의 어떤 주장도 합리화시킬 수 있고, 상대가 누구든지 쓰러뜨릴 수 있었다고 합니다. 즉 이들이 옳다고 주장하면 아무리 틀린 것이라도 옳은 것으로 되고, 이들이 틀렸다고 물고 늘어지면 올바른 사람도 죄인이 될 수밖에 없었다고 합니다. 이들은 말을 너무나 잘했고 논리적 주장을 폈기 때문에 어느 누구도 감히 대적할 수가 없었습니다. 소크라테스는 그들이 틀렸다고 말했다가 고소당해 사형을 당하게 되었습니다. 그들은 어렸을 때부터 비싼 과외비를 내고 이런 변론을 배웠고, 그 말재주를 가지고 정치를 쥐고 흔들었습니다. 그런데 이런 사람들이 그 뛰어난 변론을 가지고 사도 바울과 복음을 강하게 공격했습니다. 그 결과 사도 바울의 고린도 사역은 초토화되다시피 했고 그는 고린도에서 아주 비겁하고 나쁜 사람으로 낙인찍히게 되었습니다. 이들은 사도 바울이 고린도에 다시 발을 붙이지 못할 정도로 그에 대해 악선전을 퍼부었습니다. 그러다 보니 사도 바울을 통해 예수를 믿었고 복음을 사랑했던 사람들은 심리적으로 불안에 떨어야 했습니다. 이들 철학자나 변론가는 강력한 무기를 가지고 있는 것처럼 보였고 사도 바울과 복음을 믿는 사람은 아무런 무기도 없는 사람처럼 보였습니다. 이런 상황에서 사도 바울은 고린도 교인들을 위로하고 안심시켰습니다. 우리의 무기는 눈에 보이는 육신적인 것이 아니기 때문입니다. 우리에게는 어떤 견고한 진도 무너뜨리고 어떤 이론도 무너뜨릴 수 있는 하나님의 강한 폭탄이 있다고 말합니다. 만약 이런 무기가 실제로 있다면 우리는 북한의 핵무기도 겁나지 않을 것이고, 누군가 나쁜 의도를 가지고 우리에게 와서 말로 공격하거나 떼를 쓴다고 해도 당황하지 않을 것입니다. 왜냐하면 우리에게는 어떤 견고한 진도 무너뜨릴 무기가 있고, 어떤 악한 이론도 쳐부술 능력이 있기 때문입니다. 모든 그리스도인이 이 말씀으로 위로 받을 수 있기를 바랍니다.

1. 영적으로 가장 강력한 무기

2차 세계대전 때 미국은 일본인들이 생각지도 못한 원자폭탄을 개발해 일본 땅에 떨어뜨림으로써 무조건적인 항복을 받아냈습니다. 그때부터 전 세계는 이 핵무기의 위력을 알게 되었고, 강대국들은 이 핵무기로 무장하려고 혈안이 되었습니다. 그런데 예수 믿는 사람은 전쟁을 좋아하지 않고 무기를 갖춰놓지도 않습니다. 심지어 우리는 이 세상의 훌륭한 지식조차 갖지 못한 사람이 대부분입니다. 그래서 이 세상에서 아주 강력한 무기를 가진 사람이 우리나라를 공격하려고 하거나 엄청난 지식을 가진 사람이 말로 우리를 공격하려고 한다면 그것을 감당할 수가 없습니다. 그렇다면 예수 믿는 사람은 모두 그 강력한 무기 앞에서 죽어야 하고, 그 강력한 도전 앞에서 모두 죄인이 되어야 하고 망해야 하는 것일까요? 사도 바울은 결코 그렇지 않다고 말했습니다. 왜냐하면 이 세상의 어떤 강한 무기보다 더 강한 무기가 우리에게 있기 때문입니다.

4절, "우리의 싸우는 무기는 육신에 속한 것이 아니요 오직 어떤 견고한 진도 무너뜨리는 하나님의 능력이라 모든 이론을 무너뜨리며"

여기에 보면 우리의 무기는 육체에 속한 것이 아니라고 했습니다. 그러면서 우리의 무기는 강한 파괴력 두 가지를 가지고 있다고 말씀합니다. 이 세상에서 아무리 견고한 진리라고 해도 부수는 힘을 가지고 있으며, 또 어떤 이론도 무너뜨리는 힘을 가지고 있다고 말씀합니다. 사도 바울 당시 가장 강력한 군대는 로마 군대였습니다. 예수 믿는 사람들은 로마 군대와 감히 싸울 용기가 없었습니다. 그리스도인 가운데 대부분은 전쟁을 할 줄 모르는 약한 여성이나 노예였습니다. 그리고 당시 이론적으로 가장 말을 잘하는 사람은 그리스인이었습니다. 그리스도인 가운데서 그리스의 철학자나 변론가와 말싸움을 해서 이길 수 있는 사람은 아무도 없었습니다. 그러나 사도 바울은 우리의 무기와 병기는 육체에 속한 것이 아니라고 말했습니다. 즉 우리는 눈에 보이지 않는 영의 무기를 가지고 영의 적들과 싸우는 사람인 것입니다.

"우리의 씨름은 혈과 육을 상대하는 것이 아니요 통치자들과 권세들과 이 어둠의 세상 주관자들과 하늘에 있는 악의 영들을 상대함이라"(엡 6:12).

이 세상에서 믿지 않는 사람들과 육체적으로 싸우고 칼을 휘두르고 총을 쏘며 전쟁을 하거나 말로 논쟁한다면 우리는 몇 사람을 상대하지 못하고 죽거나 지고 말 것입니다. 그러나 사도 바울은 우리의 무기는 육체적인 것이 아니고, 우리의 전쟁 역시 육신의 전쟁이 아니라고 했습니다. 이것이 우리에게는 가장 중요한 사실입니다. 즉 이 세상에서 누군가 육체적으로 충돌하고 부딪혀 싸우기 전에 반드시 영적 싸움이 먼저 시작된다는 것입니다. 이 세상에서 큰 전쟁이 일어나거나 처참한 살육이 일어나기 전에 먼저 영의 세계에서 천사와 사탄과의 치열한 싸움이 벌어집니다. 그래서 영적 싸움의 결과에 따라 사탄이 이기면 이 세상에서 전쟁이 터지게 되고 많은 사람이 죽임을 당하게 됩니다. 반대로 영적 싸움에서 천사가 사탄을 누르고 이기면 악한 자들이 아무리 전쟁을 일으키려고 해도 일어나지 않으며, 그리스도인을 상대로 논쟁하려고 해도 혀가 입천장에 달라붙어 말을 하지 못하게 됩니다.

요즘 사회에서나 교회에서 다른 사람들을 상대해 보면 너무 사납고 화를 잘 내며 공격적인 성향을 보이는 사람이 많습니다. 그리고 우울증을 앓거나 암으로 투병하거나 자살하는 사람이 많은 것을 볼 수 있습니다. 이것은 우리 눈에 보이지 않지만 마귀들이 세상 사람들과 교인을 공격하고 있으며, 여기서 우리가 영적으로 밀리고 있다는 것을 보여줍니다. 지금 우리 믿는 사람들이 눈에 보이는 육체의 전쟁에서 이기려고 해도 이미 늦었습니다. 사탄은 무저갱에서 수없이 기어 나왔고 천사는 밀려나버려 우리는 이 싸움을 감당할 수가 없습니다. 그래서 사도 바울은 이런 육체의 싸움 이전에 있는 싸움에 전력을 기울여야 한다고 말합니다. 여기서 우리가 이겨버리면 사탄은 맥을 추지 못하고 사탄의 진이 아무리 견고한 성으로 둘러싸여 있고 그들의 이론이 예리하다고 해도 하나님의 능력으로 다 무너뜨릴 수 있습니다. 우리에게 사탄을 이기기 위한 무기가 두 개 있습니다. 하나는 복음의 설교입니다. 믿는 사람들이 모인 가운데 강력한 복음이 선포되는 것은 우리 성도만 들으라고 하는 것이 아닙니다. 이것은 사탄도 들으라고 하는 소리입니다. 우리는 지금 강력한 하나님의 말씀을 듣고 있으며, 우리에게는 강한 하나님의 영이 임하고 있으므로 감히 하나님의 나라를 공격할 생각을 하지 말라고 강한 경고를 보내야 합니다. 이것은 이 세상의 어떤 핵실험보다 강력한 핵실험입니다. 하나님의 복음이 강하게 선포될수록 사탄은 힘을 잃고 하나님의 복음의 광채가 두려워 자꾸 어둠 속으로 피하여 숨으려고 할 것입니다. 반대로 하나님의 백성이 부흥과 축복에 배가 불러 자꾸 세상을 사랑하고 세상 이론으로 만족한다면 사탄은 좋아하면서 그 어둠에서 기어 나와 세상을 어지럽게 만들고 하나님의 백성을 공격해 죽이려고 전쟁을 준비할 것입니다. 그러므로 주님의 종들은 일체 딴 것을 생각해서는 안 됩니다. 설교할 기회가 주어질 때마다 목이 터져라 복음을 부르짖어야 합니다. 제가 어렸을 때는 목사님들이 설교할 때마다 얼마나 혼신의 힘을 다해 소리 지르는지 목이 다 쉬고 녹초가 되어 단에서 내려오시곤 했습니다. 당시 목사님들은 지식이 많았던 것도 아니고 박사학위를 가진 것도 아니고 신학대학교에서 학생을 가르치는 교수도 아니었습니다. 다만 그들에게는 복음의 열정과 사명감이 있어 설교할 기회가 있을 때마다 혼신의 힘을 다해 부르짖었습니다. 이것이 바로 영의 싸움에서 우리가 사탄을 누르고 들어가는 것입니다. 그뿐 아니라 성도들에게는 합심 기도라고 하는 아주 강력한 무기가 있습니다. 하나님은 우리가 모여 합심해 기도할 때 반드시 듣겠다고 약속하셨습니다. 그러므로 환난 날이 닥치면 부르짖으라고 말씀하셨습니다. 하나님은 우리가 환난 날에 부르짖으면 듣겠다고 하셨습니다.

"환난 날에 나를 부르라 내가 너를 건지리니 네가 나를 영화롭게 하리로다"(시 50:15).

우리가 사는 사회에 죄악이 들끓고 전쟁의 흉흉한 소문이 들리고 예전에 듣지도 보지도 못했던 악이 득세하는 것을 볼 때 얼마나 많은 악령이 설치고 다니는지 깨달아야 합니다. 이때 목회자들이 해야 할 일은 온 힘을 다해 복음을 부르짖는 것입니다. 이는 하나님의 백성들이 정신을 차리도록 만들고 영적으로 무장시키고 악령들에 대해 대포를 쏘는 것입니다. 그리고 하나님의 백성은 더 이상 먹는 것이나 입는 것이나 세상적인 것을 위해 몸부림치지 말고 그 나라와 그 의를 위하여 기도해야 한다는 뜻입니다. 하나님의 백성이 합심하여 기도하면 사탄은 힘을 잃어 주춤하게 되고 어두운 곳으로 기어 들어갈 것입니다. 지금 사탄은 교회들까지 격렬하게 공격해 거의 초토화시켜 놓고 있는데, 목회자들은 거의 맥을 추지 못하고 있으며 우리 사회는 자꾸 이상한 방향으로 흘러가고 있습니다. 그 이유는 사탄이 아주 견고한 진을 만들어 계속 악령들을 보내 사람들을 충동질하고 있기 때문인데, 아주 견고한 이론을 가지고 복음을 공격해 무너뜨리도록 조종하고 있습니다.

2. 인간을 높이는 사상의 함정

인류 역사는 크게 두 개의 흐름으로 이루어집니다. 하나는 인간을 최고로 높이는 그리스 사상, 즉 사람들이 헬라 사상이라고 부르는 흐름이 있습니다. 인간은 권력을 가진 자가 최고이고 모든 것을 차지하며 다른 사람을 자기 종이나 노예로 삼으려고 하는 경향이 있습니다. 우리 인간은 언제나 그런 독재자에 반감을 가지고 대항하려고 했으며, 그들의 억압으로부터 자유를 얻으려고 했습니다. 그런데 그리스인들은 많은 노예를 부리기는 했지만 아주 정교한 민주주의 사회를 만들어 정신적 우월감을 누렸습니다. 그리스인들은 아테네를 중심으로 단결해 그리스를 차지하기 위해 공격해오는 페르시아 제국을 두 번이나 물리쳤고, 당시 아테네와 그리스 민주정치는 절정에 이르렀습니다. 그러나 그 후 그리스는 부패했고 자기들끼리 치열하게 싸우다가 망하고 말았습니다. 후일 사람들은 뛰어난 정신문화를 가지고도 그리스가 왜 망했는지 이해하기 어렵다고 말합니다. 그리스가 망한 것은 인간을 지극히 높이는 것까지는 좋았지만 그것이 인간을 오만하게 만들고 자기 사상의 노예가 되게 하는 마귀의 술책이 있었음을 깨닫지 못했기 때문입니다. 이것은 프랑스 혁명도 마찬가지이고, 19세기 유럽의 계몽주의도 마찬가지였습니다. 또한 공산주의도 마찬가지였습니다. 프랑스 혁명도 왕의 독재에 맞서 일어났지만 수많은 사람을 죽음으로 몰아넣었고, 결국 나폴레옹이 등장해 전 유럽은 전쟁터가 되고 말았습니다. 인간은 진화론과 인간의 위대함을 믿었지만 결국 식민지 전쟁으로 1차 세계대전과 2차 세계대전이 터져 수많은 사람이 죽었습니다.

또 다른 흐름이 있었습니다. 그것은 바로 하나님을 믿는 신앙이었습니다. 하나님이 모든 것을 창조하셨고, 하나님이 가장 높으시고, 하나님은 영광을 받으셔야 한다는 사상이었습니다. 이것은 바로 이스라엘 선지자들의 사상이었고, 나중에는 예수님의 복음으로 완성됩니다. 사도 바울 때 인간 중심의 아주 정교한 그리스 사상과 하나님 중심의 사도 바울의 복음이 고린도에서 충돌했습니다. 오늘 우리 사회는 인간이 중심이 되고 가장 소중하다는 인본주의가 보편화되어 있습니다. 그러다 보니 예수님은 하나님의 아들이시며 우리는 하나님께 영광을 돌려야 한다는 기독교 사상과 충돌하고 있습니다. 사실 교회와 기독교가 오해를 받고 있는데, 그 오해는 이미 하나님의 축복을 가졌고 부와 지위를 가졌기 때문에 가진 자를 대표하는 사상으로 생각되고 있다는 것입니다. 참으로 아이러니한 사실은 사도 바울이 고린도 등지에서 헌금을 가지고 예루살렘에 가서 체포되었을 때 로마 총독은 사도 바울이 돈을 많이 가지고 있다는 소문을 듣고 그를 쉽게 풀어 주지 않고 계속해서 불러 심문했다는 것입니다. 그런데 사도 바울은 그것을 알고도 끝까지 뇌물을 주지 않고 2년간 감옥에 갇혀 있다가 결국 로마로 압송되었습니다.

사도 바울이 고린도를 떠난 뒤 고린도에 있던 그리스 철학자들과 변론가들은 그를 업신여겼습니다. 왜냐하면 그들이 보기에 사도 바울에게는 자신들이 중요하게 여기는 능력이 하나도 없었기 때문입니다. 우선 사도 바울은 그리스식으로 세련되게 변론하지 않았습니다. 당시 사람들은 변론을 할 줄 모르는 사람을 바보로 취급했습니다. 그뿐 아니라 사도 바울은 유대인이었습니다. 당시 유대인은 그리스인에게 가장 적대적인 민족이었습니다. 로마 안에서 가장 잘 싸우는 민족이 유대인과 그리스인이었던 것입니다. 게다가 사도 바울은 가장 정통이라고 알려진 예루살렘 사도나 교인들의 인정을 받은 사람이 아니었습니다. 당시 중요한 것은 말이지 글이 아니었는데, 그들은 사도 바울이 글을 조금 쓸 줄은 알아도 말은 제대로 할 줄 모르는 사람이라고 비난하며 업신여겼습니다.

1-2절, "너희를 대면하면 유순하고 떠나 있으면 너희에 대하여 담대한 나 바울은 이제 그리스도의 온유와 관용으로 친히 너희를 권하고 또한 우리를 육신에 따라 행하는 자로 여기는 자들에 대하여 내가 담대히 대하는 것같이 너희와 함께 있을 때에 나로 하여금 이 담대한 태도로 대하지 않게 하기를 구하노라"

여기서 중요한 것은 "우리를 육신에 따라 행하는 자"라는 말씀입니다. 이것은 사도 바울을 영적인 눈으로 바라보지 않고 오직 세상적인 눈만 가지고 보는 사람들을 말합니다. 영적인 눈으로 사도 바울을 보면 그는 고린도 교인에게 적대적인 유대인이 아니라 복음을 위하여 보냄을 받은 전도자였고 그들의 영적 아버지였습니다. 사도 바울은 그리스 철학이나 변론술을 알지만 고린도 교인을 위하여 오직 주님의 십자가만을 전했습니다. 사도 바울은 그리스도 안에서 자기는 유대인이나 그리스인이나 야만인 모두에게 빚진 자라고 말했습니다. 즉 그리스도 안에서는 모두가 한 형제라는 것입니다. 특히 사도 바울은 고린도 교인에게 그들을 젖으로 먹이고 양육한 유모와 같다고 했는데, 옛날 어린 아이들에게 유모는 친부모보다 더 가까운 사이였습니다. 그러나 인간적으로 보면 이야기는 완전히 달라집니다. 인간적으로 보면 사도 바울은 고린도 교인에게는 경쟁상대인 유대인이었고, 그리스 철학이나 변론술에 무지했고, 예루살렘 사도들이 보내지 않은 무자격자였습니다. 이처럼 우리가 자기 자신이나 다른 사람을 어떤 눈으로 보느냐 하는 건 아주 중요합니다.

결국 중요한 것은 하나님을 높이느냐 인간을 높이느냐입니다.

5절, "하나님 아는 것을 대적하여 높아진 것을 다 무너뜨리고 모든 생각을 사로잡아 그리스도에게 복종하게 하니"

결국 복음은 하나님을 아는 것이고, 하나님을 높이는 것입니다. 반면 세상의 사상은 인간을 최고로 높입니다. 그런데 여기에 사탄의 무서운 속임수가 있습니다. 즉 사탄은 인간을 최고라고 하면서 하나님을 깎아내리고 인간을 마귀 자신의 종으로 만들려고 합니다. 그래서 사람들은 자신이 최고로 높아지고 최고가 되었다고 좋아하지만 실제로는 마귀에게 속고 있는 것이며, 마귀의 종이 되고 폭력의 종이 되는 것입니다. 아이러니하게도 히브리 종교와 기독교는 독재에 맞서 싸우거나 인권을 위하여 처음부터 투쟁하거나 그런 운동을 벌이지 않았습니다. 그래서 기독교와 여호와의 종교가 인간의 권리나 자유에 대해 소극적이었다고 비난하는 사람도 있습니다. 이들은 기독교가 사람을 종교의 노예로 만들었다고 비난하기도 합니다. 그런데 놀라운 사실은 우리가 하나님을 알고 하나님을 높여드릴 때 우리 인간의 가치도 회복되고 자유도 누리게 된다는 것입니다. 인류 역사상 가장 많은 노예가 압제자로부터 탈출에 성공한 것은 출애굽 때였습니다. 전 세계 인구에서 대부분의 사람이 농노라고 해서 노예에 가까운 신분이었을 때 이스라엘 백성은 자유인이었고 자기 땅을 가지고 있었습니다. 로마제국 때도 많은 노예가 예수님을 믿었는데, 이들이 곧바로 자유민이 된 것은 아니었습니다. 다만 노예 신분임에도 이들은 인간의 가치를 깨달았고,

자신의 존엄성을 알았습니다. 복음이 퍼져 나가면서 여성의 인권이 중요시되고, 어린 아이의 인격을 존중하게 되고, 억압 받던 사람이 자유를 얻게 되었습니다. 이때 기독교가 자칫 잘못해 축복이나 부흥 성장에 욕심을 낸다면 부자를 좋아하고 지식인을 좋아하며 기득권을 축복하는 것처럼 보일 수 있습니다. 자칫 잘못하면 기독교가 세상 함정에 빠지게 될 수도 있다는 것입니다. 그래서 기독교는 모든 사람의 친구이지 반드시 복 받은 사람이나 돈 많은 사람의 친구가 아닙니다.

3. 건설하는 사람

건축하는 사람은 두 종류로 나눌 수 있습니다. 하나는 낡은 건물을 파괴하는 사람이고, 다른 하나는 아무것도 없는 무에서 아름답고 멋진 건물을 세우는 사람입니다. 이들 가운데 부수고 무너뜨리는 사람들은 신이 납니다. 건물과 다리, 공장을 부수는 사람은 신이 납니다. 건물이 폭파되고 다리가 폭삭 주저앉는 등 모든 것이 사라지는 것을 보면 신이 나기도 할 것입니다. 그러나 새로운 다리를 건설하고 새로운 건물을 세우고 새로운 공장을 만든다는 것은 아주 오랜 시간이 걸리고 어려운 일입니다.

8절, "주께서 주신 권세는 너희를 무너뜨리려고 하신 것이 아니요 세우려고 하신 것이니 내가 이에 대하여 지나치게 자랑하여도 부끄럽지 아니하리라"

요즘 사람들 가운데는 무엇인가 부수는 데 쾌감을 느끼는 사람이 많습니다. 회사도 무너뜨리고 사회질서도 무너뜨리고 군대 기강을 무너뜨리면서 쾌감을 느끼며 좋아합니다. 그런데 누군가가 그 무너뜨린 것을 다시 세우지 않는다면 사람들은 모두 불행해질 것입니다. 전쟁은 부수고 무너뜨리는 것입니다. 전쟁을 일으키는 사람은 신이 날지 모르지만 죽는 사람은 소중한 생명을 잃게 됩니다. 사도 바울이 모든 것에 조심하는 이유는 그가 받은 사명이 파괴시키는 사명이 아니요 세우는 사명이었기 때문입니다.

고린도의 변론가들은 사도 바울을 아주 형편없는 사람이라고 비난하며 악선전을 했습니다.

10-11절, "그들의 말이 그의 편지들은 무게가 있고 힘이 있으나 그가 몸으로 대할 때는 약하고 그 말도 시원하지 않다 하니 이런 사람은 우리가 떠나 있을 때에 편지들로 말하는 것과 함께 있을 때에 행하는 일이 같은 것임을 알지라"

사도 바울은 전도자 수가 적었던 때 복음을 편지로 써서 복음의 대혁명을 이룬 사람입니다. 이것은 마치 마틴 루터가 글을 쓰고 성경을 번역해 당시 구텐베르크 인쇄기로 종교개혁을 이끈 것과 같습니다.

사람들은 자화자찬하는 경우가 많습니다.

12절, "우리는 자기를 칭찬하는 어떤 자와 더불어 감히 짝하며 비교할 수 없노라 그러나 그들이 자기로써 자기를 헤아리고 자기로써 자기를 비교하니 지혜가 없도다"

세상 사람은 자신이 자기 인생의 주인이기에 자기 마음대로 말하고 자기가 하고 싶은 대로 하고 성공했다고 자랑합니다. 그러나 그리스도의 종은 종이기에 하고 싶은 말을 할 수 없고 하고 싶은 일을 하지도 못합니다. 세상적인 눈으로 보면 그리스도의 종은 모두 바보이고 실패한 인생처럼 보입니다. 그럼에도 이 세상에서 마지막 순간 그리스도 외에는 아무것도 남지 않습니다. 그 어떤 성공이나 지혜, 부귀도 그리스도 외에는 아무것도 남지 않고 모두 심판이 될 것입니다.

13절, "그러나 우리는 분수 이상의 자랑을 하지 않고 오직 하나님이 우리에게 나누어 주신 그 범위의 한계를 따라 하노니 곧 너희에게까지 이른 것이라"

그리스도의 종은 오직 하나님이 주신 분량 안에서 모든 것에 최선을 다해야 합니다. 나중에는 이것만 영원한 상급으로 남게 되고, 자기 멋대로 산 인생은 모두 하나님 앞에서 영원한 불로 심판 받게 됩니다. 그래서 이 세상에서 유명하거나 권세가 있거나 높은 자리에 있는 것이 반드시 좋다고 볼 수 없습니다.

17-18절, “자랑하는 자는 주 안에서 자랑할지니라 옳다 인정함을 받는 자는 자기를 칭찬하는 자가 아니요 오직 주께서 칭찬하시는 자니라”

“주 안에서 자랑할지니라”는 무슨 뜻일까요? 이것은 우리가 언제까지 종노릇만 하는 것은 아니라는 뜻입니다. 주님의 뜻 안에서 우리는 얼마든지 기뻐할 수 있고, 얼마든지 다른 사람들을 격려하고 칭찬할 수 있고, 자기 스스로 위로 받을 수 있습니다. 그러나 사람들이 하나님을 생각하지 않고 세상적 기준으로 스스로 만족하고 성공했다고 생각할 때 그들은 하나님 앞에서 수치를 당하게 될 것입니다. 왜냐하면 그들이 이 세상에서 성공하고 유명한 것이 전부 거짓이기 때문입니다. 이 세상에서 과연 진실한 자가 있을까요? 없습니다. 사진을 봤을 때도 우리는 각도에 따라 실물과 얼마나 다른지 알 수 있습니다. 이 세상에서 존경받고 유명한 사람들 가운데 거짓되지 않은 사람이 있을까요? 이 세상에서 완전히 정직한 사람이 단 한 사람이라도 있을까요? 우리는 모두 다른 사람들의 거짓된 모습에 속아 존경하고 치켜세우고 있습니다. 그래서 우리에게는 그리스도의 피가 필요합니다. 예수님이 피가 우리의 모든 거짓과 위선을 지울 수 있습니다. 그리고 하나님이 칭찬하시는 것만이 진짜 칭찬입니다.

성경 토의

1. 이 세상은 학력이나 학벌 등 사람들의 외적인 것만 보고 그의 지식을 판단하고 그의 권위나 자격을 인정하지만, 그리스도인에게는 오직 주님의 말씀을 듣고 변화된 것밖에 없다. 그래서 우리는 세상 사람과 비교당하면 위축될 때도 많고 자기 스스로 아무것도 아니라고 생각할 때도 많다. 우리는 자기 자신에 대해 어떻게 판단하며, 어떻게 해야 자신감을 가질 수 있는가?

2. 이 세상에서 다른 사람을 이기려면 선수를 치거나 육체적으로 강한 힘을 동원해 상대방을 꺾어야 하지만, 우리는 이런 육체적 싸움 이전에 영적 싸움이 있다는 것을 알고 있다. 그러므로 우리는 영적 싸움에서 언제나 기도로 이겨야 한다. 우리는 어떻게 해야 적의 견고한 진을 무너뜨릴 수 있는가?

3. 같은 예수를 믿는다고 하지만 자기 인생의 주인으로 멋지게 살아가고 있는 사람이 있는가 하면, 자기는 오직 그리스도의 종이기 때문에 아무것도 스스로 결정하지 못하고 많은 업적도 남기지 못하는 사람도 있다. 우리는 자기 인생을 그리스도의 종으로 살아갈 때 주님 앞에서 '착하고 충성된 종이라'는 칭찬 받을 인내심을 가지고 있는가? 아니면 이 세상 사람 대부분이 그렇듯 세상에서 성공을 거두어 인정받고 칭찬받는 것으로 만족하려고 하는가?

13_참된 실체의 분별

고린도후서 11:1-15

전체적 설명 사도 바울은 사도성을 입증하기 위해 자신을 예수님의 제자였던 사도들과 비교해야 하는 것이 아주 어리석은 일이라고 생각했다. 그러나 고린도 교회의 몇몇 지도자는 사도 바울이 이런 어리석은 일을 할 수밖에 없도록 만들었다. 왜냐하면 사도 바울은 예수님이 직접 가르친 제자가 아니었을 뿐 아니라 그들이 가진 것과 다른 지식을 고린도 교인에게 가르쳤기 때문이다. 그래서 고린도에 있는 거짓 교사들은 사도 바울이 고린도에서 생활비를 달라고 당당하게 주장하지 못한 것과 예수님으로부터 직접 가르침을 받은 적이 없다는 것을 이유로 들어 사도 바울이 자칭 거짓 사도이거나 예루살렘의 제자들보다는 수준이 많이 떨어지는 사도라는 식으로 말하고 다녔다. 사실 목회자나 선교사가 자신이 진실한 하나님의 종임을 증명해야 하는 것보다 더 비참한 일은 없을 것이다. 그러나 사도 바울은 자신의 사도성을 변명하지 않으면 고린도 교인의 신앙이 더 이상 성장할 수 없고, 거짓 교사들에게 속아 잘못된 길로 갈 수밖에 없다는 생각에 자기 자신을 변명하지 않을 수 없었다.

1절, "원하건대 너희는 나의 좀 어리석은 것을 용납하라"

설교 프리노트

사도 바울은 고린도 교인에게 자신의 사도성을 증명해야 하는 것을 아주 어리석은 일이라고 여겼다. 이것이야말로 시간 낭비이고, 아무런 유익이 없는 일이었기 때문이다. 그러나 사도 바울이 자신에 대한 거짓 증거에 계속해서 입을 다문다면 그들의 거짓말을 인정하는 것이 되고 고린도 교인의 탈선을 강 건너 불구경하는 것밖에 되지 않는 상황이 되자 원치 않는 일이지만 자신의 사도권을 변증할 수밖에 없었다.

2절, "내가 하나님의 열심으로 너희를 위하여 열심을 내노니"

여기서 '열심' 은 '질투심' 이라고 볼 수 있다. 예를 들어 어떤 사람이 술을 많이 마셔 알코올 중독에 빠지거나 마약에 찌들어 지내거나 매춘을 하는 것은 좋은 일이 아니지만 자기 가족이 아닌 이상 참견할 바는 아니다. 세상 사람들은 이런 사람들을 보면 피해 가거나 욕을 하면서 지나갈 것이다. 그러나 알코올 중독에 빠진 사람이 자기 자식이나 동생이라면, 매춘 여성이 자기 여동생이라면 도저히 그냥 지나갈 수 없을 것이다. 이런 사실을 가족들이 알게 된다면 반드시 그 타락한 사람을 붙들어 집으로 데려가거나 병원 치료를 받게 해서 정상적인 사람이 되도록 신경 쓰면서 지켜볼 것이다. 마찬가지로 복음을 전하는 사람은 교인들을 자기 사람으로 만드는 자기 일이 아니다. 모든 목회자와 복음 전도자는 교인들을 하나님의 말씀으로 정결한 신부가 되게 해서 예수 그리스도와 결혼시키려고 하는 사람이다. 그런데 신부가 될 사람이 나쁜 교훈을 받아들여 알코올 중독에 빠지거나 마약에 찌들어 그리스도에게 불합격 판정을 받게 될 상황이라면 그 가족들은 가만있지 않을 것이다. 아직 시간이 있다면 그들은 어떻게 해서든지 술을 끊게 하고 마약이나 음행을 끊게 해서 정결한 신부가 되게 하려고 애쓸 것이다. 마찬가지로 사도 바울이 고린도 교인에게 바라는 것은 그들을 자기 사람으로 만들거나 교회에 무슨 유익을 주겠다는 것이 아니라 그리스도에게 내침을 당하지 않는 깨끗한 신부로 만들고자 하는 것이다.

3절, "뱀이 그 간계로 하와를 미혹한 것같이"

사탄이 거짓 가르침으로 순결했던 하나님의 백성을 변질시키고 타락시키려고 하는 것은 어제 오늘의 일이 아니다. 이것은 인류 초창기부터 있어 왔던 일로 사탄은 뱀을 통해 하나님의 말씀을 변질시켜 하와를 타락하게 만들어 온 인류가 망하게 되었다. 마찬가지로 고린도 교인들이 처음 하나님의 말씀을 들었을 때는 그리스도를 향한 순수함과 깨끗한 마음이 있었는데, 이 변질된 복음을 들음으로써 그들의 믿음은 부패할 가능성이 높아진 것이다.

4절, "만일 누가 가서 우리가 전파하지 아니한 다른 예수를 전파하거나"

사도 바울은 고린도 교인들의 태도에 대하여 깊은 우려를 나타내고 있다. 그것은 누군가가 고린도 교회에 와서 사도 바울이 전하지 않은 다른 예수를 전하는데도 잘 받아들였기 때문이다. 우리는 이것을 통해 그 당시에도 복음서에서 말하지 않은 다른 예수를 전하는 사람이 많았다는 것을 알 수 있다. 그들은 대부분 예수님에 대한 허황된 이야기나 흥미 위주의 엉터리 이야기를 늘어놓았던 것으로 보인다. 그런데 사람들은 이미 들은 예수님에 대한 이야기보다 좀 허황되고 웃기지만 예수님에 대한 새로운 이야기를 듣고 싶어했다. 이런 이유로 처음 복음을 들었을 때 받았던 것과 '다른 영'을 전하는데도 잘 받아들였던 것이다. 이때 영들은 대부분 무엇인가 좀 천박하고 열광적이며 시끄럽고 무례하다. 그런데 사람들은 자신들이 받지 않은 '다른 복음'을 전하는데도 잘 받아들였다. 복음에 무엇인가 다른 것이 가미된 희석된 복음이거나 변질된 복음이었는데도 말이다. "너희가 잘 용납하는구나"라는 말은 잘한다는 뜻이 아니다. 이 말은 모두 검증되어야 하고 조심해서 받아들여야 함에도 무분별하게 받아들이고 있다는 뜻이다.

5절, "나는 지극히 크다는 사도들보다 부족한 것이"

여기서 "지극히 크다는 사도"는 예루살렘에 있으며, 예수님으로부터 직접 가르침을 받은 베드로나 요한, 야고보(예수님의 동생) 등을 가리킨다.

사실 예수님의 열한 제자는 예수님으로부터 직접 가르침을 받았고 기적을 직접 눈으로 보았으며 예수님의 죽으심과 부활하심을 가까운 거리에서 지켜보았다. 이런 일에 대한 가치는 다른 어떤 것으로도 평가절하될 수 없다. 그럼에도 예수님의 계시는 열한 제자에게서 끝난 것이 아니었다. 오히려 예수님은 죽음에서 부활하신 뒤 사도 바울을 통해 더 분명하고 발전된 계시를 보여주셨다. 따라서 하나님의 계시라는 측면에서 볼 때 사도 바울은 예루살렘의 제자들과 비교했을 때 부족한 점이 없었다.

6절, "내가 비록 말에는 부족하나"

사도 바울은 당시 아테네나 고린도의 지식인들이 사용하던 웅변술이나 변증술을 쓰지 않았다. 소크라테스의 글을 읽어 보면 웅변술이나 수사학이 얼마나 큰 인기를 끌었는지 알 수 있다. 당시 귀족들의 자제들은 유명한 철학자나 학자로부터 비싼 과외비를 주고 웅변술을 배워 정치 무대로 나가곤 했다. 그러나 그런 말은 모두 진실한 말이 아니고 억지 주장이나 말장난에 불과했다. 여기서 '지식'은 사도 바울이 가진 성경 지식이나 주님으로부터 받은 계시를 말한다.

7-11절, "내가 너희를 높이려고……"

사도 바울은 고린도 교인의 신앙과 인격을 존중해 자기 자신을 종처럼 낮추어 겸손하게 복음을 전했고, 그 결과 부흥이 일어났다. 그때 사도 바울은 고린도 교인에게서 생활비를 전혀 받지 않았다. 그렇게 한 이유는 고린도 교인들에게 세상의 학원이나 학교에서 하는 것처럼 복음은 돈으로 사고파는 것이 아니라는 사실을 가르쳐주기 위해서였다. 그러나 사람들은 사도 바울이 생활비를 받지 않은 것에 대해 마치 죄라도 지은 양 그를 보잘것없는 사람으로 낮춰 보았다.

"다른 여러 교회에서 비용을 받은 것은 탈취한 것이라"

사도 바울은 고린도 교회에서 말씀을 전하기 위해 장막을 짜서 자비량으로 비용을 충당했을 뿐 아니라 다른 교회로부터 지원을 받기도 했다. 사도 바울은 고린도 교인에게 그 일에 대해 남의 돈을 탈취한 것이냐고 물었다. 그는 어느 교회에서는 지원을 받고 어느 교회에서는 지원을 받지 않았는데, 만만한 교회를 상대로 돈을 탈취한 것이냐고 따졌다.

9절, "또 내가 너희와 함께 있을 때 비용이 부족하였으되"

사도 바울은 고린도에서 말씀을 전할 때 경제적으로 큰 어려움을 겪었던 것으로 보인다. 그러나 그는 고린도 교인들에게 그 사실을 말하지 않았고, 마게도냐 교회에서 온 교인들로부터 경제적 지원을 받았다. 그렇게 한 이유는 고린도 교인에게 조금이라도 걱정이나 폐를 끼치지 않게 하기 위해서였다.

"스스로 조심하였고 또 조심하리라"

재차 강하게 강조한 표현이다. 사도 바울은 돈 문제만큼은 어느 누구에게도 피해를 끼치지 않기 위해 조심하고 또 조심하겠다고 말하고 있다. 이는 복음 전도자나 목회자로서 매우 바람직한 행동이다. 많은 부흥을 일으키고 큰 교회를 세운 목회자들 가운데 나중에 돈 때문에 신뢰를 잃어버리는 경우가 많기 때문이다.

10-12절, "그리스도의 진리가 내 속에 있으니……"

사도 바울 속에는 오직 그리스도의 진리뿐이었다. 어떤 단지 안에는 기름이 들고 어떤 단지 안에는 간장이 들었다면 사도 바울이라는 단지 안에는 오직 하나님의 진리만 들어 있었다. 사도 바울 안에는 돈 욕심이 들어갈 자리가 아예 없었다. 이것은 사도 바울의 자랑이었고, 그는 이 자랑이 막히는 것을 원치 않았다. 즉 사도 바울은 돈을 좋아하는 사람이 아니라 오직 진리를 말하는 것을 좋아하는 사람이었다.

"어떠한 까닭이냐"

사도 바울이 고린도 교인에게 돈을 밝히지 않은 것이 과연 그들을 사랑하지 않은 것이었느냐고 묻고 있다. 그런데 사람은 참 이상하게도 돈을 밝히고 요구하는 사람은 어려워하면서 그들에게 아무것도 요구하지 않는 사람은 당연하다고 여기고 그냥 넘어간다. 그러다 보니 사람들은 일부러 남에게 까다롭게 굴고 필요한 것을 다 요구함으로써 스스로 대단해지려고 한다.

13-15절, "그런 사람들은 거짓 사도요……"

초대교회 당시에도 사도라고 칭하며 복음을 전하러 다니는 사람들이 있었다. 그런데 그런 사람들 가운데 어느 교회에 오래 머물면서 경제적 피해를 주거나 돈을 요구하는 경우도 있었다. 사도 바울은 그런 사람들은 거짓 사도요 속이는 일꾼이라고 말하고 있다. 즉 그들은 그리스도의 사도가 아님에도 그리스도의 사도로 가장하는 자들인 것이다. 그들은 결코 주님이 보낸 사람이 아닌데도 자기 멋대로 돌아다니면서 주님이 보냈다고 거짓말을 했다. 그러나 이런 행동은 결코 이상한 것이 아니다. 왜냐하면 가짜가 스스로 가짜라고 하면서도 돌아다니는 경우는 없기 때문이다. 심지어 "사탄도 자기를 광명의 천사로 가장"하기도 한다. 사탄이 머리에 뿔이 달리고 더러운 털이 난 모습으로 돌아다니면 속을 사람이 아무도 없다. 그래서 사탄은 천사처럼 가장해 진리를 말하면서 돌아다니는데, 그 속에는 돈이나 명예에 대한 욕심이 가득하다(14절). 마찬가지로 사탄의 일꾼들도 자기를 의의 일꾼으로 가장해 구제도 하고 선한 사업도 많이 하는 것 같지만, 그것은 대단한 일이 아니라고 말씀한다. 그리고 그들의 마지막은 멸망이다(15절).

본문 이해를 위한 질문

1. 고린도 교인에 대한 사도 바울의 입장은 어떤 것이었는가?

고린도 교인을 그리스도의 정결한 신부로 소개하려고 하는 가족의 열정을 가졌다.

2. 사도 바울은 고린도 교인의 어떤 점을 우려했는가?

고린도 교인들이 너무 관대하고 새로운 지식을 좋아해 사도 바울이 전하지 않은 예수를 받아들이고, 그들이 이미 받은 것이 아닌 성령을 좋아하고 다른 복음을 잘 용납하는 것을 우려했다.

3. 사도 바울이 고린도 교회에서 돈을 요구하지 않았던 것은 잘못된 일이었는가?

사도 바울은 고린도 교인들이 돈 때문에 시험에 빠지는 것을 원치 않았기 때문에 경제적 상황이 어려웠음에도 말하지 않고 마게도냐 교인들로부터 도움을 받았다. 목회자가 돈에 탐욕을 내는 것은 굉장히 위험한 일이다. 왜냐하면 사탄도 자신을 광명의 천사로 가장해 뒤에서 자기 욕심을 채우기 때문이다.

성경 강해

이솝 우화를 보면 어린 생쥐 한 마리가 세상에 태어나 처음으로 구멍을 나와 세상 구경을 한 이야기가 나옵니다. 생쥐가 본 세상은 찬란한 빛이 비치고 부드러운 풀이 있고 새도 날아다니는 너무나 아름다운 세상이었습니다. 그런데 생쥐는 너무나 무서운 괴물 같은 짐승을 보게 되었습니다. 그것은 수탉이었는데 머리에는 빨간 뿔 같은 것이 달렸고, 눈은 부리부리한데다가 엄청나게 큰 소리로 울부짖고 발톱과 부리가 아주 날카로워 괴물처럼 보였습니다. 수탉을 본 생쥐는 너무 무서워 도망쳤습니다. 잠시 후 생쥐는 고양이를 만나게 되었습니다. 고양이는 너무 부드러운 털에다 목소리도 다정다감하고 행동도 아주 품위 있어 보였는데 생쥐를 보고 자꾸 웃는 것이었습니다. 생쥐는 고양이가 참 대단하다고 생각했는데 누군가가 갑자기 나타나는 바람에 고양이를 따라가지 못하고 집으로 돌아와야만 했습니다. 집에 돌아온 생쥐는 어미 쥐에게 자기가 본 것을 자랑스럽게 이야기했습니다. 그랬더니 어미 쥐는 너무 놀라 식은땀까지 흘리면서 자꾸 웃은 그 고양이야말로 너를 잡아먹으려는 가장 무서운 원수라고 설명해주었습니다. 그리고 생긴 모습은 우락부락하지만 수탉은 자신들을 잡아먹지는 않는다고 말해주었습니다. 생쥐처럼 우리는 진실과 거짓을 분별하는 것이 참으로 어렵습니다. 또한 부분적인 진실이 거짓보다 사람을 더 속이고 위험에 빠뜨릴 때가 종종 있습니다.

예를 들어 사기꾼에게 걸려들어 엄청난 돈을 사기당해 망하는 사람들이 있습니다. 사기를 당한 사람들이 한결같이 하는 말이 있는데, 그 사람이 사기꾼일 줄은 꿈에도 몰랐다는 것입니다. 그 사람은 정말 선량했고 친절했으며, 신뢰감을 가져도 될 사람처럼 보였다는 것입니다. 그래서 그 사람을 믿고 큰돈을 빌려줬는데 처음에는 이자를 잘 갚는가 싶더니 나중에는 연락이 안 되더라는 것입니다. 알고 보니 그런 식으로 사기를 당한 사람이 자기 말고도 많았다고 합니다. 그런데 사람들은 왜 이런 사기꾼들에게 자꾸 걸려드는 것일까요? 바로 자기에게 다른 사람보다 경제적으로 큰 유익을 안겨줄 것 같기 때문입니다. 은행에서 이자 받는 것보다 월등히 높은 이자를 준다는 감언이설에 넘어가 사기꾼에게 자신의 전 재산을 빼앗기고 자신의 잘못된 선택을 후회하는 사람이 있습니다.

미혼인 여성 가운데도 좋지 못한 남자에게 걸려드는 사람이 종종 있습니다. 외모도 잘생기고 학벌도 좋은 것 같은데 자기를 사랑한다고 하는 것입니다. 그러면서 이 핑계 저 핑계 대면서 자꾸 돈을 빌려 달라고 합니다. 그러나 나중에 알고 보니 학벌도 직장도 엉터리이고 이미 결혼한 사람이라면 그 여자는 자기 인생과 돈을 다 사기당한 것입니다. 돈이나 인생에서 사기당한 것은 그래도 완전히 망한 것은 아닙니다. 이 세상에서 가장 무서운 일은 신앙에 있어 사기를 당하는 것입니다. 만약 오랜 시간 충성하고 죽도록 사랑했던 교회나 목회자가 구원에 이르는 종교나 신앙이 아니라 엉터리였다면 그 사람은 하나님의 심판대 앞에서 땅을 치면서 통곡할 것입니다. 왜냐하면 그렇게 충성하고 열심히 믿었던 것이 전부 마귀에게 속은 것이고, 결국 천국에 들어가지도 못할 때 그 사람은 속아서 믿은 것이 너무나 억울할 것입니다.

만약 마귀가 우리가 생각하는 것처럼 온몸에 더러운 털이 났고 날카로운 이빨을 가졌고 머리에 뿔이 달린 모습으로 사람들을 유혹한다면 한 사람도 속지 않고 모두 도망치고 말 것입니다. 반면 마귀가 가장 아름다운 천사의 모습으로 나타난다면 사람들은 도망치기보다는 오히려 좋아서 몰려들 것이고 사모하는 마음이 생겨날 것입니다. 그래서 우리는 전체적인 것을 볼 수 있어야 합니다. 부분적으로 친절하고 부분적으로 잘해주고 부분적으로 옳은 것은 옳은 것이 아닐 수 있기 때문입니다.

1. 복음의 중매인

요즘 이슬람 무장단체는 청년이나 여자, 심지어 어린 아이까지 유혹해 자살 폭탄을 몸에 감고 많은 사람이 모인 카페나 운동장 같은 데서 터뜨리게 하는데 거기에 있던 사람들은 이유도 모른 채 죽습니다. 요즘은 폭탄 대신에 자동차를 몰고 달려들어 사람들을 죽이는 방법을 쓰고 있습니다. 그런데 이 세상 사람들 가운데 마음속에 이런 폭탄을 갖지 않은 사람이 아무도 없습니다. 우리가 알기로 다윗은 믿음의 사람이었고 찬양의 사람이었고 성령의 사람이었습니다. 그럼에도 그의 마음에 분노의 폭탄과 성욕의 폭탄이 있었습니다. 다윗은 사울 왕에게 쫓겨 다닐 때 나발이라는 사람에게 먹을 것을 좀 도와 달라고 했다가 모욕적으로 거절을 당했습니다. 그때 다윗은 분노해 나발의 온 가족을 죽이려고 출동했습니다. 그러자 그의 부인이 지혜로운 자여서 다윗을 찾아가 엎드려 그의 분노를 누그러뜨렸습니다. 한편 성욕의 폭탄은 우리아의 아내 밧세바의 아름다운 모습을 본 뒤 폭발해 다윗은 아주 교묘한 방법으로 자기 성욕을 채우고 밧세바의 남편을 전쟁에서 죽게 하고 그 여자를 자기 여자로 만드는 데 성공했습니다. 나중에 다윗은 그 일에 대해 책망을 듣고 침상이 썩도록 울면서 회개했습니다. 사도 바울은 얼마나 거룩하며 얼마나 충성된 하나님의 사람입니까! 그러나 사도 바울도 예수님을 만나기 전 얼마나 잔인한 사람이었는지 항상 살기등등했고 분노로 가득 차 있었습니다. 그는 예수 믿는 사람을 보기만 하면 잡아 가두고 고문했습니다. 그리고 스데반이 죽었을 때는 기분 좋게 구경하기도 했습니다. 그랬던 그가 예수님을 만난 뒤 철저하게 변화되어 새 사람이 되었습니다.

사람에게는 누구나 지킬 박사와 하이드 같은 이중성이 있습니다. 지킬 박사는 예의바르고 정의롭고 자신이 좋아하는 사람에게는 다정다감했습니다. 반면 하이드는 괴물 같고 충동적이며 광적으로 분노나 욕망을 폭발시켜 사람을 두들겨 패고 죽이고 성폭행하려고 하는 본성을 가지고 있었습니다. 그러나 이 세상에 유일하게 이런 분노나 성욕이 없는 분이 있는데,

바로 예수님입니다. 예수님은 분노와 성욕 없이 사람을 사랑하실 뿐 아니라 우리 안에 있는 분노와 성욕의 폭탄을 해체할 수 있는 유일한 분입니다. 우리가 예수를 믿는 이유는 바로 우리 안에 이 죽음의 폭탄이 들어 있기 때문입니다. 다른 것으로는 절대로 이 폭탄을 제거할 수가 없습니다. 예수님을 만나고 예수님을 믿고 예수님을 마음에 모셔야 우리는 분노로 미치지 않고 자살하지 않고 아름다운 삶을 살아갈 수 있습니다. 그래서 사도 바울은 이렇게 이야기를 시작하고 있습니다.

1절, "원하건대 너희는 나의 좀 어리석은 것을 용납하라 청하건대 나를 용납하라"

고린도 교인들은 지금 사도 바울이 아주 높은 수준의 철학 이야기를 할 줄로 기대하고 있었던 것 같습니다. 그러나 사도 바울은 고린도 교인에게 그렇게 수준 높은 이야기를 하지 못하니 이해해 달라고 했습니다. 그러면서 자기는 지금까지 수준 높은 기독교 강의를 한 것도 아니고 기독교 철학을 이야기한 것도 아니라고 했습니다. 사도 바울은 자기의 일은 오직 사람들을 예수께 데리고 가서 그들이 예수님을 알고 예수님을 믿게 하는 것이라고 말합니다.

2절, "내가 하나님의 열심으로 너희를 위하여 열심을 내노니 내가 너희를 정결한 처녀로 한 남편인 그리스도께 드리려고 중매함이로다 그러나 나는"

예를 들어 어떤 사람이 술을 많이 마셔서 알코올 중독에 빠졌다거나 마약 중독자가 되었다면 다른 사람들은 그런 중독에 빠진 사람에 대해 신경쓰지 않을 것입니다. 그 사람은 자기가 술이나 마약을 좋아하거나 의지가 약해 그렇게 된 것이고, 자기가 스스로 그렇게 되었기 때문에 다른 사람이 책임져야 할 일이 아닙니다. 어떤 여성이 매춘에 빠져 매춘부가 되었다면 그것은 그 여자의 인생이 망한 것이지 다른 사람들이 책임질 필요가 없습니다. 다른 사람은 그런 사람을 보면 욕하거나 피하거나 죽든지 말든지 내버려둘 것입니다. 그러나 그 사람의 부모나 형제, 사랑하는 애인이 이 사실을 알게 되었다면 그냥 지켜보지 않을 것입니다. 그들은 강제로라도 중독

되거나 폐인이 된 그 사람을 치료 받아 새 사람이 되게 할 것입니다. 중독은 굉장히 무서운 습관이지만 가족들이 완치될 수 있는 병원이나 의사를 안다면 어떤 방법을 써서라도 끝까지 포기하지 않고 그 병원이나 의사에게 데려가서 치료 받게 할 것입니다. 사람들의 마음속에는 자살 폭탄이 다 들어가 있는데, 이것을 치료할 수 있는 분이 있습니다. 그분은 사도 바울도 아니고 베드로도 아니고 어느 교회의 유명한 목사도 아닌, 바로 하나님의 아들 예수 그리스도입니다. 사도 바울은 하나님의 열심으로 고린도 교인을 위해 열심을 내었다고 말합니다. 이것은 그야말로 초인적인 열심을 말합니다. 이것은 사람의 열심이 아니라 하나님의 열심이었던 것입니다. 하나님의 마음이 그만큼 급하셨기 때문입니다. 본문은 "내가 너희를 정결한 처녀로 한 남편인 그리스도께 드리려고 중매함이로다"라고 말씀합니다. 물론 우리는 처음부터 정결한 신부가 아니라 알코올 중독자이며 마약 중독자, 살인 충동자입니다. 그러나 우리 모두 예수께 나아오면 정결한 처녀처럼 될 수 있습니다. 마약에 중독되었거나 한센병에 걸려 몸이 많이 상했거나 암에 걸려 죽어가는 사람은 그것을 치료할 수 있는 방법이 있다면 무슨 수를 써서라도 찾아갈 것입니다. 우리 기독교는 철학이나 이론, 학문이 아닙니다. 이것은 모든 사람을 예수께 데리고 가서 깨끗한 새 사람으로 치료 받게 하는 것입니다.

그러나 사탄은 사람을 속여 정반대로 생각하게 만듭니다.

3절, "뱀이 그 간계로 하와를 미혹한 것같이 너희 마음이 그리스도를 향하는 진실함과 깨끗함에서 떠나 부패할까 두려워하노라"

인간이 죄짓기 전에 하와에게 가장 가까운 친구는 뱀이었습니다. 에덴동산은 더운 곳이었기 때문에 여자는 차가운 몸을 가진 뱀을 좋아했던 것 같습니다. 그리고 뱀은 부드러웠고 아름다웠으며 사람의 말을 할 수 있었습니다. 다른 짐승은 자기끼리 놀기에 바빠서 하와를 가까이 하지 않았던 것 같고 조금 두려워했던 것 같습니다. 반면 뱀은 사람을 두려워하지 않았고 아주 친절했습니다. 그런데 이런 뱀이 여자에게 악하고 교만한 마음을 불어넣었습니다. 즉 인간은 하나님보다 더 위대할 수 있으며, 하나님의 말씀이 그들을 속박하고 종으로 만들고 있다고 속인 것입니다. 하나님의 말씀을 거역하면 더 위대하게 되고 영원히 죽지 않을 것이라고 감언이설로 유혹했습니다. 그리하여 여자는 뱀의 말에 속아 금지된 열매를 먹었고 남편에게도 먹게 했는데, 이로 말미암아 죽음이 오고 죄가 오고 멸망이 찾아오게 되었습니다. 그 후로도 사탄은 끊임없이 인간을 속이고 있습니다. 즉 인간은 아무 문제가 없고 대단히 훌륭한 존재라는 것입니다. 하나님은 존재하지 않기 때문에 필요한 경우 자기가 생각한 것을 믿으면 된다고 말합니다. 그리고 이 세상에서 가장 위대한 것은 인간이며, 가장 중요한 것은 자기 자신의 행복이라고 속이고 있습니다.

사실 사람은 항상 옳은 선택만 하는 것은 아닙니다. 짧은 순간 너무 행복한 것과 재미는 없지만 진실한 것 가운데 어느 것을 선택할 거냐고 묻는다면 대답하기가 쉽지 않을 것입니다. 예를 들어 너무나 자신을 사랑하고 행복하게 해주는 남자나 여자가 있는데 올바른 관계가 아니라고 합시다. 만나지 말아야 하지만 그 사람이 자신을 너무나 행복하게 해줍니다. 한편 올바른 관계인 남편이나 아내는 별로 관심이 없고 오로지 아이에게 신경을 씁니다. 이런 경우라면 과연 어떤 것이 더 행복할까요? 올바른 관계가 행복한 것입니다. 사람들은 일시적인 행복이 속임수이고, 그 사랑이 얼마나 추악하게 변할 수 있는지 생각하지 않습니다. 결국 잘못된 사랑은 자신과 상대방을 파멸시키고 나중에 자살하거나 영원히 치욕을 당하거나 손가락질을 당하게 합니다. 사탄은 하나님을 믿지 못하게 하고, 아직도 인간 스스로를 믿도록 만들고 있습니다. 그러나 사도 바울과 예수 믿는 사람들은 하나님의 열심이 있어 다른 사람들을 자꾸 예수께 데려가려고 합니다. 왜냐하면 그들을 진정으로 사랑하기 때문입니다.

2. 너무나도 그럴듯한 사람들

사업하는 사람들이 다른 사람으로부터 새로운 사업 제안을 받았는데 그 사업이 너무 유망해서 돈을 많이 벌 수 있다고 하면 일단 의심해 보아야 합니다. 왜냐하면 이 세상에 그런 사업은 존재하지 않기 때문입니다. 이것은 결혼에 있어서도 마찬가지입니다. 결혼 상대가 외모가 출중하고 다른 조건도 완벽하다면 일단 의심해 보아야 합니다. 이 세상에 그런 완벽한 결혼은 존재하지 않기 때문입니다.

어떤 여성이 결혼하려고 하는데 상대 남성의 학벌이 자신에 비해 너무 좋은 것이었습니다. 결혼 소식을 듣고 그 점이 마음에 걸려 생각을 좀 해보는 게 어떠냐고 조언하려는데 신부 쪽에서 이런 좋은 조건의 남성을 언제 다시 만나겠느냐고 하면서 다른 사람이 나타날까 걱정되어 그냥 믿고 결혼했습니다. 그러나 그 남성은 아내를 때리는 폭력적인 사람이었습니다. 아내가 자신이 원하는 대로 행동하지 않으면 목을 조르고 때리는 사람이었던 것입니다. 이처럼 너무 조건이 좋을 때는 여러 방면에서 생각을 좀 해보고 의심해 볼 필요가 있습니다.

아니나 다를까! 사도 바울이 고린도 교회를 떠난 후에 고린도 교회에 온 사역자들은 너무나 이상적이었습니다. 일단 그들은 그리스 철학이나 변론술에 통달한 사람들이었습니다. 그리고 그들의 혈통이나 족보는 완전한 히브리인이고 이스라엘 사람이었고 아브라함의 후손이었습니다. 게다가 예루살렘 사도들을 엄청 좋아했고 말끝마다 예루살렘 사도들의 말을 인용하고 그들을 칭찬하는 말을 했습니다. 사도 바울처럼 겉모습이 구질구질하지 않고 세상적인 면에서도 탁 트인 사람처럼 보였습니다. 그러나 놀랍게도 그들은 가짜였습니다. 고린도 교인들이 모두 속고 있었던 것입니다.

4절, "만일 누가 가서 우리가 전파하지 아니한 다른 예수를 전파하거나 혹은 너희가 받지 아니한 다른 영을 받게 하거나 혹은 너희가 받지 아니한 다른 복음을 받게 할 때에는 너희가 잘 용납하는구나"

고린도에 온 사람들이 예수님을 전하지 않는 것은 아니었습니다. 그러나 그들이 전하는 예수님과 사도 바울이 전한 예수님은 달랐습니다. 그들이 전한 예수님은 선지자 가운데 한 명으로, 하나님의 아들이 아니었습니다. 그들은 십자가를 치욕스럽게 생각했고, 부활을 인정하지 않았습니다. 또한 그들이 전하는 영은 달랐습니다. 조용한 가운데 임하는 성령이 아니라 광란과 발작, 소란스러움 가운데 임하고 결코 경건하지도 않았습니다. 그들이 전한 복음은 사도 바울의 복음과 여러모로 달랐습니다. 그들이 전한 복음은 철학이었고 이론이었고 세상적 성공이었습니다. 그러나 고린도 교인은 다른 예수, 다른 영, 다른 복음을 잘 받아들였습니다. 왜냐하면 이것이 바로 인간의 숨은 야망, 욕심과 일치했기 때문입니다. 마치 이스라엘 백성이 다윗 왕 때 그 아들 압살롬의 정책에 완전히 마음을 빼앗겼던 것과 같았습니다. 압살롬은 하나님의 말씀을 따르는 아버지 다윗의 통치에 반발심을 가졌습니다. 그래서 그는 인간의 통치를 가져오기 위해 모든 재판에 관여해 사람들의 편을 들어주었고, 자기가 먼저 인사를 했고, 사람들이 엎드려 절하려고 하면 손을 잡아 일으켜 세웠습니다. 그의 이런 행동에 모든 신하와 백성의 마음이 압살롬에게 넘어가버렸습니다. 그러나 이스라엘 백성들 가운데 다윗 곁에 남은 사람들이 있었습니다. 그들은 압살롬의 정책이 무엇인가 다르다는 것을 알았습니다. 거기에는 하나님의 말씀의 깊이가 없었고, 하나님의 영광이 없었습니다. 그래서 그들은 끝까지 다윗을 지키면서 부흥의 불이 꺼지는 것을 막았습니다.

오늘날 한국 교회는 이런 거짓 복음에 완전히 속았습니다. 세련되고 외모가 출중하고 멋있는 설교자와 번지르르한 교회 건물에 열광했는데, 결과적으로 속은 것이었습니다. 그리하여 불타오르던 부흥의 불이 꺼지고 돈과 야망과 욕심만 남게 되었습니다.

5-6절, "나는 지극히 크다는 사도들보다 부족한 것이 조금도 없는 줄로 생각하노라 내가 비록 말에는 부족하나 지식에는 그렇지 아니하니 이것을 우리가 모든 사람 가운데서 모든 일로 너희에게 나타내었노라"

"지극히 크다는 사도들"은 예루살렘의 야고보와 베드로, 요한을 말하는 것입니다. 사도 바울은 그들을 시기하거나 깎아내리려고 하는 마음이 전혀 없었습니다. 단지 고린도 교인들과 목회자들이 그들을 지나치게 높이고 절대적으로 말하는 것을 두고 한 말이었습니다. 물론 그들 모두는 주님의 귀한 종이었고 사도였습니다. 그러나 그들은 절대적인 존재가 아니었습니다. 그들은 어디까지나 허물 있는 인간이고 형제이며 사람이었지 신이 아니었습니다. 그런데 고린도 교인들은 사도 바울이 예루살렘 사도들과 비교했을 때 지적 수준이 좀 떨어진다고 생각했으며, 산상 설교만 최고라고 생각했던 것입니다. 요즘 우리나라 목회자들과 교인들 가운데 어떤 특정 목사를 절대적으로 인용하고 칭찬하거나 자기가 그 사람의 제자였다는 사실을 은근히 드러내려고 하는 사람을 볼 수 있습니다.

예전에 어느 곳에서 예배를 드리는데 사회를 맡은 대형 교회의 목사님이 나와 "찬송 몇 장을 부르겠습니다"라고 말하는 것이 아니라 "돌아가신 어느 목사님이 좋아하셨던 몇 장을 부르겠습니다"라고 말하는 것을 듣고 놀란 적이 있습니다. 사람들은 훌륭해도 형제나 자매로서 훌륭한 것이지 절대적 존재로서 훌륭한 것이 아닙니다. 하나님이 그를 쓰셔서 훌륭한 것뿐입니다. 그러면 바른 하나님의 종은 어떤 사람입니까? 다른 것은 모르고 오직 교인들을 성경 속으로 데리고 들어가 예수님을 만나게 하고 하나님을 만나게 하는 사람입니다. 교인들을 자기 사람으로 만들기 위해 힘써서는 안 되고, 교인들에게 너무 잘해주지도 말아야 합니다. 왜냐하면 그것은 교인들의 마음을 자기에게로 가져오는 것이기 때문입니다. 우리는 하나님이 그 사람을 위로하시게 하고, 하나님이 그 사람을 도와주시게 하고, 하나님이 역사하시도록 해야 합니다. 그러므로 주님 앞에서는 옆으로 비켜 서는 종이 진실한 종입니다.

3. 사탄이 가장한 광명의 천사

우리가 정말 이해하기 어려운 점은 왜 거짓 사도가 있고, 거짓 목사가 있는가 하는 것입니다. 그것은 바로 광명 때문입니다. 사람은 누구든지 이 세상에서 다른 사람의 인정과 박수를 받고자 하고, 빛이나 조명 받는 것을 좋아합니다. 사람은 처음에 경제적 이익을 얻기 위해 남을 속이고 사기를 칩니다. 그러나 돈을 빼앗기 위한 목적으로 사기를 치는 것은 범죄 행위이고 오래가지 못합니다. 이 세상에서 운동이나 노래로 사람들의 관심을 받고자 한다면 엄청난 노력을 해야 합니다. 사탄은 최고의 광명을 찾아냈습니다. 그것은 바로 하나님의 말씀을 전하는 것이었습니다. 사람들에게 하나님의 말씀을 전할 때 거기에 하나님의 영광이 나타나는데, 그것은 세상 어느 곳에도 없는 기쁨이고 영광이었습니다. 그래서 사탄은 하나님의 말씀을 가지고 사기 치는 일을 하게 되었습니다. 하나님의 말씀을 조금 변형시켜 사람의 본성을 만족시켜 주면 되었습니다. 그런데 이런 일이 여지없이 대성공을 거두었습니다. 사탄은 에덴동산에서 하와를 상대로 하나님의 말씀을 가지고 거짓 증거 함으로써 대성공을 거두어 하와와 아담을 자기 종으로 만들어 타락시키는 데 성공했습니다. 사탄은 시내산에서 이스라엘 백성을 충동질해 금송아지를 만들어 하나님을 섬기게 했는데, 백성들은 춤을 추고 노래를 부르고 난리가 났습니다. 이것은 교회 시대에도 마찬가지였습니다. 복음이라 하고 예수님의 말씀이라고 하면서 세상 지식과 섞어 먹이자 기가 막히게 먹혀들고 교회를 부패하게 만들 수 있었습니다.

3절을 다시 보면 "뱀이 그 간계로 하와를 미혹한 것같이 너희 마음이 그리스도를 향하는 진실함과 깨끗함에서 떠나 부패할까 두려워하노라"고 말씀합니다. 진리가 조금이라도 변질되면 부패하고 맙니다. 그래서 진정한 그리스도인은 이런 복음을 들으면 엄청 답답하고 결국 영적 침체에 빠지게 되는데, 이것을 분별하는 일이 너무나 어렵습니다. 청년 시절에 개인적으로 바른 복음을 듣지 못해 침체되고 인생 자체가 병들었던 적이 있습니다. 이처럼 우리는 복음을 듣지 못하면 살 수가 없습니다.

그래서 양들에게는 목자의 음성을 아는 것이 중요합니다. 지금 한국 교회는 너무 오랜 시간 굶고 있는 것이 문제입니다. 그러면 과연 목자들이 자신들이 잘못되었다는 것을 깨달았을까요? 모릅니다. 이것이 문제입니다.

13절, "그런 사람들은 거짓 사도요 속이는 일꾼이니 자기를 그리스도의 사도로 가장하는 자들이니라"

이것이 바로 고린도 교회에 온 목회자들의 정체였습니다. 그런데 고린도 교인은 그들의 화려한 이력과 외모에 감쪽같이 속아서 그들의 영혼과 하나님의 축복을 사기당했습니다.

14절, "이것은 이상한 일이 아니니라 사탄도 자기를 광명의 천사로 가장하나니"

사탄이 스스로 사탄이라고 밝힌다면 어느 누구도 속지 않을 것입니다. 그러나 사탄이 자기를 천사로 변장해 나타난다면 사람들은 너도나도 좋아하며 몰려들 것입니다. 더군다나 광명의 천사로 나타난다면, 즉 선한 일을 하고 어려운 사람을 도와주는 천사로 나타난다면 사람들은 더욱 좋아하고 신뢰할 것입니다. 그러나 그는 자신을 속이고 있는 사탄일 뿐입니다. 사탄이 사탄인 것은 너무 잘해주는 것으로 알 수 있습니다. 사탄은 이상할 정도로 잘해주고 무의식중에 바른 길로부터 벗어나게 합니다. 사탄은 한 번쯤 죄를 지으라고 충동질을 합니다. 이것이 바로 이상한 것입니다. 이처럼 우리로 하여금 죄짓게 하는 천사는 천사가 아닙니다.

교회와 목사는 사람들을 그리스도에게 데리고 가는 안내자일 뿐 결코 주님이 아닙니다. 그러므로 사람들은 교회와 목사를 넘어서서 주께로 나아가야 하는 것입니다.

15절, "그러므로 사탄의 일꾼들도 자기를 의의 일꾼으로 가장하는 것이 또한 대단한 일이 아니니라 그들의 마지막은 그 행위대로 되리라"

우리는 사람들이 하는 말이나 행동, 특히 남을 구제하는 것으로 그를 하나님의 신실한 종으로 생각해서는 안 됩니다. 무엇보다 하나님의 종은 하나님의 말씀만 알아야 합니다. 남들에게 너무 잘해주는 것을 두려워하고, 특히 하나님 말씀 전하는 일을 굉장히 두려워해야 합니다. 결코 하나님의 종은 복음을 성공이나 자신의 뜻을 실현하는 방편으로 삼지 않습니다. 결국 복음을 이용하고 교회를 이용하는 사람들은 그들의 야망대로, 욕심대로 하고자 하는 것입니다. 한때 우리는 대형 교회의 화려함과 그 목회자들의 위대함에 속아 지냈습니다. 우리는 그리스도에게 가지 않으면 폭발하고 맙니다. 자살하고 허무주의에 빠지고 위선에 빠질 수밖에 없습니다. 주님만 붙들어 끝까지 행복한 성도가 되기를 바랍니다.

성경 토의

1. 다른 교인들이나 교회가 거짓 가르침에 속아 잘못된 길로 빠지는 것을 보았을 때 우리는 그냥 못 본 체하고 내버려두어야 하는가, 아니면 어떻게 해서든지 그들이 바른 길로 돌아오도록 기도하고 권면해야 하는가?

2. 목회자들 가운데 설교를 잘하고 자신의 교회를 큰 교회로 발전시킨 사람들이 있는데, 이들이 나중에 돈으로 말미암아 큰 시험에 드는 것은 무엇 때문이라고 생각하는가?

3. 사탄이 광명의 천사로 가장하고 나타나는 것을 어떻게 분별할 수 있는가? 또한 사탄의 일꾼들도 의로운 일을 많이 한다고 했는데, 우리는 그런 사람을 어떻게 분별할 수 있는가?

14_증인의 고통

고린도후서 11:16-33

전체적 설명

사도 바울은 복음을 전하면서 교회와 교인들로부터 대접을 받기는커녕 큰 고통을 받았던 경험이 있다. 그 이유는 그가 복음을 전하는 목적이 사람들로부터 인정받거나 대접을 받기 위한 것이 아니라 한 명의 영혼이라도 더 건지려고 하는 순수한 사명감 때문이었다. 그래서 사도 바울은 본문에서 다른 어느 곳에서는 말하지 않았던 자신이 당한 고통에 대해 이야기하고 있다. 이 본문은 사도 바울이 복음을 전하면서 고통 받았던 것에 대한 가장 구체적이고 생생한 증언으로, 갈라디아서 1, 2장과 함께 사도 바울의 전기를 연구하는 데도 대단히 중요한 자료를 제공해주고 있다.

설교 프리노트

16절, "내가 다시 말하노니 누구든지 나를 어리석은 자로 여기지 말라"

사도 바울은 11장 1절에서 "나의 좀 어리석은 것을 용납하라" 고 말했다. 그리고 여기서는 "나를 어리석은 자로 생각하지 말라" 고 부탁하고 있다. 이것은 사도 바울이 자기 자신에 대해 말하거나 변명하거나 자랑하는 것을 아주 부끄럽게 여긴다는 사실을 보여준다. 그럼에도 사도 바울이 자기를 어리석은 자로 생각하지 말아 달라고 부탁한 것은 자랑이나 변명 자체가 목적이 아니기 때문이다. 즉 사도 바울은 사람들에게 자신의 고통을 이야기함으로써 자기를 대단한 사람으로 알아 달라는 것이 아니다. 이런 고통이 주님의 복음에 비하면 아주 하찮고, 당연히 받아야 한다는 점을 말하려고 한 것이다. 그래서 사도 바울은 "내가 조금 자랑할 수 있도록 어리석은 자로 받으라"고 말한다. 이것은 복음이 얼마나 위대한 것이며, 사람들에게 이 복음이 얼마나 필요하고 절실한 것인지 말하고자 한다는 뜻이다.

17절, "내가 말하는 것은 주를 따라 하는 말이 아니요"

사도 바울은 복음을 전하면서 받은 고통에 대해 이야기하고자 하는데, 주님의 계시에 따라 체계적으로 말하려고 하는 것이 아니라 그냥 생각나는 대로 순서 없이 말하겠다는 뜻이다. 본문에서 사도 바울이 고통 받은 이야기는 시대 순으로 말한 것이 아니라 그냥 자기가 당한 고통을 생각나는 대로 말한 것이다. 또한 여기서 언급한 것은 사도 바울이 당한 고통의 전부는 아니다.

19절, "너희는 지혜로운 자로서 어리석은 자들을"

사도 바울은 고린도 교인에게 자신 다음으로 온 자들이 얼마나 자신들이 철학이나 세상 학문으로 무장된 똑똑한 사람이라고 자랑했는지 잘 알고 있었다. 그러나 사도 바울은 반대로 말하고 있다. 고린도 교인들이야말로 얼마나 지혜로운 자들이며, 자신 다음으로 온 자들이야말로 얼마나 어리석은 자들인가 하는 것이다. 왜냐하면 진정한 지혜는 복음을 바로 아는 것이며, 세상 학문을 많이 배우고 공부를 아무리 많이 했더라도 복음을 바로 알지 못하는 사람은 어리석은 자이기 때문이다. 그런데 고린도 교인들은 정반대로 알고 있었던 것이다.

20-22절, "누가 너희를 종으로 삼거나 잡아먹거나……"

사도 바울 이후 고린도 교회에 온 지도자들은 세상적 지식을 쌓는 훈련을 받은 자들이었다. 그래서 거짓 사도들은 고린도 교인들이 사도 바울한테서 배운 복음이 체계적이지 못하고 지적 수준이 한참 떨어진다고 생각해 교회를 세상의 학원 같은 체계로 바꾸고자 했다. 이런 목적을 갖고 그들은 자신들을 학자나 교사로 자처했으며, 학교에서 학생들을 가르치는 방법으로 교인들을 훈육했다. 그래서 거짓 사도들은 교인들과 그 자녀들을 종으로 취급해 여러 가지 힘든 일을 시켰고, 시키는 대로 하지 않으면 잡아먹을 것처럼 야단치거나 욕을 했고, 수업료를 내지 않으면 그들이 가진 것을 빼앗기도 했다(20절). 또한 거짓 사도들은 스스로를 굉장히 높여 학자나 교수, 박사로 불리는 것을 좋아했고 가르치는 것을 잘 따라하지 못하면 뺨을 칠 때도 있었다(20절). 그런데 고린도 교인들은 이런 말이나 행동을 잘 받아들였다. 왜냐하면 자신들의 지적 수준이 올라간다고 생각했기 때문이다.

21-22절, "우리가 약한 것같이 욕되게 말하노라……"

사도 바울은 자신이 고생한 이야기나 고통 받은 이야기를 하는 것은 나약한 사람들이 하는 일처럼 생각해 꼭 필요한 경우가 아니면 말하지 않았다. 그러나 이제는 체면이나 다른 것은 생각하지 않고 마음 편하게 전부 이야기하겠다고 말한 것이다. 그 이유는 이미 고린도 교회와의 관계가 갈 데까지 갔다고 판단했기 때문으로 보인다. 사도 바울은 복음을 전하면서 자신의 위신이나 경력 등을 자랑하지 않았고 오직 그리스도 복음의 증인으로 살아왔음을 그대로 밝히고 있다. 그는 고린도 교회에 온 지도자들이 한편으로 세상적 지식을 자랑하면서 또 다른 한편으로 그들이 히브리인이고 이스라엘 사람임을 내세워 교인들보다 우월하다고 여겨 우위를 차지하려고 했다는 것을 들었다. 사도 바울은 먼저 자신도 그런 사람이라고 말했다. 그러나 거짓 사도들처럼 대접 받을 생각을 하지 않았고 오히려 크게 고통 받았다고 말한다. 따라서 본문에서 언급한 이야기는 사도 바울의 일생에서 다른 곳에서는 찾아볼 수 없는 아주 희귀한 자료인 것이다.

23-27절, "내가 수고를 넘치도록 하고……"

사도 바울이 겪은 고생 이야기가 본격적으로 등장하고 있다. 사도 바울의 복음 사역 전체는 넘치는 고생이었고 수고였다(23절). 그는 얼마든지 편하게 살 수 있었지만 결코 그렇게 살기를 원치 않았다. 오히려 사람이 감당하기 어려울 정도의 수고를 자진해서 했다. 그 이유는 주님이 그에게 복음 전하는 일을 직접 부탁하셨기 때문이다. "옥에 갇히기도 더 많이 하고"(23절). 우리는 사도 바울이 빌립보에서 옥에 갇혔던 것, 나중에 가이사랴 빌립보에서 옥에 갇힌 것, 나중에 로마에서 옥에 갇힌 것을 알고 있다. 그러나 우리가 알고 있는 것보다 더 오랜 시간 사도 바울이 감옥에 갇혀 지냈음을 알 수 있다. 본문은 "매도 수도 없이 맞고"(23절)라고 말씀한다. 이로 말미암아 잠시 뒤에 공식적으로 맞은 것이 나오지만 그 외에도 개인적으로 사람들에게 매를 많이 맞았던 것을 알 수 있다. "여러 번 죽을 뻔하였으니"(23절). 루스드라에서 사도 바울은 돌에 맞아 죽었다가 살아났다. 그러나 이런 위기는 그 후로도 많이 있었다. "사십에서 하나 감한 매"(24절). 유대인들은 매를 때릴 때 서른아홉 대를 때렸다. 왜냐하면 잘못해서 마흔 대를 때리면 법을 어기는 일일뿐 아니라 사람이 죽을 수도 있었기 때문이다. 사도 바울은 이런 매를 다섯 번이나 맞았다. 이것은 다른 곳에서는 찾아보기 어려운 기록이다. 그리고 "세 번 태장을 맞고"(25절)라고 말씀하는데, 태장은 또 다른 형벌로 넓은 매를 가지로 때리는 벌을 말한 것으로 보인다. 지금 아랍에서는 태형을 집행할 때 회초리로 때리는데, 여성에게도 태형을 때린다. "한 번 돌로 맞고"(25절). 이것은 루스드라에서의 경험을 말하는 것 같다. "세 번 파선하고"(25절). 이것은 겨울 지중해는 배가 자주 파선할 정도로 위험했는데, 사도 바울은 파선하는 배에 세 번이나 탔다가 살아났다. "일 주야를 깊은 바다에서 지냈으며"(25절). 이것은 일주일 동안 폭풍이 잠잠해지지 않아서 캄캄한 바다에서 떠밀려 다닌 일이나 배가 뒤집혀 갇힌 상태로 지냈던 일을 말하는 것 같다. "강의 위험"(26절), 그는 강에 빠지기도 했다. "강도의 위험"(26절), 그는 강도를 만나 돈도 털리고 옷도 빼앗겼다. "동족의 위험"(26절), 유대인은 사도 바울을 죽이려고 했다. "이방인의 위험"(26절), 이방인은 그들의 입장을 내세워 이상한 풍습을 전한다는 이유로 사도 바울을 죽이려고 했다. "시내의 위험"(26절), 깊은 시내에 빠져 죽을 위기에 처하기도 했다. "광야의 위험"(26절), 광야에서 길을 잃거나 물이 떨어져 죽을 뻔하기도 했다. "바다의 위험"(26절), 파선한 것 외에 또 다른 바다의 위험도 있었다. 이는 해적을 만난 것일 수도 있고 바다에서 표류한 것일 수도 있다. "거짓 형제 중의 위험"(26절), 예수 믿는 형제인 줄 알았는데 알고 보니 유대인에게 밀고하거나 이방인에게 신고해 잡히게 하는 자들이었던 것이다. "또 수고하고 애쓰고"(27절), 설교하고 편지를 쓰느라고 애를 쓰기도 했다. "여러 번 자지 못하고"(27절), 잠을 잘 형편이 되지 못해 꼬박 밤을 지새우기도 했다. "주리며 목마르고"(27절), 물이 떨어져 물을 마시지 못할 때도 있었다. 여러 번 굶기도 했고 추운 날에 옷이 없어 추위에 떨기도 했고(27절), 옷이 없었을 때도 많았다. 이 모든 어려움을 겪은 것은 그리스도의 증인이 되기 위해서였다.

28절, "아직도 날마다 내 속에 눌리는 일이 있으니"

사도 바울에게는 늘 가슴을 짓누르는 의무감과 부담감이 있었는데, 그것은 교회가 바로 세워지는 것이었고 복음이 바로 증거 되는 것이었다.

32절, "다메섹에서 아레다 왕의 고관이"

이것은 사도 바울이 예수를 믿고 난 직후를 말하는 것 같다. 사도 바울은 길에서 예수님을 만난 뒤 눈이 멀게 되었는데, 다메섹 안에 들어가서 신실한 형제 아나니아의 기도로 눈을 뜨게 되었다. 그 후 바울은 유대인들을 만나 예수가 그리스도임을 증거 하기 시작했다. 예수 믿는 자들을 잡으러 온 사람이 갑자기 180도 변해서 예수가 부활하신 하나님의 아들이라고 증거 하자 다메섹 아레다의 고관들은 이를 골칫거리로 생각했던 것 같다. 그래서 그들이 사도 바울을 잡아 죽이려고 하자 바울을 아끼던 아나니아 등이 광주리에 바울을 넣어서 성벽을 따라 내려주어 몸을 피하도록 했다.

본문 이해를 위한 질문

1. 사도 바울은 고린도 교인과 그들을 세상적인 방법으로 교육한 사람들을 어떻게 평가하고 있는가?

사실 사도 바울로부터 복음을 들은 고린도 교인은 지혜로운 자들이었다. 그런데 오히려 어리석은 사람들의 가르침을 받았던 것이다.

2. 사도 바울이 떠난 뒤 고린도에 들어온 거짓 사도들은 어떤 방법으로 고린도 교인을 훈련시켰는가?

고린도 교인들을 종으로 만들었고, 시시때때로 심하게 닦달했으며, 수업료를 강탈하기도 했고, 심지어는 뺨을 때리기도 했다.

3. 사도 바울은 복음의 증인이 되기 위하여 어떤 수고를 했는가?

그는 수없이 죽을 고비를 넘겼고 매도 맞았고 감옥에 갇히기도 했고 굶주리기도 했다.

성경 강해

미국에는 악한 사람의 나쁜 행동을 증언하기 위해 법정에 서면 악한 피고인이 사람을 시켜 죽일 수도 있기 때문에 '증인 보호법' 이라는 것이 있습니다. 증언한 사람을 아무도 모르는 곳에 숨어 살게 하고 증언하고 난 뒤에 신분을 바꾸어 살게 한다고 합니다. 사람이 다른 사람을 훈련시키는 방법에는 여러 가지가 있습니다. 가장 대표적인 예가 군대에서 신병을 훈련시키는 방법일 것입니다. 군대에서는 신병에게 무조건 상관의 명령에 복종하도록 교육시키고, 그 말에 따르지 않으면 고통을 주어 복종하게 합니다. 의과대학에서는 레지던트라고 해서 의사가 된 후에도 담당 교수 밑에서 도제식으로 교육을 받게 하는데, 요즘 일부 교수가 제자들에게 욕설을 퍼붓고 때리고 비인격적으로 대했다고 해서 사회적으로 물의를 일으킨 일이 있습니다. 대학이나 대학원에서는 학생들이 교수의 강의를 들어야 하고 리포트를 제출하고 시험을 봐서 교수가 요구하는 수준까지 올라가야 성적을 받거나 학위를 받을 수 있습니다. 그러나 전 세계 어느 곳에서도 선생이 제자들의 발을 씻긴 적은 없습니다. 그만큼 예수님의 제자 훈련 방법은 특별했습니다. 예수님은 제자들에게 결코 어떤 수준까지 올라가야 한다고 강요하지 않으셨습니다. 예수님은 기도하는 데 있어서도 자신이 먼저 모범을 보이셨습니다.

우리나라의 어느 여행가가 나이가 들어 미국으로 유학 가서 공부를 했습니다. 그런데 그에게 한 가지 크게 후회되는 일이 있었다고 합니다. 그것은 미국에서 공부하면서 수업 시간에 교수에게 제대로 질문을 하지 못했던 것이라고 했습니다. 그는 중학교를 다닐 때 수업 시간에 질문했다가 건방지다고 엄청 야단을 맞고 난 뒤에는 주눅이 들어 다시는 질문을 하지 못했다고 합니다. 그런데 외국에 가 보니 학생들이 얼마나 자유롭게 질문하고 교수의 말에 반박하는지 교수가 화를 낼 법한 도전적인 질문이나 대답도 스스럼없이 하더라는 것입니다. 그러나 자기는 질문할 것이 있어도 입을 꾹 다물고 아무 질문도 하지 못했다고 합니다.

사도 바울이 고린도 교인을 가르치고 양육한 방식은 그야말로 인격적이었고 사랑이 가득 찬 교육이었습니다. 그는 집에서 부모가 아이들을 가르치듯 고린도 교인을 가르쳤습니다. 그런데 사도 바울이 떠난 뒤에 새로운 목회자들이 고린도에 오게 되었습니다. 그들은 모두 세상적 지식으로 무장한 사람들이었는데 사도 바울의 교육 방식이 너무 유치하고 지적 수준이 떨어진다고 해서 당시 유행하던 고린도와 아테네, 유대의 교육 방식을 교회 안에 도입했습니다. 그들은 목회자라기보다는 세상의 학자 같았고, 세상적인 학위를 자랑했으며, 세상적인 방법으로 교인과 청년을 가르쳤습니다. 게다가 그들은 가르칠 때 강압적인 방법을 썼습니다. 그런데 고린도 교인은 이런 세상적인 교육 방식을 잘 받아들였습니다. 왜냐하면 자신들이 점점 똑똑해지고 있다고 생각했기 때문입니다. 요즘 우리나라로 치면 제자 양육이나 교사대학 같은 것을 만들어 교수들이 와서 강의를 하고 수료하면 가운을 입혀 사진을 찍는 것과 비슷하다고 할 수 있습니다. 고린도 교회에 온 사도들은 교인들을 거의 종 부리듯 부려먹었고 어느 때는 잡아먹을 듯 소리를 질렀고 뺨을 때리는 일까지 있었습니다. 그러나 고린도 교인들은 아무 소리도 하지 못하고 그냥 따라갔습니다. 왜냐하면 그들이 교육 전문가이고 지적 수준이 높은 선생이라고 생각했기 때문입니다. 그러자 사도 바울은 고린도 교인들에게 똑똑한 사람이 아니라 오히려 종이 되고 있다고 말합니다.

1. 교회에 세상을 끌어들인 사람들

가정은 기본적으로 사랑이 있고 어린 아이와 청소년이 보호 받고 이해 받는 곳입니다. 이런 가정이 군대로 변한다면 어린 아이들은 불행해질 것입니다. 또한 대학은 자유로운 분위기에서 공부해야 하는데 군대처럼 선배가 후배를 때리거나 고통을 주고 교수가 제자들은 종 부리듯 한다면 그 대학은 좋은 대학이라고 할 수 없습니다.

마틴 루터가 살던 때 학교에서 아이들은 매 맞는 것이 하루 일과였습니다. 라틴어 선생들은 매를 옆에 놓아두고 라틴어 격변화를 외우지 못하는 아이들은 피가 날 정도로 때렸다고 합니다. 루터도 어린 시절 처음 학교에 가서 무엇을 외우지 못했다고 열 대 넘게 맞았다고 했습니다. 당시 주인들은 종을 묶어놓고 매로 죽도록 때리기도 했는데, 어느 때는 칼로 혀를 자르기도 했습니다.

사도 바울 당시 고린도에 있는 세상 학원도 이런 사회적 악습을 그대로 답습했던 것 같습니다. 선생들은 제자들이 대답을 제대로 하지 못하거나 공부를 못하면 빰을 때리기도 하고 종처럼 부려먹기도 하고 잡아먹을 듯이 소리도 지르고 욕도 했던 것 같습니다. 문제는 사도 바울이 떠난 뒤 고린도에 온 거짓 사도들이 '교회의 수준이 이래서는 안 된다. 교회도 어느 정도 세상과 맞춰 가야 한다' 라고 하면서 기존의 시스템을 다 뜯어고쳤는데, 교회를 세상적 학교처럼 바꿨습니다. 그래서 교인들로부터 비싼 수업료를 받는 것은 물론이고 종처럼 부려먹기도 하고 소리를 지르기도 하고 상황에 따라 빰을 칠 때도 있었던 것입니다. 놀라운 점은 고린도 교인들이 이를 반아들였다는 것입니다. 세상 학교에서 다 그렇게 하고 있으며, 이것이 수준이 높아지는 길이라고 생각했기 때문입니다. 이 점을 이용해 거짓 사도들은 고린도 교인들을 철저하게 종으로 부려먹었습니다. 이 소식을 들은 사도 바울은 고린도 교인들에게 교회가 왜 세상과 달라야 하는지 설명하고 있습니다.

16절, "내가 다시 말하노니 누구든지 나를 어리석은 자로 여기지 말라 만일 그러하더라도 내가 조금 자랑할 수 있도록 어리석은 자로 받으라"

사도 바울은 지금 이상한 말을 하고 있습니다. 자신을 어리석은 자로 생각하지 말라고 하면서 좀 어리석은 말을 하겠다고 합니다. 이것은 세상적으로 볼 때 그의 말이 아주 유치할 수 있다는 뜻입니다. 그러나 하나님 앞에서 볼 때 사도 바울의 가르침은 위대한 것이었습니다. 이처럼 보는 관점에 따라 세상적 가치관과 하나님의 가치관은 극과 극에 자리한 듯 너무 달라서 함부로 판단할 수가 없습니다.

고린도 교회에 새로 온 거짓 사도들은 세상 교육을 받은 자들로, 그들이 보기에 사도 바울이 가르쳤던 진리는 너무 체계가 없고 지적 수준이 떨어지는 것이었습니다. 그래서 자신들이 유대에서 배우고 아테네나 세상에서 배웠던 교육 방식을 교회 안에 도입했습니다. 그들은 교회 안에 학교를 세웠고, 그곳에서 교수나 학자로 불렸으며, 세상적인 방식으로 교인들을 강하게 훈련시켰습니다. 그런데 교인들은 그런 교육을 잘 받아들였고 좋아했습니다. 자신들의 교육 수준이 높아지고, 엄청 똑똑해지고 있다고 생각했기 때문입니다.

18-19절, "여러 사람이 육신을 따라 자랑하니 나도 자랑하겠노라 너희는 지혜로운 자로서 어리석은 자들을 기쁘게 용납하는구나"

사실 고린도 교인들은 지혜 있는 자였고 세상 훈련을 받은 거짓 사도들과 지도자가 무식한 자였습니다. 그런데 고린도 교인들은 오히려 자신들이 무식하다고 생각했던 것입니다. 고린도 교회의 목회자들은 사실 성경을 가르칠 줄 몰랐습니다. 그들은 세상 신화나 세상에서 배운 것을 가지고 고린도 교인들 앞에서 마음껏 자랑할 뿐이었습니다. 당시 그들의 교육 방법은 정말 나쁜 것이었습니다.

20절, "누가 너희를 종으로 삼거나 잡아먹거나 빼앗거나 스스로 높이거나 뺨을 칠지라도 너희가 용납하는도다"

거짓 사도들은 세상의 교육 방법을 모방해 배우는 자들을 자기 종으로 삼아 온갖 궂은일을 시켰습니다. 왜냐하면 제자들은 이런 것을 다 배워야 한다고 생각했기 때문입니다. 고린도 교회의 선생들은 제자들에게 개인적인 심부름도 시키고 잡다한 일도 시켰습니다. 그리고 그 대가로 돈을 주기는커녕 스스로 돈을 써 가면서 종살이를 하도록 만들었습니다. 이것이 바로 갑질입니다. 본문을 보면 "잡아먹거나"라고 말씀합니다. 이것은 맹수가 약한 짐승을 통째로 물어뜯어 먹는 것을 비유해 말한 것입니다. 즉 선생들은 제자들을 세워주는 것이 아니라 아예 제자를 잡아먹으려고 했습니다. 또한 본문을 보면 "빼앗거나"라고 말씀합니다. 제자가 좋은 것을 가지고 있으면 그냥 가져갔던 것입니다. 그리고 스스로 높이는 짓을 했습니다. 모든 영광과 업적을 선생이나 교수가 다 가져간 것입니다. 연구는 밑에서 일하는 사람들이 하고 결과는 그들이 가져갔다는 뜻입니다. 게다가 구타가 예사로 벌어졌는데, 본문은 "뺨을 칠지라도"라고 말씀합니다. 선생은 제자들이 마음에 들지 않으면 예사로 뺨을 때렸던 것입니다. 이런 일은 지금도 예사로 일어나고 있습니다. 그런데 고린도 교인들은 이것을 잘 참아 내었습니다. 왜냐하면 그것이 올바른 교육이고 지적 수준이 올라가는 비결이라고 생각했기 때문입니다. 교사라는 자들이 자랑했던 것은 고린도 교인들이 도저히 흉내 낼 수 없는 것이었기 때문입니다.

22절, "그들이 히브리인이냐 나도 그러하며 그들이 이스라엘인이냐 나도 그러하며 그들이 아브라함의 후손이냐 나도 그러하며"

교사들은 그리스 지식만 가지고는 고린도 교인들을 끝까지 지배할 수 없다고 여겨 자신들의 혈통이나 뿌리가 이스라엘이며, 아브라함의 후손이고, 예루살렘의 사도들로부터 지지를 받는 자임을 내세우며 자랑했습니다.

23절 상, "그들이 그리스도의 일꾼이냐 정신 없는 말을 하거니와 나는 더욱 그러하도다"

최근 우리나라 교회는 교인들의 지적 수준이 아주 높아졌습니다. 그로 말미암아 두 가지 현상이 나타나고 있습니다. 하나는 교회가 교인들을 엄청나게 훈련시킵니다. 그냥 평범하게 믿는 것으로는 성장이 잘 이루어지지 않기 때문입니다. 그리고 세상의 지적 성향이 교회 안에 많이 들어오게 되었습니다. 교회가 제자 프로그램을 가지고 맹렬하게 훈련시키고 가르치면 불평이 줄어듭니다. 왜냐하면 훈련을 받지 않으면 직분이 주어지지 않고 아무것도 인정 받을 수 없기 때문입니다. 물론 그런 개인적인 훈련이나 관심이 신앙이 어릴 때는 엄청나게 도움을 주는 것이 사실입니다. 특히 회의 중심의 신앙이나 봉사 중심의 신앙은 사람마다 의견이 다르다 보니 자꾸 싸움과 분열이 일어납니다. 그런데 교육이나 제자 훈련을 시키면 이런 성향을 성경 공부하는 체질로 바꿀 수 있어 부흥이 일어납니다. 그러나 어느 정도 성숙하고 난 뒤에는 또다시 말씀으로 돌아가야 교회나 교인이 그리스도의 장성한 분량까지 자라게 됩니다. 이런 사실을 모르고 아직까지 다른 데서 길을 찾고 있는 것을 봅니다.

2. 그리스도의 증인

기독교는 교인의 지적 수준을 올려주는 학문이 아닙니다. 그리고 기독교의 본질은 세상을 더 유익하게 하는 것도 아닙니다. 기독교의 본질은 하나님의 아들이 세상에 오셨다는 것을 증거 하는 데 있습니다. 우리 인간에게 하나님의 아들이 이 세상에 오셨다는 것보다 더 중요한 사실은 없습니다. 하나님의 아들은 죄에 빠진 우리 인간을 하나님과 화해시키기 위해 인간으로 오셨고, 십자가에 달려 죽었다가 다시 살아나셨습니다. 이것은 우리 인간에게 있어 최고의 사건이고, 이것보다 더 중요한 일은 없습니다. 하나님의 행위는 영원한 현재입니다. 하나님의 아들이 이 세상에 오셨다는 것은 과거에 한정된 일이 아닙니다. 이것은 영원한 현재이며, 모든 인간의 영원한 운명을 결정하는 사실입니다. 그런데 예수님은 이 일에 대한 증인으로 우리를 택하셨습니다. 즉 "너희가 권능을 받고 예루살렘과 온 유대와 사마리아와 땅 끝까지 이르러 내 증인이 되리라"(행 1:8)고 하셨습니다. 예수님은 우리에게 굉장히 어려운 일을 요구하신 것이 아닙니다. 우리에게 오직 그분의 증인이 되라고 하셨습니다. 우리는 이 세상을 향해 "하나님의 아들이 오셨고 죽으셨고 다시 살아나셨다"라고 말하면 됩니다. "누구든지 예수 이름을 믿으면 영생을 얻는다"라고 말해야 합니다. 사도 바울은 예수님으로부터 이 명령을 받았으며, 예수님의 이 명령을 지키기 위해 갈 수 있는 곳이면 다 찾아가기로 했습니다. 예수님의 증인이 되기 위한 일을 하는 가운데 그는 이 사실을 거부하는 자들로부터 말할 수 없는 고난을 당해야 했습니다.

23절 하, "내가 수고를 넘치도록 하고 옥에 갇히기도 더 많이 하고 매도 수없이 맞고 여러 번 죽을 뻔하였으니"

사도 바울은 그냥 수고한 것이 아니라 넘치게 했다고 말합니다. 어려움을 극복한 뒤 사람들은 그냥 고생한 것이 아니라 "죽도록 고생했다"라고 말할 때가 있습니다. 사도 바울은 수고를 하는데 그야말로 죽도록 수고했고 수고가 자신이 감당할 수준보다 넘쳐흘렀다고 말합니다. 사람이 어떤 것을 받았는데 너무 많이 받으면 감당이 안 되어 길에 흘리면서 갈 것입니다. 사도 바울은 온갖 고생을 하며 다녔는데, 우리는 그가 빌립보에서 감옥에 갇혔던 일을 알고 있습니다. 그러나 그는 "옥에 갇히기도 더 많이 하고"라고 말합니다. 그는 감옥에 갇힐 때마다 채찍으로 맞았고 굶주렸으며 목이 말라 고생했습니다. 또한 여러 차례 죽을 뻔한 상황에 처하기도 했습니다. 사도 바울이 이런 고난을 당한 이유는 그가 그리스도의 증인이라는 사명을 받았기 때문입니다. 그는 입을 다물고 가만히 있으면 누구와도 대적할 필요가 없고 고생할 필요도 없다는 것을 알았습니다. 그러나 입을 다물고 가만히 있으면 증인이 아닙니다. 사도 바울은 모든 사람에게 그리스도를 알려야 할 사명이 있었습니다. 그러나 세상 사람들은 그의 증거를 인정하지 않았습니다. "무슨 그런 하나님이 다 있느냐?" "하나님의 아들이 사람이 된 것을 인정하지 못하겠다" "십자가에 죽은 사람이 무슨 하나님의 아들이냐?" "죽은 사람이 어떻게 살아날 수 있느냐"라며 그를 조롱하고 때리고 감옥에 가두었습니다.

본문은 사도 바울이 처음 주님으로부터 이 사명을 받고 어떻게 했는지 말씀합니다.

32-33절, "다메섹에서 아레다 왕의 고관이 나를 잡으려고 다메섹 성을 지켰으나 나는 광주리를 타고 들창문으로 성벽을 내려가 그 손에서 벗어났노라"

사도 바울 역시 세상 학문에 빠져 있던 사람입니다. 그러나 그는 죽음에서 부활하신 예수님을 직접 두 눈으로 보고 나서 예수님의 증인이 되었습니다. 자기 눈으로 직접 부활하신 예수님을 본 사도 바울은 논리나 학문, 정치 등 그 어떤 것에도 의미를 두지 않았습니다. 그는 눈이 떠진 즉시 예수님을 증거 하기 시작했고, 유대와 가까웠던 다메섹 왕 아레다의 고관들이 자신을 잡아 죽이려고 하자 신앙의 형제들의 도움을 받아서 광주리를 타고 성벽을 내려와 도망쳤다고 했습니다. 그리고 땅 끝까지 예수님의 증인이 되는 길을 걸었다고 말씀합니다.

3. 멈출 수 없었던 걸음

사도 바울은 할 수만 있으면 자기 자신도 이 고통의 길을 그만 가고 멈추어 쉬려고 했습니다. 그러나 이 넓은 세상을 보니 너무나 많은 사람이 아직 하나님의 아들이 오신 사실을 모른 채 죽어가고 있었습니다. 산 너머 도시에 하나님의 아들을 모르는 사람이 너무 많았고, 강 건너에도 수많은 사람이 하나님을 모르고 멸망으로 가고 있었으며, 바다 건너에서도 더 많은 사람이 죽어가고 있었습니다. 이런 상황에서 동족인 유대인은 사도 바울의 복음을 도저히 용납할 수 없다고 하면서 그를 잡아 죽이려고 했으며 끈질기게 괴롭히고 반대하고 핍박했습니다. 그러나 사도 바울은 자기가 고통스럽다고 그리스도의 증인이 되는 것을 그만둘 수가 없었습니다. 수많은 고통을 무릅쓰고 앞으로 나아가고 또 나아갔던 것입니다.

24-25절, "유대인들에게 사십에서 하나 감한 매를 다섯 번 맞았으며 세 번 태장으로 맞고 한 번 돌로 맞고 세 번 파선하고 일 주야를 깊은 바다에서 지냈으며"

유대인들은 큰 죄를 지으면 사십에서 한 대를 뺀 서른아홉 대를 때렸습니다. 때리다 보면 수를 잘못 헤아려 사십대 넘게 때리기도 하는데 그러면 불법이었습니다. 사도 바울은 이 죽음의 매를 무려 다섯 번이나 맞았습니다. 이런 매를 맞으면 매의 독으로 거의 죽다시피 하는데 사도 바울은 그 고통을 다섯 번이나 견뎌냈습니다. 태장은 사람을 엎어놓고 아주 큰 작대기 같은 것으로 치는 형벌인데, 사도 바울은 그것도 세 번이나 맞았다고 했습니다. 지금도 아랍 국가들에는 매질이 남아 있으며, 싱가포르 역시 태장이 남아 있습니다. 이것을 한번 맞으면 사람이 까무러치는 정도가 아니라 거의 죽는다고 합니다. 사도 바울은 돌에 맞아 죽을 뻔하다가 다시 살아난 적도 있습니다. 돌에 맞았으면 이마나 머리가 얼마나 다쳤겠습니까! 그러나 그 어떤 것도 그의 걸음을 멈추게 할 수 없었습니다. 그는 그리스도의 증인이라는 사명을 받았기 때문입니다. 깊은 바다에서 난파해서 일주일을 망망대해에서 나무 조각 같은 것을 붙들고 표류한 적도 있습니다. 그러나 그는 기적적으로 살아나서 또다시 그리스도를 증거 하기 위해 앞으로 나아갔습니다.

26절, "여러 번 여행하면서 강의 위험과 강도의 위험과 동족의 위험과 이방인의 위험과 시내의 위험과 광야의 위험과 바다의 위험과 거짓 형제 중의 위험을 당하고"

사도 바울은 여행 도중 강에 가로막혀 건널 방법이 없었습니다. 그러나 그 강 너머에는 그때까지 한 번도 복음이 들어간 적이 없었습니다. 그곳 사람들은 그리스도를 모른 채 멸망으로 가고 있었습니다. 사도 바울은 나무 같은 것을 붙잡고 헤엄쳐서 강을 건너다가 물이 너무 차거나 물살이 세서 떠내려가기도 했던 것 같습니다. 그는 복음을 전하러 가다가 강도를 만나기도 했습니다. 강도는 처음에 가진 것 없는 사도 바울을 죽이려고 했지만 그냥 보내주어 다음 마을로 갈 수 있었습니다. 사도 바울에게는 동족도 위험했고 이방인도 위험했고 맹수도 위험했습니다. 그가 가는 곳에는 광야도 가로놓여 있었습니다. 그러나 그는 뜨거운 광야도 지났습니다. 광야 너머에 아직 그리스도를 모르는 많은 사람이 있었기 때문입니다. 사도 바울은 거짓 형제에게 속아 붙들리기도 하고 사기를 당하기도 했습니다. 그러나 가는 길을 멈출 수가 없었습니다. 너무 많은 사람이 하나님의 아들이 오신 것을 모른 채 죽어가고 있었기 때문입니다.

27절, "또 수고하며 애쓰고 여러 번 자지 못하고 주리며 목마르고 여러 번 굶고 춥고 헐벗었노라"

사도 바울은 대접받기는커녕 수고해야 했고 애를 써야 했고 밤에 자지도 못하고 굶고 춥고 헐벗어야만 했습니다. 왜냐하면 사람들 모두가 너무 어렸기 때문입니다. 부모는 아이가 어렸을 때는 헐벗고 굶고 고생할 수밖에 없습니다. 주의 종들은 영적 어린 아이들을 키워내야 하기 때문에 고생하는 수밖에 없습니다. 그러나 자녀가 어느 정도 자라면 모든 것을 말하고 그들도 책임을 지게 해야 합니다. 왜냐하면 영적인 일은 짐이 너무 무거워 혼자서 끝까지 지고 갈 수가 없기 때문입니다. 하나님의 일은 세상적으로 성공하거나 자기 뜻을 성취하는 것이 아니라 무거운 십자가를 지고 가는 것입니다. 그래서 교인들이 어느 정도 성숙했을 때는 모든 것을 말하고 십자가를 함께 지고 가야 합니다.

17절을 보면 "내가 말하는 것은 주를 따라 하는 말이 아니요 오직 어리석은 자와 같이 기탄 없이 자랑하노라"고 말씀합니다. 즉 사도 바울은 주님의 말씀을 전하듯 조심해 말하지 않고 마음속에 있는 것을 다 말하겠다고 합니다. 그 이유는 이제 고린도 교인들이 어느 정도 성숙했다고 생각했기 때문입니다.

28절, "이 외의 일은 고사하고 아직도 날마다 내 속에 눌리는 일이 있으니 곧 모든 교회를 위하여 염려하는 것이라"

'속에 눌린다'라는 것은 심한 강박증을 가지고 있다는 뜻입니다. 사도 바울은 자신이 모든 사람에게 그리스도의 증인이 되어야 한다는 강박증에

심하게 눌려 있었던 것으로 보입니다. 게다가 지병도 있었고 많은 반대도 있었고 온갖 고통을 겪었기 때문에 이제는 무거운 짐을 혼자 감당하기가 어려웠습니다. 그래서 자신의 약한 것과 마음의 고통을 다 이야기한 뒤 교인들에게 짐을 같이 지자고 말합니다.

29-30절, "누가 약하면 내가 약하지 아니하며 누가 실족하게 되면 내가 애타지 아니하더냐 내가 부득불 자랑할진대 내가 약한 것을 자랑하리라"

자녀들은 부모가 완벽한 존재라고 생각합니다. 부모는 늘 자기를 기다려 줄 것이며, 언제나 자신의 문제가 급하고 크다고 생각합니다. 그러나 나중에 보면 부모님도 약한 인간이었고 병을 감추고 계셨고 마음의 고통을 참고 계셨다는 것을 알게 됩니다. 마찬가지로 교회는 그리스도 안에서 한 가족이기 때문에 세상 방식으로 유식한 것이 별로 의미가 없습니다. 사도 바울은 그리스도의 증인으로서 그 짐을 끝까지 잘 감당했습니다. 그것을 위해 그는 엄청난 수치와 고통을 참아내야 했지만 잘 감당했습니다. 이것이 참 사도의 자랑입니다. 지금 우리는 무엇을 참고 있으며, 무엇을 견디고 있습니까? 우리에게 주어진 짐은 무엇입니까? 우리는 그 짐을 벗고 싶어하지만 쉽게 벗을 수 없을 때가 있습니다. 우리는 교회를 세상처럼 만들어서는 안 됩니다. 우리 모두 묵묵히 자기 짐을 잘 감당하시는 성도가 되기를 바랍니다.

성경 토의

1 요즘 교회에서는 교인들의 지적 수준을 높이기 위해 제자 훈련도 시키고 숙제를 내기도 하고 돈을 받아 여러 강좌도 열고 있는데 이런 것들의 유익한 점은 무엇인가? 또한 위험한 점은 무엇이라고 생각하는가?

2. 목회자들에게 필요한 것은 학자의 자세인가, 아니면 증인의 자세인가? 증인으로서 사도 바울이 그처럼 많은 고통을 당하고 고생해야만 했던 이유가 어디에 있다고 생각하는가?

3. 주님의 증인이 되기 위해 어떤 고통을 받아 왔으며, 지금 자신이 고통을 당하고 있다면 그것에 대해 억울한 생각이 드는가? 아니면 당연한 일이며 더 큰 고통을 받아야 한다고 생각하는가?

15_셋째 하늘

고린도후서 12:1-10

전체적 설명

사도 바울을 비판하는 사람들 가운데 그가 겪은 체험이 미약하다고 주장하는 자가 있었던 것 같다. 당시 그리스인들은 영적 세계를 일종의 이성의 세계 또는 이데아의 세계라고 생각했다. 그래서 고린도의 예수 믿는 사람들 가운데 이런 철학의 영향을 받아서 자신들이 가고자 하는 천국도 결국 철학자들이 말하는 이데아의 세계나 이성의 세계가 아닐까 하는 생각을 가진 사람이 제법 있었던 것 같다. 그것에 대해 사도 바울은 하나님의 세계는 실제로 존재하며, 자신은 그 낙원을 본 체험이 있다고 말했다. 즉 사도 바울이 말하는 천국은 단순한 이성의 세계가 아니라 하나님이 계시고 하나님이 말씀하시는 세계인 것이다.

설교 프리노트

1절, "무익하나마 내가 부득불 자랑하노니"

사도들은 자신의 개인적 체험이나 환상에 대해 편지하거나 말하는 것을 크게 유익하게 생각하지 않았다. 이것은 사도 베드로를 통해서도 분명히 언급되고 있는데, 베드로는 높은 산에서 예수님이 변화되시고 하나님의 음성을 직접 들었던 것보다 성경 말씀을 읽고 가르치는 것이 훨씬 더 유익하다고 말했다(벧후 1:18, 19). 그럼에도 사도 바울이 무려 14년 전 자신이 경험한 신비로운 체험에 대하여 이야기한 이유는 고린도 교인들이 기독교의 신비에 대하여 잘못 알고 있어 그것을 바로잡으려는 생각이었던 것으로 보인다. 사도 바울은 오직 주님으로부터 계시만 받은 것이 아니라 수시로 환상도 보았다. 그는 이런 환상으로 말미암아 삶의 인도를 받는 데 도움을 받았고(행 16:9), 진리의 가르침에 대해 주님의 계시에 절대적으로 의존했다.

2절, "내가 그리스도 안에 있는 한 사람을 아노니"

사도 바울은 그 환상을 체험한 사람을 자기 자신이라고 말하지 않고 자기가 그런 사람을 알고 있다는 식으로 간접적으로 표현하고 있다. 이렇게 말한 이유는 사도 바울 자신이 이런 체험을 했다고 말하면 사람들이 그를 대단한 사람으로 생각할 수도 있었기 때문이다. 그러나 사도 바울에게 이 체험은 하나의 체험으로 충분했던 것이다.

"그는 십사 년 전에 셋째 하늘에 이끌려 간 자라"

셋째 하늘은 하나님의 영광이 있는 천국을 말한다. 유대인들은 대부분 우리가 보는 하늘을 첫째 하늘이라 하고, 별들이 있는 우주를 둘째 하늘이라 하고, 천사가 있고 하나님의 영광이 있는 것을 셋째 하늘이라고 생각했다. "십사 년 전"이라고 했는데, 그때는 사도 바울이 다소에 돌아가 있을 때였던 것 같다. 즉 셋째 하늘에 올라갔다는 사도 바울의 말에 대해 어떤 사람은 그가 루스드라에서 돌에 맞아 죽었을 때 천국에 갔을 것이라고 생각하지만 그것은 시간상 맞지 않다. 그것은 14년보다 훨씬 최근에 일어난 일이었던 것이다. 어떤 사람은 사도 바울이 아라비아에서 3년 있을 동안 경험한 일일 것이라고 주장하기도 하는데, 아라비아에 있으면서 주님의 계시를 들은 것은 사실이지만 그때가 14년 전은 아니다.

"그가 몸 안에 있었는지 몸 밖에 있었는지"

사도 바울은 그때 충격이 너무 커서 죽은 것처럼 보였던 모양이다. 사도 바울은 자신이 죽어 그의 영이 몸에서 빠져나오는 모습을 본 것 같은데, 그때 자기가 살아 있었던 것인지 잘 모르겠다고 말한다. 사도 요한도 밧모 섬에서 강력한 환상을 보았을 때 자신 역시 죽은 것처럼 엎드려져 있었다고 말한다(계 1:17). 그러나 우리는 셋째 하늘에 대하여 너무 물리적으로 생각할 필요가 없다. 왜냐하면 우리 주위에는 사실 하나님의 나라가 언제나 에워싸고 있으며, 하나님이 원하시기만 하면 언제든지 이 하늘 문이 열릴 수 있기 때문이다.

4절, "그가 낙원으로 이끌려 가서 말로 표현할 수 없는 말을 들었으니"

그렇다면 과연 사도 바울이 셋째 하늘까지 끌려 올라가 들었던 표현할 수 없는 말이란 어떤 말이었을까? 우리는 두 가지로 유추해 볼 수 있다. 우선 셋째 하늘에서 들린 음성 자체가 인간의 몸에서는 도저히 나올 수 없는 천상의 아름다운 소리였을까? 아니면 그가 들은 메시지, 즉 진리 자체가 인간의 머리에서는 나올 수 없는 하나님의 말씀이었을까? 아무래도 두 가지를 모두 포함한것으로 보인다. 사도 바울이 셋째 하늘에서 들었던 것은 음성 자체도 상상할 수 없이 아름다웠을 뿐 아니라 그 메시지도 놀라웠을 것이다. 그것은 사도 바울이 주님으로부터 들었던 복음일 것이다. 그는 주님으로부터 계시로 들었던 복음을 셋째 하늘에 가서 더 놀라운 음성으로 다시 듣게 되었던 것이 아니었을까?

5절, "나를 위하여는 약한 것들 외에 자랑하지 아니하리라"

사람들은 보통 사도 바울이라고 하면 고치지 못할 병이 없는 전능한 하나님의 종이라고 생각한다. 그러나 그에게도 약한 것이 있었는데, 그것은 바로 자기 자신의 지병을 고치지 못했던 것이다. 사도 바울은 자기 자신의 병을 기도가 부족하다거나 믿음이 부족해서라고 생각하지 않고 오히려 자랑으로 여겼다. 왜냐하면 사도 바울 자신도 연약한 육신을 가진 인간이었고 약점을 가진 인간이어서 늘 부족함을 느끼며 살아야 했기 때문이다.

7절, "여러 계시를 받은 것이 지극히 크므로"

사실 복음 때문에 사도 바울만큼 고난을 많이 겪은 사람도 없다. 그는 복음 때문에 세상적으로 잘 나가던 출세의 길을 포기해야만 했고, 많은 사람으로부터 욕도 얻어먹어야 했고, 감옥에도 많이 갇히고 매도 많이 맞았다. 인간적인 생각으로는 사도 바울이 그만큼 모든 것을 버리고 낮아졌으면 충분히 낮아졌다고 생각했을 법하다. 그러나 주님은 사도 바울이 계시로 받은 은혜가 너무 크기 때문에 그냥 두면 교만해져 타락하리라는 것을 알고 그에게 육체의 가시를 주어 고통스럽게 하셨다.

"내 육체에 가시 곧 사탄의 사자를 주셨으니"

여기서 "내 육체에 가시"는 육체의 질병을 말한다. 이 병은 사람들이 흔히 앓던 병은 아니었던 것 같다. 본문은 "사탄의 사자"라고 표현했는데, 한 번씩 발작을 일으킬 때마다 사도 바울은 거의 죽다시피 하다가 살아나곤 했던 모양이다. 과연 이 병은 어떤 병이었을까? 어떤 사람은 눈병이었을 것이라고 말하기도 하고, 어떤 사람은 간질이었을 것이라고 말하기도 한다. 그러나 사도 바울의 병은 극심한 우울증이 동반된 어떤 내장 계통의 통증을 가진 것이 아니었을까 하는 생각이 든다.

"이는 나를 쳐서 너무 자만하지 않게 하려 하심이라"

우리 인간이 하나님의 말씀을 대언한다고 하는 것은 천사라도 함부로 할 수 없는 최고의 특권이다. 더욱이 주님은 사도 바울에게 남들이 알지 못하는 많은 진리를 계시로 가르쳐주셨다. 이 은혜가 너무 커서 주님은 사도 바울이 자기도 모르는 사이에 자만에 빠지거나 자기 생각이나 말을 절대시할 것을 걱정하셨다. 그래서 사도 바울이 어디까지나 연약한 인간이며, 주님의 종이라는 사실을 잊지 않도록 하기 위해 지독한 병을 주셨다.

8-9절, "이것이 내게서 떠나가게 하기 위하여……"

사도 바울은 열심히 복음을 전해야 하는 자신에게 이런 악한 병이 생겨 복음을 제대로 전하지 못하고 남들에게 덕이 되지 않는 것을 좋지 않게 생각했다. 그래서 그는 아예 작정하고 이 병이 자기에게서 물러가도록 세 번이나 간절히 기도했다. 간절한 기도에도 사도 바울의 병은 치료되지 않았다. 그 후 묵상을 통해서인지 아니면 주님의 음성을 듣고 깨달았는지 모르지만 병이 낫지 않고 가지고 사는 것이 주님의 뜻임을 깨닫게 되었다. 주님은 사도 바울에게 "내 은혜가 네게 족하도다"라고 하시면서 오히려 '연약할 때 주님의 능력이 온전해진다'는 믿음을 주셨다. 사도 바울이 병으로 아무것도 할 수 없을 때 기도하고 나면 주님의 능력이 나타나면서 자신이 모든 것을 감당하려고 했을 때보다 훨씬 더 완전한 결과가 많이 나타났기 때문이다.

"그러므로 도리어 크게 기뻐함으로"

사도 바울은 자신의 병에 대한 주님의 뜻을 깨닫고 난 뒤 더 기뻐할 수 있었다. 그 이유는 주님이 자기를 미워하거나 싫어해서 병을 주신 것이 아니라 오히려 그를 너무 사랑해 자만에 빠지지 못하게 하시고 더 기도하고 주님을 더 의지하도록 하기 위해서라는 사실을 깨달았기 때문이다. 그래서 사도 바울은 자신의 여러 가지 병을 부끄럽게 생각하는 것이 아니라 오히려 자랑하게 되었다. 그것은 잠시라도 그가 교만한 마음을 가지지 않고 늘 주님의 능력이 함께하신다는 것을 잊지 않도록 하기 위해서였다.

10절, "이는 내가 약한 그때에 강함이라"

사도 바울은 자신이 약한 때를 여러 가지로 표현했다. 그것은 '병든 것'(약한 것)과 능욕(다른 사람의 욕), 궁핍(돈이 없는 것), 박해, '곤고'(고생하는 것)를 기뻐한다고 했다. 왜냐하면 자기가 이렇게 약해질 때 더 주님을 의지하게 되고 더 기도하게 되고 더 큰 주님의 능력이 나타나기 때문이다.

본문 이해를 위한 질문

1. 사도 바울이 14년 전에 했던 특별한 영적 체험에 대하여 말한 이유는 무엇인가?

사도 바울은 그 영적 체험이 크게 유익하다고 생각하지 않았지만 고린도 교인들이 하나님의 나라에 대하여 너무 철학적 · 이성적으로 생각하는 경향이 있었고, 그의 영적 능력이 부족하다고 의심하는 사람이 있어서 그런 잘못된 생각을 바로잡아주려고 했던 것 같다.

2. 사도 바울은 능력의 종이었지만 자기 자신의 병은 고치지 못했다. 그에게는 어떤 병이 있었는가?

무슨 병인지는 구체적으로 알 수 없지만 "육체에 가시"였고 "사탄의 사자"라고 말하고 있는 것으로 보아 금방 낫지 않고 재발되면 발작이 수반되어 사람을 굉장히 고통스럽게 하는 병이었던 것 같다. 사도 바울은 이 병이 너무 고통스러워 주께 병이 낫도록 세 번이나 간절히 기도했다.

3. 사도 바울의 병이 낫지 않았던 이유는 무엇인가?

주님은 사도 바울이 계시로 주님의 말씀을 받은 은혜가 너무 컸기 때문에 그가 자만에 빠지지 않고 언제나 주님의 능력이 그에게 머물러 있게 하기 위하여 병을 고쳐주지 않으셨다.

성경 강해

우리의 신앙 세계는 이성으로 완전히 이해할 수 있는 이성의 세계인가, 아니면 사람의 이성으로는 도저히 설명할 수 없는 신비의 세계인가 하는 것을 제대로 판단하지 못할 때가 많습니다. 최근 교인들의 지적 수준이 높아질수록 기독교 신앙을 자꾸 지적으로 이해하려고 하는 경향이 나타나는 것을 볼 수 있습니다. 반대로 기도를 많이 하고 영안이 밝은 사람은 기도에도 능력이 있고 다른 사람의 미래를 볼 수 있다고 생각하는 사람을 종종 볼 수 있습니다. 그러나 선교지에 가거나 요즘 우리나라와 교회에 서 일어나는 상황을 살펴볼 때 이성으로 이해할 수 없는 영적 공격이 많이 일어나고 있습니다. 우리가 이런 현상을 영적으로 생각하지 못하고 단순히 사람의 말이나 생각을 가지고 판단한다면 많은 오해와 다툼이 일어날 것입니다.

복음주의 설교자인 영국의 고 마틴 로이드 존스 목사가 자신이 목회하던 웨스트민스터 채플에서 일어난 일을 이야기한 적이 있습니다. 어느 날 점을 치는 한 영매가 다른 모임에 가려고 하다가 우연히 로이드 존스 목사의 교회에 들어와 예배를 드리게 되었는데, 예배 중에 강한 영이 임하는 것을 체험했다고 합니다. 그 영은 늘 접했던 영이 아니라 아주 새롭고 강력한 영이었다고 말했다는 것입니다. 그 후 그 사람은 예수를 믿게 되었고, 그 교회에 계속 출석했다고 합니다. 그러나 그런 일이 실제로 있었다고 해도 설교나 강의에서 그 일을 여러 번 이야기하는 것은 좋지 않다고 생각합니다. 그런 사람의 말을 인용할 때는 조심하는 것이 좋습니다. 그러나 신앙은 이성만으로 도저히 알 수 없는 신비의 세계, 영의 세계가 있는 것만은 틀림없는 사실입니다. 이것을 이렇게 비유하면 좋을 것 같습니다. 공항에서 이륙하기 위해 활주로를 빠르게 달릴 때 비행기는 자동차와 다를 바 없이 똑같이 도로 위를 달리고 있습니다. 그러나 어느 순간부터 비행기는 이륙해 하늘 위를 날기 시작합니다. 그때 하늘을 나는 비행기는 자동차가 도저히 따라올 수 없는 영역을 날아가고 있는 것입니다. 마찬가지로 우리의 신앙 세계는 말씀으로 되어 있기 때문에 얼마든지 언어나 교육을 통해 배우고 가르칠 수 있습니다. 그러나 어느 순간부터는 인간의 이성이나 교육으로 도저히 이해하기 어려운 영의 세계가 시작됩니다. 사도 바울 당시 고린도 사람들은 그리스 철학의 영향을 받아서 영의 세계는 이데아의 세계라고 해서 순수한 이성 세계, 곧 정신 세계라고 생각했습니다. 그리고 그것을 사람의 지식으로 얼마든지 달성할 수 있다고 생각했습니다. 고린도의 많은 교사는 신앙도 결국 하나의 이성 세계, 곧 이데아의 세계라고 생각했으며 신앙이 가진 신비나 영적 세계를 인정하려고 하지 않았습니다. 그러자 사도 바울은 그들에게 자신은 세상의 이성이나 지식으로는 도저히 설명할 수 없는 영적 체험을 한 적이 있다고 말했습니다. 그것은 다름 아닌 셋째 하늘에 올라간 영적 체험이었습니다.

1. 사도 바울의 체험

바울 서신, 특히 로마서를 읽다 보면 사도 바울이야말로 가장 이성적인 사람이며 지적인 사람이라는 생각이 들 것입니다. 그러나 사도 바울은 다른 누구와 비교해도 뒤지지 않을 정도로 영적 체험을 많이 한 사람이었습니다. 이것을 신비로운 체험이라고 말하지 않고 굳이 영적 체험이라고 말하는 이유는 신비로운 체험은 다른 종교에서도 정신적 자극을 받으면 얼마든지 일어날 수 있는 현상이기 때문입니다. 어떤 사람이 일정 기간 금식하면서 밤에 잠을 자지 않고 기도할 때 이상한 영적 희열을 느낀다든지, 영적 억눌림으로 쓰러진다든지, 환상을 본다든지 하는 일이 일어나기도 합니다. 다른 종교에서도 수양을 쌓는 사람이 오래 앉아 명상을 하면 극한의 위기가 찾아온다고 합니다. 그러나 우리 기독교의 영적 세계는 단순한 정신적 자극이나 반응이 아니라 실제로 존재하는 세계를 느끼는 것입니다. 즉 우리 주위에는 하나님의 세계가 존재하며, 사탄이 활동하기도 합니다. 우리는 평소 이런 것을 느끼지 못하다가 하나님의 은혜를 강하게 받거나 성령님이 깨달음을 주실 때 느끼게 됩니다.

사도 바울은 고린도후서를 쓰기 14년 전에 아주 강력한 영적 체험을 한 적이 있습니다. 그것은 14년 전 셋째 하늘에 올라가서 말로 표현할 수 없는 말을 들은 체험이었습니다. 사도 바울이 이 이야기를 고린도 교인들에게 하는 이유는 신앙 세계라고 하는 것은 우리가 이성적으로 이해하거나 배울 수 있는 것이 아니라는 사실을 깨우쳐주기 위해서입니다. 더욱이 우리의 신앙 세계는 헬라인이 생각하는 이데아의 세계나 이성 세계와는 완전히 다르다는 것을 가르쳐주기 위해서입니다. 즉 이데아의 세계나 이성 세계는 그냥 철학자들이 생각하다가 그렇게 추측하고 가정한 것입니다. 그것은 막연하게 논리적 유추로 존재할 거라고 믿는 세계이지 실제로 체험한 세계는 아니었습니다. 그러나 우리에게 영적 세계는 단지 보지 못하고 생각하지 못할 뿐 실제로 존재하는 세계입니다.

1절, "무익하나마 내가 부득불 자랑하노니 주의 환상과 계시를 말하리라"

사도 바울은 주님의 말씀을 들을 때 계시와 함께 환상도 보았다고 말합니다. 그의 가르침은 단순히 이성적인 가르침만 있는 것이 아니라 말로 표현할 수 없는 신비로운 영적 체험도 같이 있었습니다. 사도 바울이 이것을 자랑하려고 한 이유는 당시 고린도의 교사들이 지적 가르침으로 너무 교만해 있었기 때문입니다. 그래서 신앙은 그들이 생각하는 것처럼 책을 보고 외우거나 공부하는 것만 가지고는 도저히 알 수 없는 세계가 있다고 말한 것입니다.

2절, "내가 그리스도 안에 있는 한 사람을 아노니 그는 십사 년 전에 셋째 하늘에 이끌려 간 자라 (그가 몸 안에 있었는지 몸 밖에 있었는지 나는 모르거니와 하나님은 아시느니라)"

본문에 "그리스도 안에 있는 한 사람을 아노니"라고 했는데, 그 사람은 바로 사도 바울 자신이었습니다. 그는 자신이 이런 체험을 했다고 말하지 않고 마치 다른 사람이 한 것처럼 말하고 있습니다. 이것은 이런 체험을 이야기해 교인들보다 자기가 영적으로 위에 있다는 느낌을 주지 않기 위해서입니다. 즉 사람들은 사도 바울이 이런 체험을 했기 때문에 더 위에 있는 사람이라고 생각하기 쉬운데, 그게 아니라는 것입니다. 그래서 자기는 그런 사람을 안다고 말하고 있습니다. "그가 몸 안에 있었는지 몸 밖에 있었는지 나는 모르거니와"라고 말하는데, 이는 그 자신이 당시 죽었는지 살았는지 모르겠다는 뜻입니다. 어떤 사람은 사도 바울의 이 체험이 루스드라에서 돌에 맞아 죽었을 때 했던 체험이라고 말하기도 합니다. 그러나 그때는 14년 전에 있었던 일이 아닐뿐더러 돌에 맞아 죽었다고 해서 천국을 볼 수 있는 것은 아니라고 생각합니다.

사도 바울의 전 생애를 정확하게 재구성한다는 것은 어려운 일입니다. 그의 생애가 다른 사람에 비해 성경에 많이 기록되어 있더라도 말입니다. 사도 바울은 예수 믿는 사람들을 잡아서 박해하기 위해 예루살렘에서 다메섹으로 가던 도중 부활하신 주님을 만나고 거꾸러지게 됩니다. 그는 눈이 먼 상태에서 다른 사람의 손에 붙들려 다메섹에 들어가 사흘 동안 금식하며 기도하는 가운데 아나니아라는 제자를 만나 안수기도를 받고 눈을 뜨자마자 바로 예수는 하나님의 아들이라는 말씀을 전하기 시작했습니다. 바울이 다메섹에 예수 믿는 사람들을 잡으러 왔다가 정반대로 예수는 하나님의 아들이시고 죽음에서 부활하셨다는 말씀을 전하자 다메섹 왕 아레다의 신하들은 아주 당황했던 것 같습니다. 그리하여 예루살렘 대제사장 측 사람들과 상의했던 것 같습니다. 그들이 사도 바울을 잡아 죽이려고 하자 아나니아처럼 예수를 믿던 형제들이 그를 살리기 위해 광주리에 담아 성벽으로 내려 보내 탈출하게 했습니다. 사도 바울은 이 넓은 세상에서 어디로 가야 했을까요? 그는 당장 고향에 갈 수 있는 처지도 아니고 예루살렘으로 돌아가서 계속 랍비 교육을 받을 수도 없었습니다. 그래서 아라비아로 가게 됩니다. 단순히 아라비아 사막에 혼자 명상하기 위해 간 것은 아닌 것 같고 그곳에 예수 믿는 사람들의 수도원 비슷한 장소가 있었던 것 같습니다. 사도 바울은 삼 년 정도 거기 있으면서 말씀을 묵상하고 주님에 대해 정리하게 된 것 같습니다. 그러고 나서 예루살렘을 방문했지만 예루살렘의 교인들은 그와 만나는 것을 꺼려했습니다. 그 후 사도 바울은 수리아를 통해 길리기아, 즉 자신의 집이 있는 다소로 가서 14년을 지내게 됩니다. 여기서 14년 전이라고 하면 바울의 생애 가운데 바로 이 기간에 해당됩니다. 즉 루스드라에서 돌에 맞아 죽었을 때도 아니고 아라비아에 있을 때도 아닌 것으로 보입니다. 사도 바울은 14년을 그냥 보낸 것이 아니라 주님의 말씀을 듣고 계시를 받았던 것 같습니다. 그러다가 이 환상을 체험한 것으로 보입니다.

사도 바울은 주님의 복음을 전하면서도 환상을 본 적이 있습니다. 그는 드로아에서 환상 가운데 마게도냐 옷을 입은 사람이 "마게도냐로 건너와서 우리를 도우라"고 말하는 것을 보게 됩니다. 또한 사도 바울은 어려울 때마다 주님이 옆에 오셔서 그에게 담대하라고 말씀하시는 환상을 보았습니다. 그중 사도 바울이 14년 전에 했던 이 체험은 아주 강력하고 특별한 것이었습니다. 당시 체험이 얼마나 강력했던지 그는 죽은 것같이 되었습니다. 그래서 그때 자기가 죽었는지 살았는지 모르겠다고 말한 것입니다. 사도 바울은 아라비아에 있을 때도 주님의 계시를 듣고 환상을 보았던 것 같습니다. 그러다가 14년 전쯤 번개를 맞은 것처럼 강력한 하나님의 능력이 임하면서 쓰러졌는데, 그의 영이 몸에서 밖으로 빠져나간 것 같았다고 합니다. 그리고 그의 영은 셋째 하늘에 올라가서 말로 표현할 수 없는 소리를 들었던 것입니다.

4절, "그가 낙원으로 이끌려 가서 말로 표현할 수 없는 말을 들었으니 사람이 가히 이르지 못할 말이로다"

우리는 사도 바울의 체험을 보며 요한이 밧모 섬에서 받았던 환상 정도로 강했다는 것을 알 수 있습니다. 요한이 보았던 환상은 내용이 훨씬 더 길고 드라마처럼 이어지는데, 사도 바울도 요한처럼 계시록에서 본 것같이 웅장하고 길고 드라마틱한 체험은 아니지만 아주 강력하고 신비로운 체험을 한 것임에 틀림없습니다.

사도 바울은 자기가 셋째 하늘에 끌려 올라갔다고 했는데, 그 셋째 하늘은 바로 하나님과 천사들이 있는 곳입니다. 우리가 보는 하늘이 첫 번째 하늘이고, 그다음에 있는 우주가 둘째 하늘이고, 마지막으로 셋째 하늘입니다. 그런데 셋째 하늘은 우리에게서 결코 멀리 떨어져 있지 않습니다. 예수님도 승천하실 때 하늘로 올라가시다가 구름 사이에서 바로 눈에 보이지 않으셨는데, 이 셋째 하늘로 들어가신 것입니다. 예수님이 부활하신 뒤 제자들을 찾아오실 때도 이 셋째 하늘에서 바로 찾아오신 것입니다. 셋째 하늘은 공간적인 나라가 아닙니다. 우리와 장막 하나 사이로 갈라져 있습니다. 우리 눈에 보이는 이 장막 하나를 찢으면 바로 하나님의 나라입니다.

본문을 보면 사도 바울이 그 셋째 하늘에서 "말로 표현할 수 없는 말"을 들었다고 말씀합니다. 그는 도대체 셋째 하늘에서 무슨 말을 들었을까요? 사도 바울은 그 낙원에서 신기한 것을 보았다고 말하지 않고, 먼저 간 많은 성도를 만났다고 말하지 않고, "말로 표현할 수 없는 말"을 들었다고 말합니다. 여기서 "표현할 수 없는 말"은 도대체 무엇일까요? 음성이 아주 신비롭고 놀라웠다는 뜻일까요? 아니면 그 메시지의 내용이 감히 사람의 머리로는 생각할 수 없는 내용이었다는 뜻일까요? 이 두 가지가 모두 해당된다고 생각합니다. 물론 사도 바울이 들었던 그 말이 그가 전한 복음과 완전히 다른 말은 아니었을 것입니다. 사도 바울은 오히려 자기가 늘 전했던 그 복음을 셋째 하늘에서도 똑같이 들었는데, 말할 수 없는 권세와 영광으로 사람의 머리로는 도저히 생각할 수 없는 능력으로 들었던 것입니다.

사도 바울은 데살로니가 교인들에게 "이는 우리 복음이 너희에게 말로만 이른 것이 아니라 또한 능력과 성령과 큰 확신으로 된 것임이라"(살전 1:5상)고 말했습니다. 우리는 늘 똑같은 복음을 듣지만, 천둥치는 소리와 함께 인간의 머리에서는 나올 수 없는 권세 있는 말씀으로 들을 때가 있습니다. 이것이 바로 셋째 하늘에서 우리가 듣게 될 말씀인 것입니다. 우리는 복음을 들을 때 이런 권세 있는 말씀으로 들어야 합니다. 그래야 사탄이 힘을 쓰지 못하고 모든 의심의 영이나 인간적 생각이 다 물러가고 하나님의 뜻을 명확하게 분별할 수 있습니다.

5-6절, "내가 이런 사람을 위하여 자랑하겠으나 나를 위하여는 약한 것들 외에 자랑하지 아니하리라 내가 만일 자랑하고자 하여도 어리석은 자가 되지 아니할 것은 내가 참말을 함이라 그러나 누가 나를 보는 바와 내게 듣는 바에 지나치게 생각할까 두려워하여 그만두노라"

우리가 하나님의 말씀을 전하거나 들을 때 큰 능력과 확신이 함께 임하는 것은 자랑할 만한 일입니다. 하나님의 말씀을 듣는 가운데 죽은 것 같아지고 셋째 하늘에 이끌려 가는 것은 너무나도 자랑할 만한 일입니다. 그러나 그런 체험을 너무 자랑하면 사람들이 싫어하고, 체험을 너무 자랑하는 것이 될 테니 그만하겠다고 말하고 있습니다. 역시 아무리 좋은 것이라고 해도 자기 자랑은 좋지 않은 것 같습니다. 베드로 역시 변화산에서 예수님의 변화된 모습을 보고 하나님의 음성을 들은 것을 오랫동안 말하지 않았습니다. 베드로는 그것을 말한 뒤에도 그것보다 더 중요한 것은 하나님의 말씀이라고 증거 했습니다(벧후 1:19).

2. 사도 바울의 육체의 가시

우리는 사도 바울이 복음을 전하면서 고통 받은 것을 떠올리면 복음을 위하여 그만큼 낮아진 사람이 없다는 생각이 듭니다. 사도 바울은 주님의 복음에 대한 증인이 되기 위해 너무 많은 매를 맞았고 굶주리고 감옥에 갇히고 바다에 빠지고 잠도 자지 못하고 추위에 떨기도 했던 것을 알 수 있습니다. 그러나 예수님은 아직도 사도 바울이 너무 높다고 생각하셔서 그가 교만해질 가능성이 있다고 판단하셨습니다. 이런 이유로 예수님은 사도 바울이 스스로 높아지지 못하도록 그의 육체에 가시를 주어 고통 받게 하셨습니다.

7절, "여러 계시를 받은 것이 지극히 크므로 너무 자만하지 않게 하시려고 내 육체에 가시 곧 사탄의 사자를 주셨으니 이는 나를 쳐서 너무 자만하지 않게 하려 하심이라"

우리가 이해하기 어려운 점이 바로 이것입니다. 사도 바울은 예수님을 만난 뒤 남들이 부러워할 만한 성공의 경력을 다 버렸습니다. 그는 예루살렘에서 훌륭한 교육을 받았고 인정 받는 랍비였지만 예수님을 만나고 예전 자신이 가진 모든 경력을 버렸습니다. 그리고 무려 14년 동안이나 인정받지 못하는 무명의 시절을 보냈습니다. 전도자로 부름을 받았을 때 그는 가족들과 상의도 하지 못했으며, 결혼도 하기 전이었습니다. 부름을 받은 그는 유대인에게 공공의 적이 되어 엄청 두들겨 맞았고 오해를 받았으며 인정받지 못했고 장막을 짜면서 전도비를 충당해야만 했습니다. 그럼에도 주님은 바울이 너무 높아서 자만에 빠질 위험이 높다고 보셨습니다. 그 이유가 무엇입니까? 인간이 하나님의 말씀을 받고 하나님의 말씀을 증거 하는 것이 그만큼 영광스럽고 높기 때문입니다. 이것은 천사도 흠모하는 것인데, 천사보다 높고 이 세상 어느 누구보다 높기 때문에 교만과 자만에 빠질 가능성이 높다고 보셨습니다. 여러 계시를 받은 은혜와 축복이 너무 크기 때문에 주님은 사도 바울이 넘어질 위험이 있다고 보셨던 것입니다. 아마 말씀 전하는 사람들은 말씀을 이 정도로 가치 있게 생각하지 않을 것입니다. 그리고 말씀을 전하는 자들이나 성도들의 자아상은 이만큼 높지 못할 것입니다. 우리는 늘 세상적 기준만 가지고 자기를 비하하고 아무것도 아니라고 판단합니다. 예수님은 사도 바울이 교만하지 못하도록 그의 육체에 가시를 주었다고 말씀하셨습니다. 본문을 보면 이 육체의 가시가 바로 “사탄의 사자”라고 말씀합니다. 즉 이 가시가 언제나 사탄의 역할을 했다는 뜻입니다. 이 가시는 사도 바울의 기쁨을 빼앗아갔고, 하나님의 사랑을 의심하게 했으며, 침체시켰고, 분노를 폭발하게 만들었습니다. 여기서 가시는 몸에 박혀 잘 빠지지 않은 채 두고두고 괴롭히고 아프게 하는 것을 말합니다. 이것은 지병일 수도 있고 사람일 수도 있고 경제적인 어려움일 수도 있습니다. 종교개혁자 마틴 루터는 그야말로 걸어다니는 병 덩어리였습니다. 그에게는 만성적인 우울증이 있었고, 오랜 시간 위장병으로 고생했고, 요도 결석으로 거의 죽었다가 살아났던 적도 있습니다. 논쟁이 한창이었을 때였는데, 사람들은 마틴 루터가 소변을 보지 못해 온몸이 퉁퉁 붓자 머지않아 죽을 거라고 생각했습니다. 그런데 형제들이 기도하는 가운데 갑자기 소변이 나오더니 6리터 정도 소변을 보고 나서 살아났습니다. 루터는 우울증과 소화불량 등 육체적 질곡 가운데서도 거의 천재적으로 성경을 번역했고 논문을 썼습니다. ‘설교의 황태자’라는 별명으로 불린 스펄전은 통풍과 우울증으로 오랫동안 고통을 받았는데, 그럼에도 사람들 앞에서 설교를 많이 했습니다. 사실 사람들에게는 암이 가시이기도 하고 두통이 가시이기도 하고 심장병이나 우울증이 가시이기도 합니다. 사도 바울에게 있어 육체의 가시가 눈병이었을 것이라고 추측하는 사람도 있고, 간질병이었을 것이라고 추측하는 사람도 있습니다. 고린도후서를 보면 사도 바울에게 심한 우울증이 있었던 것으로 보입니다. 그리고 간질 같은 아주 고통스러운 병도 있었던 것 같습니다. 아니면 신경질환이라든지 통풍처럼 심한 고통이 수반되는 병을 가졌을 수도 있습니다. 사도 바울은 병들었거나 귀신 들린 많은 사람을 회복시켜 주었지만 그 자신의 병은 고치지 못했습니다. 그 이유는 주님이 봤을 때 여기서 사도 바울이 더 높아지면 위험하다고 생각하셨기 때문에 그에게도 사탄의 사자를 보내셨던 것입니다. 그래서 사도 바울은 이 발작이 일어날 때마다 지옥을 경험했고, 하나님이 자신을 버리시지 않을까 노심초사했고, 자신이 저지른 모든 죄와 자랑에 대해 회개하지 않고는 견딜 수가 없었습니다. 사도 바울이 울면서 기도하고 성도들이 그의 몸을 문지르거나 약을 먹이거나 하면 겨우 진정되곤 했습니다.

우리에게는 자신만의 가시가 있습니다. 그 가시는 좀처럼 낫지 않는 병일 수도 있고 자신을 괴롭히는 사람일 수도 있고 경제적인 어려움일 수도 있고 학벌에 대한 열등감일 수도 있습니다. 우리에게는 이런 것이 사탄의 가시 노릇을 할 때가 많습니다. 이런 생각이 머릿속을 지배하거나 병에 따른 통증이 일어날 때 사람들은 거의 죽었다가 살아납니다.

우울증이 심한 사람의 경우 보통 사람이 보기에 미친 것이 아닌가 하는 생각이 들 때가 있습니다. 고래고래 소리를 지르거나 도저히 이해할 수 없는 욕설을 퍼붓거나 죽고 싶은 충동이 생기는 것은 사탄의 가시가 뒤틀기 때문입니다. 그렇다면 우리에게 가시가 있고 겸손한 것이 나을까요, 가시가 없으면서 교만한 것이 나을까요? 가시가 있고 겸손한 것이 백배 낫습니다. 그리고 뜨거운 부흥이 일어나면 그 가시가 빠지게 됩니다. 병도 낫고 괴롭히던 사람도 없어지고 경제적인 어려움도 해결됩니다. 그때 무엇이 살아나게 될까요? 자기도 모르는 사이에 교만이 살아납니다. 자기가 최고로 잘났다고 생각하게 되는 것입니다. 이것이 무서운 것입니다.

3. 예수님의 부정적인 기도 응답

사도 바울은 자신의 병이 너무 고통스럽고 발작이 일어날 때마다 거의 지옥으로 끌려가는 것 같아서 육체적 질병이 떠나도록 간절히 기도했습니다. 본문을 보면 사도 바울이 그 기도를 한 번이 아니라 세 번이나 했다고 말씀합니다.

8절, "이것이 내게서 떠나가게 하기 위하여 내가 세 번 주께 간구하였더니"

얼마나 지긋지긋했는지 사도 바울은 '이것이'라고 표현합니다. '이것이' 떠나가도록 세 번이나 간구했지만 주님은 그의 병을 낫게 해주시지 않았습니다. 주님은 사도 바울이 이 병까지 나으면 너무 교만해져 주님을 의

지하지 않고 자기 멋대로 선교하고 돌아다닐 것이 분명했기 때문에 그의 병을 치료해주시지 않았던 것입니다.

9절, "나에게 이르시기를 내 은혜가 네게 족하도다 이는 내 능력이 약한 데서 온전하여짐이라 하신지라 그러므로 도리어 크게 기뻐함으로 나의 여러 약한 것들에 대하여 자랑하리니 이는 그리스도의 능력이 내게 머물게 하려 함이라"

예수님은 사도 바울에게 더 이상 병이 낫도록 기도하지 말라고 하셨습니다. 왜냐하면 그에게 이미 충분한 은혜를 주셨기 때문입니다. 주님은 사도 바울에게 너무 많은 은혜를 주셨으므로 더 이상 은혜를 주면 안 된다고 말씀하셨습니다. 그렇다고 해서 주님이 바울을 사랑하지 않으신 것은 아닙니다. 주님은 바울을 너무 사랑하기 때문에 그의 병을 낫게 해줄 수가 없으셨던 것입니다. 그러면서 주님은 사도 바울에게 "내 능력이 약한 데서 온전하여짐이라"고 말씀하셨습니다. 우리가 육체적으로 강하고 머리도 엄청 똑똑해서 완벽함을 갖췄다면 주님은 가려지고 인간의 능력만 나타나는데, 이런 것은 아무 소용이 없다는 것입니다. 즉 일어날 힘도 없고 아무것도 할 자신이 없을 때 주님만 죽도록 의지하게 되고, 진짜 능력이 나타나게 된다고 말씀합니다. 사도 바울은 이 사실을 알고 엄청 기뻐했습니다. 왜냐하면 주님의 능력이 언제나 자기에게 머물러 있게 하는 비결을 알았기 때문입니다 그것은 바로 자기가 약하고 병들고 부족한 것이었습니다. 사도 바울은 자신이 약한 그때가 강한 때라고 말했습니다.

10절, "그러므로 내가 그리스도를 위하여 약한 것들과 능욕과 궁핍과 박해와 곤고를 기뻐하노니 이는 내가 약한 그때에 강함이라"

우리는 약한 것을 두려워해서 더 강해지고 더 완전해지려고 하고 모든 것을 완벽하게 갖추려고 애씁니다. 그러나 진정으로 주님과 함께하려고 하면 어리석어야 하며 부족해야 하며 많이 멍청해야 합니다. 너무 강해지거나 완전해지려고 하지 마시기를 바랍니다. 그런 사람에게는 주님의 능력이 임하시지 않습니다. 우리는 병들고 힘들 때 이 말씀을 늘 기억해야 합니다. 바로 "내가 약한 그때에 강함이라"는 말씀입니다. 그래서 우리는 병들고 사탄의 공격이 심해 아무것도 할 수 없을 때 '주님이 한번 크게 역사하시겠구나' 라는 기대감을 갖게 되는 것입니다. 뭔가 부족하고 자신의 행동이 어리석고 자신의 육체가 병들고 많은 반대와 어려움 가운데 있을 때 주님은 반드시 우리를 찾아와 역사하십니다.

성경 토의

1. 신앙은 이성으로 이해할 수 있는 내용으로 되어 있는가, 아니면 때때로 사람의 머리로는 이해할 수 없는 초자연적이고 기적적인 내용이 있는가? 최근 자신의 머리로는 이해할 수 없었던 하나님의 기적에 어떤 것이 있는가?

2. 사도 바울처럼 육체의 가시와 같은 질병이 있고, 종종 찾아오는 우울증 증세가 있는가? 이런 질병이나 우울증이 찾아올 때 우리는 어떤 식으로 병을 극복하고, 무슨 생각을 해야 하는가?

3. 자기 자신이나 가족의 병을 빨리 고쳐주시지 않고 오래 방치하실 때 하나님이 원망스럽다는 생각이 든 적이 있는가? 어떻게 하면 우리는 연약할 때 더 강해질 수 있는가?

16_의심의 영을 이기자

고린도후서 12:11-21

전체적 설명

사도 바울은 고린도후서 끝부분에서 고린도 교인에 대한 자신의 개인적 생각을 아주 솔직하게 기록하고 있다. 즉 이것은 사도 바울이 고린도 교회에서 목회할 때 고린도 교인들에게 재정적 부담을 지우지 않으려고 일체 생활비를 받지 않았는데, 그 이유에 대하여 고린도 교인들이 아직도 의심을 거두지 않았다고 말하고 있다. 또 다른 것은 반대로 어려운 예루살렘 교인들을 위하여 디도를 보내어 헌금을 하도록 건의했는데, 고린도 교인들이 또 의심하지 않을까 하는 우려를 편지에 기록하고 있다. 사실 우리는 인간이기에 다른 사람의 오해나 아직 일어나지 않은 일에 대하여 모든 측면에서 예측하여 미리 걱정을 하기도 한다. 그리고 이런 걱정이 도를 넘어서 혼자 힘으로 감당할 수 없을 때는 편지나 대화를 통해 다른 사람과 나눔으로써 위로를 받아야 할 때도 있다.

설교 프리노트

11절, "내가 어리석은 자가 되었으나 너희가 억지로 시킨 것이니"

사도 바울은 14년 전 있었던 자신의 영적 체험에 대해 이야기하는 것을 별로 유익하지 않은 일이라고 생각했다. 그러나 더 심각한 것은 고린도에 와서 사도 바울은 오직 예수 그리스도의 십자가만 전했는데, 고린도 교인들이 세상 지식을 더 좋아하고 받아들이자 어리석은 자가 되고 말았던 것이다. 사도 바울은 지금 하나님의 계시가 세상 철학이나 지식과 비교해 우월하다는 것을 입증해야 하는 상황에 처해있다.

"나는 너희에게 칭찬을 받아야 마땅하도다"

사실 사도 바울은 고린도 교인들에게 칭찬을 받아야 할 입장이었다. 왜냐하면 그는 이 세상 어느 누구도 알지 못하는 하나님의 놀라운 비밀을 고린도 교인에게 전해주었기 때문이다. 그럼에도 고린도 교인들은 사도 바울이 예루살렘에서 파송된 사도가 아니며, 예수님으로부터 직접 가르침을 받은 제자가 아니라는 이유를 들어 그가 무엇인가 부족한 사도이고 질이 떨어지는 사람이라고 생각했다. 그러자 사도 바울은 자기는 예루살렘에서 지극히 크다고 하는 존경받는 사도들보다 조금도 부족하지 않다고 말한다. 그 이유는 주님이 그에게 계시로 계속 하나님의 진리를 가르쳐주시기 때문이다.

12절, "사도의 표가 된 것은 내가 너희 가운데서 모든 참음과"

사도는 예수님이 세우신 직분으로 예수님의 부활을 증거 하고 교회의 진리의 기초를 세우는 사람을 말한다. 그래서 사도들에게는 사람들의 병을 고치는 기적이 따르기도 하고 악령의 역사를 물리치는 능력이 함께 나타나기도 했다. 사도 바울이 특히 고린도에서 '오래 참았던 것'은 사도임을 나타내는 또 다른 하나의 증표였다. 왜냐하면 하나님을 전혀 몰랐던 이방인이 하나님을 믿는다는 건 결코 쉬운 일이 아니었기 때문이다.

13절, "내 자신이 너희에게 폐를 끼치지 아니한 일"

사도 바울은 고린도 교인들에게 금전적 부담을 주지 않기 위하여 일체 경제적인 요구를 하지 않았다. 이 일은 오히려 고린도 교인들이 사도 바울의 사도권을 의심하는 원인이 되었고, 그도 이것이 불공평한 일이었다고 말한다. 이처럼 사도 바울은 불공평할 정도로 고린도 교인들을 사랑했다. 이것을 역설적으로 '용서하라' 고 말하는 것은 더 이상 어린 아이처럼 굴지 말라는 뜻이다.

14-15절, "보라 내가 이제 세 번째 너희에게 가기를 준비하였으나……"

여기서 세 번째라고 하는 것은 맨 처음 사도 바울이 복음을 전하기 위해 고린도에 갔고, 두 번째는 사도 바울이 고린도를 떠난 뒤 고린도 교회의 잘못된 일들을 바로잡기 위해 비공식적으로 방문했던 일을 말하고자 한 것 같다(고후 2:1). 그리고 세 번째로 고린도를 방문해 말씀도 전하고, 그들의 문제를 바로잡으려고 하는 것이다. 사도 바울은 이번 방문에도 일체 고린도 교회로부터 생활비나 선교비 지원을 받지 않고 오히려 그 자신이 고린도 교인들을 위해 돈을 쓸 계획을 가지고 있다고 밝히고 있다. 왜냐하면 집에서 나이 어린 자녀가 부모에게 돈을 주는 것이 아니라 부모가 어린 자녀에게 돈을 주는 법이기 때문이다. 사도 바울은 아직 고린도 교인들을 나이 어린 자녀로 생각하고 있었던 것이다. 그래서 그는 고린도 교인들을 위해 기쁨으로 자기가 가지고 있는 재물도 주고 몸도 주어 말씀도 전하겠다고 계획을 밝히고 있다.

16-18절, "어떤 이의 말이 내가 너희에게 짐을 지우지는 아니하였을지라도……"

아무리 예수 믿는 자이고 은혜를 받은 자라고 해도 모든 것을 부정적으로 생각하는 사람이 있다. 그래서 고린도 교인이나 지도자들 가운데서 어떤 사람은 사도 바울이 고린도 교인에게 생활비 부담을 지우지 않는 대신 교묘하게 속임수를 쓴다고 여겼다(16절). 즉 예루살렘 교회를 돕자는 이유를 내세워 더 많은 돈을 착취하려 한다고 말하는 사람이 있었던 것이다. 사도 바울은 자기가 보낸 사람들 가운데 그런 사람이 단 한 명이라도 있었는지 묻고 있다(17절). 사도 바울이 보낸 사람들 가운데 다른 사람에게 금전적 피해를 주거나 교묘하게 속여 돈을 가져가는 사람이 아무도 없었던 것이다. 그런데 왜 이런 이야기가 나왔느냐 하면 초대교회 시대에 아무 근거 없이 이 교회 저 교회를 돌아다니면서 돈을 빌리거나 또 다른 교회를 도와야 한다는 명목으로 돈을 받아 가는 자들이 있었기 때문이다. 사도 바울은 이 일을 위해 오직 디도와 다른 한 형제를 보냈는데, 이들은 결코 금전적 요구를 하는 사람이 아니었고 철저하게 성령과 보조를 맞추어 행동하는 사람이었다(18절). 이들은 기도한 뒤 행동했고 교인들에게 일체 강요하지 않았고 오직 하나님의 말씀에 따라 행하는 사람이었다.

20-21절, **"내가 갈 때에 너희를 내가 원하는 것과 같이 보지 못하고……"**

사도 바울도 인간이기에 세 번째 고린도 교회를 방문했을 때 그들의 아름다운 모습이 아니라 여전히 다투고 시기하고 큰소리를 내며 싸우는 모습을 보게 될까 봐 염려하고 있었다. 고린도 교회가 전혀 회개하지 않고 옛날의 유치한 모습을 가지고 행동한다면 사도 바울은 또다시 부끄러울 수밖에 없고, 음행을 행하거나 더러운 짓을 행하는 사람을 보고 슬퍼하지 않을까 걱정된다고 했다.

본문 이해를 위한 질문

1. 사도 바울은 왜 자신이 어리석은 자가 되었다고 생각하는가?

사도 바울은 고린도 교인들이 복음을 굳게 붙들고 있었다면 자랑스럽게 여기고 자기 자신도 어리석은 자가 될 필요가 없었을 것이다. 그러나 고린도 교인들이 세상적 지식을 따라가고 복음의 가치를 업신여겼기 때문에 사도 바울 자신도 어리석은 자가 될 수밖에 없었다.

2. 사도 바울과 고린도 교인들 사이를 이간질시키고자 한 사람들은 사도권에 대한 문제와 돈에 대한 문제를 제기했다. 왜 이런 문제를 제기했을까?

사도 바울은 예루살렘에서 보낸 사도는 아니지만 주님으로부터 직접 계시로 말씀을 배워 능력 면에서 조금도 부족하지 않았으며, 돈 문제와 관련해서는 고린도 교인들을 너무 사랑해 재정적인 짐을 지우지 않으려고 한 것밖에 없었다.

3. 사도 바울이 세 번째 고린도 교회 방문을 앞두고 우려하고 있는 것은 무엇인가?

고린도 교인들이 전혀 회개하지 않고 반성하지 않아서 막상 사도 바울이 방문했을 때 서로 시기하고 다투고 화내는 모습을 보여주고, 음행과 호색에 빠진 사람들이 여전히 활개를 치고 있는 모습을 보고 슬퍼하게 되지 않을까 우려했다.

성경 강해

집에 도둑이 들어 물건을 잃어버리거나 가지고 있던 물건과 가방을 잃어버리면 주위에 있는 사람들을 의심하게 됩니다. 즉 지나가는 사람이 모두 도둑으로 보이기도 하고, 다른 사람이 가지고 있는 가방이 자기 가방 같다는 생각이 들기도 합니다. 그래서 어느 때는 자기 나름대로 짐작 가는 사람을 불러 따지기도 하고 어느 때는 아이들을 다그치기도 하는데, 나중에 영 엉뚱한 장소에서 잃어버렸다고 생각했던 물건이 나올 때도 있습니다. 사실 다른 사람으로부터 의심을 받는다는 것은 너무나 고통스럽고 비참한 일입니다.

루시 몽고메리의 《빨간 머리 앤》을 보면 고아원에서 살던 앤이 독신인 마릴라와 매튜라는 늙은 남매의 집에 실수로 입양됩니다. 그들이 원한 아이는 매튜의 일을 도울 수 있는 남자 아이인데, 한 부인이 중간에서 잘못 전하는 바람에 여자 아이가 오게 된 것입니다. 그래서 마릴라는 앤을 고아원으로 돌려보내기로 하는데, 마침 그때 사건이 터졌습니다. 마릴라가 어머니로부터 물려받은 자수정 브로치가 없어진 것입니다. 이 사실을 알게 된 마릴라는 앤이 고아원에서 남의 물건을 훔치는 버릇을 배웠다고 생각해 "내가 아끼는 브로치를 가져갔니?"라고 묻습니다. 그러자 앤은 절대로 가져가지 않았다고 했습니다. 마릴라는 앤이 손버릇만 나쁜 것이 아니라 거짓말까지 하는 아이라고 생각해 굉장히 실망합니다. 그래도 사실을 밝혀내고 싶었던 마릴라는 앤에게 "네가 사실을 말하면 용서해주겠다"라고 말합니다. 그러자 앤은 밤새 고민하다가 다음 날 아침에 거짓말로 이야기를 지어내어 그 브로치가 너무 예뻐 자기가 가져갔다가 잃어버렸다고 말합니다. 앤은 그 브로치를 달고 호수에 있는 다리를 건널 때 물에 비친 자기 모습을 보려고 다리 난간에서 몸을 기울여 물을 들여보다가 그만 떨어뜨리고 말았다고 이야기합니다. 그 이야기를 듣고 마릴라는 화가 나서 도저히 이 아이를 데리고 있지 못하겠다고 생각해 앤을 고아원으로 돌려보내려고 숄을 걸치는데 거기에 브로치가 달려 있었습니다. 그래서 앤에 대한 오해가 풀리게 됩니다. 마릴라가 앤에게 왜 자신이 잃어버렸다고 거짓말했느냐고 묻자 자기가 무슨 말을 해도 믿어줄 것 같지 않아서 그랬다고 대답합니다. 그리고 솔직하게 이야기하면 용서해준다고 해서 이 집에서 살고 싶어 밤새 고민하다가 기왕 거짓말을 할 거라면 멋지게 거짓말하는 것이 좋을 것 같아서 이야기를 만들어냈다고 대답합니다. 마릴라는 엄격한 성격이지만 따뜻한 마음을 가진 여인으로, 앤이 거짓말한 것은 나쁘지만 처음부터 아이의 말을 믿지 않고 의심부터 한 자기가 더 나빴다고 하면서 함께 살기로 합니다. 이 소설에서 일어난 사건처럼 집에서 어떤 물건을 잃어버렸을 때 어린 아이가 의심을 받는 것은 충분히 일어날 수 있는 일이라고 생각합니다.

사람들은 남의 이야기를 충분히 들어 보지도 않고 의심부터 하거나 상대방이 나쁜 사람이라고 단정해버릴 때가 있습니다. 사탄은 어떤 좋지 않은 일이 생겼을 때 사람들의 마음에 의심의 영을 불어넣습니다. 사람들은 상대방의 이야기를 충분이 들어 볼 생각도 하지 않고 의심부터 하거나 나쁜 사람으로 단정해버립니다. 그러면 그 상대는 마음의 상처를 입게 되고, 교회의 경우 부흥의 불이 꺼져버리게 됩니다.

사도 바울이 고린도 교회를 떠난 뒤 교회 안에 그에 대한 의심의 영이 들어오게 되었습니다. 그래서 고린도 교인들은 사도 바울이 한 모든 행동을 의심의 눈으로 바라보게 되었습니다. 문제는 고린도 교인들에게서 이 의심의 영이 걷히지 않으면 절대로 그들의 신앙이 성숙할 수 없다는 것이었습니다. 사도 바울은 많은 기도 끝에 조심스럽게 고린도 교인들의 의심을 풀어야겠다고 생각해 자신에 대해 해명하기 시작합니다. 이것이 바로 본문의 내용입니다. 사람에게 있어 의심을 푸는 것보다 더 어려운 일은 없을 것입니다. 왜냐하면 의심을 푼다는 것은 신뢰를 회복했을 때 가능한데, 무너졌던 신뢰를 다시 쌓는 일은 터널을 새로 뚫는 것만큼이나 어려운 일이기 때문입니다. 그러나 원래 밭이 좋은 사람들은 상대에 대한 의심을 풀고 다시 신뢰하려고 할 것입니다.

1. 어리석은 자가 된 바울

사도 바울은 자기가 완전히 어리석은 자가 되었다고 말합니다.

11절, "내가 어리석은 자가 되었으나 너희가 억지로 시킨 것이니 나는 너희에게 칭찬을 받아야 마땅하도다 내가 아무것도 아니나 지극히 크다는 사도들보다 조금도 부족하지 아니하니라"

여기서 "어리석은 자"는 '지혜가 없는 자' 또는 '바보 같은 사람'이라고 생각할 수 있습니다. 사도 바울이 어리석은 자가 되었다고 하는 것은 두 가지 뜻으로 생각할 수 있습니다. 하나는 사도 바울이 자기가 셋째 하늘까지 간 체험을 말하게 된 것이 참 어리석은 일이라고 생각했다는 것입니다. 사도 바울은 고린도 교인들에게 그냥 복음만 이야기하고 기독교 진리만 이야기하면 되는데, 그들이 사도 바울로 하여금 셋째 하늘의 신비한 영적 체험까지 말하지 않을 수 없게 했다는 뜻입니다. 고린도 교인들은 이런 영적 체험을 한 사람이 높은 경지에 있다고 믿었던 것입니다. 사도 바울은 이 일에 대해 "너희가 억지로 시킨 것이니"라고 말합니다. 그러고 나서 "내가 아무것도 아니나"라고 말합니다. 즉 이런 체험을 한 것이 중요한 게 아니라 주님의 말씀이 중요하다는 뜻입니다.

"어리석은 자가 되었으나"라는 것은 또 다른 뜻도 있습니다. 그것은 고린도 교인들이 하나님의 말씀을 중요하게 생각하지 않고 세상의 유행을 따라감으로써 사도 바울을 아주 무식하고 어리석은 자로 만들어버렸다는 뜻입니다. 사도 바울은 주님의 계시의 말씀을 듣고 나서 세상의 지식을 다 버리고 오직 십자가와 계시의 말씀만 전했습니다. 그런데 고린도 교인들이 하나님의 말씀보다 세상적 지식을 더 중요하게 생각하고 가치 있게 생각하여 사도 바울은 자연히 어리석은 자가 될 수밖에 없었던 것입니다. 실제로 사도 바울은 고린도 교인들로부터 칭찬을 받아야 마땅한 사람이었습니다. 그는 고린도 교인들에게 가장 정확하게 하나님의 말씀을 전했고 놀라운 계시의 말씀을 전해주었기 때문입니다. 우리는 눈에 보이는 세계가 전부라고 생각해서는 안 됩니다. 마치 우리 눈에는 보이지 않지만 공기 가운데 많은 병균이 있고 바이러스가 있어 사람들을 병들게 하듯 이 세상에는 눈에 보이지 않는 마귀와 많은 악한 영이 있고, 사람의 몸 안에 항체와 면역 기능이 존재하듯 천사도 있고 하나님의 은혜도 있습니다.

가이사랴 빌립보에서 예수님은 제자들에게 이제 예루살렘에 가면 대제사장과 서기관에게 붙잡혀 고난을 당하고 십자가에 못 박혀 죽었다가 사흘 만에 다시 살아날 것이라고 말씀하셨습니다. 이때 베드로는 예수님을 책망하면서 "우리가 있는데 그런 자신 없는 말은 하시지도 말라"고 하면서 "그런 일은 절대로 일어나지 않을 것입니다"라고 장담했습니다. 그러자 예수님은 베드로를 향해 "사탄아 내 뒤로 물러가라 네가 하나님의 일을 생각하지 아니하고 도리어 사람의 일을 생각하는도다"(막 8:33)라고 말씀하셨습니다. 이 말씀은 베드로가 사탄이라는 뜻이 아닙니다. 예수님은 사탄이 베드로의 생각이나 말을 통해 예수께 의심의 영을 불어넣고자 한 것을 보셨던 것입니다. 즉 예수님은 베드로의 말이 하나님의 음성이 아니라 사탄의 말임을 아셨던 것입니다.

마태복음 26장 31-34절을 보면 예수님은 붙들리기 전 제자들에게 "너희가 다 나를 버리리라"고 말씀하셨습니다. 그때 베드로는 "모두 주를 버릴지라도 나는 결코 버리지 않겠나이다"라고 자신 있게 말했습니다. 그러나 예수님은 베드로에게 "오늘 밤 닭 울기 전에 네가 세 번 나를 부인하리라"고 하시면서 "사탄이 너희를 밀 까부르듯 하려고 요구하였으나 그러나 내가 너를 위하여 네 믿음이 떨어지지 않기를 기도하였노니"(눅 22:31-32)라고 말씀하셨습니다. 예수님은 제자들이 보지 못하는 것을 보셨습니다. 사탄이 제자들을 전부 멸망으로 끌고 가기 위해 마치 타작해서 밀을 까부르듯 제자들의 의심을 공격하고 믿음을 흔들어놓았지만 예수님은 기도로 제자들을 붙들어주셨던 것입니다. 이처럼 겉보기에 아무 일이 없다고 해서 아무 일이 없는 것이 아닙니다. 우리 눈에 보이지 않지만 마귀는 계속 우리 마음이나 입에 나쁜 의심의 영이나 생각, 충동적인 생각을 불어넣어 자신이나 다른 믿음의 성도들을 공격해 상처를 주거나 그 자신에게 큰 상처를 입히려고 합니다. 특히 우리 예수 믿는 사람은 추리력이 뛰어나고 상상력이 뛰어납니다. 우리는 이런 능력이 있기 때문에 하나님의 말씀을 깊이 이해할 수 있습니다. 그러나 이것이 잘못 사용되면 다른 사람을 의심하는 데 있어 놀라운 추리력으로 사용됩니다. 또한 자신을 해치는 상상력으로도 사용될 수 있습니다. 우리는 순간적으로 드는 생각이나 다른 사람으로부터 듣는 말이 마귀가 충동질하는 것일 수 있다고 생각해 즉시 털어버릴 수 있어야 합니다. 그렇게 하지 않고 그것을 믿어버리거나 말을 해버리면 누군가는 나쁜 사람이 되거나 자신의 추리력으로 말미암아 자신이 화를 당하게 됩니다. 특히 지금처럼 악한 때는 자기 생각을 불신하고 즉시 털어버리는 믿음이 필요합니다.

또 다른 예를 살펴보면 사도 바울이 루스드라에서 사람들이 던진 돌에 맞아 죽은 사건입니다. 그때 악의에 찬 유대인들이 몰려와서 사도 바울에게 많은 돌을 던졌습니다. 그 돌 가운데 사도 바울의 머리나 이마, 얼굴을 정통으로 맞힌 것이 있어 생명이 끊어져 죽었습니다. 사람들이 보기에 사도 바울의 호흡은 끊어졌고 맥박도 뛰지 않았습니다. 그런데 성도들이 사도 바울의 시체를 둘러싼 채 기도할 때 그가 살아났다고 했습니다. 어떻게 죽은 사람이 다시 살아날 수 있었을까요? 게다가 사도 바울이 돌에 맞아 죽었다면 이마가 깨어지고 코가 부서지고 어깨와 팔이 부러지거나 다쳤을 텐데, 어떻게 멀쩡하게 다시 살아나 루스드라에 가서 형제들을 권면할 수 있었을까 하는 것입니다. 그때 생각났던 것이 바로 천사들의 긴급 구조대입니다. 우리 인간들은 교통사고를 당하거나 높은 데서 떨어져 중상을 입으면 크게 다쳐서 거의 죽을 지경에 이르게 됩니다. 그때 구조대가 와서 인공호흡을 하고 찢어진 데를 꿰매어주기도 하고 필요하면 수혈도 해줄 것입니다. 그런데 바로 루스드라에서 그런 일이 일어난 것입니다. 사람들의 눈에 보이지 않는 세계에서 그런 일이 일어났는데, 천사들이 와서 사도 바울에게 인공호흡을 시켜주고 깨어진 데를 꿰매어주기도 하고 약을 발라주기도 하고 부러진 데를 붙여주기도 했던 것입니다. 그래서 사람들이 보기에 틀림없이 생명이 끊어져 죽었는데 다시 살아날 수 있었던 것입니다. 우리는 우리 주위로 새카맣게 달려와서 우리 귀에 대놓고 나쁜 생각을 그럴듯하게 포장해 집어넣으려고 하는 마귀도 보아야 하고, 천사들이 긴급 출동해 우리 그리스도인들을 사고에서 살려내고 수술실에서도 살려내는 것을 볼 수 있어야 합니다.

고린도 교인들은 사도 바울에 대하여 의심의 시선을 가지고 있었습니다. 예수님으로부터 직접 배운 제자가 아니라는 이유 때문입니다. 그래서 고린도 교인들은 사도 바울에 대해 예수님의 열두 제자보다 여러모로 부족하다고 생각했습니다.

11절 하, "내가 아무것도 아니나 지극히 크다는 사도들보다 조금도 부족하지 아니하니라"

예루살렘의 열두 제자는 예수님과 함께 있었던 사람들이고, 예수님으로부터 직접 가르침을 받았던 사람들이었습니다. 요즘 사람들도 자신이 어떤 사람의 '직제자' 임을 강조하는 것을 볼 수 있습니다. 사실 어떤 훌륭한 사람으로부터 직접 가르침을 받는 것보다 중요한 일은 없을 것입니다. 그러나 '직제자' 들 가운데 신통치 않은 사람이 많은 것을 봅니다. 그 이유는 눈으로 보는 것이 전부라고 생각해 눈에 보이지 않는 그 선생의 겸손이라든지 인간적인 깊이를 배우지 못하고 껍데기만 배우기 때문입니다. 인간적인 측면에서 보면 사도 바울이 예루살렘 제자들보다 부족한 것은 사실입니다. 그는 주님의 소중한 말씀을 직접 배우지 못했고 그 기간에 엉뚱한 곳에서 방황하고 있었기 때문입니다. 그러나 사도 바울은 자신에 대해 "지극히 크다는 사도들보다 조금도 부족하지 아니하니라"고 말합니다. 여기서 지극히 크다는 사도는 베드로나 요한, 야고보 등을 말합니다. 그러나 영의 눈으로 보면 주님의 계시나 가르침은 계속되고 있었습니다. 더욱이 주님의 계시가 사도 바울에게 억수처럼 많이 부어졌기 때문에 조금도 부족한 것이 없었을 뿐 아니라 더 명확하고 분명했습니다. 그래서 주님의 생전 가르침이 전부라고 생각했던 사람들은 오히려 사도 바울의 풍성한 가르침을 받아야만 했던 것입니다.

2. 참 사도인 증거

사도 바울은 참 사도에게는 사도의 증거가 있어야 한다고 했습니다. 그러고 나서 그는 참된 사도의 표는 다른 것이 아니라 오래 참는 것이라고 했습니다.

12절, "사도의 표가 된 것은 내가 너희 가운데서 모든 참음과 표적과 기사와 능력을 행한 것이라"

예수님은 마가복음의 끝 부분에서 제자들을 사도로 보내시면서 이런 표적이 따를 것이라고 말씀하셨습니다.

"믿는 자들에게는 이런 표적이 따르리니 곧 그들이 내 이름으로 귀신을 쫓아내며 새 방언을 말하며 뱀을 집어올리며 무슨 독을 마실지라도 해를 받지 아니하며 병든 사람에게 손을 얹은즉 나으리라 하시더라"(막 16:17, 18).

사도 바울은 사도와 전도자로 보냄을 받고 나서 구브로라는 섬에서 바예수라는 마술사가 훼방하고 대적하자 그의 눈을 멀게 하는 이적을 행했습니다. 베드로는 룻다라는 곳에서 8년간 중풍병으로 누워 있던 애니아라는 사람을 일으켜 세우는 이적을 행했습니다. 그러나 사도 바울은 사도의 가장 중요한 표는 오래 참는 것이라고 했습니다. 왜냐하면 어떤 사람이 하나님을 전혀 모르다가 하나님을 알게 되는 것이 아무리 사도라고 해도 한순간에 되는 건 아니기 때문입니다. 그래서 우리는 '뻥튀기' 하듯 교인을 만들어낼 수 없고 교회도 뻥튀기로 빨리 만들어낼 수 없습니다. 예를 들어 아무리 아기 엄마가 아기를 빨리 낳고 싶어도 아기가 뱃속에서 충분히 자랄 때까지 열 달을 기다려야만 합니다.

신앙생활을 하면서 어렸을 때부터 교회에 다니고 예수를 믿었는데 정작 예수님을 영접한 것은 청년이 되었을 때인 경우가 많습니다. 그렇다면 어렸을 때부터 믿었던 것은 아무 쓸데없는 헛된 믿음이었을까요? 그것은 아닙니다. 그는 오랜 시간 부화되기를 기다렸던 것입니다. 그래서 진정한 사도나 주의 종에 대한 표는 오래 참는 것입니다. 그다음으로 중요한 것이 능력입니다. 즉 주님의 말씀이 설교될 때 능력을 느낄 수 있어야 합니다. 왜냐하면 하나님의 말씀은 관절과 골수를 쪼개는 능력의 말씀이기 때문입니다. 그리고 중요한 표적은 교인이 변하는 것입니다. 교인들의 믿음이 성숙해지고 성품이 변화되는 것이야말로 하나님의 말씀이 전해졌다는 분명한 증거입니다. 교회에서 하나님의 말씀과 영이 충만할 때 우리는 영적 전쟁에서 승리할 수 있습니다. 그로 말미암아 병이 낫게 되고 분열이 사라지고 기도하는 것마다 응답을 받게 됩니다.

사도 바울은 고린도 교회로부터 의심을 받았는데, 돈 문제 때문이었습니다. 사도 바울은 고린도 교인들을 너무 사랑한 나머지 일체 경제적 부담을 지우지 않았습니다. 그의 선한 의도와 상관없이 이것이 오히려 고린도 교인들에게 사도 바울의 진정성을 의심하도록 만들었습니다.

13절, "내 자신이 너희에게 폐를 끼치지 아니한 일밖에 다른 교회보다 부족하게 한 것이 무엇이 있느냐 너희는 나의 이 공평하지 못한 것을 용서하라"

사도 바울은 여기서 상당히 반어적인 표현을 사용하고 있습니다. 그는 고린도 교인들에게 불공평해서 미안하다고 말했습니다. 그것은 말씀은 말씀대로 전하면서도 돈을 받지 않아서 미안하다는 뜻입니다.

당시 고린도 교인들은 돈에 대하여 아주 민감했던 것 같습니다. 그래서 사도 바울은 교회는 학원이 아니므로 헌금으로부터 자유로워야 한다고 해서 헌금도 강요하지 않았고 교회로부터 생활비도 받지 않았습니다. 그러다 보니 사도 바울은 천막 만드는 일로 생활비를 충당할 수밖에 없었습니다. 그런 와중에도 그는 말씀 전하는 일에 전혀 소홀하지 않았다고 했습니다. 그럼에도 교인들 가운데 모든 것을 부정적으로 보는 사람들이 있었습니다. 그들은 사도 바울이 고린도에 와서 천막을 만들어서 돈 버는 것이 주업이었고, 복음 전하는 것은 부업에 불과했다는 식으로 말했던 것입니다. 또한 사도 바울이 돈 버는 데 정신이 팔려 말씀을 제대로 전하지 못했다는 식으로 험담했습니다. 그런데 이런 말이 보통 사람의 입에서 나온 것이 아니라 교회 지도자들의 입에서 나왔습니다. 그들은 사도 바울의 일부분만 보고 추측해 멋대로 자신의 생각을 말했는데, 그것이 교회에 큰 시험거리가 되었던 것입니다. 사람들은 헌금을 내지 않으면 이상주의에 치우치게 되고, 결국 그런 말씀의 종을 사랑하지도 않게 됩니다. 사람들은 자기가 헌금을 내고 시간을 바친 교회를 사랑하는 것이지 이상적인 교회는 나중에 얼마든지 헌신짝같이 버리거나 자기 이상과 조금만 맞지 않으면 분노하고 욕하고 공격하게 되어 있습니다. 결국 이 세상은 완전할 수 없기 때문에 교회 역시 항상 이상적일 수는 없습니다. 그러나 사도 바울은 세 번째 고린도를 방문하면서도 그들에게 생활비나 교통비를 받지 않을 것이라고 했습니다.

14절, "보라 내가 이제 세 번째 너희에게 가기를 준비하였으나 너희에게 폐를 끼치지 아니하리라 내가 구하는 것은 너희의 재물이 아니요 오직 너희니라 어린 아이가 부모를 위하여 재물을 저축하는 것이 아니요 부모가 어린 아이를 위하여 하느니라"

사도 바울은 고린도 교인들이 다시 의심할까 우려해서 절대 폐를 끼치지 않을 것이라고 밝히고 있습니다. 왜냐하면 사도 바울이 원하는 것은 고린도 교인들의 돈이 아니라 그들의 마음이었기 때문입니다. 다른 사람에게서 '마음'을 원하느냐 '돈'을 원하느냐는 대답하기 쉬운 질문이 아닙니다. 현실적인 문제를 생각하면 우리에게는 돈이 필요합니다. 그리고 돈을 받아야 수고한 것에 대해 위로를 받을 수 있습니다. 그러나 마음이 없는 돈이 무슨 소용이 있을까요? 마음속으로는 욕하고 의심하면서 돈을 받는다면 그 돈이 많든 적든 간에 기쁨이 될 수 없습니다. 사도 바울은 이번에도 자신을 위해서는 돈을 일체 받지 않겠다고 했습니다. 그러면서 가족 안에서 돈은 부모가 아이를 위해 준비해서 주는 것이지 아이가 부모에게 주는 것은 아니라고 했습니다. 우리는 부모로부터 무조건 받기만 하기 때문에 부모가 자기에게 주는 것이 당연하다고 생각하기 쉽습니다. 그리고 머리로는 부모님을 사랑한다고 생각하지만 부모님을 사랑하는 방법을 몰라서 사랑하지 못하는 경우도 많습니다. 과연 우리는 부모를 어떻게 사랑해야 할까요?

우리 역시 머리로는 다른 교인이나 목회자를 사랑한다고 합니다. 그러나 우리는 다른 사람을 사랑하는 법을 몰라서 여전히 사랑하지 못하고 있습니다. 사도 야고보는 행함이 없는 믿음은 헛것이라고 했는데, 사랑도 마찬가지입니다. 사랑하는 법을 모르면 머리로 사랑하는 것이 아무 도움이 되지 않습니다. 요즘 우울증이나 암, 다른 병들에 대한 치료와 정보가 많아져서 약이 도움을 줄 수 있습니다. 그러나 사람은 나이가 들면서 얼마나 복잡한 심리적 변화와 육체적 변화가 나타나고, 어떻게 고통과 병이 생겨나는지 본인조차 모르는 경우가 대부분입니다. 만약 남편이나 아이들, 부인이 심한 스트레스를 받고 있다면 사실 스트레스보다 더 나쁜 독이 없다는 것을 알지만 나 본인이 당한 일이 아니기에 어떻게 도와야 하는지 알 수가 없습니다. 무조건 직장을 그만두라고 해야 하는지, 학교를 그만두게 하고 검정고시를 치르게 해야 하는지 알 수가 없습니다. 사실 아무리 머리가 좋고 사회에서 똑똑하다고 해도 사랑하는 방법을 모르고 남의 고통을 이해하지 못하면 그는 어린 아이에 머물러 있는 것입니다. 어린 아이는 자기 생각밖에 하지 못합니다. 부모는 어린 자녀를 도와주고 돌봐야 하는데 부모 역시 언제까지나 곁에 있어 줄 수 있는 것은 아닙니다. 그래서 세상 성공만 중요한 것이 아니라 아파 보는 것도 중요합니다. 우울증에도 걸려 봐야 하고 나이도 들어 봐야 고통당하는 사람의 마음을 이해할 수 있습니다. 결국 많이 아파 본 사람이 다른 사람의 아픔을 이해하고, 공부에서 많이 실패해 본 사람이 공부가 별것 아니라는 사실을 알게 되는 것입니다.

15절, "내가 너희 영혼을 위하여 크게 기뻐하므로 재물을 사용하고 또 내 자신까지도 내어 주리니 너희를 더욱 사랑할수록 나는 사랑을 덜 받겠느냐"

사도 바울은 이번에 고린도를 방문하면 돈도 왕창 쓰고 하나님의 말씀도 힘을 다해 전하겠다고 했습니다. 돈도 주고 몸도 주고 모든 것을 주겠다는 것입니다. 그렇게 사랑해도 고린도 교인들은 자신을 덜 사랑할 거라고 말합니다. 사실 다른 사람을 사랑하는 것보다 더 어려운 일은 없습니다. 어떤 사람은 다른 사람을 미워하고 욕하고 때리면서 말하기를 자기는 그를 사랑한다는 것입니다. 사실 다른 사람을 제대로 사랑할 수 있어야 우리는 어른이 되었다고 말할 수 있습니다.

사실 성공한 사람이 어떻게 어려운 사람의 처지를 이해할 수 있으며, 세상에서 잘 나가는 사람이 어떻게 올챙이 시절을 기억할 수 있겠습니까! 하나님이 우리에게 겸손의 영을 주셔야 사랑하는 방법을 하나씩 배워 나갈 수 있습니다.

3. 사도 바울의 해명

사도 바울은 고린도 교인들로부터 단단히 오해를 받고 있었습니다. 그렇게 된 것은 나쁜 말로 선동하는 사람이 있어 고린도 교인들이 그들의 말을 여과하지 않고 그대로 받아들였기 때문입니다.

16절, "하여간 어떤 이의 말이 내가 너희에게 짐을 지우지는 아니하였을지라도 교활한 자가 되어 너희를 속임수로 취하였다 하니"

어떤 사람은 사도 바울이 고린도 교회에서 돈을 받지 않은 건 틀림없는 사실이지만 분명 교활한 사람일 거라고 말했습니다. 그러면서 사도 바울은 돈을 받지 않았지만 다른 사람을 시켜 더 많은 돈을 긁어모았다고 말합니다. 바로 구제 헌금에 대해 말한 것입니다.

당시 예루살렘에 극심한 흉년이 들어 많은 사람이 고통을 받고 있었는데, 사도 바울은 사람들을 보내 예루살렘 교회를 구제해야 한다고 주장하면서 헌금을 거두었습니다. 이 기회를 틈타 사탄은 교묘하게 이 문제에 파고들었는데, 사도 바울이 겉으로는 깨끗하고 거룩한 체하지만 사실은 아주 교활한 사람이어서 예루살렘 교회의 성도들을 위해 헌금해야 한다고 하면서 더 많은 돈을 거두었다고 주장했습니다. 그러면서 그가 돈을 전달한 영수증을 봤느냐 장부를 확인했느냐고 하며 사도 바울이 '뒷구멍'으로 자기 욕심을 채우는 아주 교활한 사람이라고 비난했습니다. 이 일은 사도 바울의 자존심에 큰 상처를 주었고, 고린도 교인들도 사도 바울의 진실성을 의심하게 되었으며, 사도 바울의 우울증이나 발작적 질병의 원인이 되었던 것으로 보입니다. 결국 고린도 교회에서 구제 헌금은 큰 시험거리가 되었습니다. 또한 그들 모두가 장사하는 사람이거나 스스로 세상 이론에 나름 한몫하는 사람이라고 생각했기 때문에 이런 의심의 영에 사로잡히게 되었습니다. 사도 바울은 졸지에 구제 헌금을 가지고 교회를 속이는 믿을 수 없는 사람이 되고 말았습니다. 그러자 사도 바울은 이 문제에 대해 해명하기를 원했습니다. 그는 이 헌금을 위하여 디도를 보냈고 또 다른 한 형제를 보냈는데 그들이 어떤 모습을 보였는지 분명히 했습니다.

17-18절, "내가 너희에게 보낸 자 중에 누구로 너희의 이득을 취하더냐 내가 디도를 권하고 함께 한 형제를 보내었으니 디도가 너희의 이득을 취하더냐 우리가 동일한 성령으로 행하지 아니하더냐 동일한 보조로 하지 아니하더냐"

사도가 돈 문제를 가지고 교인들 앞에서 해명해야 하는 것보다 더 부끄러운 일은 없을 것입니다. 그러나 사도 바울은 이 이야기를 하지 않을 수가 없었습니다. 왜냐하면 이와 관련된 오해가 풀리지 않으면 고린도 교인들의 신앙이 영원히 유치한 어린 아이 상태에 머물러 있을 수밖에 없었기 때문입니다. 사도 바울이 구제 헌금 때문에 보낸 사람은 디도와 이름을 밝히지 않는 다른 한 사람이었습니다. 물론 고린도 교인들은 이 사람의 이름을 알지만 사도 바울은 공적으로 그 사람의 이름을 밝히기를 원치 않았습니다. 사도 바울은 고린도 교인들에게 디도나 다른 한 사람이 어떤 방식으로 일했는지 밝히고 있습니다. 그는 이들이 "동일한 성령으로 행하지 아니하더냐"라고 물었습니다. 그리고 이들이 "동일한 보조로 하지 아니하더냐"라고 물었습니다. 이 두 사람은 사도 바울과 같은 성령으로 행했습니다. 이들은 인간적으로 헌금을 강요하지 않았고 헌금 목표를 제시하지도 않았고 헌금을 적게 한다고 닦달하지도 않았던 것입니다. 그리고 이들의 보조, 즉 '걸음걸이'가 우리와 똑같지 않더냐고 물었습니다. 이들은 서두르지도 않았고 조급해하지도 않았고 돈에 대해 집착하지도 않는 모습이었습니다. 언제나 주님의 말씀보다 앞서 나가지 않았고 교인들 위에 군림하지도 않았던 것입니다.

19절, "너희는 이때까지 우리가 자기 변명을 하는 줄로 생각하는구나 우리는 그리스도 안에서 하나님 앞에 말하노라 사랑하는 자들아 이 모든 것은 너희의 덕을 세우기 위함이니라"

고린도 교인들은 지금까지 사도 바울이 자신의 결백함을 변명하는 줄로 생각하고 있지만 그는 아니라고 말했습니다. 사도 바울은 돈 문제에 대한 오해가 풀리지 않으면 믿음이 더 이상 자라지 않으리라는 것을 알았기에 고린도 교회를 걱정하는 마음을 솔직히 말하고 있었던 것입니다.

20절, "내가 갈 때에 너희를 내가 원하는 것과 같이 보지 못하고 또 내가 너희에게 너희가 원하지 않는 것과 같이 보일까 두려워하며 또 다툼과 시기와 분냄과 당 짓는 것과 비방과 수군거림과 거만함과 혼란이 있을까 두려워하고"

사도 바울은 고린도 교회의 아름다운 모습을 보고자 했는데, 고린도 교인들이 그에 대해 나쁜 인식을 가지고 대할까 두렵다고 했습니다. 그리고 그 자신도 고린도 교인들을 아름다운 모습으로 만나기를 바란다고 하면서 돈 문제로 말미암아 서로 싸우고 비방하고 화를 내고 당을 짓고 수군거리고 혼란스러운 모습을 보게 될까 걱정스럽다고 말합니다. 교회는 죄성을 가진 인간의 모임이므로 자칫 잘못하면 아름다운 모습보다 악하고 추한 모습을 보일 가능성이 높습니다. 그러나 이런 나쁜 모습을 보인다면 결국 마귀만 좋아하고 성도들은 부끄럽게 될 수밖에 없습니다. 이 모든 일의 원인은 애당초 사탄의 의심의 영을 물리치지 못했기 때문인데, 모두 자기 자신을 설득하고 하나님의 성령에 굴복시키는 데 실패한 것입니다.

교회는 세상 가운데 존재하고, 우리는 먹어야 하고 입어야 하기 때문에 돈이 필요합니다. 사실 그리스도인은 너무 이상적이라서 목회자나 다른 교인들에 대해 완전한 희생을 기대할 때가 많습니다. 그러나 이 세상에 완전한 것은 존재할 수가 없습니다. 그러다 보니 교회 안에서 오해도 생기고 다툼도 생기고 의심도 생기게 됩니다. 이런 상황이 닥쳤을 때 빨리 털어버리지 않으면 사탄이 교회 안을 마음대로 휘젓고 돌아다니면서 교인들에게 깊은 상처를 주거나 교회의 부흥의 불을 꺼뜨려버립니다. 우리는 절대로 사탄에게 이런 기회를 주어서는 안 됩니다.

성경 토의

1. 교회에서 목회자와 장로 사이에, 목회자와 교인 사이에 금전적인 문제로 말미암아 불신이 생겨나고 한평생 목회한 것에 대해 불신하는 일이 벌어지기도 한다. 이런 일이 왜 일어난다고 생각하는가?

2. 우리나라 교회의 고질적인 문제 가운데 하나는 새 목사가 부임하게 되었을 때 원로 목사와의 사이에 많은 갈등이 생기고 분쟁이 일어나 나중에 교회가 풍비박산이 되거나 분열되는 경우가 종종 있다는 것이다. 담임 목사의 자리를 아름답게 승계할 방법이 뭐라고 생각하는가?

3. 때로는 교회 안에서 교인끼리 심각하게 반대하거나 싸울 때 누가 옳고 그른가 하는 것보다 오해가 있거나 생각이 달라서 그렇게 되는 경우가 많다. 이런 것을 서로 아름답게 이해하거나 양보할 수는 없을까?

17_사랑의 열매

고린도후서 13:1-13

전체적 설명

교회 안에서 가장 중요한 열매는 자신이 다른 사람을 힘이나 주장으로 이겨 굴복시키는 것이 아니라 그 사람 스스로 하나님의 뜻을 깨닫고 순종하게 하는 것이다. 교회 안에서 성경적인 진리를 설교하고 가르치면 처음에는 사람들이 잘못된 쪽으로 생각하고 오해하다가도 스스로 깨닫고 바로잡을 때가 많은데, 이것보다 더 아름다운 열매는 없다. 그래서 교회 안에서는 힘을 가진 자가 약한 자를 누르고 이기는 것보다 오히려 권위를 가진 자가 약한 자가 되어 욕을 먹기도 하고 어려움 가운데 인내해서 사람들 각자가 스스로 깨닫도록 하는 것이 가장 잘하는 일이다. 사도 바울은 고린도후서의 마지막 부분에서 교인들 가운데 끝까지 진리를 깨닫지 못하고 복종하지 않는 사람들을 치리할 계획을 밝히고 있다. 그러나 그가 진심으로 원하는 것은 주님이 주신 이 권한을 엄하게 쓰지 않고 서로 온유하며 평안한 것이다.

1-2절, "내가 이제 세 번째 너희에게 가리니……"

설교
프리노트

사도 바울은 고린도 교회의 문제에 대해 지금까지 적어도 두 번 이상의 편지를 보냈다. 그럼에도 고린도 교회 안에서 음행을 저지르거나 잘못을 회개하지 않는 자가 있으면 어쩔 수 없이 법적으로 치리할 수밖에 없었다. 여기서 치리한다는 것은 두세 사람의 증인을 내세워 죄 지은 사람의 죄를 확정하고 나서 교회에서 출교를 명하는 것이다(1절). 사도 바울은 비공식적으로 두 번째 고린도를 방문했을 때 몇몇 사람을 만나 이야기를 나눈 적도 있고, 현재 떠나 있는 상태에서 밝혔듯이 그가 고린도 교회에 가면 죄 지은 사람을 치리하지 않고 그냥 넘어갈 수는 없었다(2절).

3-4절, "이는 그리스도께서 내 안에서 말씀하시는 증거를 너희가 구함이니……"

고린도 교인들 가운데 사도 바울이 말하는 것이 주님의 말씀인 증거가 없다고 주장하는 자들이 있었던 것 같다. 주님이 사도 바울을 통해 말씀하신다면 권위 있게 두려운 말씀으로 하실 텐데 그는 늘 형제들을 대하듯이 온유하고 자상하게 말했기 때문이다. 그러나 사도 바울은 말을 부드럽게 한다고 해서 결코 약한 것은 아니라고 말한다. 말을 부드럽게 하는 이유는 상대방이 스스로 깨닫고 순종하도록 하기 위한 것이지 힘이 없어서가 아니라고 말한다. 예를 들어 어른들이 어린 아이들에게 무섭게 이야기하면 아이들은 울기만 하지 스스로 깨닫지 못할 것이다. 반대로 어른들이 부드럽게 알아듣도록 이야기하면 어린 아이들은 자신의 잘못을 깨닫고 시키는 대로 할 것이다. 이것이 오히려 더 강한 것이다. 예수님은 원래 강한 능력을 가지고 계시지만 그 힘을 쓰지 아니하고 오히려 연약하게 되어 십자가 위에서 죽으심으로써 모든 죄인이 주님의 십자가 앞에서 무릎을 꿇도록 하신다.

5절, "너희는 믿음 안에 있는가 너희 자신을 시험하고"

우리는 무엇인가 스스로 깨달았다고 생각하면 다른 사람을 비판하기가 쉽다. 그러나 우리는 남을 비판하기 이전에 항상 자기 자신의 믿음을 확증해 보아야 한다. 다른 사람을 잘 비판한다고 해서 정의로운 것도 아니고 믿음이 좋은 것도 아니기 때문이다. 정말 믿음이 좋고 진리를 바로 아는 자는 다른 사람의 허물이나 부족한 것에 대하여 자기 입을 다물 수 있는 사람이기 때문이다. 만약 우리 안에 그리스도가 계시다면 우리는 남을 함부로 비판하지 않을 것이며, 겸손의 영이 우리 마음속에 있어 잘난 체하지 않을 것이다. 겸손이 무엇인지 알지 못하고 자기가 가장 똑똑하고 잘난 것처럼 떠들어대는 사람은 주님으로부터 버림을 받은 자이다.

6절, "우리가 버림 받은 자 되지 아니한 것을"

하나님의 백성에게는 사도는 교인이든 목회자든 주님으로부터 버림을 당하지 않는 것이 중요하다. 여기서 "버림 받은 자"는 교회 안에서는 버림을 당하지 않고 오히려 높은 자리에 앉아 있을지 모르지만 매사에 교만하고 깨닫지 못하고 계속 교회를 지배하려고 하며 음행이나 부정을 저지르고도 회개하지 않는 자들을 말한다. 그래서 누구든지 교만하지 않으려면 항상 조심해야 하고 남을 가르치기 이전에 자기 자신을 살펴보아야 한다.

7절, "오직 우리는 버림 받은 자 같을지라도"

사도 바울은 비록 자기가 환영 받지 못해 배척과 버림을 당하는 것처럼 보일지라도 고린도 교인들이 바른 진리 위에 설 수만 있다면 그것으로 충분하다고 말한다.

8절, "우리는 진리를 거슬러 아무것도 할 수 없고"

진정한 하나님의 종의 자세는 자기 마음대로 아무것도 할 수 없다는 사실을 깨달을 때에야 나온다. 즉 하나님의 백성의 삶은 철저히 종의 삶이다. 우리는 하나님의 일을 많이 하는 사람들 가운데 자기 입으로는 '주님의 종' 이라고 말하지만 실제로는 자기가 주인이 되어 모든 결정을 내리고 모든 영광을 가로채는 사람을 본다. 그들은 진리를 거슬러 이 모든 일을 하고 있는 것이다. 주님은 그리스도인들을 핍박하기 위해 다메섹으로 가던 바울에게 나타나 "가시채를 뒷발질하기가 네게 고생이니라"(행 26:14)고 말씀하셨다. 이것은 자기 나름대로 하나님의 일을 한다고 열심을 내지만 실제로는 뒷발로 가시채를 차고 있는 것밖에 되지 않는다는 뜻이다. 결국 자기 발에서 피가 흐르고 하나님 앞에서는 일체성을 받지도 못하고 쫓겨나게 된다는 것이다.

9-10절, "우리가 약할 때에 너희가 강한 것을 기뻐하고……"

사도 바울은 자기가 고린도 교인들에게 이렇게 편지로 사정할 때 그들이 빨리 깨달아서 잘못된 것을 바로잡는 것이 최고로 선한 일이라고 말한다. 그래서 사도 바울은 이렇게 편지를 쓰는 것을 통해 고린도 교인들이 넘어지지 않고 모두 진리 위에 바로 서기를 원하고 있다.

11절, "형제들아 기뻐하라"

사도 바울의 본심은 모든 형제가 진리 안에서 기뻐하는 것이다. 그리고 부족한 것을 모두 떨쳐버리고 온전하게 되며 마음을 같이해서 평안해지는 것이다.

13절, "주 예수 그리스도의 은혜와"

목사들이 예배를 마치면서 축복 기도하는 본문이다. 설교자가 교인들을 삼위 하나님의 이름으로 축복하는 것은 권위주의의 산물이 아니라 주님의 백성을 이 세상에 축복하면서 파송하는 것이다. 대개 성삼위를 말할 때 '성부', 말씀이나 축복 기도에서 '주 예수 그리스도의 은혜'를 먼저 이야기하는 것은 우리가 목회적으로 그리스도의 은혜를 먼저 체험하기 때문이다.

본문 이해를 위한 질문

1. 세 번째 고린도를 방문했을 때 사도 바울이 어쩔 수 없이 해야 하는 일은 무엇인가?

사도 바울은 잘못을 저지른 형제들에 대해 증인을 세워 그들을 치리할 수밖에 없었다. 왜냐하면 교회가 죄를 이기지 못하면 음부의 권세가 오히려 교회를 이기게 되기 때문이다.

2. 그러나 사도 바울이 원하는 것은 무엇이었는가?

교회는 목회자나 교인, 강한 것이 중요한 게 아니라 비록 약한 모습을 보이더라도 교인 한 사람 한 사람이 스스로 깨닫고 바로 서는 것이 중요하다.

3. 진정한 하나님의 종들이 가진 한계는 무엇인가?

목회자나 성도 모두 그리스도의 종이기 때문에 진리를 거스르는 일은 아무것도 할 수가 없다. 즉 우리는 주님의 종으로 살아갈 수밖에 없다. 우리가 진리 안에서 서로 조심할 때 결국 하나 되며 기뻐하며 함께 평안을 누릴 수 있다.

성경 강해

한 번도 가본 적 없는 곳에서 목적지를 바로 찾아간다는 것은 거의 불가능한 일입니다. 그래서 어쩔 수 없이 길을 가는 사람에게 목적지에 대해 물어보게 되는데, 다행히 친절한 사람을 만나 안내를 잘 받으면 가고자 하는 곳을 쉽게 찾아갈 수 있습니다. 만약 길을 모르는 사람이 자존심이 너무 세거나 고집이 세서 끝까지 다른 사람에게 길을 묻지 않거나 자기가 생각한 대로 간다면 엄청나게 고생할 것입니다. 자녀를 키우거나 자신의 어린 시절을 생각해 봐도 처음부터 길을 알아서 잘 찾아간 사람은 아무도 없습니다. 우리는 고등학교와 대학교를 진학할 때도 자신의 길을 몰라 엄청 고민하다가 상담을 받기도 하면서 길을 찾고자 했을 것입니다. 취업할 때도 여러 회사에 이력서를 내기도 하고 중간에 직장을 옮기기도 했을 것입니다. 하물며 우리가 하나님의 진리를 깨닫고 하나님의 뜻을 깨닫는데 많은 정신적 방황과 시행착오가 뒤따르는 것은 당연한 일입니다.

요즘 반려견을 키우는 사람이 많습니다. 개들 가운데 다른 사람을 보면 덤벼들어 무는 개도 있고 사납게 짖거나 이상한 행동을 하는 개도 있어 이 문제로 고민하는 견주가 많습니다. 그래서 개 전문 상담가를 찾아가면 개를 거의 사람처럼 대하면서 과거의 경험이나 현재의 심리 상태를 파악해 개의 행동을 고쳐주는 것을 보게 됩니다.

마찬가지로 사람들 가운데 처음부터 하나님의 진리와 말씀의 가치를 깨닫고 한 번도 방황하지 않고 바른 길만 가는 사람은 아무도 없습니다. 누구나 처음에는 진리에 대하여 반항해 보기도 하고 케케묵은 사상이라고 여겨 자유주의 사상 등 세상적 사상에 빠져 보기도 했다가 시간이 상당히 흐른 뒤에야 정신이 들어 진리를 붙들기도 하고 하나님의 길을 찾아 걸어가게 됩니다.

특히 젊었을 때는 사람들이 자기 자신을 찾아가는 시기이다 보니 부모나 어른들의 기존 가치관에 반발하거나 반항할 때가 많습니다. 이 시기에는 젊은 혈기에 휩쓸려 새로운 것을 추구하고자 하는 경향이 강합니다. 이때 말씀을 가르치는 사람인 목회자는 이들이 무조건 틀렸다고 야단치거나 나쁜 사람이라고 낙인찍을 것이 아니라 이들이 자기 자신을 찾으려고 몸부림치는 중이라고 생각해 이해해주고 기다려주어야 합니다. 젊었을 때 너무 잘 믿고 시키는 대로 했던 사람이 오히려 나중에 가서는 비딱하고 부정적인 생각을 갖고 신앙생활을 하는 것을 보게 됩니다. 젊었을 때 방황하기도 하고 대들기도 하던 사람이 나중에 복음적이고 성경적인 사람으로 변하는 것을 보기도 합니다. 젊었을 때 어떤 사람을 만나느냐 하는 것이 그 사람의 한평생을 결정하는 분기점이 되는 경우가 많습니다. 사람에게는 자신의 말이 정답이냐 아니냐가 중요한 것이 아니라 자기를 이해해주느냐 아니냐가 더 중요합니다.

1. 성경적 가르침의 중요성

우리는 마치 조각으로 치면 전혀 다듬어지지 않은 돌덩어리 같고, 전혀 길들여지지 않은 돌고래나 야생동물 같아서 하나님의 진리를 싫어하고 모든 것을 자기 하고 싶은 대로 하려고 합니다. 그런데 우리가 하나님의 말씀을 듣고 은혜 받는 순간 다듬어지지 않은 돌이 처음 정을 맞는 것처럼 우리 영혼에 '땅' 하는 소리가 납니다. 우리는 그때부터 위대한 하나님의 사람으로 다듬어지게 됩니다. 그러나 완성된 작품이 되기까지 얼마나 많은 불필요한 부분이 깨어져야 하고 손이 망치에 찧어 얼마나 피가 나고 다쳐야 하는지 모릅니다. 이때 가장 중요한 것은 아직 머리와 가슴이 단단해지기 전인 어린 아이 때 하나님의 말씀을 아주 재미있게 가르쳐주는 것입니다. 어렸을 때 성경적 가르침을 받고 청소년 때 성경을 많이 읽은 사람은 절대로 망하지 않습니다. 마음속에 성경이 있는 사람은 망하려고 해도 망할 수가 없습니다. 사는 동안 사람들은 모두 진리의 가치를 찾고 하나님의 길을 찾기까지 많은 방황을 하고 다른 길을 따라가기도 합니다. 이때 가장 중요한 것이 평소 하나님의 말씀을 많이 배웠느냐 하는 것입니다. 평소 하나님의 말씀을 많이 배우면 스스로 죄를 깨닫고 멀리할 수 있습니다. 이것이 하나님의 백성에게 최고로 좋은 것입니다.

예수님이 복음을 전하실 때 "회개하라 천국이 가까이 왔느니라" 고 말씀하셨습니다. 여기서 중요한 것은 '회개하다' 라는 단어입니다. 회개한다는 것은 죄를 짓고 뉘우치거나 후회하거나 슬퍼하는 것을 말하지 않습니다. 종교개혁 전에는 '회개하라' 고 하지 않고 '참회하라' 고 가르쳤습니다. 그것은 바로 고행을 의미했습니다. 그래서 당시 사람들은 죄를 회개하기 위해 금식을 하거나 기도문을 외우거나 헌금을 하거나 성자들의 유물을 만지고 입을 맞추어야 했습니다. 여기서 '회개하다' 는 생각이나 사는 방법을 바꾸는 것입니다. 즉 우리가 의지적으로 행동이나 생각을 바꾸는 결단을 내리는 것을 말합니다. 그런데 우리가 아무리 생각을 바꾸고 태도나 방식을 바꾸어도 또다시 죄에 빠지게 된다면 어떻게 해야 할까요? 우리는 거기까지 걱정할 필요가 없습니다. 왜냐하면 우리는 원래 한번 결심한다고 해서 완전해지거나 성자가 되지 못하기 때문입니다.

예를 들어 대장간에서 쇠로 뭔가를 만들 때 한 번 때리는 것으로는 원하는 물건을 만들 수 없습니다. 대장장이가 쇠막대기를 불에 벌겋게 달군 뒤 망치로 한번 내리치면 반대쪽으로 휘게 됩니다. 그것을 또 달구어 반대쪽에서 내리치고 또 반대쪽에서 내려쳐야 반듯한 쇠막대가 나옵니다. 마찬가지로 우리는 넘어지고 또 일어서고 넘어지고 또 일어서면서 성숙한 신앙인이 됩니다. 우리는 실패할 것이 두려워 죄의 습관인 생각을 붙들고 있으면 안 됩니다. 회개는 의지적으로 죄를 끊어버리라는 뜻을 갖고 있습니다.

죄는 당기는 힘이 너무 강해서 우리 힘으로는 도저히 끊을 수가 없습니다. 그런데 이상하게 하나님의 말씀을 들으면 죄의 힘이 약해지게 됩니다. 이때 마음을 다잡고 있는 힘을 다해 죄를 끊으면 끊어지게 됩니다. 술도 끊고 음란한 습관도 끊고 도박도 끊고 다른 나쁜 습관도 끊을 수 있습니다. 이것이 가장 좋은 것이고, 축복 받은 일입니다.

어떤 교인이 죄에 빠져 혼자 힘으로는 도저히 거기서 벗어나지 못하면 목회자나 부모, 말씀을 가르치는 선생이 개인적 권면을 하게 됩니다. 그러나 개인적으로 권면할 때 공개적으로 말하지 않는 것이 좋습니다. 왜냐하면 다른 사람이 알지 못하는 은밀한 일을 말해버리면 당사자가 상처를 입게 되고 다른 사람도 그 사람을 부정적 시선으로 보기 때문에 신앙생활에 큰 어려움을 겪게 됩니다. 그래서 사도 바울은 고린도 교회 안의 음행과 우상 숭배, 좋지 못한 사상을 가진 문제 등을 두고 두 번째 방문을 하게 되는데, 이는 공식적으로 방문한 것이 아니라 비공식적으로 갔던 것입니다. 그들이 개인적 권면을 듣고 받아들이면 한 형제를 살리는 것이고 한 영혼을 건지는 것입니다. 그러나 아무리 개인적 권면이라고 해도 이것은 주님의 이름으로 하는 권면이므로 위력을 가지게 됩니다. 주님은 "무엇이든지 너희가 땅에서 매면 하늘에서도 매일 것이요 무엇이든지 땅에서 풀면 하늘에서도 풀리리라"(마 18:18)고 말씀하셨습니다. 그래서 교회의 목회자나 부모, 교사는 교인이나 자녀, 청년이 비록 잘못한 것이 있더라도 기다려주면서 스스로 말씀을 듣고 깨달아 죄를 버리게 하는 것이 가장 좋습니다. 이것은 올림픽의 금메달 이상으로 가치 있는 일입니다. 그러나 교인이나 청소년이 이단에 빠져 있다거나 음행에 빠져 있다거나 하면 오래 지켜볼 것이 아니라 따끔하게 권면해야 합니다. 그때 본인이 그 권면을 듣고 받아들이면 한 생명을 건지는 일이므로 엄청나게 좋을 것입니다. 예수님은 일곱 번에 일흔 번씩이라도 용서하고 참으라고 말씀하셨습니다. 그러나 교인이나 가족이 분명히 죄에 빠졌고 아무리 기다려도 죄를 인정하지 않고 오히려 죄가 곪으면 증인을 세워 판단을 내려야 합니다. 이것을 교회에서는 '치리한다' 라고 말합니다.

1-2절, “내가 이제 세 번째 너희에게 가리니 두세 증인의 입으로 말마다 확정하리라 내가 이미 말하였거니와 지금 떠나 있으나 두 번째 대면하였을 때와 같이 전에 죄 지은 자들과 그 남은 모든 사람에게 미리 말하노니 내가 다시 가면 용서하지 아니하리라”

사도 바울은 두 번째 고린도를 비공식적으로 방문해 교회 지도자들이나 죄를 지은 자들에게 자발적으로 회개하도록 권면했던 것 같습니다. 그러나 세 번째 갈 때는 증인들을 세워 공개적으로 처리하겠다고 말합니다. 그 이유는 그들이 끝까지 회개하지 않고 있었기 때문입니다. 이처럼 공개적으로 죄가 퍼질 때가 있습니다. 나쁜 사상을 가진 사람들이 무리를 지어 분열시키고 죄를 퍼뜨리면 어쩔 수 없이 수술을 해야 합니다. 그러나 혼자 고민하는 중이고 남에게 나쁜 영향을 미치지 않으면 끝까지 기다려주는 것이 좋습니다.

오래된 교회 당회록을 보면 ‘어떤 교인이 도박했기 때문에 수찬을 정지시켰으며, 어떤 교인은 본부인 외에 다른 여자를 데리고 살기 때문에 직분을 폐하고 출교를 시켰다’ 는 기록이 남아 있는 것을 봅니다. 교회 안에서 잘못된 사람을 바로잡는 것은 아주 어려운 일입니다. 이것은 즉흥적으로 할 일이 아니라 많이 기도하고 가능한 한 사탄이 틈타지 않게 해야 하고 교인들이 상처를 입지 않도록 해야 합니다.

2. 지금 자신은 어디에 서 있는가?

우리는 ‘강한 사람’ 이 약하고 ‘약해 보이는 사람’ 이 강한 것을 볼 때가 종종 있습니다. 예를 들어 누군가 잘못된 행동을 했을 때 당장 야단을 치고 매를 때리고 하는 사람이 강한 것 같지만 결과적으로 보면 매를 맞은 사람이 강하게 반발하고 나중에 신앙을 버리고 두고두고 하나님을 욕하고 원망하는 경우가 많습니다. 한편 자신에게 대들기도 하고 많은 상처를 입히기도 했지만 오래 참고 기다려줌으로써 잘못된 행동을 한 사람이 신앙적으로 훌륭하게 되는 경우도 있습니다. 이런 경우 연약한 것처럼 보일지 모르지만 실제로는 아주 강한 것입니다.

4절, "그리스도께서 약하심으로 십자가에 못 박히셨으나 하나님의 능력으로 살아 계시니 우리도 그 안에서 약하나 너희에게 대하여 하나님의 능력으로 그와 함께 살리라"

예수님은 대단히 강하신 분입니다. 예수님은 이 세상의 악인과 죄인에 대하여 얼마든지 불을 던져 심판하실 수 있고 천사들을 보내 악한 자들을 징벌하실 수도 있지만 그렇게 하시지 않고 너무나 연약하게 십자가에 못 박혀 죽으셨습니다. 심지어 대제사장과 서기관들이 십자가에 못 박혀 고통 받으시는 모습을 조롱하고 욕해도 예수님은 아무 대꾸도 하시지 않았습니다. 왜냐하면 예수님은 그들의 인격을 존중하셨기 때문입니다. 우리는 엄청난 고통 가운데 있으면 가능한 한 사람 만나는 것을 피하고 말을 하지 않으려고 합니다. 이때 입을 열면 상처 주는 말이나 분노의 말이 걷잡을 수 없이 나온다는 것을 알기 때문입니다. 예수님은 너무 연약하게 못 박혀 죽으셔서 아무리 악한 강도나 악당이라 하더라도 예수님의 십자가 앞에서는 고개가 숙여지고 눈물이 나오고 그 사랑에 굴복하고 맙니다. 이것은 교회 안에서도 마찬가지입니다. 교회 안에서 사람들은 옳고 그름이 가장 중요한 줄 알고 떠들어대지만 더 중요한 것은 상대방을 사랑하느냐 하지 않느냐 하는 것입니다. 우리가 상대방을 사랑하면 강한 자가 되지 않고 연약한 자가 되어 말로 공격을 당하기도 하고 업신여김을 받을 때도 있습니다. 그러나 그런 약한 태도를 보이면서 기다렸을 때 잘못을 저지른 사람이 깨닫고 고치면 한 영혼을 건지게 됩니다. 이것이 가장 강한 것입니다. 교회 안에서는 가능한 한 옳고 그름을 가지고 따지거나 다른 사람을 너무 빨리 책망하는 것이 좋지 않습니다. 역시 교회 안에서는 말을 많이 하지 않고 묵묵히 기다리는 것이 좋습니다. 왜냐하면 자신을 똑똑하다고 생각해서 말을 많이 하고 주장을 많이 하면 다른 사람들이 싫어하게 되고, 교회를 떠나는 사람이 많아지기 때문입니다.

5절, "너희는 믿음 안에 있는가 너희 자신을 시험하고 너희 자신을 확증하라 예수 그리스도께서 너희 안에 계신 줄을 너희가 스스로 알지 못하느냐 그렇지 않으면 너희는 버림받은 자니라"

사도 바울은 지금 자신이 어디에 서 있는지 시험해 보라고 말합니다. 사실 우리에게 가장 어려운 일은 자신이 지금 어디에 서 있고, 어떤 모습을 하고 있는지 아는 것입니다. '나는 과연 누구일까?' '나는 다른 사람에게 어떤 모습으로 비춰질까?' '나는 지금 어디에 서 있으며, 어디로 가고 있는 걸까?' 사실 이 질문에 대한 답을 알고 있다면 아무것도 걱정할 필요가 없습니다. 그러나 아무리 나이가 들고 사회적으로 크게 성공했어도 여전히 자기 자신을 알 수가 없습니다. 자기가 어디에 서 있는지 모르는 것입니다. 지금 정상을 향해 올라가고 있는지, 절벽 끝에 매달려 있는지, 내리막길을 달려 내려오고 있는지 모릅니다. 우리는 지금도 자기 자신을 찾지 못해 많은 고민을 하고 있습니다. 어느 날 설교 말씀을 들을 때는 자기 자신을 찾은 것 같은데 집에 가면 또 자기가 누구인지 알지 못합니다. 자신이 서 있는 곳이 실패한 장소인지, 복 받은 장소인지 알 수가 없는 것입니다. 더 중요한 것은 자신이 여기에 계속 있어야 하는지 다른 곳으로 가야 하는지, 자신이 다른 사람의 공격을 받을 때 반격해야 하는지 끝까지 참고 견뎌야 하는지 알 수가 없다는 것입니다. 여기서 중요한 것은 세상적 지위나 직업의 안정성이 아닙니다. 본문을 보면 "그리스도께서 너희 안에 계신 줄을 너희가 스스로 알지 못하느냐 그렇지 않으면 너희는 버림받은 자니라"고 말씀합니다.

중요한 것은 예수님이 우리 안에 계시고, 교회 안에 계시고, 당회나 제직회 안에 계시다는 사실입니다. 예수님이 계신 것을 어떻게 알 수 있습니까? 예수님이 함께 계신 곳에서는 사람들이 겸손합니다. 그리고 절대로 자신이 주인이 되려고 하지 않습니다. 만약 사람들이 자기를 최고라 생각하고 남을 깎아내리고 공격한다면 그에게는 그리스도의 영이 없는 것입니다. 그리고 그들이 계속 그런 상태로 있다면 그들은 버림받은 자들이라고 말씀합니다. 그런 곳에는 더 이상 있을 필요가 없습니다. 그런 교회나 회의에 계속 앉아 있을 필요가 없다는 말입니다.

3. 아름다운 열매

고린도 교인들 가운데 사도 바울의 가르침 안에 그리스도께서 말씀하시는 증거가 없다는 식으로 말하는 사람들이 있었습니다.

3절 상, "이는 그리스도께서 내 안에서 말씀하시는 증거를 너희가 구함이니"

즉 예수님이 사도 바울 안에서 말씀하신다면 옳고 그름을 따지고 권세 있게 책망하고 야단을 쳐야 하는데 그런 권위가 없다는 뜻입니다. 그러나 사도 바울은 진정한 그리스도인의 표시는 한 사람이라도 악하게 되지 않고 선하게 되도록 하는 것이라고 했습니다.

7절, "우리가 하나님께서 너희로 악을 조금도 행하지 않게 하시기를 구하노니 이는 우리가 옳은 자임을 나타내고자 함이 아니라 오직 우리는 버림받은 자 같을지라도 너희는 선을 행하게 하고자 함이라"

여기서 사도 바울이 "너희로 악을 조금도 행하지 않게 하기를 구하노니"라고 말한 것은 악해지지 않기를 바란다는 뜻입니다. 그는 얼마든지 짓밟히고 버림을 당하고 비참해져도 좋으니 고린도 교인들이 모두 착한 사람이 되기를 바란다고 했습니다.

교회 안에서 큰 분쟁이 일어났을 때 잘 살펴보면 옳고 그름보다 오해나 생각하는 것이 다른 데서 비롯된 싸움일 때가 많습니다. 자신은 교회를 너무나 사랑하는데 다른 사람들이 자신과 다른 생각으로 교회를 발전시키려 하고 변화시키려고 할 때 서로 이해하지 못해 충돌하는 경우가 종종 있습니다. 그래서 우리는 다른 사람이 나와 다른 생각을 가졌다고 해서 반드시 틀린 것이 아니라는 사실을 알 필요가 있습니다. 더욱이 자신의 생각이 아무리 옳은 것처럼 보여도 다른 사람은 자신과 다르게 생각할 수 있다는 것을 명심해야 합니다.

선생님은 학생들 앞에서 절대 "너에게 실망했다"든지 "너는 안 돼"라는 말을 해서는 안 됩니다. 아무리 화가 나고 실망스러운 일이 있어도 "너희를 믿어"라고 하거나 "너희는 해낼 수 있을 거야"라고 말해야 합니다. 이것은 목회자에게도 해당됩니다.

목회자는 교인들이나 장로들에게 "실망했습니다"라든지 "이 교회는 안 됩니다"라는 말을 절대로 해서는 안 됩니다.

우리는 지금 어려운 시대에 살고 있습니다. 이때 누군가가 앓고 있는 병이나 스트레스를 이해해주고 도움이 되는 말을 해준다면 한 사람의 생명을 살릴 수 있습니다. 우리는 한 명의 성도도 잃어버리지 않도록 주의하면서 살펴봐야 합니다. 교회 안에서는 할머니 한 분, 어린 아이 한 명도 억울하게 목숨을 잃어서는 안 되고 오해를 받거나 상처를 입어서는 안 된다는 뜻입니다.

8-9절, "우리는 진리를 거슬러 아무것도 할 수 없고 오직 진리를 위할 뿐이니 우리가 약할 때에 너희가 강한 것을 기뻐하고 또 이것을 위하여 구하니 곧 너희가 온전하게 되는 것이라"

다른 사람의 인격을 존중해 말을 함부로 하지 않고 참고 기다리는 것이 하나님의 진리입니다. 우리가 사랑하는 마음을 잃어버리고 다른 사람과 옳고 그름을 따진다면 사탄의 술책에 넘어가기가 쉽습니다. 우리는 항상 사랑의 진리를 가슴에 품어야 합니다. 자신의 인격이 중요하듯 다른 사람의 인격도 중요하고, 화가 난다고 해서 말을 함부로 해서는 안 된다는 것을 명심해야 합니다. 사도 바울은 말씀을 가르치는 자는 약해야 하고, 교인들이 강해지고 온전하게 되는 것이 하나님의 뜻이라고 했습니다. 말씀을 가르치는 자는 할 말을 다 하지 않고 오랫동안 기다림으로써 성도들이 스스로 깨닫고 강하고 온전한 사람이 되는 것이 하나님의 뜻입니다.

그래서 사도 바울은 따뜻한 축복의 말씀으로 끝을 맺고 있습니다.

11절, "마지막으로 말하노니 형제들아 기뻐하라 온전하게 되며 위로를 받으며 마음을 같이하며 평안할지어다 또 사랑과 평강의 하나님이 너희와 함께 계시리라 거룩하게 입맞춤으로 서로 문안하라"

본문을 보면 "온전하게 되며 위로를 받으며 마음을 같이하여 평안할지어다"라고 말씀합니다. 하나님의 말씀이 있으면 하나님이 다 해결해주실 것입니다. 우리 인간은 모든 것을 해결할 수 없습니다. 그러나 하나님의 말씀이 있으면 하나님이 모든 것을 해결해주십니다. 사도 바울은 고린도의 세 번째 방문에서 큰 위로를 받고 드디어 고린도에서 불멸의 작품인 로마서를 집필하여 여자 집사 뵈뵈가 그것을 가지고 먼저 로마로 가게 됩니다. 위대한 로마서는 고린도에서 집필되었습니다.

사도 바울은 축복 기도로 고통에 찬 이 서신을 끝맺고 있습니다.

13절, "주 예수 그리스도의 은혜와 하나님의 사랑과 성령의 교통하심이 너희 무리와 함께 있을지어다"

하나님 안에도 성부 성자 성령이 계셔서 서로 이해하고 협력하고 돕고 있습니다. 그래서 성자는 성령의 도우심으로 모든 일을 하셨고 항상 하나님 아버지의 뜻을 우선적으로 생각하셨습니다. 만약 성부 하나님 한 분만 계신다면 우리는 하나님이 너무 거룩하고 무서워서 감히 가까이 갈 수조차 없을 것입니다. 그러나 성자께서 인간으로 이 세상에 오셔서 우리의 친구가 되어주시고 주가 되어주셨습니다. 예를 들어 높은 지위를 가진 사람이 있을 때 아이들은 함부로 그의 집에 들어갈 수 없을 것입니다. 또 검찰 총장이라든지 경찰청장은 그 지위가 높고 무서워 어떤 아이도 그 집 근처에 가려고 하지 않을 것입니다. 그런데 그 집의 아들이 평소 친하게 지내는 친구라면 초대를 받아 그 집에 놀러갈 수 있고, 식사 때가 되면 그 가족들과 함께 식사할 수도 있을 것입니다. 마찬가지로 하나님의 나라는 너무 영광스럽고 거창해서 우리 같은 죄인은 들어갈 수도 없고 하나님을 만날 수도 없습니다. 그러나 하나님의 아들이 우리와 잘 알고 친하게 지내기 때문에 하나님의 나라 안으로 몰려가서 하나님을 만날 수 있습니다. 예수님은 우리 마음에 성령을 선물로 주셔서 하나님의 말씀을 깨닫고 하나님의 자녀로 살아가게 하십니다.

고린도후서 13장 13절은 예배를 마칠 때 설교한 목사님들의 축도 본문입니다. 설교자가 교인들을 축복하는 것은 하나님의 말씀으로 교인들을 무장시키고 나서 세상으로 파송하는 것입니다. 우리 성도나 목회자들이 엄청난 스트레스와 정신적 압박을 받으면서도 살아갈 수 있는 것은 삼위 하나님의 은혜가 함께하시기 때문입니다. 천사 하나만 있어도 큰 도움을 받을 수 있는데 삼위 하나님이 교회 안에서 우리의 짐을 들어주시고 허물을 싸매어주신다면 우리는 은혜로 살 수 있습니다.

예수님의 은혜는 우리의 모든 허물을 덮어버리는 것입니다. 그리고 하나님의 사랑은 우리의 가슴을 불붙게 하는 뜨거운 것입니다. 하나님의 사랑을 생각하면 가슴이 절로 뜨거워집니다. 그리고 성령의 교통하심은 우리를 하나님의 말씀으로 통하게 합니다. 우리는 아무리 나라가 다르고 형편과 처지가 다르고 빈부와 사회적 지위가 달라도 하나님의 말씀을 듣고 기도하는 순간 성령으로 그 벽이 무너지면서 같이 은혜를 받고 같은 생각과 같은 사랑과 같은 감격을 체험하게 됩니다. 성부 성자 성령의 능력으로 모든 스트레스와 정신적 압박, 물질적 어려움을 이기고 모두 행복한 성도가 되기를 바랍니다.

성경 토의

1. 최근 우리 사회나 교회, 목회자들의 주장이 갈수록 강해지고 있으며 공격적으로 변하고 있다. 이런 자세가 진리를 세우는 데 얼마나 도움이 된다고 생각하는가?

2. 교회 안에서 잘못한 사람이 있을 때 가장 중요한 자세는 무엇이며, 자신이 약한 가운데 다른 사람을 강하게 만들 수 있다는 것이 무슨 뜻이라고 생각하는가?

3. 이 세상에서 하나님의 일을 하는 사람들을 볼 때 자기가 주인이 되어 일하는 사람이 있는가 하면, 종의 자세로 일하는 사람이 있다. 대개 주인의 자세에서 일해야 박력도 있고 남들이 내리지 못하는 결정도 과감하게 내릴 수 있고 많은 사람의 칭찬과 인정도 받을 수 있다. 그런데 과연 이런 것이 옳은 자세라고 생각하는가? 거기에 비해 주님의 종으로 일한다는 것은 스스로 결정도 내리지 못하고 일의 진척도 느린데, 과연 이렇게 일하는 게 잘하는 것이라고 말할 수 있는가?